천부경 세상

天符經 世上

천부경 세상 天符經 世上

초판 1쇄 인쇄 2012년 4월 16일
초판 1쇄 발행 2012년 4월 23일

지은이 | 육 성 근
펴낸이 | 손 형 국
펴낸곳 | (주)에세이퍼블리싱
출판등록 | 2004. 12. 1(제2011-77호)
주소 | 서울시 금천구 가산동 371-28 우림라이온스밸리 C동 101호
홈페이지 | www.book.co.kr
전화번호 | (02)2026-5777
팩스 | (02)2026-5747

ISBN 978-89-6023-782-7 03250

천부경 세상

天符經 世上

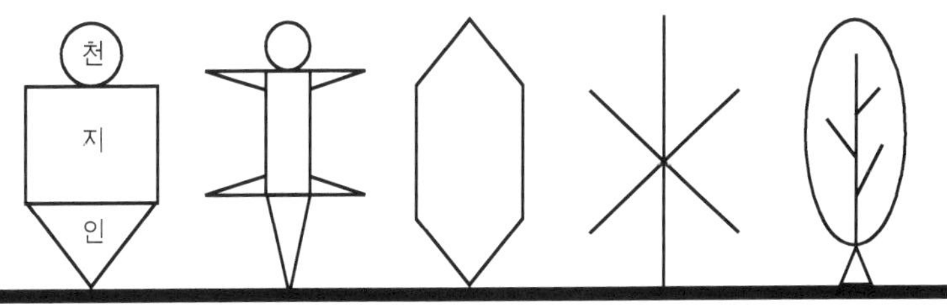

無	極	三	析	一	始	無	始	一
人	二	一	地	一	一	天	本	盡
化	匱	無	鉅	十	積	一	三	一
二	人	三	二	地	三	二	天	三
九	八	七	生	六	合	三	大	三
妙	一	七	五	環	成	四	三	運
動	不	變	用	來	萬	往	萬	衍
人	明	昂	陽	太	本	心	本	本
一	終	無	終	一	一	地	天	中

2002년 첫 작품 '수운빙'을 펴내면서 인터넷을 통하여 우연히 접하게 된 천부경, 왠지 낯설지 않다는 생각이 들었습니다. 천부경의 기원은 4,300여 년 전 단군시대로 거슬러 올라간다는 주장도 있습니다. 하지만 역사적 고증이나 근거가 미약하여 논란이 많습니다. 더구나 위작 시비로 인한 불신과 진부하다는 선입견 때문에 큰 관심을 끌지 못하는 것 같습니다.

그럼에도 불구하고 천부경은 천지인(天地人)의 간결한 구도, 음양(陰陽)의 조화와 중(中)의 균형, 우주의 섭리를 밝히려는 시도, 삶의 존재가치를 일깨워 주려는 의도가 마음에 와 닿았습니다. 또 각각의 의미를 지닌 일(一)에서 구(九)까지의 자연수, 원래의 일(一)로 되돌아가게 하는 십(十)의 완성 수, 수의 끝인 만(萬), 무궁무진과 순환의 의미가 담긴 무(無)의 개념은 천지 만물과 삼라만상의 생성과 변화 원리를 일깨워 줍니다. 그리고 군데군데 군더더기가 없는 핵심어(Keyword), 숫자와 문자의 미묘한 결합, 함축성, 상징성, 연관성 등 나름대로 구색을 갖추었다(?)는 느낌을 줍니다.

세상사 무엇이든지 어떤 조건이나 제한 없이 화제의 대상은 될 수 있다고 봅니다. 천부경은 구구절절 더할 것도 뺄 것도 없고 그 깊이와 넓이를 알 수 없어 한번 몰입하면 헤어나기 힘들게 하는 마력을 지니고 있습니다. 이미 인간의 사상과 삶 속에 뿌리 깊게 자리 잡고 있을지도 모릅니다.

천부경은 어두운 마음을 밝혀주는 등불이며 사고의 기준 내지는 천지 만물을 재는 마음의 척도(心尺)입니다. 또 지혜의 원천이며 마치 생각의 씨앗과 같다는 느낌이 듭니다. 천부경에 내재된 무궁무진한 변화 원리를 응용한 여러 가지 가능성을 제시할 수 있습니다.

옛 조상들이 마음의 창을 열고 바라본 천부경 세상은 어떠했을까? 지금부터 천부경에 마음을 실어 과거와 현재, 미래를 넘나드는 명상여행(冥想旅行)을 떠나 보겠습니다.

천 天
부 符
경 經

無	極	三	析	一	始	無	始	一
무	극	삼	석	일	시	무	시	일
人	二	一	地	一	一	天	本	盡
인	이	일	지	일	일	천	본	진
化	匱	無	鉅	十	積	一	三	一
화	궤	무	거	십	적	일	삼	일
二	人	三	二	地	三	二	天	三
이	인	삼	이	지	삼	이	천	삼
九	八	七	生	六	合	三	大	三
구	팔	칠	생	육	합	삼	대	삼
妙	一	七	五	環	成	四	三	運
묘	일	칠	오	환	성	사	삼	운
動	不	變	用	來	萬	往	萬	衍
동	부	변	용	래	만	왕	만	연
人	明	昻	陽	太	本	心	本	本
인	명	앙	양	태	본	심	본	본
一	終	無	終	一	一	地	天	中
일	종	무	종	일	일	지	천	중

〔 묘향산 석벽본 〕

    고대로부터 전래되어 오던 천부경은 고운 최치원 선생이 묘향산 계곡의 석벽에 새겨 놓은 것을 1916년 계연수 선생이 우연히 발견하게 되어 세상에 알려지게 되었다고 한다.

목차

一始無始一 일시무시일
일은 시작하되,
시작 없는 일이다.

析三極無盡本 석삼극무진본
나누어진 삼극은
다함이 없는 근본이다.

天一一地一二人一三 천일일지일이인일삼
천일은 일,
지일은 이,
인일은 삼이다.

一積十鉅無匱化三 일적십거무궤화삼
일은 쌓여 십을 이루면,
궤가 없어지고 삼이 된다.

天二三地二三人二三 천이삼지이삼인이삼
천의 이에서 삼이 생겨나고,
지의 이에서 삼이 생겨나며,
인의 이에서 삼이 생겨난다.

大三合六生七八九 대삼합육생칠팔구
큰 삼이 합한 육에서
칠, 팔, 구가 생겨났다.

運三四成環五七　운삼사성환오칠
삼과 사의 운수는
오와 칠의 고리에 달려 있다.

一妙衍萬往萬來　일묘연만왕만래
일은 묘하게 번성하여,
만물이 가고 만물이 온다.

用變不動本　용변부동본
쓰임새에 따라 변하되,
흔들리지 않는 근본이 있다.

本心本太陽昻明　본심본태양앙명
근본은 태양광명을 닮은 마음이다.

人中天地一　인중천지일
하늘과 땅 사이에 있는 사람이 일이다.

一終無終一　일종무종일
일은 끝나도 끝이 없는 일이다.

천부경 약설 天符經 略說

일一은 시작하되 시작을 무한히 되풀이하는 일一이다. 태초의 일一에서 비롯된 새로운 삼극三極은 원자原子와 같으며 무궁무진한 근본이 된다. 삼극은 천일과 지일, 그리고 인일이다. 천일은 하늘의 씨앗으로 양陽이요, 지일은 땅의 씨앗으로 음陰이며, 인일은 사람의 씨앗으로 중中에 해당한다.

'일'은 성장하여 완성하면 형태形態를 바꾸어 새로운 삼극이 된다. 천일은 성장하면 일월의 음양이 성신을 낳고, 지일은 성장하면 암수의 음양이 만물을 낳고, 인일은 성장하면 남녀의 음양이 자손을 낳는다. 천지인의 음양이 합한 육극六極에서 오늘날의 천상계와 지상계, 그리고 인간계가 생겨났다. 음양중의 생성과 소멸, 춘하추동의 계절 변화는 하늘의 오성五星과 칠성七星의 운행에 달려 있다. 일一은 묘하게 번성하여 만물이 가면 새로운 만물이 온다.

만물은 쓰임새에 따라 변화하지만 흔들림이 없는 근본이 있다. 그 근본은 태양광명을 닮은 마음이다. 하늘과 땅 사이에 있는 사람이 가슴 속에 그 마음을 간직하고 있어 일一이 된다. 천지의 마음이 사람의 마음으로 현현하였으며 사람의 마음이 곧 우주혼宇宙魂이다. 그리하여 '일'은 끝나도 끝나지 않는 '일'이 된다.

사람의 육체는 비록 죽어 없어지지만 오직 마음만은 살아남아 대자연의 섭리에 따라 우주의 자궁 내에서 태胎를 바꾸어 언젠가는 인간 세상에 다시 태어날 것이다. 일월의 마음을 간직한 사람은 시작도 끝도 없이 영원하리라.

천부경 12단락段落의 맥락脈絡

    천부경은 비록 81자 12단락이지만 그 원리를 설명하자면 끝도 없다. 사물과 현상의 핵심을 알면 전체를 이해하기가 쉽다. 손오공이 아무리 재주를 부려도 부처님 손바닥 안에 있다고 하였다. 손바닥 안에 모든 것이 있다는 뜻이다.

    왼손 오른손 각기 한 손에는 다섯 개의 손가락이 있다. 첫째가 엄지, 둘째가 검지, 셋째가 중지, 넷째가 약지, 다섯째가 소지이다. 셈을 할 때 엄지부터 꼽아서 소지까지 하나, 둘, 셋, 넷, 다섯이다. 다음 반대로 소지부터 엄지까지 펴면서 여섯, 일곱, 여덟, 아홉, 열이다.

    엄지는 하나와 열에서 겹친다. 엄지는 첫째, 어미, 우두머리의 뜻이 있다. 반면에 소지는 새끼, 자식, 다섯째의 의미가 있다. 하나에서 열은 엄지손가락과 새끼손가락의 관계에 있다. 하나에서 다섯은 엄지손가락이 새끼를 낳고 죽는 과정이고 반면에 여섯에서 열은 새끼손가락이 태어나 엄지손가락이 되는 과정이다.

    이와 같이 개체는 죽음과 삶의 과정을 반복한다. 다섯 손가락을 차례로 꼽고 펴는 모습은 마치 달이 기울고 차는 모습을 닮았다. 주먹 쥐면 다섯은 바위로 그믐달이요, 펴면 '열'이 되고 '보'로 보름달이 된다. 천지 만물과 삼라만상은 '일'의 엄지에서 생겨났으며 생멸이 마치 주먹 쥐고 손바닥을 펴는 모습과 흡사하다.

인간은 직립보행으로 두 손이 자유로워졌다. 2차원의 땅만 보다가 3차원의 하늘을 보게 됨으로써 안목이 더 넓어졌다. 머리와 손발이 삼박자를 이루어 만물의 영장이 되었으며 오늘날의 문명을 이룩하였다고 본다. 말과 문자가 없던 시절에는 제일 손쉬운 의사 전달 방법이 수화라는 생각이 든다.

손가락은 셈을 하거나 무엇을 지칭할 때 요긴하게 쓰였을 걸로 추정한다. 손가락으로 표시한 '일'에서 '열'까지의 자연수가 가장 오래된 의사 전달 수단이었다는 생각이 든다. 최고라는 의미로 엄지손가락을 치켜세운다. 엄지는 '일'이다. '일'은 마음이라 정의하였다.

최치원 선생의 천부경 81자는 일(하나), 이(둘), 삼(셋), 사(넷), 오(다섯), 육(여섯), 칠(일곱), 팔(여덟), 구(아홉), 십(열)의 숫자와 나머지 문자로 구성되어 있다. 문자는 숫자의 의미와 상호관계를 설명하는 형식으로 구성되어 있다. '일'에서 '십'까지의 수(數)에 천지 만물과 삼라만상의 생성과 번성, 소멸의 우주 섭리가 담겨 있다고 본다.

참고로 현재 알려진 천부경은 단일본이 아니다. 81자 가운데 몇 개의 글자가 다르게 기록되어 있다. 저자는 천부경의 오랜 역사와 비밀스러움 때문에 구전(口傳)과 전사(傳寫), 재해석, 번역 과정에서 다소 뒤섞임이 있지 않았나 생각한다. 뜻은 대동소이하고 큰 차이가 없다. 앞뒤 문맥이나 전체적인 흐름을 바꾸어 놓을 정도는 아니다.

천부경 81글자를 줄이면 하나에서 열까지의 숫자이다. 열개의 숫자를 한 글자로 줄이면 '일'이다. 먼저 해석의 이해를 돕기 위해 12단락의 줄거리를 미리 설명하고자 한다.

一始無始一　　일시무시일

도입부(導入部)로서 '일'(一)은 시작을 무한히 반복하는 불멸의 변화자임을 말한다.

析三極無盡本　　석삼극무진본

'일'은 삼극(三極)으로 나누어지고 삼극은 물질의 더 이상 나눌 수 없는 원자(原子)와 같은 존재로 천지 만물의 다함이 없는 근본이라 한다.

天一一地一二人一三　　천일일지일이인일삼

'일석삼극'(一析三極)의 원리에 의해 생겨난 삼극은 천일, 지일, 인일이다. 생성된 순서로 천일은 '일', 지일은 '이', 인일은 '삼'이라고 하였다. 일이삼은 한 개, 두 개, 세 개의 개체 수와 양(一, +), 음(二, --, 一), 중(三, …, ±)이다. 그리고 일극, 이극, 삼극을 뜻한다.

一積十鉅無匱化三　　일적십거무궤화삼

'일'은 춘하추동 사계절의 변화에 따라 성장(적)하고 음양의 결합(십)으로 결실(거)을 맺는다. 그리고 열매가 익어(무궤) 사방에 씨앗(화삼)을 뿌림으로써 항상 음양중의 삼극 체계를 유지한다는 것이다.

天二三地二三人二三　천이삼지이삼인이삼

'일적십거무궤화삼'의 원리에 의해 천지인의 삼극은 각기 음양(이)이 생겨 음양의 결합으로 새로운 결실인 씨앗을 생성함으로써 음양중(삼)의 삼극이 된다는 뜻이다.

大三合六生七八九　대삼합육생칠팔구

'천일지일인일'의 삼극이 성장하면 대삼이 된다. 대삼인 천지인(삼)의 음양(이)이 합하면 '육'이 된다. '육'에서 천지인은 각기 음양중(칠팔구)의 삼극 체계를 완성하게 됨을 의미한다.

運三四成環五七　운삼사성환오칠

삼극의 생성과 변화는 오성의 운행에 따르고 춘하추동 사계절 변화는 칠성의 운행과 관련이 있다. 천지인이 갖춘 음양중의 삼극은 자연법칙에 따라 각기 하늘과 땅, 인간 세상에서 생성과 번성, 소멸하게 됨을 뜻한다.

一妙衍萬往萬來　일묘연만왕만래

'일시무시일'의 '일'은 묘하게 즉 '석삼극'부터 '운삼사성환오칠'까지의 원리와 과정에 의해 번성하여 '만'에 이른다. 하늘과 땅, 인간 세상에 가득한 만물과 만물의 영장인 사람은 이 세상과 저세상을 오고 감을 무한히 반복한다는 것이다.

用變不動本　용변부동본

‘일’은 쓰임새(용)에 따라 천변만화하지만 부동의 근본이 된다고 하였다.

本心本太陽昂明　본심본태양앙명

그 근본은 마음 심(心)으로 해와 달이 합한 둥글고 환한 밝음의 명(明)에 바탕을 둔다고 하였다.

人中天地一　인중천지일

천지(天地)의 사이(中)에 있는 사람(人)이 일(一)이다. 또 인(人)의 중심(중)에 마음이 있으니 ‘일’은 마음 심(心)임을 암시하고 있다.

一終無終一　일종무종일

태초의 ‘일’ 즉 마음은 끝나도 끝나지 않는다는 의미이다. 끝나지 않는다는 말은 처음의 ‘일’인 일시무시일의 ‘일’로 되돌아감을 뜻한다. 처음의 ‘일’과 맞물려 있기 때문에 천부경 81자는 처음과 끝이 이어져 있어 전체는 하나로 무시무종(無始無終)의 둥근 고리를 이룬다.

一始無始一

일 시 무 시 일

일은 시작하되
시작 없는 일이다.

一 일

始 시

一始 일시

無 무

始 시

無始 무시

一 일

始一 시일

無始一 무시일

一始無始一 일시무시일

一 일

천부경은 '일시무시일'의 '일'에서 시작하여 '일종무종일'의 '일'로서 끝난다. 고로 '일'은 주어가 된다. '일'은 모든 것의 주체이며 핵심어이다. 결국은 '일'이 무엇인가에 따라 해석이 달라진다. '일'은 무엇일까? 아래의 글자는 한 일(一) 자이다.

옥편을 찾아보면 한 '일(一)' 자는 제일 먼저 나오는 한자이다. 一(일)은 1획이다. 한(숫자의 시작), 하나(낱개), 만일(만약), 통일, 혹시, 정성, 첫째(제일), 균일, 합일, 동일 등의 뜻이 있다.

일(一)은 개체로는 한 개이며 순서로는 첫째이다. 개체로서의 '일'은 전체로서의 '일'과 전체의 부분으로서 '일'이 있다. 전체의 부분인 '일' 개체의 집합을 천지 만물이라 하며 이것을 통틀어 '우주'라 한다. 이처럼 명명할 수 있는 것, 구별할 수 있는 개체의 단위는 모두가 '일'이다.

개체의 존재는 티끌에서 우주에 이르기까지 무한하다. 마치 인간이 '일' 개체이지만 뼈와 살, 근육, 피, 세포 등은 부분으로 수없이 작은 단위의 일 개체로 이루어져 있는 것과 같다. 이 세상이 있기 전 가장 원초적인 것이 '일'이다.

'일(一)' 하면 생각나는 것이 '하나'의 개념이다. 하늘도 하나, 땅도 하나, 사람도 하나이다. 너와 내가 각기 하나이고, 지구도 하나이다. 이 세상에 존재하는 것은 모두 하나이다. 하늘의 해와 달도 하나요, 땅의 지구도 하나요, 사람의 마음도 하나이다.

'일(一)'은 다(多), 중(重), 동(同)의 의미를 가진다. 전체의 '일' 속에는 모든 것이 들어 있고, 모든 것을 하나로 볼 때 '일'이라 할 수 있다. '다'(多)가 양적인 개념이라면 '중'(重)은 질적인 개념이다. '동'(同)은 '같다'라는 뜻이다. 한민족, 한겨레의 '한'은 동일이라는 뜻이다. 한 지붕, 한 가족, 한 세대는 하나의 공동체를 의미한다. '다중동'의 의미는 결국 하나라는 의미를 가진다.

'우리는 하나다'라고 할 때, 하나는 모두 다 똑같다는 의미로 개체가 아닌 전체, 모두, 일체를 말한다. '하나뿐이다. 제일이다. 일등이다'라고 할 때는 위의 의미를 가리킨다.

모든 면에서 최고라고 할 때는 북두, 수위, 우수, 두각, 탁월의 뜻이 있다. 또 '고유의, 특유의, 고귀한'의 의미가 있다. '일'은 이 세상에 오직 하나뿐이다. 나아가 전무후무, 전대미문, 미증유의 의미를 가진다. '일'은 욕망이 극소화된 무공허청정영(無空虛淸淨零)에서부터 무한히 크게 변하여 종국에는 불가사의, 무진무량수에 이른다.

이 세상에는 똑같은 것은 없다. 심지어 쌍둥이도 그저 닮았다는 것이다. 하지만 모두가 '일'에서 비롯된 하나인 점에 있어서는 동일하다.

한 개의 개체가 그 크기와 형태는 알 수 없다. '일'이 무엇인지 궁금하지 않을 수 없다. '일'의 정체가 무엇인지 밝혀질 때까지는 우선 '一(일)' 그 자체로 여긴다. 상상해 볼 수 있는 여러 가지 상황들이 있다. 오늘의 나를 있게 한 원초의 참모습은 어떠했을까?

 무무유유(無無有有)

태초의 상태는 '무'의 상태였을까? 없는 것은 없고 있는 것은 있다. 없는 것을 있다고 할 수 없고 있는 것을 없다고 할 수 없다. '무'는 '멸' 즉 '음'이며 '유'는 '생' 즉 '양'으로 대립적 개념이다.

유무는 상대적으로 누가 무엇을 어떻게 보느냐의 인식 기준에 달려 있다. 유무의 판단은 안이비설신의(眼耳鼻舌身意)의 감각기관에 의존한다. 눈앞의 현상을 보고 우주의 섭리를 유추한다. 인간에게는 초능력, 초감각적인 능력이 잠재되어 있다. 육안보다 심안으로 더 높은 경지를 경험한다.

유무는 새로운 사실과 현상의 발생적 측면에서 따져야 할 것 같다. 무(無)에 대한 집착은 소극적, 무 활동적, 중립적 성향으로 음(陰)에 가깝다. 이기심과 분별심은 '무'의 반대 개념인 유(有)로 양(陽)의 성정에 가깝다. '유'의 개념을 허물면 나의 존재를 무한히 확장할 수 있다.

'무'에서 '유'가 생김은 신유(新有)의 의미가 있다. '무'는 무극으로 씨알과 같고 원천을 뜻한다. '무'는 마음과 형체의 무궁무진한 변화로 형체가 없음은 소멸이 아니고 무극으로의 환원이다.

무공허(無空虛)

'무'는 '유'의 반대 개념으로 '없음'이다. 이 방 안에 여러 가지 물건이 있으나 내가 찾는 물건이 없을 경우에도 '없다'라고 한다. 하지만 내가 찾는 물건 외의 다른 물건은 있을 수가 있다. 특정의 사물이나 현상을 어떻게 생각하느냐에 따라 '유와 무'의 기준도 달라진다.

'무'의 개념은 추상적, 철학적 개념이다. 원래의 상태가 '무'라면 지금의 내가 존재할 수가 없다. 공(空)은 '빔'으로 공간 개념이다. 용도가 미 지 정되거나 앞으로 이용할 여백으로 존재한다. 아직 채우지 못한 미지수 의 공간이다. 일정한 영역 안에 '공'의 상태라 하면 '아무것도 존재하지 않는다.'는 뜻이다.

하지만 이러한 상태 역시 완전히 빈 공간이 아닐 수가 있다. 눈에 보 이지 않는 미세한 입자가 존재할 수도 있다. 이른바 가시권역 외에 비가 시권역이 있다. 감각으로 느낄 수 없는 무언가가 있다. 냉기와 열기, 정 적, 바람 등은 '눈에 보이는 것이 전부 다는 아니다.'라는 징후들이다.

한걸음 더 나아가 공기 외의 영혼이나 마음이 가득 찬 공간일 수 있 다. 허(虛)도 '공'과 같이 '빔'이다. 몸의 기(氣)나 속이 허하다고 한다. '허' 는 미흡하거나 부족, 허점, 결점이나 약점, 급소 등 모자람의 의미가 크 다. '허'도 '공'과 같이 공간 개념이다. 허심은 삿된 욕심이 없는 마음이며 딴 생각이나 헛된, 쓸데없는 생각이다.

허공은 빈 공간이지만 '허'는 목적이 있고 용도가 지정된 공간이지만 채워지지 않는 공간이다. 허공의 반대되는 개념이 '충만'(充滿)이다. 가득 찬 것을 비우지 않으면 새로운 욕구를 충족시킬 수 없다.

'허'는 '충'을 전제로 하고 '충'과 '허'는 반복 교차한다. 순도 99.999……%, 밀도가 0.00000……. 어떤 공간에 무엇이 '공허'하다거나 '충만'되어 있다고 해도 확률적인 의미를 가진다.

실지로 이러한 '절대영'이나 '완전무', '진허공'의 상황은 없다. 상대적 인 개념일 뿐이다. 모든 것은 종국에 본래의 자리인 '공허'의 상태로 되돌아간다고 한다. 본래의 자리는 처음 시작의 자리이며 곧 '일'의 자 리이다.

무(無)하면 공(空)하고 공(空)하면 허(虛)하고 허(虛)하면 동(動)한다. 이것이 정중동(靜中動)과 음양중(陰陽中)의 원리에 의한 태극(太極)과

양의(兩儀)인 음양(陰陽)의 생성 이치이다.

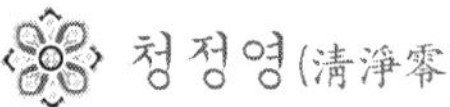 청정영 (淸淨零)

'청'은 청결의 '맑음'이다. 불필요한 것은 취하지 않는 것이 '청백리'이다. '정'은 '깨끗함'이다. 몸을 깨끗이 하고 마음을 정화시킨다. 맑고 깨끗한 것은 '청정'이며 반대는 '오탁'이다. 아무것도 없는 '청정'의 공간이 있으나 이 또한 아무것도 없는 상태가 아니고 티 하나 없이 깨끗한 상태라 할 수 있다.

때 묻지 않은 순수나 순진무구, 원초적인 원시 자연의 상태에 비유할 수 있다. 쪽빛 하늘, 맑은 공기, 흰 구름, 푸른 초원 등을 의미한다. '영' (零)의 개념도 '무'의 개념과 같이 어떤 존재가 있고 없고의 상태적인 개념이다. 숫자의 개념으로 보면 '영'의 상태는 '없다'의 개념이다. 엄밀한 의미에서 인간이 사는 세상은 말할 것도 없고 우주 공간 내에서의 '0'의 상태는 없다. 본래부터 '영'의 상태라면 지금의 내가 있을 수가 없다. 다만 특정의 사물이나 현상을 일컬어서 '있고 없고'의 개념일 뿐이다. '영' 역시 '무'와 같이 추상적이며 철학적인 개념이다.

본래 '무영'의 상태가 아니며 '공허청정'의 상태라 할 수 있다. '공허청정' 의 상태는 우주 자연 그대로의 원시우주로 그야말로 때 묻지 않은, 순수한 '점' 또는 '원'으로 무극의 상태라 할 수 있다.

중우주계 (中宇宙界)

우주 탄생의 기원을 거슬러 올라가면 천지 만물의 기본 입자로 중성 미자(中性微子, neutrino)가 존재한다고 과학계에서 예측하고 있다. 오랫동안 뿌리 깊게 전해져 오는 전통 동양사상의 하나가 음양사상이다.

음양사상에 의하면 우주는 '음'과 '양'으로 이루어져 있다고 한다. 인간 세상도 역시 마찬가지이다. 남과 여, +-, NS, 빛과 그림자, 흥망성쇠, 빈부귀천, 길흉화복, 불과 물, 선악, 호감과 반감이 병존한다. 고로 천지 만물의 원천인 우주 역시 '음'과 '양'으로 이루어져 있다고 여긴다. '음'과 '양'의 조화로 천지 만물이 생기며, 전체는 균형을 유지한다는 것이다.

'음'에서 '양'이 나오는 것처럼 보이는 현상도 사실은 '음' 속에서 억제된 '양'이 어떤 요인에 의해 커지는 현상이다. '음'과 '양'은 자연의 섭리에 의해 에너지와 질량, 부피, 밀도, 온도 등의 상대성을 가지며 켜졌다가 작아졌다, 밀고 당기고를 지속적으로 반복한다는 것이다.

'음'과 '양'은 '극'과 '극'으로 상대성을 지닌다고 본다. '음'과 '양'은 동시에 존재하며 '음'과 '양'이 합하면 '중'이 되고 '중'에서 음양이 분리된다. '음'과 '양'은 합치고 나누어지는 것을 반복하면서 변화가 생기는 것이다.

음양은 천지 만물의 근본이며 에너지의 원천이다. 대낮은 태양인 '양'의 세력이 우세하고, 밤은 태음인 '음'의 세력이 강하다. 밤은 태양의 '양'이 숨은 상태로 태양의 '양'이 달빛으로 나타난다. 남녀 관계도 마찬가지이다. 여자가 기(氣)가 세면 남자는 '기'가 죽게 마련이다.

반대로 남자가 '기'가 세면 여자가 죽어지내나 어느 시기가 되면 그 반대 현상이 나타날 수도 있다. 아침과 저녁은 '음'과 '양'의 세력이 같다. 이와 같은 상태를 '중'의 상태라 한다. 조주석야(朝晝夕夜)와 같이 춘하추동(春夏秋冬) 사계절의 변화도 같은 이치이다.

나아가 우주 대자연의 이치도 마찬가지라고 여긴다. 우주 전체 내에서 음양이 합치거나 분리되거나 우주 자체는 항상 균형을 유지하며 중(中)의 상태를 유지한다는 것이다.

❖ ●(점)과 ○(원)

'무극'은 '점'과 '원'으로 존재한다. 무엇인가 일어날 것만 같은 긴장상태가 '점'의 상태가 아닌가 하는 생각이 든다. '점'의 상태는 우주 내의 기(氣)나 씨앗, 씨알, 종자 등과 같이 무한히 번성할 수 있는 '무극'으로 존재한다.

'원'은 둥근 모양의 공간을 의미한다. '점'도 하나의 작은 원이다. '원'은 점이 팽창하는 모습이며 영향력을 미치는 공간이다. '원'의 둥근 모습과 닮은 것은 자궁, 동굴, 땅, 우주 등 같이 보호와 저장, 생산적인 공간이다.

'점'은 테두리를 깨고 나올 것만 같은 긴장감이 감돈다. 무엇인가 속이 꽉 차면 겉껍질은 파괴의 임계치에 다다라 있다. 마치 달이 차면 기울고 기울면 차는 현상과 같다. 천지 만물과 삼라만상은 가득 차면 비우고 속이 비면 다시 채운다는 자연의 이치가 담겨 있다.

'점'과 '원' 사이는 신생과 사멸의 공간이기도 하다. '점'과 '원'은 '극'과 '극'으로서 '유무'가 아닌 '무한소'와 '무한대'의 상징이다. '공허청정'의 개념은 '유무'의 '있다, 없다.'의 개념이 아니고 기존재하는 것에서부터의 출발을 뜻한다. 우주의 공간은 이미 설정되어 있고 수축과 팽창을 거듭할 뿐이라는 것이다. '점'과 '원'은 '극'과 '극'으로서 둘 다 '일'의 상태와 같다. 즉 '점'과 '원'은 동시에 존재한다는 것이다.

예를 들어 태초에 '일'의 상태를 '점'이냐 '원'이냐의 관점이다. 하지만 아무리 작은 '일점'이라 하더라도 "'점' 이외의 공간은 전무하다."라고 무시할 수 없다. 왜냐하면 '일점'이 자랄 수 있는 공간이 절대적으로 필요하기 때문이다. '점' 밖의 공간은 '원'이다. 고로 최초의 상태는 '만원(萬圓)' 속의 '일점(一点)'이라 할 수 있다.

‘일점’은 ‘원’의 마음이다. 마음은 ‘음양중’으로 변화하며 ‘원’을 채우거나 변화시킨다. 최대한으로 가득 채울 수 있고 가장 안정적인 상태는 ‘원’이기 때문이다. 결국 ‘일점’의 변화도 ‘원’의 변화 현상에 불과하다는 것이다. ‘점’과 ‘원’은 각각 궁극의 임계치를 가진다.

‘점’은 ‘양’이며 정자에 해당하고 ‘원’은 ‘음’으로 난자에 해당한다. 마치 ‘씨’와 ‘밭’의 관계와 같다. 특이원(特異圓) 속에 특이점(特異點)이 있고 특이점 밖에 특이원이 있다.

특이점(特異點)

특이점은 우주의 생성 기원에 대한 이론으로 제시된 대폭발설(빅뱅이론)에 근거하고 있다. 이 이론은 1920년대 A. 프리드만과 A.G 르메트르가 제안하였으며 1940년대 후반 G. 가모프에 의해 체계화되었다.

특이점은 우주의 대폭발 이전의 크기가 ‘0’이고 밀도와 온도가 무한대인 상태를 말한다. 빅뱅이론에 따르면 대폭발 직전에 현재 우주에 존재하고 있는 모든 물질과 에너지는 작은 한 점에 갇혀 있었다고 주장하는 설이다. 우주의 씨앗과 같은 개념이다.

始 시

'시'는 시작이다. 始(시)는 비로소 '시', 처음 '시', 바야흐로 '시'로서 3획의 계집 녀(女) 변에 8획이다. '음'의 여자가 잉태하는 모습이 연상된다.

一始 일시

'일'이 주어이고 '시'가 동사이다. 그렇다면 '일시'의 의미는 "'일'이 시작되다."이다. '일'은 원천적이고 절대적 존재자이기 때문에 '생'(生)하는 것이 아니고 '시'(始)하는 것이다. '생'하더라도 '무'(無)에서 '유'(有)가 '생'하는 것이 아니고 인간이 인식할 수 있도록 외부로 표출되거나 형상화되는 것으로 보아야 한다.

모든 숫자는 '일, 이, 삼 ……' 또는 '하나, 둘, 셋……'으로 '일' 또는 '하나'로 시작된다. 순서는 첫째, 둘째, 셋째로 이어지고 순위는 제일, 제이, 제삼으로 나열된다. 무엇보다 첫 번째 경험, 첫 번째 실수, 첫 번째 만남이 중요하고 기억이 오래 남는다.

'일(一)'은 수(數)의 시작이며 홀수(기수, 奇數)이다. '일'이란 숫자는 늘 처음이며 항상 반복된다. '일'은 숫자의 씨앗과 같다. 천지 만물과 삼라만상이 나날이 새롭다고 하며 출발은 '일'부터 시작한다는 생각은 지극히 당연하다.

엄지에서 소지까지 숫자를 헤아릴 때 엄지는 항상 '일'이며 새로운 시작이 된다. '천리 길도 한 걸음부터', '티끌모아 태산'이라고 '일'은 하나의 초석이나 계기가 된다. '시작', '처음', '새것'은 '일'이며 순서 또는 순위도 마찬가지이다. 화선지에 글이나 그림을 그릴 때는 '점'에서 시작하여 '점'이 모여 '선'을 이루고 '선'이 융합하여 형상화된다.

새로운 세상의 열림은 한 점 빛으로 시작하고, 하루의 시작을 알리는 것은 밤의 적막을 깨우는 계명성(鷄鳴聲)이다. '일시'는 '일'이 변화를 시작하였다. 이 세상의 모든 것은 변화한다. 이 세상에 존재하는 것은 고정되거나 정지되어 있는 것은 없다. 시간 차이가 있겠지만 바위가 풍상에 닳고, 사람도 나이가 들수록 모습이 달라진다. 하늘의 해와 달이 돌고, 계절이 바뀌고, 세월도 변한다.

一(일)	始(시)
주어	자동사
일(은) 존재 천지 만물 입자	시작되다 현상 삼라만상 파동

'일시'는 새 생명의 잉태나 새로운 현상의 생김이라 볼 수 있다. 천지 만물은 물론 삼라만상은 '일'에서 출발한다고 할 수 있다. '일시'는 존재자가 변화를 시작한다는 뜻이다. 무엇을 시작할까? '시'의 의미는 '동'이요, 변화의 시초이다. '일'은 천지 만물이며 '시'는 삼라만상의 일어남이다. '일'은 존재이며 '시'는 현상의 발생에 비유할 수 있다.

인식과 변화는 동시에 일어난다. 一(일)은 뒤 글자 始(시)의 의미로 볼 때 존재자이며 자율이든 타율이든 생명체이거나 물질 혹은 현상일 수 있다. 천지창조의 시작이 시(始)이다. '시'의 상황을 여러 가지로 가정해 볼 수 있다.

정중동(靜中動)

고요한 가운데 움직임이 있다는 뜻이다. 고요는 '음'이요 움직임은 '양' 이다 '음'에서 '양'이 생겨난다는 의미와 같다. 태동(胎動)이나 태극(太極) 의 의미가 있다. '태극'은 '극'이 생긴다는 말이다. 마치 한 점 씨앗에서 움이 돋고 동녘 하늘에 먼동이 트는 형국이다.

'태'는 시작이며 '극'은 말단으로 끝이다. '극'은 서로 대치되거나 결합 하는 상태이다. 예를 들어 자연에는 '음'이 있으면 '양'이 생긴다는 것이 다. 작용과 반작용, 기울고 차고, 가고 오고, '생'과 '사'의 정반대되는 개 념이다. 이 세상에 절대개념은 없고 반드시 먼저 생긴 것에 대치 또는 사라지는 것에 대체되는 그 무엇이 새로 생긴다는 뜻이다. 이것은 상대 성원리와 같으며 '음양'의 조화와 균형을 말한다.

'정'은 어떤 현상이 일어나기 전의 폭풍전야와 같은 것이다. 흔히 대일전 을 앞둔 침묵의 적막강산에 사위가 조용하여 무거운 긴장감만 감도는 상 태이다. 고요함이 주는 의미는 여러 가지가 있다. 죽느냐 사느냐의 상황 이라면 위기의식과 공포 분위기를 조성한다. 반면에 생명의 탄생은 거룩 함을 느끼게 한다. 하물며 '천지' 창조라면 신비스럽고 경이로움을 준다.

이렇듯 '정중동'은 암중모색 즉, 마음먹었던 일을 꾸미기 위해 일을 시 작한다는 뜻이 있다. 어떤 일이 일어날지 모르는, 또는 어떻게 변화할지 모르는 '특이점'의 상태와 같다. '시'는 '동'의 의미가 있고 '시동' 이전에는

'종'과 '정'의 상태가 전제된다. '정'은 '종'의 상태와 같다. '정'은 '음'이요 '동'은 '양'이다. '시'와 '종', '정'과 '동'은 마치 숨을 들이 쉬고 내쉬는 것과 같다.

따라서 '정중동'은 '음' 가운데 '양'이 있음을 암시한다. '시동'함으로써 '극'이 생긴다. 씨앗은 '정'의 상태이지만 조건이 주어지면 움이 트는 '동'의 상태가 된다. 다시 씨앗이 되고 움이 트는 '정동'의 상태를 수없이 반복한다.

'종'(마침)과 '정'(고요)을 '태음(太陰)'이라면 '시'(시작)와 '동'(움직임)을 태양(太陽)이라 할 수 있다. 마음이 '무'(無)하면 '공'(空)하고 '공'(空)하면 '허'(虛)하고 '허'(虛)하면 '동'(動)한다. 마음이 '동'하면 몸이 변화를 시작한다.

'태극'과 '음양'이 생겨나는 것은 '정중동'의 이치에 의해서이다.

❀ 음양중(陰陽中)

어둠에서 빛이 생기고 빛이 생겨남으로써 이 땅에 생명이 생겨났다. 어둠은 '음'이며 빛은 '양'이다. 어둠에서 처음 생겨난 태극(太極)은 태양(太陽)이라 할 수 있다. 빛은 우주의 마음이 형상화된 것이다. 빛은 해와 달이며 해와 달의 조화로 이 땅에 인간이 생겨났다고 할 수 있다.

'음양중'의 변화는 대자연의 섭리이다. 섭리는 운율이며 심장의 박동이다. 박동은 생명이다. 살아 있는 생명은 고유의 리듬을 가지고 있다. 생명이 사는 맛은 신명과 흥이 나야 한다. 흥은 마음에서 생기며 흥이 고조되려면 리듬을 타야 한다.

조주석야와 춘하추동, 사상과 오행, 오욕과 칠정의 원리가 모두 '음양'의 조화와 균형에 바탕을 둔다. '음'이 성하면 '양'이 쇠하고, '양'이 흥하면 '음'이 망하고, '양'의 빈자리는 '음'이 채우고 '음'의 빈자리는 '양'이 채운다.

태초의 '음'에서 태양이 생김으로써 기체인 공기, 액체인 물, 고체인 물질은 열(熱)의 강약에 따라 팽창과 수축을 반복한다. 팽창은 생극, 수축은 멸극과 같다.

궁즉통(窮則通)

주역에 나오는 용어로 궁하면 통한다는 뜻이다. 쥐도 궁지에 몰리면 고양이에게 달려든다. 막힌 듯 뚫리고 하늘이 무너져도 솟아날 구멍이 있다는 말과 같다. 아무리 어려워도 무슨 수가 생긴다는 것이다. 즉 '궁극'하면 '통극'한다는 것이다.

'궁'은 딜레마나 슬럼프, 위기이고 '통'은 해결책이나 돌파구이다. 궁즉통은 직면한 어려움이나 곤란을 벗어나기 위해 해답을 찾는 것이다.

문제점과 위기를 제때 해결하지 못하면 부작용을 초래한다. 극복하거나 회피, 적응의 계책을 마련해야 한다. 하늘의 책략은 건지책이고 땅에 대한 책략은 곤지책이다.

극즉변(極則變)

주역에 나오는 용어로 '극' 즉 위기가 닥치면 변한다는 뜻이다. '음'에서 '양'이 생겨나는 이치를 추정할 수 있다. 무엇이나 한계에 다다르면 변한다는 것이다. 인내심이 폭발하고, 음식의 맛이 달라지고, 체력도 다하면 지치게 된다. 음지와 양지, 호운과 액운, 오르막과 내리막, 희비, 위기와 기회가 교차한다. 애증, 빈부귀천, 흥망성쇠, 길흉화복이 반전과 역전을 거듭한다.

달이 차면 기울고 밀물과 썰물이 교차하는 것도 ‘극변’하는 이치이다. 극즉변은 음양의 반복 순환을 뜻하며 천지 만물과 삼라만상의 필연적 변화현상이다.

하나의 ‘극’이 생기면 반드시 반대극(反對極)이나 대립각(對立角)이 생겨 상생함으로 새로운 ‘극’이 생긴다. 계절의 변화도 상생 상극의 이치에 따른다. 물은 수증기가 되고 얼음이 되는 극점이 존재한다.

❀ 대폭발(大爆發)

대폭발설(빅뱅이론)은 우주의 탄생기원으로 제시된 이론이다. 지금까지 설득력있는 주장으로 받아들여지고 있다. 빅뱅이론에 의하면 우주는 태초에 한 점 특이점에서 대폭발과 동시에 팽창하고 있다는 가설이다. 말하자면 작은 한 점이 대폭발을 일으켜 현재의 천지만물과 삼라만상, 인간이 생겨났다고 할 수 있다. 현재 우주의 나이는 100억년에서 200억년 사이로 추정하고 있다.

대폭발의 시점은 이른 아침 어둠을 뚫고 동녘에 장엄하게 떠오르는 붉은 해를 닮았다. 또 기나긴 동지섣달 추운 겨울을 지나 따뜻한 온기가 사방으로 퍼지는 봄과 같다. 그리고 동토의 땅에 따뜻한 봄이 되어 씨앗이 발아되어 대지를 뚫고 솟아나오는 형국이다.

無 무

'무'는 '없을 무' 자이다. '버리다. 없어지다. 사라지다.'의 의미도 있다. 無(무)는 '없다, 아니다'의 뜻으로 4획의 불 火(화) 변에 12획이다.

천부경에서의 '무'의 개념은 '유무'의 개념도 있지만 '무시무종', '무한정', '무량수, 무궁무진' 등 무한반복의 개념이 강하다. 즉 '일시'를 끝없이 되풀이한다는 뜻이다.

始 시

앞의 '시'와 같은 의미이다. 다만 앞의 '시'와 다른 관점은 '일시'의 '시'가 자동사라면 '무시일'의 '시'는 뒤의 '일'을 수식하는 역할을 한다.

無始 무시

'무시'의 '무'는 반대나 부정의 의미가 있다. 그렇다면 '무시'는 '시'를 부정하는 말이 된다. 시작을 부정하면 '무시'의 의미는 '시작이 없다.'라고 풀이할 수 있다. 하지만 천부경에서의 '무'는 무한반복의 의미로 해석된다. 고로 무한히 시작을 되풀이한다는 뜻이 있다.

一　일

앞의 '일'과 같다.

始一　시일

'시일'은 시작된 '일'이라는 뜻이다.

無始一　무시일

'무'의 의미는 시작된 '일'이 없어짐으로 여겨진다. '무시'라고 할 때는 '시작이 없다'를 뜻한다. 그러나 '시'의 뒤에 '일'이 오면 '무시'는 '일'을 수식하는 형용사가 된다. 앞의 '일'과 뒤의 '일'이 같다면 시작된 '일'을 지칭한다. '일'이 시작되었는데 갑자기 시작된 '일'이 없다고 하였다.

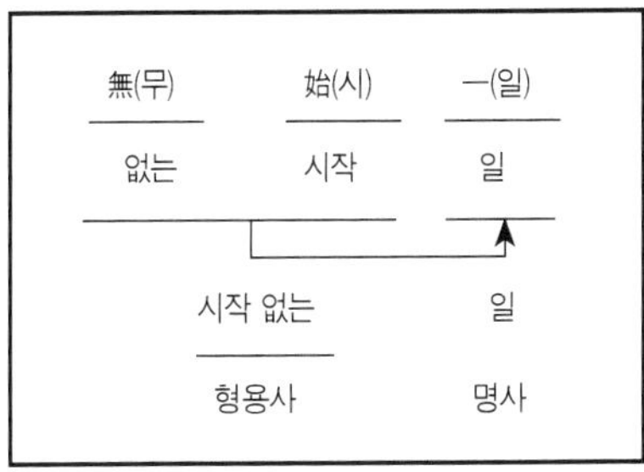

이것은 필시 '일시'에 대한 반전의 의미가 있음에 틀림없다. '일시'와 '무시일'은 반전에 반전을 거듭한다는 것이다. 또 '하늘 아래 새로운 것이 없다'는 말이 실감난다. '무시일'은 날로 새롭게 변하는 '일'이라는 뜻이다.

시작된 '일'은 이미 예전의 '일'이 아니다. '일일신우일신(日日新又日新)'의 의미가 있다. '일'은 '무궁무진'한 영원불멸의 존재이다. 씨앗이든 태아든 종자든 불씨든 무엇이든 간에 처음이요, 시작이요, 근본이 된다. '무시'는 생명의 영속성을 추구하는 자연현상을 말한다.

'무시'는 무한시작이며 '일'은 무한 변화의 주체이다. 변화는 빛의 명멸과 같다. 변화는 공기의 호흡이나 심장의 박동, 음식물의 소화와 같다. 파동이 생명이라면, 변화도 역시 같다. 반복적 좌우의 기움으로 중심잡기이며 변화는 곧 생명이다.

불변은 고정이며 고정은 생명이 없음을 의미한다. 변화를 거부하는 것은 생명을 버리고자 함이다. 변화는 찰나의 파동에서부터 1겁의 주기가 있다. 가령 해가 뜨고 지면 다시 뜨고, 달이 차면 기울고 다시 차는 현상을 반복하는 것과 같다.

또 봄, 여름, 가을, 겨울 일 년 사계절이 반복되고 봄은 가고 아니 오는 것이 아니라 다시 오는 것이다. '무시일'은 '시일'의 사실을 부정하는 것이 아니고 반복하게 만드는 것이다. 부정의 부정은 강한 긍정의 의미가 있다.

一始無始一 일시무시일

앞 구절에서 '일'이 시작하였는데 이내 뒤 구절에서 시작된 '일'이 아니라고 하였다. 다시 말하면 '일'은 시작하였지만 이전에 시작한 '일'이 아니라는 뜻이 된다. '일'은 시작과 동시에 이미 예전의 '일'이 아니라면 '일'은 변화한 '일'이라는 뜻으로 해석된다. 함축적인 의미로 받아들여져야 할 것 같다. '일'은 시작함과 동시에 끊임없이 변화하는 존재라고 보아야 한다.

'일'은 주어이고 '시'는 자동사이다. 고로 '일'은 존재자이고 '시'는 변화 현상이다. '일'의 시작을 시작과 동시에 시작을 부정하였다면 '일'은 시작하나 단 한 번의 시작으로 끝나는 '일'이 아니고 시작을 끊임없이 반복하는 '일'이라는 것이다.

이 세상에는 고정불변한 것은 없다. 만고불변의 진리라도 세월이 흐르면 새로운 사실의 발견으로 변할 수 있다고 전제한다. 사실 불사조나 절대불변의 존재자는 없다. 우주 일체 내에서는 모두가 서로 연관된 상대자라는 뜻이다.

그렇다고 근본 자체의 존재마저 부정하는 것은 아니다. 존재하는 '일'은 있으되 항상 새롭게 생겨나고 변화한다는 것이다. 불교의 윤회사상이나 기독교의 부활, 소생과 일치하는 부분이다. 사물 또는 현상의 구분이나 분별, 차이, 비교 등 다른 관점은 변화의 시작과 끝인 순간순간 반복되는 사이클(주기)의 '시점'과 '종점'이 있어 알 수 있다.

'시종'은 변화를 인식하는 시작과 끝을 의미한다. 때의 시작이라 함은 마치 강태공이 때를 기다리다 어떤 계기가 이루어지는 시점을 말한다. 초, 분, 시, 일, 주, 월, 년, 겁의 시간이 모두가 변화의 단위들이다.

하루의 시작은 아침이고 새해 첫 새벽은 새로운 일출을 준비하는 1월 1일의 0시이다. 생의 시작은 남녀의 결합과 탄생으로 이루어지는 것과 같다. 새로 태어나는 아이를 신생아라 한다. '일'은 신생아와 같이 거듭 생겨나는 새로운 '일'이라는 것이다.

천지 만물의 존재는 시시각각 찰나의 순간에도 변화하고 있다. 불변하고 고정되어 있는 사물은 변화를 알 수 없다. 이음새 없는 고리는 그 끝과 시작점을 알 수 없는 이치와 같다.

또 비교나 구분할 수 없다면 변화를 알 수 없다. 존재는 생멸하는 것이 아니라 단지 변화할 뿐이다. 공간을 구성하고 있는 것은 존재이다. 시간은 존재가 변화하기 때문에 인식할 수 있다. 고로 시간은 곧 공간이라 할 수 있다.

'일'은 쉼 없이 변화하며 유동한다. 흐르는 물은 변화하는 인간의 마음과 같다. 옛 조상들은 일찍이 변화를 '음양'의 반복 현상으로 여겼다. '일'이 '음'이라면 '시'는 '양'이다. '일시'가 '양'이라면 '무시일'은 '일시'를 부정하였으니 '양'의 반대인 '음'이라 할 수 있다. 마치 파동과 같다.

'일'은 진동자이며 순환, 윤회하는 변화체임을 알 수 있다. 진동은 주기가 있고 '음'과 '양'인 강약, 고저, 장단의 운율이 있다. '양'은 '음'에서 시간은 공간에서 나온다.

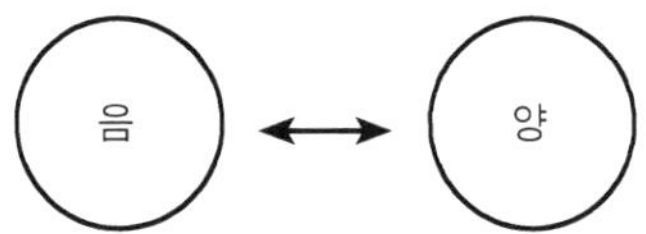

일상의 생활은 활동과 수면, 노동과 휴식의 반복이다. 열심히 일하고 휴식하는 것은 불가분의 관계이다. 전자는 '양'이요, 후자는 '음'이다. 잠과 휴식은 소진된 원기를 재충전하는 시간이다. 하루의 일상이 지루하게 반복되지만 쌓이고 쌓여 격세지감을 느낀다.

자연의 섭리는 이처럼 '음'과 '양'의 반복 작용으로 이루어진다. '음'과 '양'의 반복 작용은 리듬이며 순리이다. 음양사상은 매우 심오하고 광범위하다. 몇 가지 참고가 될 만한 설명들로 이해를 돕고자 한다.

천지조화 (天地造化)

흔히 불가사의한 현상이 있으면 천지조화란 말을 많이 쓴다. '천'은 '양'이요, '지'는 '음'이다. '천'의 '양'과 '지'의 '음'이 결합하여 생겨난 이 세상은 천지일월의 조화물이다. 우주에 천지의 조화로 모든 존재와 현상이 생겨남을 의미한다. 꽃이 피고 열매 맺고 부부 사이에 자식이 생겨나는 것은 모두가 천지 음양의 조화로 여긴다.

'음양'의 조화는 모든 것을 망라한다. 조화는 무엇이라고 설명할 수 없는 미묘하고도 신비로운 현상의 하나이다. 경이롭고도 초자연적인 현상에 가깝다. 남녀 간의 사랑은 무소불위의 힘을 발휘할 수 있으며, 불가사의한 초능력이 생겨날 수도 있다. '일월성신'의 형성, 초목과 짐승의 생성, 인간의 탄생이 '음양'의 조화물이다.

음양 (陰陽) 의 이치 (理致)

우주 만물은 음양으로 구성되어 있으며 음양으로 변화한다는 이론이다. 음양은 두 개의 '극'을 이룬다. 전기는 +극과 -극이 있다. +극과 -극의 상호작용으로 빛과 열을 발생시킨다. 하늘에 천둥과 번개가 치는 현상은 전기의 +극과 -극의 상호작용에 의한 결과이다. 전력은 자력을 발생시킨다.

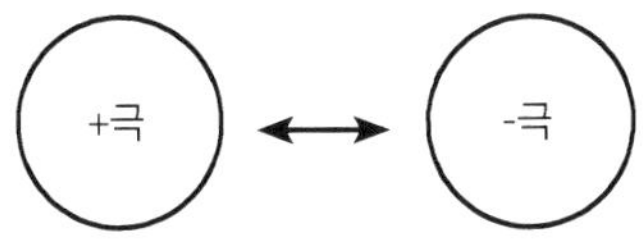

자기는 자성을 지니며, '음'의 N과 '양'의 S극이 있다. 같은 '극'은 밀고 다른 '극'은 당기는 자력을 일으킨다. 전력이 자력을 발생시키듯 자력 또한 전력을 발생시킨다. 지구와 달의 상호작용으로 밀물과 썰물 현상이 생긴다.

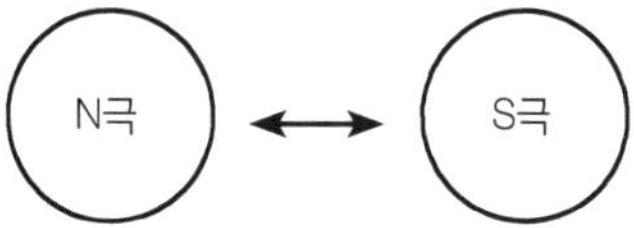

지구는 남극과 북극이 있다. 북극은 북극성을 가리키고 남극은 남십 자성을 가리킨다.

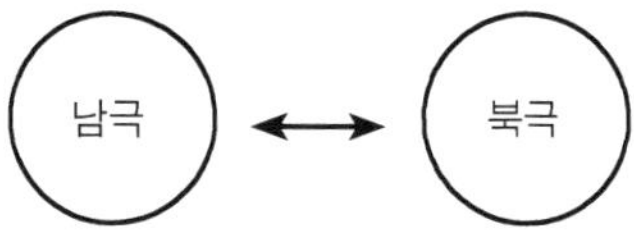

초목과 짐승은 암수로 나누어져 있다. 암수가 결합하여 종자나 새끼 를 낳는다.

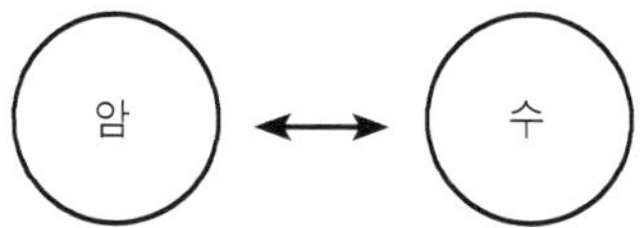

인간은 남녀의 성인이 결합함으로써 자손을 번성시킨다.

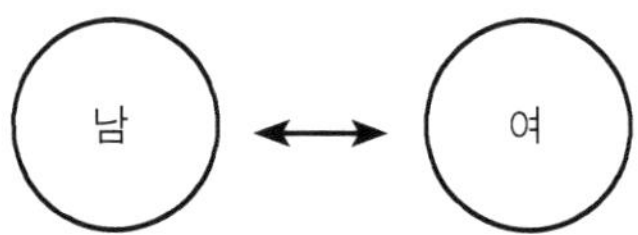

앞은 '양', 뒤는 '음', 힘을 많이 쓰는 우(右)는 '양', 좌(左)는 '음'이다. 그 밖에 모든 사물과 현상들도 음양으로 이루어져 있다.

양	천간 10간	낙서	유	동	색	율	화
음	지지 12지	하도	무	정	공	려	수

'일시무시일'은 시작의 연속이다. 다시 말하면 어떤 현상이 처음과 같이 반복되는 것이다. 이것은 '유, 무'와 'on, off' 그리고 +, -가 수없이 반복한다는 뜻이다.

환언하면 '음양'의 반복 현상과 같으며 디지털 현상이라 할 수 있다. 존재(입자)는 변화(파동)를 하기 때문에 '입자 = 파동'의 이론이 성립한다. 입자는 파동 즉 '음'과 '양'을 반복한다. 열(熱)의 '양'과 냉(冷)의 '음'이 반복함으로써 팽창과 수축현상이 생기며 자벌레의 신축운동이 가능하다고 본다.

❁ 음양(陰陽)의 조화(調和)와 균형(均衡)

우주에는 '음'과 '양'이 있어 '음'과 '양'의 조화로 천지 만물과 삼라만상이 생멸하고 생멸함으로써 안정을 유지한다는 것이다. 짚신도 짝이 있듯이 '음양'은 반드시 한 쌍의 균형을 이룬다고 한다.

이러한 자연의 섭리에서 '음양오행사상'과 '사상의학', '일월', '궁을', '유무', '정동', '율려', '색공', '수승화강', '수렴과 팽창', '분열과 융합', '다양성과 통일성'의 사상과 이론들이 생겨났다. 새로운 존재의 생성과 변화는 음양'의 조화에 의하며, 전체적으로는 균형을 유지한다는 의미이다.

'음'에서 '양'이 생겨나니 극(極)이 생기고, '극'이 생김으로써 기(氣)가 움직이고 '기'는 바람과 구름, 비로 변화한다. 다시 말하면 '음양'의 균형이 있어야 조화가 생긴다. 그리고 '음양'의 조화는 균형을 유지하기 위함이다. '분열'(분리)과 '융합'(결합) 등 이합집산의 원리가 담겨 있다. 대체로 보이지 않는 성질은 화학적 반응이며, 유형의 물체는 물리적 반응, 살아 움직이는 것은 생태계를 이룬다.

예를 들어 신체의 병은 '음양'의 부조화에 기인한다. 정신적인 고통에서 탈피하려면 육체적인 고행이 필요하다. 반대로 육체적인 고통에 시달리는 사람은 마음공부가 필요하다. 이것은 몸과 마음의 균형을 찾기 위함이다.

'음양'이 화합하면 이 세상에 못 이룰 것이 없다. 부부간에 금슬이 좋으면 가정이 화목하다. 천둥과 번개, 심장의 박동, 밀물과 썰물, 낮과 밤, 계절의 변화, 일월성신의 운행, 새들의 노랫소리, 생로병사는 물론 자연 현상과 인생사 길흉화복 모두 다 '음양'의 이치가 담겨 있다.

천부경에서의 핵심은 '음양'의 조화와 균형이다. '일시'는 특이점의 상태이며 '무시일'은 특이원의 상태로 생성과 소멸이 동시에 일어난다. 우주 천지 만물과 삼라만상에 관한 생성과 소멸의 변화는 음양의 조화가 일어나 생기는 것이다. 조화와 균형의 원동력은 마음이다. 마음은 사랑과 열정으로 나타난다.

음양(陰陽)의 상생 상극(相生相剋)

'음양'의 조화와 균형은 '상생 상극'의 이치에 의해서 생긴다. '음'과 '양'이 서로 도우고 합하는 관계를 '상생'이라 한다. 반면에 서로 멀리하고 분리되는 관계를 '상극'이라 한다. 상생은 교차결합을 의미하며 '+'를 상징한다. 상극은 쌍립과 대치를 뜻하며 '='의 기호로 나타낼 수 있다.

상생의 의미와 기호

＝

상극의 의미와 기호

'상생 상극'의 관계에 의해 춘·추분을 극점으로 밤과 낮의 길이가 역전한다. '이해득실'이 생기고 거래가 생기고 화합과 불화, 행복과 불행, 길흉화복, 흥망성쇠, 빈천고귀가 생긴다. 또 적과 아군, 생과 사, 사단과 칠정이 생긴다. 흔히들 애증과 희비가 엇갈리고 만감이 교차한다고 한다.

음양의 조화는 일반적으로 '상생 상극'을 말한다. 상생은 '극'과 '극'이 서로 당기고 친하며 합치고 결속, 융합, 수렴하는 것을 말한다. 반대로 상극은 서로 밀치는 것이다. 배척하고 분리하며, 분열, 팽창하는 것을 말한다. 예를 들어 블랙홀이 '음'이라면 화이트홀은 '양'이다. 음양의 '상생 상극'에 의해 회자정리와 생자필멸의 현상이 생긴다.

폭발 시 팽창하는 '열'로 주위를 초토화시키는 열폭탄(熱爆彈)이 있다. 대신에 '음양'의 원리를 알면 주위로부터 열을 모조리 흡수하는 냉폭탄(冷爆彈)의 제조도 가능할 것이다.

음양이 서로 당기고 밀고 하는 현상이 생기는 것은 음양에 각기 자성이 있기 때문이다. 자성은 'N극'과 'S극'을 띤다. 자성은 전기에 의해 발생한다. 자력의 강약, 고저, 장단은 전력의 세기에 따른다. 전기가 자성을 만들며 자력은 전력을 생성시키기도 한다. 고로 전기와 자기는 '양'과 '음'으로 서로 호환된다. 고로 음양은 본디부터 불이(不二)이다. 이로써 전기와 자기는 같은 것이며 본성은 원래부터 하나라고 볼 수 있다.

음양이 '상생 상극'하는 것은 상호 균형을 유지하기 위한 기저가 작동하는 것이라고 본다. 마음이 당기고 멀리하고자 하거나, 서로 사랑하고 미워하는 것은 마음이 자성을 가지고 있다는 증거이다.

생명활동의 요체인 작용과 반작용의 원리에 의하여 '극'은 내부에서 형성된다. 즉 '음'이 존재한다면 '극'의 '양'은 '음'이 스스로 형성한다고 보는 것이다. '일'은 음양으로 분리(상극, =)하고 결합(상생, +)하여 중(±)을 낳아 번성한다.

❀ 비보사상(禪補思想)

우주 대폭발 후 발생한 혼돈은 불안정한 상태를 말한다. 혼돈은 음양의 부조화로 인해 생긴다. 사람은 정서를 불안정하게 하는 불협화음, 부조화, 무질서를 싫어한다. 부조화는 화를 부르고 흉액이 닥치며 자연재해나 비 인륜적인 현상들이 생기기 마련이다. 불평등에서 불만과 원성이 쌓이는 것이다.

인간이 만들어진 이유 중에 하나가 천지의 혼돈을 안정시키는 데 있다. 천지의 안정은 음양의 조화와 균형이 필요하다. 소음과 무질서는 음양의 부조화로 사람의 정서를 불안하게 한다. 시서예악(詩書禮樂)은 진선미를 추구한다. 고저, 장단, 강약이 잘 조화된 음악과 미(美)의 극치인 예술품은 사람을 이롭게 한다. 천지의 불안정한 요소를 제거시키는 데 음양의 이치를 응용한다.

몸과 마음의 병도 음양의 부조화에 기인한다. 비보는 허한 곳에 막힌 경락과 혈맥을 찾아 침이나 뜸을 놓아 '기'를 소통시키거나 보약으로 원기를 북돋아 주는 것이다.

음양의 조화는 극단을 회피한다. 약자를 보호하고 악한 자를 징벌하며 가난한 자를 구제하는 것이다. 약한 쪽을 보충하고 기울어진 쪽을 기울지 않게 지탱해 주는 것이다. 삭막한 분위기, 허전한 마음, 불안한 정서를 치유해준다.

개인의 약점을 보완하는 것도 일종의 비보행위이다. 한쪽으로 치우치지 않도록 '중'의 안정된 상태를 유지시키는 것이다. '미'의 극치는 좌우대칭과 상하균형에 있다. 편안함, 거룩함, 장엄, 신명 등 영혼을 깨우고, 생기를 불어 넣는다.

허허실실(虛虛實實)

허허실실은 허를 찌르고 실리를 꾀한다는 뜻이다. 고의로 빈틈을 보여 적을 안심시킨 후에 역으로 적의 약점을 노려 칠 수도 있다.

실체와 허상은 있는 듯 없는 듯 유무의 개념과 유사하다. 대자연의 섭리는 '허'와 '실', '유'와 '무'의 기기묘묘한 작용으로 이루어진다. 밖이 실하면 속이 허할 수가 있고 속이 실하면 오히려 밖이 허할 수 있다.

사람의 성격에도 외유내강(外柔內剛)형과 내유외강(內柔外剛)형이 있다. 그리고 밖이 따뜻한 사람은 오히려 속이 차가울 수 있고 겉으로 냉정하면 오히려 속정이 두터울 수 있다.

사람은 부드러운 살이 강한 뼈를 감싸고 있다. 반대로 갑각류는 강한 뼈가 부드러운 살을 감싸고 있는 형국이다. 허와 실, 강점과 약점, 유강, 냉열, 내외는 음양과 같다. 이처럼 세상은 음양의 조화와 균형을 이루며 안정과 질서를 유지한다.

성동격서(聲東擊西)

성동격서는 동쪽에서 소리를 내어 적의 이목을 집중시켜 이틈을 노려 서쪽을 친다는 계략이다. 예상치 못한 서쪽 역시 적의 허점이자 빈틈이다. 이것은 고의로 적의 틈을 만들어 내어 이긴다는 전술의 일종이다.

자연과 사람에게는 빈틈이나 약점이 있기 마련이다. 허점은 급소와 다름없다. 급소에 공격을 받는다면 치명타를 입는다. 소란은 '양'이요 고요는 '음'이다. 빈 소리(음)로 주의(양)를 끌어 반대쪽인 방심(음)을 공격(양)한다는 것이다.

적을 이기려면 천기와 지세, 정동, 공방, 긴장과 이완 등 음양의 이치를 잘 이용하여야 한다. 정적보다 오히려 시끄러운 개구리 울음소리가 도둑의 침입을 더 잘 막을 수 있다.

❀ 수승화강(水昇火降)

기체는 '양', 고체는 '음'이다. 기체와 고체 사이에 화기인 '양'과 수기인 '음'이 있다. 수승화강도 음양의 조화 원리에 따른다.

기는 열(熱)의 강약에 따라 기체(氣體), 고체(固體), 수기(水氣)와 화기(火氣)로 변화된다. 화기는 천기이며 수기는 지기이다. 화기는 하늘로 흩어지려 하고 수기는 땅으로 흐르려고 하는 것이 자연의 섭리이다. 기체와 고체, 화기와 수기는 각기 '극'과 '극'이다. 기체와 화기, 수기와 고체는 서로 친하다. 화기는 수기를 순환시키고 수기는 화기를 제어한다. 화기와 수기의 상호작용으로 생기를 일으킨다.

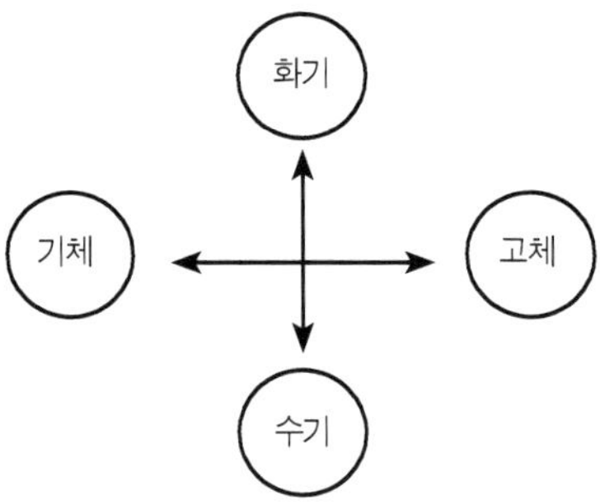

화기와 수기가 음양의 조화를 이루려면 반대로 불을 아래로 끌어와 차가운 수기를 데워 위로 흐르도록 해야 한다. 이런 이유로 수기의 음기와 화기의 양기가 순환하게 되면 에너지가 발생하게 되고 만물은 생기가 도는 것이다.

단전에서 따뜻하게 데워진 기운은 머리 위로 흐르게 되고 반대로 머리의 차가운 기운은 아래의 단전으로 흐르게 하여 따뜻하게 데워주어야 한다. 기(氣)와 혈(血)의 순환이 원활하여 맑은 정신으로 무병장수할 수 있다. 기혈의 부조화는 심장병이나 뇌졸중의 원인이 된다.

생명체는 빛에너지가 있어야 비로소 활동을 하게 된다. 우주에도 물과 불이 있다. 단지 어떤 형태로 존재하며 작용하는지는 알 수 없을 뿐이다.

소우주인 인간이 생명을 유지하기 위하여 외부에서 에너지를 섭취해야 하는데 두 가지 필수 요소가 있다. 하나는 공기이고 다른 하나는 음식물이다. 단 몇 분간 숨을 쉬지 못하거나 단 며칠간 음식물을 섭취하지 못한다면 더 이상 생명 활동을 유지할 수 없다. 우리 몸이 필요로 하는 공기는 산소이고 음식물은 각종 영양소이다. 공기는 천기요 음식물은 지기이다. 산소는 공기에서 얻어지고 음식물은 땅에서 얻어지기 때문이다.

이렇듯 인간이 생명을 유지하는 것은 음양의 조화에 의한다. 인간의 단전은 생명 활동의 근원이 된다. 단전은 부엌과 같다. 단전은 산소와 영양소를 결합하여 우리 몸이 필요로 하는 각종 영양소를 분해 합성해 낸다.

아랫배가 차거나 산소가 충분히 공급하지 못하면 각종 영양소는 몸에 해로움을 주는 찌꺼기로 남을 것이다. 밥 배와 숨 배가 따로 있다. 숨 배를 밥 배로 채운다면 완전 연소되지 못한 영양소는 우리 몸에 독소로 바뀔 것이다.

현대인은 식욕이 왕성하여 상대적으로 천기를 받아들이는 데는 소홀하다. 돈이 드는 것에는 집중하지만 돈이 들지 않는 것에는 무관심하다는 것이다. 산소가 불을 지핀다. 부엌의 아궁이에 공기가 잘 통하지 못하면 불이 꺼지거나 화력이 약하여 맛있는 밥을 지을 수가 없을 것이다.

우리의 신체는 음양의 조화물이다. 음양의 부조화가 초래된다면 우리의 몸은 망가질 것이다. 수승화강은 위의 머리는 차갑게, 땅의 복부는 따뜻하게 하는 상태를 말한다. 화(불)성에 따라 수(물)성은 공기, 바람, 수증기, 안개, 구름, 비, 서리, 눈, 얼음으로 바뀐다. 햇빛에 달구어진 온난기류는 한냉기류와 상호작용함으로써 기후 변화가 생긴다.

땅의 음기는 햇빛으로부터 에너지인 양기를 받아들여 생명을 탄생시킨다. 바닷물이 태양열에 의해 데워지고 물은 수증기가 되어 비가 되고 강이 되어 다시 바다로 모임으로써 생태계를 순환하고 이롭게 한다. 이것은 아궁이의 불이 솥의 물을 데우는 형상으로 자연의 섭리에 부응하는 것이다. '화'는 생명력으로 '수'의 통제력이 뒷받침되어야 한다.

인간은 물의 음기와 불의 양기로 결합되어 있으며 수승화강의 원리가 적용되는 자기생명 유기체이다. 그 중심은 태양과 같이 핵융합과 분열이 일어나는 용광로나 화롯불과 같다. 나날이 발전하는 현대 첨단과학의 덕택으로 문명의 이기가 만들어지고 있다. 그럼에도 마음이 편치 않은 것은 우리가 무엇을 해야 할지 모르기 때문은 아닐까 하는 생각을 해본다.

천기보다 지기가 약하면 사색이 깊어지고 병약하다. 이것은 하늘에 가깝다. 반대로 천기보다 지기가 강하면 체력이 왕성해지고 현실에 집착하는 경향이 있다. 천기와 지기를 고르게 하여야 올바른 삶을 산다고 할 수 있다.

뱃심 없이 근력 없다. 복부의 단전은 동력의 근원이다. 천부경은 마음의 변화인 천지 음양의 상호작용이 핵심이다. 인간은 자연환경에 적응하기 위하여 음양의 조화와 균형의 원리를 알려고 한다. 아울러 우주천지 만물과 삼라만상의 변화인 생성과 번성, 소멸의 이치를 풀고자 하는 것이다.

이기(理氣)의 상호작용(相互作用)

마음(心)속에 기(氣)가 있다. '기'는 천지인(天地人)의 성정(性情)을 갖고 있다. 마음이 움직이면 '기'가 천지인으로 나누어진다. 이(理)는 '기'의 성정이며 '이'를 통하여 '기'의 변화를 유발하는 것이 마음이다. '이'는 마음이 변화하는 이치이며 순리 또는 섭리라고 한다.

사람의 마음이 두뇌의 '이'를 자극하여 몸의 '기'를 변화시키고 움직이는 이치와 같다. 마음 심(心)이 '이'의 생각을 통하여 '기'의 몸으로 나타난다. 마음은 '이'와 '기'의 상호작용을 도와준다. 마음은 '이'의 무한함과 '기'의 한계에 의한 부조화로 갈등을 겪기도 한다.

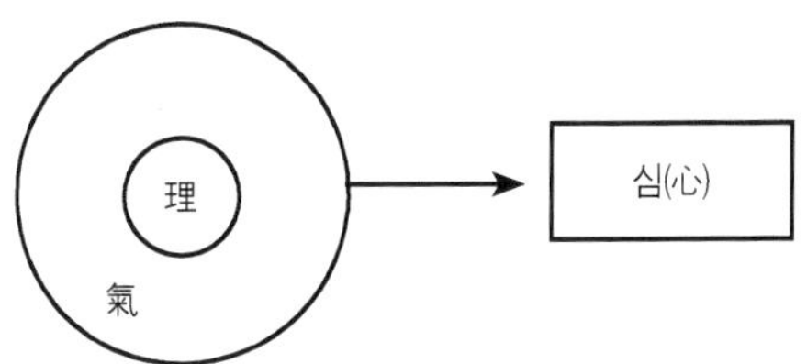

천(天)은 신(神), 지(地)는 기(氣), 인(人)은 정(精)에 해당한다. 심, 뇌, 체의 관계와 같다. 체력은 정신력에서 나온다. 천문과 지리, 인사, 심리와 물리, 생리는 마음의 이치를 밝히려는 것이다. '기'의 변화를 일으키는 마음의 변화 속에는 무궁무진의 이념과 원리, 이치가 담겨 있다. 재세이화(在世理化)의 이화는 이치로 마음을 교화시키고자 함이다.

'기'는 마음의 변화에 따라 3극(三極)이 생기고, '극'이 생김으로써 무형에서 유형으로, 정(靜)에서 동(動)으로 변화한다. 우주를 이루고 있는 자연계에 약력, 강력, 중력, 전자기력의 4가지 힘이 있다고 한다.

천부경의 이치에 따르면 '이'에 관여하는 힘은 마음의 염력이다. 염력이 기력 즉 천(天)의 성정을 가진 전기(+, -)의 양(陽)과 지(地)의 성정을 가진 자력(N, S)의 음(陰)을 묘하게 작용함으로써 형태와 움직임이 생긴다고 여긴다. 형태와 움직임에는 균형미(beautiful motion)와 율동(rhythmical change)이 내재되어 있다고 본다.

태초(太初)의 일(一)

'일'은 하나, 동일의 뜻이 강하다. 우주에 하나, 동일의 천지일색(天地一色)의 시기가 있었을까? 천지인(天地人) 창조 이전의 우주는 하나였다면 첫 번째로 하나의 원자, 알, 씨앗의 상태를 가정한다. 원자의 양성자, 알의 노른자위, 씨앗의 씨눈은 '양'이며, 전자, 흰자위, 배젖은 '음'이다.

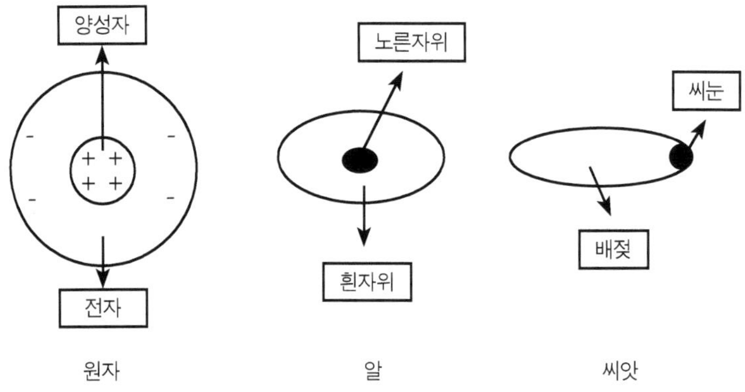

동양의 오래된 음양사상에 의하면 우주 만물은 음양으로 이루어져 있고 음양의 조화와 균형으로 천지 만물이 생성, 번성, 소멸한다고 한다. 음양중의 원리에 의하면 '음'이 '양'을 낳고 음양이 결합하여 '중'을 낳는다고 한다. '양'은 '음'의 변형물이며 '중'은 음양의 결합물이라 할 수 있다.

'양'과 '중'은 모두가 '음'에서 비롯되었으며 원래의 상태는 '음'의 상태로 볼 수 있다. '음'은 전자이다. 태초의 상태가 전자의 시대임을 의미한다. 전자는 '음'이며 여성을 상징한다. 여성은 잉태와 생산의 모태가 된다.

'음'의 시기는 불의 '양'인 하늘이 생기기 전으로 우주는 차갑고, 정적이며 암흑만이 존재한다. 무변부동의 시기이다. '천지인' 창조 이전의 동정 우주를 말한다. 초기의 둥근 우주는 거의 전자로 가득 찬 구름이나 안개, 먼지나 티끌로 존재한다. '음'이 천지 만물의 근본이 된다는 것이다. 음의 상태는 밤과 수면, 휴식을 의미한다.

태초의 우주는 무색, 무미, 무성, 무취, 무형의 상태이다. 그야말로 어두움뿐이며, 고요함과 거룩함만이 있었다. 마치 해가 뜨기 전, 미명의 상태와 같다. 심적으로 주는 느낌은 설렘과 기대감이다.

천지인이 생기기 전의 상태를 무극(無極)의 상태라 할 수 있다. 무극은 모나 각의 '극'이 없어 둥글다. 생김새가 없어 분별할 수 없다. 불이 없어 차갑고, 보고, 듣고, 말하고, 냄새와 맛, 고락을 느낄 수 없다. 움직임도 없고 잠자는 마음의 세계이다. 천지일색은 '음'의 상태가 극대화되고 '양'의 상태가 극소화되어 마치 '양'이 없는 것처럼 억제된 공허청정의 상태인 것 같다.

아담의 갈비뼈로 이브를 만드는 것은 '양'에서 '음'이 생겨남을 의미한다. 조물주가 흙으로 사람을 만들고 사람은 죽어서 흙으로 돌아감은 '음'에서 '양'이 나오고 '양'에서 '음'으로 되돌아감을 뜻한다.

다음으로 천지일색의 가정은 흑광(黑光)이다. 흑광은 어둠이며 불의 하늘이 생기기 전의 상태이다. 또 한 가지는 백광(白光)이다. 빅뱅 시 섬광이 뻔쩍한 순간은 온천지가 흰빛 일색이었을 것이다. 음양의 대립은 불안정한 상태이다. 초기 음양으로 구성된 원시원자 상태는 매우 불안정한 상태이다. 초기 우주원자가설에서 대폭발설은 내부 폭발설과 외부 충격설을 들 수 있다.

전 우주적 음양의 대결합으로 여기는 대폭발 이후 음양의 사이에 '중'이 생겨난다. '중'은 음양의 결합으로 임신한 태아와 같다. 원시원자는 음양중의 삼 요소를 갖추게 되어 비로소 안정을 되찾는다. 만물의 근본이라 여기는 원자는 양성자와 중성자로 이루어진 핵과 핵을 둘러싸고 있는 전자로 구성되어 있다.

음양중은 천지인이며 천지인은 '일'의 무극에서 생겨난 삼극이다. 태초에 '일'의 '음'에서 '양'이 나오고 '음'과 '양'은 안정을 찾기 위해 서로 결합한다. 가장 안정적인 상태는 음양의 결합으로 '중'을 낳은 삼극 구조이다. 이것이 천지 만물의 근원인 원자이다.

음양의 존재 방식은 병존, 공생, 대치, 결합, 결속, 극대, 극소, 균형 등이 있다. 음양은 이합집산(離合集散)을 거듭한다. 각기 자유로운 정도, 결속의 강도, 구조의 복잡성에 따라 전체의 조화와 균형에 부합하며 존재의 필요성이 부여된다.

우주 초기 음양의 대결합인 빅뱅은 우주 천지에 불씨를 퍼뜨리는 산파 역할을 한다. 불씨는 무진무량극을 생성시키는 씨앗이 된다. 불씨는 어둠을 밝히고 냉에너지와 결합하여 따뜻한 온기를 만들어 새 생명을 낳는다. 불씨는 정자가 되어 암흑의 난자를 깨우고 난자는 생명을 잉태할 것이다. 사람은 천지조화와 균형의 산물이다.

析三極無盡本

석 삼 극 무 진 본

나누어진 삼극은
다함이 없는 근본이다.

析 석
三 삼
極 극
三極 삼극
析三極 석삼극
無 무
盡 진
無盡 무진
本 본
無盡本 무진본
析三極無盡本 석삼극무진본

析 석

'석'의 의미는 나누어진다는 것이다. 옥편을 찾아보면 '나누다', '쪼개다'의 뜻으로 4획의 나무 목(木) 변에 8획이다. 맥(脈), 분(分), 파(派)의 의미와 같다. 원줄기에서 갈라져 나온 가지와 같다. 본래의 형질과 성정을 그대로 갖추고 전이된다는 뜻이다.

나눔의 과정에서 음양의 조화와 균형, 창조, 변이, 진화가 이루어진다. 무엇이건 간에 새롭게 생성되고 성정이나 모습이 발전적, 긍정적으로 변화한다고 보는 것이다.

三 삼

'삼'은 세 번째 숫자이다. 차례나 순서의 '하나, 둘, 셋'의 '삼'이다. 개수의 세 개, 순서의 세 번째, 위치상 셋째 등이 있다. '三'(삼)은 석, 셋, 세 개, 세 번으로 1획의 한 一(일) 변에 3획으로 설명하고 있다. 다음은 3과 관련된 도움 글이다.

❋ 선녀와 나무꾼의 이야기

나무꾼은 선녀의 날개옷을 감추어 버림으로써 선녀를 아내로 맞이하게 된다. 자식을 둘 낳았을 때까지만 해도 행복하게 잘 산다. 그러던 중 어느 날 나무꾼은 숨겨놓은 선녀 옷의 비밀을 이야기하게 되고 선녀는 잃어버린 날개옷을 찾게 된다. 결국 선녀는 날개옷을 입고 두 아이를 양손에 안은 채 하늘나라로 다시 올라가 버린다는 비극적인 이야기로 끝난다.

여기에서 아이를 하나 더 낳았더라면 선녀는 날개옷이 있어도 하늘로 올라가지 못하였을 거라는 아쉬움을 남기게 하는 이야기이다. 나무꾼과 선녀의 이야기에서도 아이 셋을 두어야 온전한 가정생활을 꾸릴 수 있다는 교훈을 배우게 된다.

안정된 가정생활로 부부의 완전한 결합과 화합을 의미하는 수가 '삼'이다. 나무꾼은 '삼태극'의 원칙을 어겼다는 것이 천리를 거슬렀다는 것이며 이별과 슬픈 이야기로 끝날 수밖에 없다는 것이다.

두 개 즉 '음양'만으로는 어쩐지 불안하다는 암시이다. '음양'의 사이에 '중'의 '삼'이 생겨나야지만 안정을 되찾을 수 있다는 의미로 받아들인다. 기쁨이 좋다고 해서 언제나 기쁨만으로 살 수 없다. 기쁨의 반대인 슬픔이 있어야 중화된 감정이 생겨난다는 것이다. 사람은 지극한 기쁨은 슬픔이 되기도 하는 아이러니한 세상을 살고 있다. 이것은 채워서 허함을 느끼는 것과 같다.

토호삼굴(兎壕三窟)

토끼는 여우 등 천적을 피하기 위해 세 개의 굴을 판다고 한다. 토끼의 생존 지혜인 토호삼굴도 안정의 수인 '삼'의 이치가 적용된다. 이것은 토끼가 약육강식의 자연 상태에서 환경 적응을 위해 오랫동안 시행착오를 거쳐 저절로 체득하게 된 생존 본능과 같다.

極 극

'극'은 정도가 최고조에 이르고 상황이 포화 상태에 이른 것을 말한다. 極(극)은 가운데 극(中央중앙), 극심할 극(至極지극), 다할 극(盡진), 궁진할 극(亟궁), 덩어리 극(太極태극), 별 극(辰진), 한 끝 극(方位방위), 멀 극(遠원), 마침 극(終종)으로 4획의 나무 목(木) 변에 13획이다.

'극'은 첨단, 모, 각, 뿔 등과 같이 뾰족한 것, 드러난 것, 솟아 난 것, 우뚝 선 것, 표출된 것, 형상화된 것을 총칭한다. '극'과 '극'은 상하, 전후, 좌우 서로 대치되거나 쌍립한다.

'극'과 '극'은 음양으로 마음과 몸, 낮과 밤, 남과 여 등 반대되는 개념 또는 성정이다. 개체 간이나 요소 간, 모든 것에 나타난다. '△'와 '▽', '+'와 '-'는 증감과 대소를 표시하는 기호이다. 한없이 확대되어 가는 현상을 '△'로 반대로 한없이 축소되어 가는 현상을 '▽'로 표시한다. 전자를 극대, 후자를 극소라 한다.

'극'은 항상 양방향성이 있고 양 끝을 의미한다. '극'과 '극'은 상통한다고 쌍을 이루는 두 개의 '극'은 서로 이어질 수 있다고 본다. 무릇 '극'에 도달하면 변한다고 하는 말도 있다.

극한은 인간이 더 이상 견딜 수 없는 힘든 상황이라 여긴다. 양단간에 결판내자고 하지만 극단의 상황은 일단 피하고 보는 것이 상책이다. 극적 상황은 위험과 기회가 동시에 존재하며 무언가 반전이 일어날 것만 같은 긴장감이 감돈다. 무조건 나쁘다는 의미보다 누구에게는 불리할 수 있고, 또 유리할 수도 있는 상황이다.

'극'은 보는 시각과 인식하는 시점을 기준으로 정의되고 판단되어진다. 결국 '일'의 시점과 종점이 각기 극점이 된다. '일만'(一萬)과 '궁극'(窮

極)은 서로 태극(太極)을 이룬다. '시'와 '종'의 변화 시점은 극한 즉 임계점이다.

변화와 변화 사이에는 대나무의 마디와 같이 극점이 존재한다. 전기는 '+'극과 '-'극이 있다. 또 자기는 'N'극과 'S'극이 있다. 지구의 북쪽을 북극이라 하고 남쪽을 남극이라 한다. 지구상의 '극'은 고정되어 있다. 때문에 지남철의 성질을 이용하여 나침반을 만드는 것이 가능하다. '극'은 분별할 수 있는 현상과 형상을 총칭한다.

析三 석삼

'일'에서 '삼'으로 나누어져 3등분되었음을 의미한다. '석'은 전자의 일부분으로 똑같이 닮은 것을 지칭한다. 여러 갈래로 나누어지거나 개체수가 증가하는 번성의 의미가 짙다.

三極 삼극

세 개의 '극'을 말한다. 아직까지 '일'이 정확하게 무엇인지는 모르겠으나 아무튼 '일' 이후에 생겨난 것이 '삼극'이다. 세 개의 극은 각기 1/3을 차지한다.

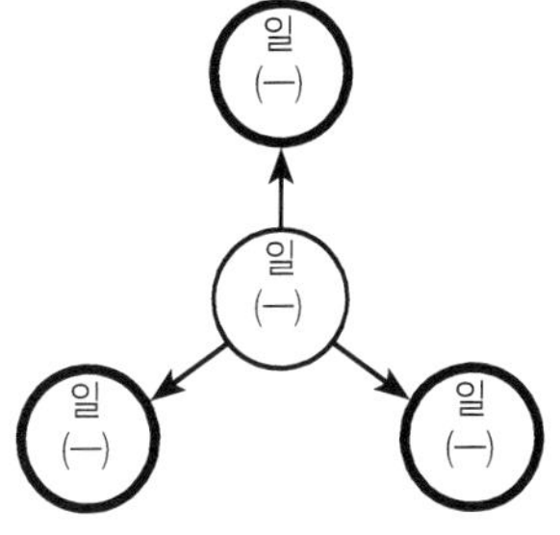

‘일’에서 생겨난 ‘삼극’은 천지 만물과 삼라만상을 이루는 태초의 세 가지 기본 요소임을 정의할 수 있다. 우주 만물의 기본 구성 체계 내지는 사상(思想)의 근원이 된다.

여러 가지의 면에서 ‘삼극’ 체제는 공감이 간다. ‘삼극’은 안정감을 느끼게 한다. 예를 들면 부모와 자식이 함께 있을 때 가장 안정된 상태로 여긴다. 부모자식을 ‘삼극’이라 한다. 사상(四象)의학이나 오행(五行)이론도 ‘삼극’의 기본 체계를 바탕으로 한다.

솥에 발이 하나 달린 경우와 둘이 달린 경우와 셋이 달린 경우를 가정해 보자. 솥은 한두 개의 발만으로는 설 수 없다. 최소한 발이 세 개가 되어야 안정적으로 세울 수 있다.

따라서 정립(鼎立)이란 말은 삼정(三鼎) 즉, 발이 세 개 달린 솥을 세우는 모습을 형상화한 말로 이해된다. 태양의 상징인 삼족오도 발이 세 개 달린 까마귀를 형상화하였다. 세 개의 발은 ‘극’으로 ‘천지인’을 상징한다. 천부경의 우주관은 ‘삼극’의 체계가 밑바탕을 이루고 있음을 알 수 있다.

‘삼극’은 ‘극’이 세 개가 있다는 의미이다. ‘삼극’은 ‘완성’이나 ‘독립’을 뜻한다. 최소한의 기본 요소를 모두, 다, 완전히 갖추었다고 여긴다. 세 개의 ‘극’은 안정적인 삼각 구도와 ‘상중하’의 수직 구도와 제일, 제이, 제삼의 수평 구도를 이룬다.

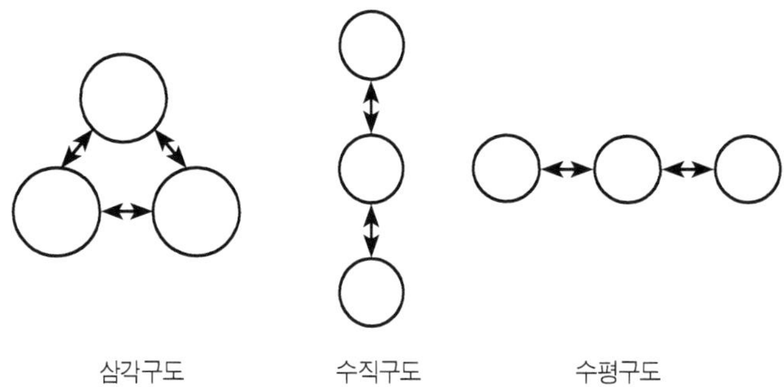

삼각구도   수직구도   수평구도

'삼'(三)은 안정화된 상태라 할 수 있다. '삼'은 최소한의 요소 또는 핵심이며 근본이다. 경제성과 효율성이 내포되어 있는 상징적인 숫자이다.

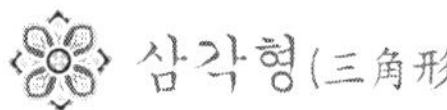 삼각형(三角形)

세 개의 꼭짓점과 가로 세로 높이의 세 개의 변으로 이루어져 있다. 평면에서 최소한의 면적을 차지할 수 있는 기본 조건이다.

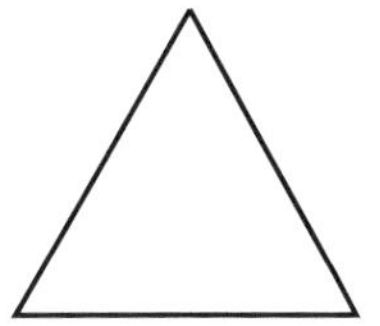

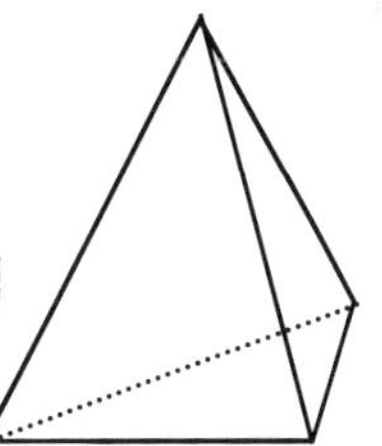 뿔삼각형

사면체의 입체형 기본구조이다. 네 개의 꼭짓점과 네 개의 삼각형으로 구성되어 있다. 최소한의 입체적 공간을 차지할 수 있는 조건이다.

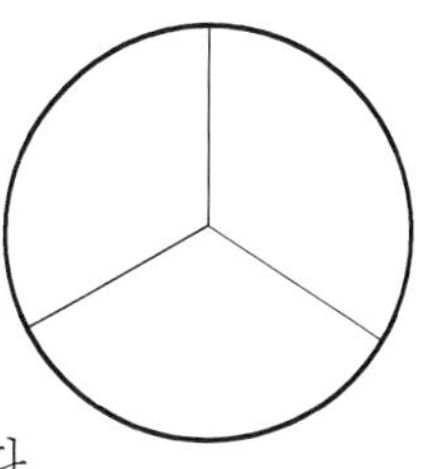 삼등분(三等分)

1을 3등분한다는 것은 0.33333……으로 결코 나누어지지 않는 수이다. 무한수이다. 끝과 해답을 알 수 없는 신비의 수이기도 하다. 나누어질 수 없다는 것은 결국 하나라는 의미이다.

반드시 갖추어야 할 세 가지 요소를 말한다. 천지 만물의 근본이나 바탕이 된다.

析三極 석삼극

모든 것을 포괄하고 있는 전체의 '일'에서 갈라져 나온 '삼극'이란 뜻이 담겨 있다. 일시무시일의 '일'에서 갈라져 나온 세 개의 一(일), 그 의미가 궁금하다.

태초의 一(일)에서 갈라져 나온 세 개의 一(일)은 각기 1/3을 차지한다. '극'은 끝이 뾰족한 형상을 말한다. 화살촉이나 침과 같다. 하늘을 찌를 듯한 교회의 첨탑이나 사탑의 뾰족한 끝이 '극'의 형상이다.

'극'은 무한하다는 의미를 내포한다. 석순이나 고드름이 쌓이듯이 무한히 자랄 수 있는 존재나 형상을 의미한다. 또 나무의 뿌리나 가지가 뻗어나가는 형상이다. 인간이 대를 이어 자자손손 번창하는 현상을 말한다. 결론적으로 '석삼극'은 '일'이 세 개로 나누어졌다고 해석할 수 있다.

석삼극은 세 가지의 유형이 있다. 첫째가 하나, 둘, 세 개의 개수이다. 두 번째가 일, 이, 삼의 순서나 명칭이다. 세 번째가 양, 음, 중의 성정이다.

<table>
<tr><td>一
一
十</td><td>⇒</td><td>--
二
一</td><td>⇒</td><td>---
三
±</td></tr>
</table>

원점(•)의 씨앗에서 무성히 자란 나무의 모습도 둥근 ○(만원)처럼 생겼다. 원구(圓球)의 형태는 평면과 입체 공간을 채울 수 있는 최대 면적이다. 이렇듯 나무는 한 '점' 씨앗과 둥근 원의 몸체 간에 순환을 반복한다.

'극단'의 한쪽은 '무한대'로 '원'을, 다른 한쪽은 '무한소'로 '점'을 의미한다. '천지' 자연에는 '음양'이 있어 한쪽이 '무한대'로 커지면 다른 한쪽은 '무한소'로 작아져 '점'에 이른다. 무릇 '음양'이 '극'에 이르면 그 의미를 상실하고 원래의 상태로 되돌아가려는 회귀본능이 생긴다.

이때 '극즉변', '궁즉통'의 반전현상이 일어난다. •(점)과 ○(원)은 '극'과 '극'이다. '극'과 '극'은 상통하며 이어져 있다는 것이다. 우주 생태계는 '점'에서 '원'으로 순환계를 이룬다. '점'과 '원'은 개폐(開閉)나 대소(大小)의 차이일 뿐 이형동체임을 인정해야 할 것이다. '일'은 우주의 '일'이다.

✿ 일석삼극(一析三極)

'일석삼극'은 '일이 세 갈래로 나누어졌다는 의미이다. 즉 태초의 '일'에서 '삼분'하였다는 것이다. 두 가지 관점이 있다. 첫째는 나누어진다는 의미이다. '일'에서 '삼극'으로 삼등분되었음을 뜻한다. '삼극'은 '일과 근본이 같다는 동일한 관점에서 보는 것이다. 마치 분신에 능한 손오공과 같다.

$$\text{━━━━━} \Rightarrow \text{━ ━ ━}$$

두 번째는 단순히 나누어진다는 뜻보다 새로 생겨난다는 의미이다. '삼극'을 '일과 다른 새로운 관점에서 보는 것이다. 종전의 '일'은 그대로 있는 불변 상황이다. '일'에서 '양'과 '음'이 생기고 '음양'이 결합한 '중'이 생긴다.

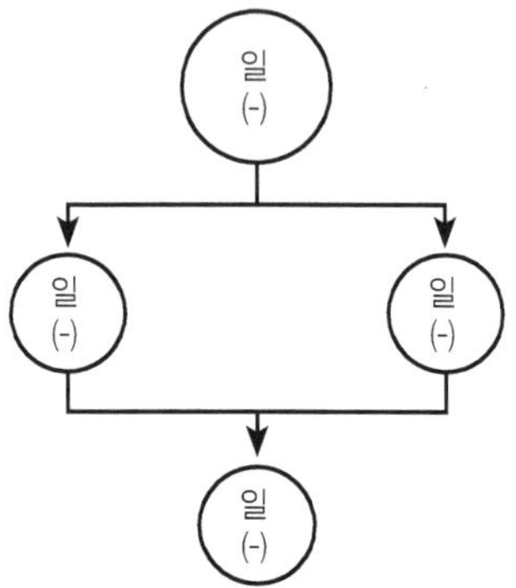

‘일석삼극’은 ‘일시’의 의미로 본다. ‘석’(析)이라면 분열 또는 분화를 뜻한다. ‘일’에서 세 개의 극이 생겨났다고 풀이할 수 있다. ‘일’이 삼극을 낳는다는 의미이다.

‘일’이 어른이라면 삼극은 아이에 비유할 수 있다. 아이가 성장하면 반대로 어른은 소멸의 길을 걷게 된다. 신세대가 구세대를 대체하고 새것이 옛것을 구축한다.

주위를 살펴보면 ‘일석삼극’의 현상들을 흔하게 볼 수 있다. 사람의 자손이 대를 이어 번성한다. 눈의 결정체가 사방으로 뻗어간다. 사슴의 뿔이 나뭇가지처럼 솟아 있다. 물고기의 뼈가 빗살무니를 띤다. 나무의 뿌리와 줄기가 뻗어가는 모습이 닮았다. 새의 발자국 형태가 세 갈래이다.

이들은 공통적으로 ‘일석삼극’의 원리가 내재되어 있다. 옛 조상들은 천지 만물 가운데 닮은 모습과 반복되는 동일성을 하나의 공통된 원리로 적용하는 뛰어난 능력을 가졌다고 본다.

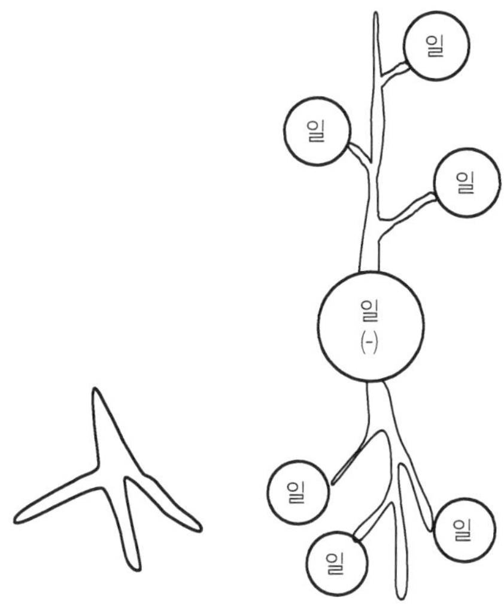

새의 발자국 모양과 씨앗에서 뿌리와 싹이 생기는 모습

'일'의 한 점인 씨앗에서 상하 가지와 뿌리는 세 갈래로 나누어진다. 상하는 음양으로 대치하면서 조화를 이룬다. 조화와 균형은 생명력의 원천이다. '하나'를 알면 '열'을 안다. 티끌모아 태산. 척하면 삼척이다. 쿵 하면 담 넘어 호박 떨어지는 소리임을 안다고 한다. 티끌, 척, 쿵은 '일'이고 태산, 삼척, 호박은 삼극에 해당한다.

'일'과 삼극 사이는 이루 말로 다 설명할 수 없는 간극이 있다. 너도 나도 태어나자마자 근본인 '일'을 무시하고 '열'인 태산, 삼척을 먼저 알려고 하기 때문에 복잡한 세상을 더욱 더 혼란스럽게 만드는 것은 아닌지 모르겠다.

검객의 현란한 몸놀림에 현옥되어서는 안 된다. 상대의 눈치를 살피면 근본인 마음의 움직임을 알 수 있다. 마음으로 마음을 제압해야 진정한 승자가 될 수 있다.

일변삼화 (一變三化)

　'일변삼화'는 '일'이 분화하여 '삼'이 된다는 의미이다. 즉 태초의 '일'에서 세 종류의 변화물이 생성된다고 할 수 있다.

일모삼녀 (一母三女)

　태초에 생산자가 있었다. 생산자는 천지 만물의 모태이다. 고대로부터 전해 내려오는 설화에 한 어머니와 세 딸의 이야기가 있다.

　태초의 '일'인 한 어머니는 '마고할미'이고 세 딸은 천지인을 낳는다. 첫째가 '직녀'이다. '직녀'는 운명의 여인이다. 견우와 결혼하여 일월성신을 낳아 하늘을 만든다. 둘째가 '항아'이다. 월궁항아는 태양인 삼족오와 결혼하여 만물을 낳고 지상낙원의 땅을 만든다. 다음 셋째가 '웅녀'이다. 환웅과 결합하여 이 땅에 사람을 낳는다. 이것이 '천지인'의 탄생과 관련한 설화이다. '일석삼극'과 맥을 같이 하는 부분이다. 고대 모계사회에서 조물주=우주=여인의 관점이다. 사실은 모계와 부계사회가 음양처럼 반복현상을 보이고 있다.

일각여삼추 (一刻如三秋)

　일각, 즉 아주 짧은 순간이 세 번의 가을 즉 3년의 세월과 같다는 의미이다. 일각이 3년이다.

無 ^무

'무'는 없을 '무' 자이다. '않는다'의 부정적인 의미가 있다. 한계나 끝, 마침, 시작을 부정하면 무한반복의 의미가 있다.

盡 ^진

'진'은 '다하다, 없어지다, 사라지다'의 의미가 있다. 盡(진)은 다할 진(竭갈), 다 진, 극진할 진(極극), 마칠 진(終종)으로 5획의 그릇 皿(명) 변에 14획이다.

本 ^본

'본'은 근본이나 바탕이다. 뿌리나 조상을 '본'으로 여긴다. 발원지나 시원, 근원을 이루는 모든 것을 뜻한다. 씨앗이나 뿌리를 일컫는다. 성씨도 '본'이 있다. '본'은 기본 틀이며 장사 밑천이다. 어떤 존재자가 있기 전 본래의 것 또는 원초적인 것을 말한다. 우주가 빅뱅을 일으키기 전 원시의 상태가 아닌가 생각한다. 물질의 기본구조를 생각한다면 원자를 연상하게 될 것이다.

'本'(본)은 4획의 나무 木(목) 변에 5획이다. 뜻은 밑, 비로소, 옛, 아래, 장본, 밑천, 진정, 나, 나무 등이다. 이것은 根柢(근저), 始(시), 舊(구), 下(하), 資金(자금), 眞正(진정), 我(아), 木(목)의 뜻이 담겨 있다.

흔히 ‘본’을 본다고 하거나 뜬다고 한다. ‘본’에는 원본이 있고 복사본이 있다. 설계도면이나 컴퓨터의 기본운영체계, DNA(유전인자)와 같은 의미를 가진다. 금형을 만들어 놓으면 얼마든지 동일한 물건을 만들어 낼 수 있는 이치와 같다.

‘본’은 사물과 현상의 핵심이다. 공식이나 방정식과 같아 사고나 생활 방식에 적용할 수 있다. 무궁무진한 변형이나 응용이 가능하다.

無盡本 무진본

‘무진본’이라 함은 다하지 않는 근본이라는 뜻이다. 무엇이? 태초의 ‘일’에서 나누어지거나, 새롭게 생겨난 ‘삼극’ 을 지칭한다. ‘삼극’은 없어지지도 않는 무궁무진한 ‘근본’이다.

‘근본’은 천지 만물의 존재와 생성, 변화 방식 등 대자연의 이치나 원리를 포괄하는 통일된 잣대이다. 다시 말하면 우주의 섭리라 할 수 있다. 천부경에서의 ‘본’은 ‘삼극’으로 천지 만물과 삼라만상의 무궁무진한 변화 현상을 유발시키는 근본 요소로 여겨진다.

析三極無盡本 석삼극무진본

태초의 ‘일’에서 나누어진 ‘삼극’은 다하지 않는 ‘근본’이다. ‘삼극’을 모든 것의 ‘근본’이라 하였다. ‘삼극’은 천지 만물과 삼라만상의 기본 틀과 같다. 존재하는 것의 없어지지 않는 ‘근본’이라는 뜻이다.

‘삼극’은 존재의 필수 요소이다. 우주 만물의 생성요건으로서 기본 인자가 된다는 것이다. 지금의 일상생활에서 '삼'과 관련된 요소들이 지면으로 다하지 못할 만큼 너무나 많다. 반복되는 삼각 구도와 천지사방으로 뻗어나가려고 하는 침상형의 구도는 일석삼극의 원리에서 비롯된다. 이것은 신의 섭리가 내재되어 있다는 뜻으로 받아들여진다.

태초의 '일'에서 나누어진 것이 '삼극'이다. '삼극'은 핵심으로 천지 만물과 삼라만상의 근본을 이루며 무궁무진한 변화를 만드는 기본 틀이다. 나눔으로 해서 목표지향적인 변화를 모색할 수 있다.

❁ 천지 만물(天地萬物)의 탄생비밀(誕生秘密)

'일석삼극'의 구절에 천지창조의 비밀을 푸는 열쇠가 감추어져 있다고 본다. 사람의 '핵'인 마음 '심'(心) 자를 살펴보면 천지 만물의 탄생 비밀을 암시하는 '일석삼극'의 원리가 감추어져 있다.

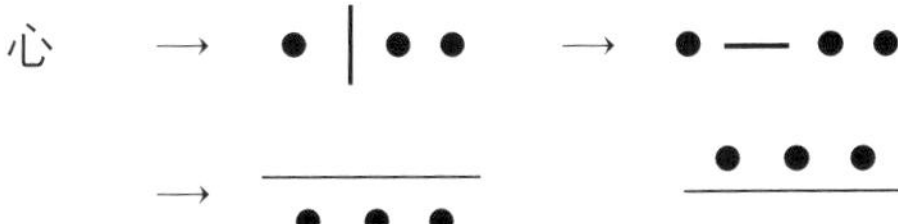

땅에서 뿌리가 생기고 싹이 트는 모습을 연상할 수 있다. 땅은 일(一)에 해당하고 뿌리와 줄기의 갈라지는 모습은 삼극(三極)을 닮았다. 땅은 전체의 '일'이다.

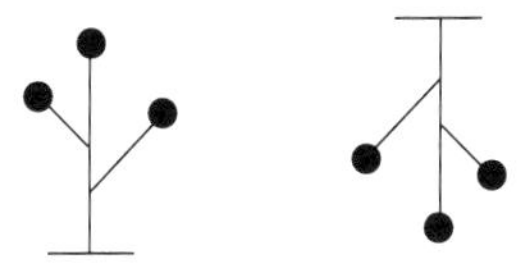

씨앗에서 뿌리가 내리고 싹이 트는 모습을 연상할 수 있다.

한 점 씨앗은 일(一)이고 세 줄기의 뿌리는 삼극(三極)에 비유할 수 있다. 씨앗은 부분의 '일'이다.

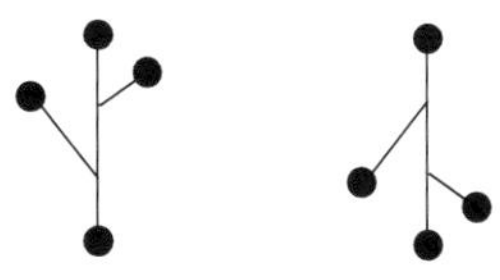

전체와 부분을 합치면 땅속에서 씨앗이 발아하여 싹이 트고 뿌리가 생기는 현상을 나타낸다.

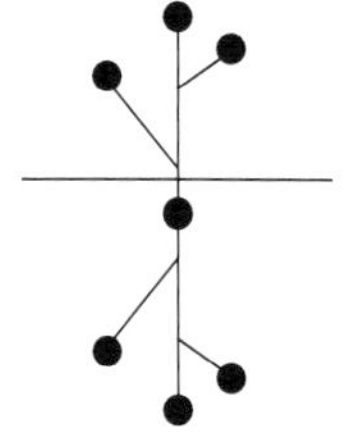

태초의 일(一)이 시(始)하면 나누어지거나 새로 생겨나는 것이 있는데 그것은 바로 삼극(三極)이다. '삼극'은 천지 만물과 삼라만상의 다하지 않는 '근본'이 된다. 우주일체의 근본이 되는 '삼극'이 무엇인지는 다음 구절을 살펴보면 알 수 있다.

태초에 '일'의 '음'에서 '일석삼극'하게 된다. '일'은 '음'을 상징하며 '음'에서 '양'이 생긴다. '음'에서 '양'이 생기는 이치는 극즉변의 원리에 의해서이다. 태초의 음(一)에서 극즉변하면 양(十)이 생겨나고 음양이 결합하여 중(±)이 생겨난다.

'음'은 전자이며 '양'은 양성자, '중'은 중성자이며 음양중이 합하면 물질의 기본 요소인 '원자'가 된다. 원자(原子, Atom)는 화학반응으로 더 이상 쪼갤 수 없는 단위이다. 원자는 원자핵과 그 주위를 돌고 있는 전자로 이루어져 있다. 원자핵은 양성자와 중성자로 구성되어 있다. 원자의 구조가 원자핵인 태양의 주위를 전자의 행성이 돌고 있어 작은 우주 같다는 원자의 모형은 영국의 레더포드(1871-1937)에 의해서 밝혀졌다.

태초의 '일'에서 삼극이 생기는데 일극(-)은 '양'이요, 이극(--)은 '음'이요, 삼극(---)은 '중'이다. 기호로 풀이하면 (一) → (---) → (一)+(十) → (±)이 된다. 천지 만물의 기본 입자인 '원자'의 생성 과정에서 음양의 대결합이 있었다고 가정한다.

음양중의 생성 원리에 의해 '음'에서 '양'이 생기고 음양의 대결합 과정에서 초기 우주의 대폭발(빅뱅) 현상이 있었을 것이라 여긴다. 인공위성을 대기권 밖으로 쏘아 올리기 위해서는 상응하는 폭발 에너지가 필요하다. 사람도 생성과 생존하기 위한 만큼의 에너지가 필요하다. 오늘날의 천지 만물과 인간 세상을 만든 초기 우주의 폭발 에너지는 실로 상상하기조차 어려운 불가사의한 현상이다.

'음'의 전자에서 극즉변하여 '양'의 양성자가 생겨나고 전자와 양성자가 대결합함으로써 우주의 중심으로부터 불덩어리가 생겨난다. 오랜 세월을 거쳐 불덩어리가 일월성신을 만들고 식어 고체화된 것이 땅이다.

태양계에는 수성, 금성, 지구, 화성, 목성, 토성, 천왕성, 해왕성, 명왕성
의 9개 행성이 있다. 그리고 지구의 위성인 달이 있다. 행성 가운데서도
달을 지칭하는 '태음'과 해를 상징하는 '태양'의 성정을 함께 가진 '중'이
지구이다.

지구가 땅이다. 그 다음 지구에 살고 있는 천지 사이에 인간이 '중'이
다. '음'의 '냉'이 불의 성정을 가지면 '양'이 되고 '양'은 불의 성정이 사라
지면 '음'이 된다.

 우주목(宇宙木)

천지인(天地人)을 나무에 비유할 수 있다. 지상의 줄기와 가지는 하늘
(天), 지하의 뿌리는 땅(地), 나무의 열매는 사람(人)에 해당한다. 에덴동
산에서 이브가 훔쳐 먹은 선악과는 사람에게 천지인의 분별 의식이 깨
어남을 의미한다. 이로 인하여 인간은 열매의 씨앗인 자손이 지구 땅에
번성하기 시작한다.

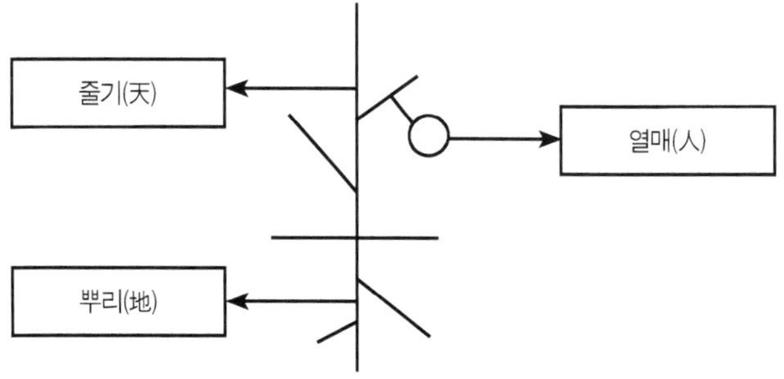

天一一地一二人一三

천 일 일 지 일 이 인 일 삼

천일은 일,
지일은 이,
인일은 삼이다.

天 천

一 일

天一 천일

一 일

天一一 천일일

地 지

一 일

地一 지일

二 이

地一二 지일이

人 인

一 일

人一 인일

三 삼

人一三 인일삼

天一一地一二人一三 천일일지일이인일삼

天 천

‘천’은 하늘이다. 天(천)을 하늘 천(乾건, 至高無上지고무상), 제물 천(無爲自然무위자연), 진리 천, 임금 천(帝王제왕), 운 수 천(運命운명), 날 천(出生출생)으로 3획의 큰 대(大) 변에 4획이다.

천자문의 첫 글자가 하늘 ‘천’(天)이다. 이처럼 하늘은 최고, 최상위의 개념으로 여긴다. 천자문에 의하면 ‘하늘은 검다. 해는 뜨고 지고, 달은 차고 기운다. 12진 28숙 성좌가 펼쳐져 있다. 찬 기운이 오면 더운 기운이 가고, 가을에 곡식을 거두고 겨울에 저장한다. 그리고 윤달로 해를 이루고, 6율6여의 음양이 천지의 ‘기’를 고르게 한다. 구름이 하늘로 올라가 비가 되어 내리고, 이슬이 맺혀 서리가 된다.’고 하였다.

하늘은 일월성신의 집합체이다. 하늘의 열림은 천지창조의 서막이다. 불의 성정을 가지고 있어 ‘양’을 뜻한다. 불은 기체 상태를 이룬다.

一 일

‘일’은 개수로는 한, 하나, 순위로는 첫째이다. 태초의 ‘일’에서 나누어지거나 새로 생겨난 ‘일’이다.

天一 천일

天一(천일)은 태초의 一(일)에서 나누어진 세 개의 一(일) 가운데 하나가 天(천)이라는 뜻이다. 하늘의 一(일)이 된다. '일'은 개수로는 한, 하나이며 유일한 존재를 의미한다.

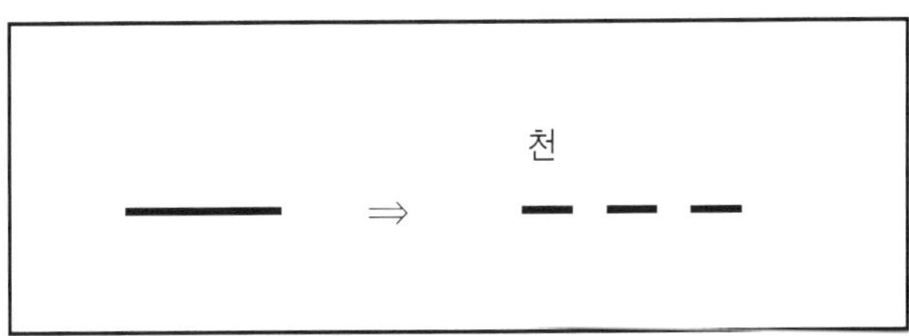

'일'은 모든 것의 기본이 되며 뿌리요 씨앗이 된다. 태초의 '일'에서 삼극이 생겨났다. 삼극 가운데 하나의 극이 천일이다. 천일은 '천'의 극이다. 하늘을 형성할 태초의 '일'과 같은 역할을 한다.

태초의 '일'이 우주의 씨앗이라면 천일은 하늘의 씨앗이 된다. 태초의 '일'에서 세 갈래로 나누어진 삼극 가운데 일극인 천일은 하늘을 형성하는 첫 번째의 극으로 존재한다. 장래 하늘의 일월성신을 이루는 불씨를 의미한다. 불씨는 음양(陰陽)의 결합에 의한 중(中)의 산물로 여긴다.

 일

'일'은 개수로는 한, 하나, 순위로는 첫째이다.

天一一 천일일

천일일(天一一)은 태초의 一(일)에서 갈라져 나온 세 개의 一(일) 가운데 하나가 天一(천일)이며 첫 번째라는 의미이다. 태초의 '일'이 삼극으로 나누어진다. 삼극 가운데 하나인 천일이 천극으로 첫 번째 일극으로 생성된다. 극은 어떤 요인에 의해 존재나 현상이 생겨남을 의미한다.

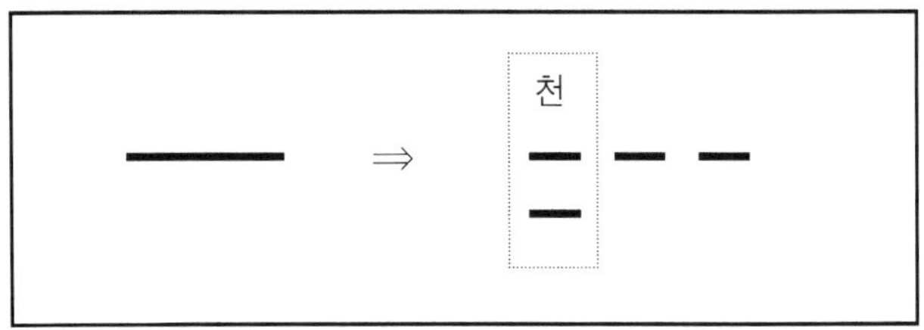

요인은 현재 과학으로 빅뱅, 천부경에서는 우주적 음양의 결합으로 여긴다. 삼극 가운데 천일이 순위로는 첫째이다. 개수로는 일극, '일'의 수를 가진다. '일'은 천수(天數)이다.

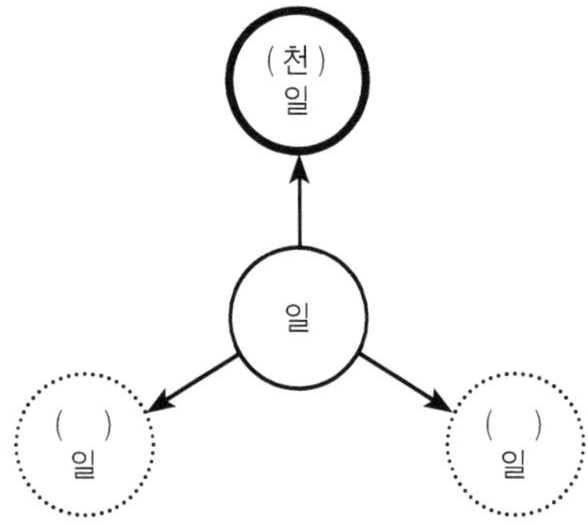

일(一)이 시(始)함으로써 삼극이 생긴다. '시'의 과정에서 빅뱅(대폭발)
이나 음양의 대결합이 있었다고 전제한다. 어느 시점, 찰나의 순간에
'번쩍', '꽝' 함과 동시에 불바다가 생겨난다. 장래 일월성신을 이룰 불씨
가 된다. 태초의 '일'에서 하늘이 생겨났다. 불의 시대를 의미한다.

地 지

'지'는 땅이다. 地(지)는 땅 지, 따 지, 뭍 지(陸육), 나라 지(邦방, 國국),
아래 지(下하), 곳 지(處所처소)로 3획 흙 토(土) 변에 6획이다.

천자문에서는 '땅은 누렇다. 금은 여수, 옥은 곤강에서 나고, 검은 거
궐이요, 구슬은 야광이 최고다. 또 과일은 오얏과 버찌가 맛이 좋고, 나
물은 겨자와 생강이 중요하다. 바닷물은 짜고 강물은 담담하다. 그리고
비늘고기는 물속에서 헤엄치고, 날개 달린 새는 공중을 난다.'고 하였다.

땅에는 사람의 육안으로 보이지 않는 미생물에서부터 온갖 초목과
짐승의 생물이 살고 있다. '하늘' 밑에 '땅'이 있고 '하늘'의 하위 개념으
로 여긴다. 하늘의 불덩어리가 식어 생겨난 것이 땅이다. 땅은 불을 품
은 고체 상태이다.

一 일

'천일'의 '일'과 같다.

地一 지일

地一(지일)은 태초의 一(일)에서 나누어진 세 개의 一(일) 가운데 하나
가 地(지)라는 뜻이다. 땅의 一(일)이라는 것이다. 태초의 '일'에서 삼극
이 생겨났다. 삼극 가운데 하나의 '극'이 지일이다.

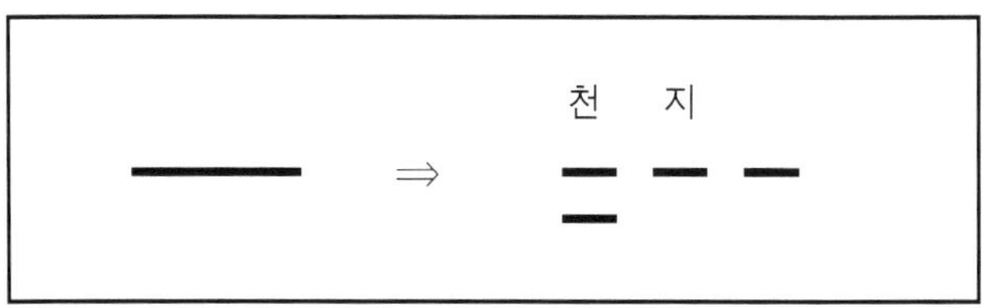

지일은 '지'의 '극'이며 땅을 형성할 태초의 '일'과 같은 역할을 한다. 지
일은 땅의 씨앗이 된다. 태초의 '일'에서 세 갈래로 나누어진 삼극 가운
데 일극인 지일은 땅을 형성하는 두 번째의 '극'으로 존재한다.

하늘의 불덩어리에서 생겨난 수많은 땅덩어리 가운데 해와 달의 성정
을 닮은 지구를 지칭한다. 지구는 만물의 모태가 된다. 지구 역시 기체
인 '양'의 불덩어리와 고체인 '음'의 땅덩어리를 결합한 중성체이다.

二 이

'이'는 개수는 둘, 두 개이다. 순위는 둘째, 제2이다. '지일' 다음의 '이'는
문맥상으로 두 번째, 제2 순위로 보인다.

地一二 지일이

地一二(지일이)는 태초의 一(일)에서 갈라져 나온 세 개의 一(일) 가운데 첫 번째 하나가 天一(천일)이다. 또 하나가 생겨나니 地一(지일)이며 두 번째라는 의미이다.

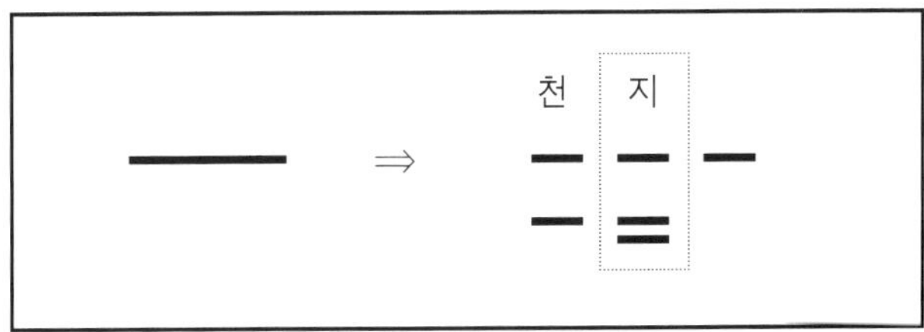

태초의 '일'이 삼극으로 나누어진다. 삼극 가운데 하나인 지일이 지극으로 두 번째 '극'으로 생성된다.

삼극 중에 지일이 순위로는 둘째이다. 제이 극으로 '이'의 수를 가진다. '이'는 지수(地數)이다. 첫 번째 천일에 이어 두 번째 지일이 생김으로써 우주에는 두 개의 '극'이 존재하게 된다.

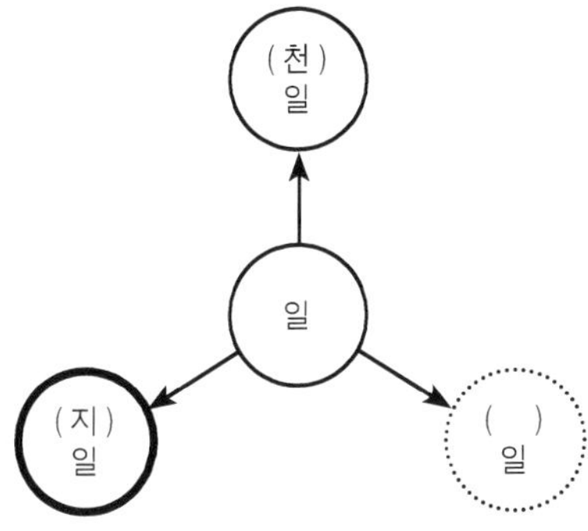

은하계 한 점, 태양을 중심으로 수성과 금성, 화성, 목성, 토성, 천왕성, 해왕성, 명왕성의 행성이 형성된다. 하늘 다음, 땅의 지구가 두 번째로 생겨난다. 땅은 하늘로부터 생성된다. 흙의 시대를 뜻한다.

'인'은 사람이다. 人(인)은 사람 인, 백성 인(民민), 남 인(他人타인)으로 2획 사람 人(인) 변이다.

천자문에서는 '사람'에 관한 사항은 龍師火帝(용사화제)부터 마지막 焉哉呼也(언재호야)까지다. 이것은 최초 임금의 탄생에서부터 관직, 문자의 창제, 법, 예의, 의식주 등 1,000자 가운데 72자를 제외한 928자로 인간사의 모든 것을 망라하다시피 설명하였다.

'사람'의 의식이 무지몽매한 어둠에서 깨어난 이후의 역사는 모두가 인류의 역사라고 할 수 있다. 천지의 기운을 받은 지구에서 사람이 탄생한다. 인간은 고도의 지적활동을 하는 만물의 영장이다. '인' 역시 천지의 결합체이다. 사람은 기체, 액체, 고체의 혼합체이다.

'천일'의 '일'과 같다.

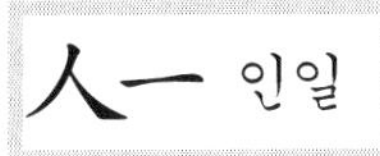

'人一(인일)'은 태초의 一(일)에서 나누어진 세 개의 一(일) 가운데 하나가 人(인)이라는 뜻이다. '人一(인일)'은 사람의 '일'이라는 것이다.

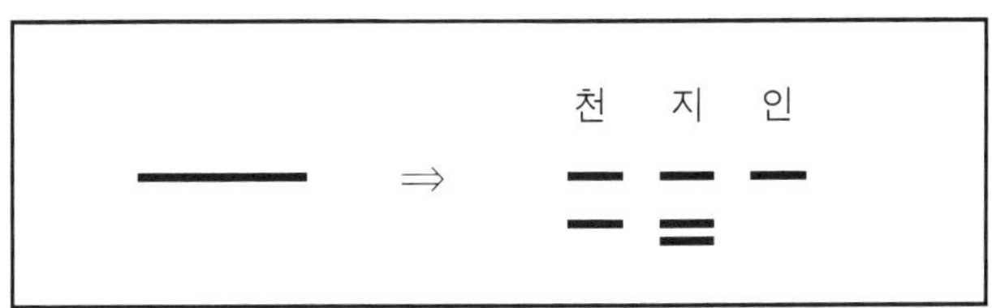

태초의 '일'에서 삼극이 생겨났다. 삼극 가운데 하나의 '극'이 인일이다. 인일은 '인'의 '극'이다. 사람을 형성할 태초의 '일'과 같은 역할을 한다.

인일은 사람의 씨앗이 된다. 태초의 '일'에서 세 갈래로 나누어진 삼극 가운데 일극인 인일은 사람을 형성하는 세 번째의 '극'으로 존재한다. 사람이 생겨남으로써 천지가 무명에서 서서히 깨어나기 시작한다.

三 삼

'삼'은 개수는 셋, 세 개이다. 순위는 셋째, 제3에 해당한다.

'인일' 다음의 '삼'은 앞의 문맥상으로 세 번째, 제3 순위로 봄이 타당하다.

人一三 인일삼

태초의 一(일)에서 나누어진 세 개의 一(일) 가운데 하나가 人(인)이며 세 번째라는 뜻이다.

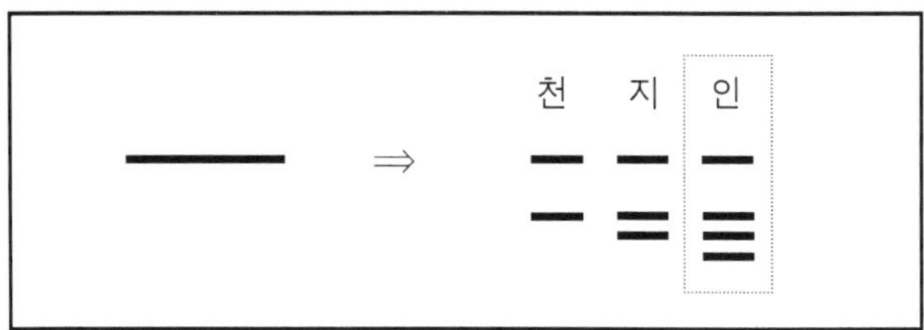

태초의 '일'이 삼극으로 나누어진다. 삼극 가운데 하나인 인일이 세 번째 '극'으로 생성된다. '인'은 천지의 결합체이다. 천일은 '삼'의 수를 가진다.

'삼'은 인수(人數)이다. 첫 번째 천일에 이어 두 번째 지일, 세 번째 인일이 생김으로써 우주에는 세 개의 '극'이 존재하게 된다. 사람의 생김은 의식의 시대가 도래하였음을 뜻한다.

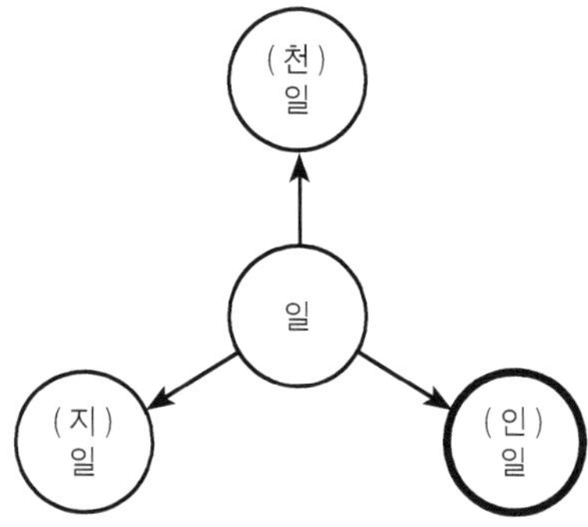

天一一地一二人一三 천일일인일이인일삼

　태초의 '일'에서 나누어진 또는 새로 생겨난 세 개의 '일'은 天地人(천지인)이다. 각기 '천일', '지일', '인일'이라 칭한다. '천일'이 첫 번째요, '지일'이 두 번째요, '인일'이 세 번째로 생겨난다.

　태초의 '일'에서 제일 먼저 하늘의 '양'이 생긴다. 다음 하늘에서 땅의 '음'이 만들어진다. 마지막으로 천지 음양의 사이에서 사람의 '중'이 태어났다는 뜻이다.

천　지　인

$$\longrightarrow$$

　삼극은 천일의 '양', 지일의 '음', 인일의 '중'이며 양성자와 전자, 중성자로 구성된 원자와 같다. 결국 태초에 음양의 대결합으로 원자가 생성되었음을 의미한다. 삼극 즉 원자는 무진본이며, 천지 만물의 근본이 된다. 태초의 '일'에서 천일, 지일, 인일의 삼극이 생김으로써 천지창조가 시작되었다고 본다.

　마음의 세계에서 물질의 세계가 생겨난다. 하늘의 불가마에서 생성된 땅의 지구는 도자기이며 사람은 천지합작품이 지닌 아름다움이며 가치이다. 우주의 청정한 기(氣)의 텃밭에 천지인의 씨앗은 뿌려졌다.

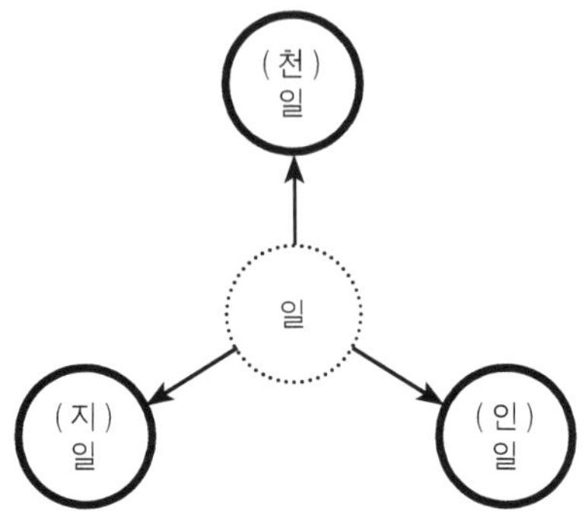

무진본(無盡本)

앞 절에서 '석삼극무진본'이라 하였다. 여기에서 '무진본'은 다하지 않는 '근본'이다. 삼극은 '무궁무진'의 조화를 부릴 수 있는 '공식'이다. 태초의 '일'에서 세 개의 '일'로 나누어지거나 세 개의 '일'이 새로 생겨났다.

태초의 '일'은 삼극의 모태이다. 세 개의 '일'은 '삼극'이다. 첫 번째 '일'은 하늘이다. 두 번째 '일'은 땅이다. 세 번째 '일'은 사람이라는 것이다. 세 개의 '일'은 각기 '천지인'의 시초가 된다.

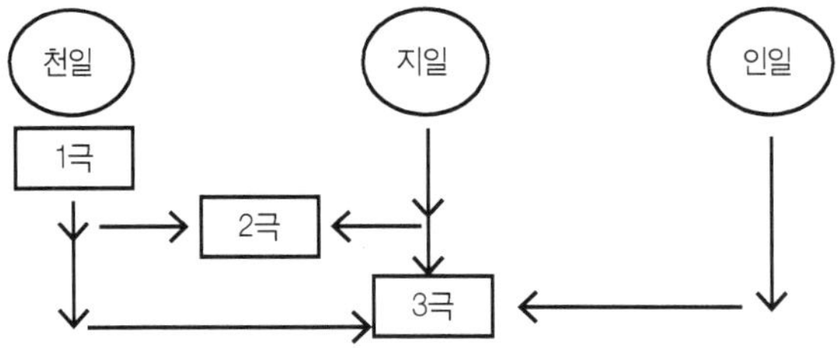

천일(天一) 지일(地一) 인일(人一)의 삼극(三極)과 일이삼(一二三)의 생성 및 변화 순서는 천지 만물과 삼라만상의 형상과 현상을 설명하는 척도가 된다.

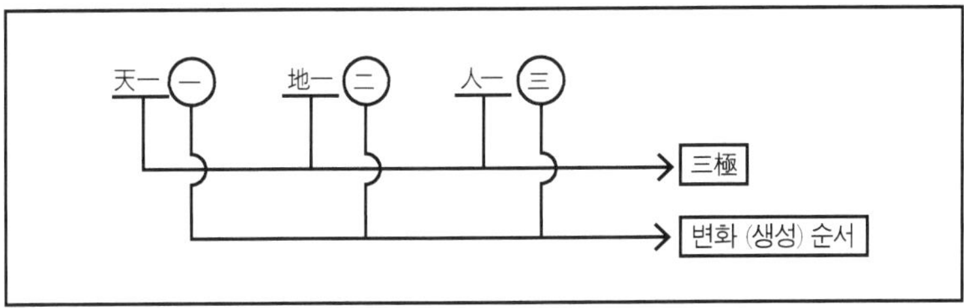

삼극(三極)

태초의 일(一)에서 나누어지거나 새로 생겨난 세 개의 일(一)로서 천일(天一) 지일(地一) 인일(人一)이다. 각기 천지인(天地人)의 씨앗이 된다. 우주 만물의 씨앗은 원자이다.

●●●은 천지인의 성질을 표시한다. ㅡ ㅡ ㅡ은 천지인의 기(氣)이다. ●●● 는 각각의 '기'가 가진 성정이 천지인이라는 뜻이다. 성질은 성깔이다. 성깔은 이(理)이며 '이'가 변하면 '기'가 움직인다. 태초의 마음에서 생겨난 '기'는 각기 천지인의 성질을 가지고 있다.

성질에 따라 '기'가 변한다. 마음은 음양중으로 변화한다. 마음의 성깔이 변하는 이치를 순리 또는 섭리라 한다. 심(心)이 '이'를 변화시키고 '이'의 성정이 '기'의 체(體)로 나타난다. 삼극의 '기'는 각기 고유한 특성을 갖고 있다.

天一(천일)	地一(지일)	人一(인일)
하늘	지구	사람
陽(양)	陰(음)	中(중)
動(동)	靜(정)	中(중)
圓(원)○	方(방)□	角(각)△
•	―	∣
上(상)	下(하)	中(중)
天文(천문)	地理(지리)	人事(인사)
時間(시간)	空間(공간)	人間(인간)
기체	고체	액체
불씨	종자	태아
양성자⊕	전자⊖	중성자⊞
父(부)	母(모)	子息(자식)

 一二三(일이삼)

일이삼은 삼극의 변화 및 생성 순서이기도 하지만 천지인과 관련한 상징적 의미를 담고 있다.

一(일)	二(이)	三(삼)
陽(양)	陰(음)	中(중)
―	--	---
―	二	三
天數(천수)	地數(지수)	人數(인수)
양성자⊕	전자⊖	중성자⊞

주역은 양효(―)와 음효(--)의 결합으로 8괘(卦), 64괘가 만들어진다.

❀ 원방각(圓方角)

‘원방각’은 ‘삼극’ 즉 ‘천지인’의 생긴 모양을 본떠 지칭한다. ‘원’은 둥근 것(○), ‘방’은 사각형(□), ‘각’은 삼각형(△)을 뜻한다.

둥근 ‘원’은 ‘하늘’에 비유하고 네모난 ‘방’은 ‘땅’, 삼각형의 ‘각’은 ‘사람’을 상징한다. 하늘은 무한하며, 일월성신의 운행이 둥글다. 땅은 유한하며, 동서남북의 사방이 있다. 사람은 천지인의 삼극을 갖추었다.

❀ 삼재(三才)

천(●), 지(一), 인(丨)을 ‘삼재’라 한다. ‘하늘’의 둥근 모습을 따서 ‘●’(점)을 하늘 천(天)이라 하였다. ‘땅’의 모양처럼 평평하게 가로 누운 ‘一’(가로 일)을 땅 지(地)라 하였다. ‘사람’처럼 꼿꼿이 선 모양을 딴 ‘丨’(세로 일)을 사람 인(人)으로 상징한다.

‘천지인’의 ‘삼재’가 겹치면 열 십(十) 자가 된다. 이것은 ‘양’ 즉 전기의 ‘+’(플러스)극을 뜻하기도 한다. ‘十’은 상생, 결합, 완성, 중심, 목표의 의미가 있다.

❀ 천수, 지수, 인수(天數, 地數, 人數)

천수는 하늘과 관련된 수이다. 지수는 땅과 관련된 수이다. 인수는 사람과 관련된 수이다. 천수는 홀수(奇數, 기수)이고 지수는 짝수(偶數, 우수)이다. 인수는 3의 배수로 천수와 지수를 교차한다.

천수	1 3 5 7 9	홀수	양수 (陽數)
지수	2 4 6 8	짝수	음수 (陰數)
인수	3 6 9	3의 배수	중수 (中數)

예를 들면 땅을 지탱하는 발의 수가 인간은 2이다. 짐승과 벌레는 4, 6, 8로 좌우 쌍을 이룬다.

 ## 천지인 사상(天地人 思想)

● 견우성〈牽牛星〉과 직녀성〈織女星〉

'견우'와 '직녀'는 '우'(宇)를 '시간'으로 삼고 '주'(宙)를 '공간'으로 삼는 나라에 살고 있었다. '직녀'는 '천상계'에 살고 있는 신(神)들이 입어야 할 천의(天衣)를 만드는 일을 맡았다. 베 짜기는 가로 세로 한 올, 한 올 엮고, 잇고 시작도 끝도 없이 계속되는 일이었다.

어느 날 '직녀'는 '견우'를 우연히 만나게 되었다. 한순간의 인연으로 그들의 사랑은 서로의 가슴속에 씨가 되어 싹을 틔운다. 싹은 줄기와 가지를 뻗고 잎이 무성하듯 무럭무럭 자라 자꾸만 커져 갔다. 옥황상제가 계시는 하늘나라에서는 '남녀' 간의 사랑은 세속적인 것이라 여겨 엄격히 금지되어 있었다. 그렇지만 둘이 몰래한 사랑은 날이 갈수록 짙어만 갔다. 그들의 애정은 식을 줄 몰랐다. 기약 없는 두 사람의 막막한 앞날을 생각하면 하염없이 눈물만 흘릴 뿐이었다.

'직녀'는 '견우'에 대한 그리움과 슬픔을 달랠 길이 없었다. 마침내 궁리 끝에 '견우'에 대한 사랑의 징표로 삼기 위해 '음양사(陰陽絲)'로 베를 짜서 혼례복을 만들기 시작하였다. '음양사'는 '직녀'의 눈물방울로 된 천이었다. 한 뜸, 한 뜸 '+'(양)이온 실과 '-'(음)이온 실로 지극정성을 다하여 이어서 짠 옷감이다. 왼쪽 눈물 한 방울에 씨실을 삼고, 오른쪽 눈물 한 방울로 날실을 삼았다. 마지막 한 올이 다 완성되는 순간, 우주에 충만한 기(氣)는 대폭발을 일으키고 말았다.

첫째 빛이 있었고, 두 번째 소리가 들렸고, 세 번째 형체가 생겼다. 이로 말미암아 '천지인'의 '삼극'(三極)이 새로 생겨났다. 비로소 천지가 창조되고 생명 탄생이 시작되었다. 하지만 일순간 우주는 온통 아수라장이 되었다. 옥황상제께서는 뒤늦게 그 까닭을 아시고 진노하셨다. 하늘을 둘로 나누어 은하수로 갈라놓고 견우와 직녀를 평생 동안 떨어져 살도록 벌을 주었다.

지금도 칠월칠석이 되면 까치와 까마귀가 놓아주는 오작교에서 두 사람은 사랑을 나눈다. 그러면 하늘은 온통 칠흑같이 어두운 밤의 장막으로 가린다. 두 사람 간에 참고 참았던 멍울진 사랑의 불꽃이 타올라 천둥 번개가 치고 눈물은 비가 되어 내린다.

견우는 '천신'이며 하늘을 관장한다. 아버지의 상징이며 천하대장군으로 연결된다. 직녀는 '지신'이며 어머니의 상징으로 땅을 관장하고 지하여장군으로 이어진다. 흰 까치는 양을 상징하며 까막까치는 음을 상징한다. 그 버릇 탓인지 까치는 전신주에 집을 짓기를 좋아하고 정전사고를 잘 내는 날짐승으로 여겨지고 있다.

이 땅의 여인들은 자신의 조상인 직녀의 오래전 애절한 전설을 기억해 내고는 어느새 가슴이 저미어 옴을 느낀다. 평생 한곳에 정착하여 늙어 죽을 때까지 땅이나 갈고 살겠다던 연인과 헤어진 여인네들은 한순간의 인연이 이렇게도 가슴 아프게 하는지를 미처 몰랐을 것이다. 그녀가 사랑하는 연인은 견우의 후손이며 자신의 몸에는 직녀의 피가 흐르고 있음을 알 것이다.

직녀의 후예들은 어릴 때부터 베틀을 다루는 일에 익숙해져 있다.

자라면서 자연히 배우게 된 기술이 베를 짜는 일이다. 그래서 그녀들의 '어머니'의 '어머니'는 직녀라 할 수 있다. '하늘'이 '두' 쪽으로 나누어짐에 따라 '땅'도 '둘'로 갈라지고 '사람'도 '반'쪽이 생겨났다.

지금도 직녀의 후예인 그녀들은 사랑하는 연인과 헤어지면 그리움에 가슴 저미고 애태우고 있는 것이다. 견우와 직녀의 사랑이 처음으로 천지 만물이 창조되었다고 여긴다. 견우와 직녀의 사랑은 '일시'의 '시'에 해당한다. 견우와 직녀는 인류 최초로 사랑에 눈을 뜨게 되었다. 창세기 신화인 아담과 이브의 사랑에 비유된다.

견우와 직녀, 아담과 이브에게 사랑의 대가로 각각 벌칙이 주어진다. 하나는 이별, 또 하나는 부끄러움이다. 견우와 직녀의 이별은 우주에 최초로 있었던 '음양'의 분리이다. 흔히 '천지'도 모르는 놈이라고 할 때 '천지'는 '음양'이다. '음양'의 이치는 남녀 간의 사랑이며 남녀 간의 사랑을 모른다는 이야기는 자연의 섭리를 모른다는 말이다. 인간을 있게 한 것은 천지이며 나를 낳아준 부모가 '음양'이다. 천지인을 아는 순간 인간이 된다.

◉ 월궁항아〈月宮姮娥〉와 햇님 삼족오〈三足烏〉

달은 '여성'을 상징하며 '음'에 해당한다. 해는 '남성'의 상징이며 '양'에 해당한다. 해와 달은 하늘의 음양이다. 해 속에는 삼족오가 있고 월궁에는 항아가 산다. 해와 달은 부부와 같다. '일월'의 화합은 마음과 몸의 관계와 같다. 해의 빛이 달에 비추면 달은 빛을 반사한다. '부창부수'란 말이 어울릴 것 같다. 부부금슬은 해와 달 만한 것이 없다. 인간이 고작 백년해로한다지만 해와 달은 영원히 지속된다.

해가 있어 하루의 변화를 알고, 달이 있어 한 달의 세월이 지남을 안다. 농사와 고기잡이는 24절기 달의 변화 현상이 반영된 월력을 기준으로 삼는다. 하늘에 해와 달이 있음으로 해서 이 땅에 빛이 있고 그 에 너지로 만물이 생성하며 번성한다. 지구는 공전과 자전을 하고 바다는 밀물과 썰물을 반복하고 이 땅의 여인은 보름달과 초승달처럼 만삭을 거듭한다.

● 단군신화〈檀君神話〉

고기(古記)에 의하면 옛날 환국(桓國)이 있었다. 환인(桓因)의 서자 환웅(桓雄)이 천하에 자주 뜻을 품어 인간 세상을 구하고자 마음을 먹고 있는 터라 아버지가 자식의 뜻을 알고는 삼위태백(三危太白)을 내려다보시고 가히 인간 세상을 널리 이롭게 할 만하다 하시어 이내 천부인(天符印) 세 개를 주어 가서 다스리라는 말씀을 남겼다.

환웅(桓雄)은 무리 삼천을 이끌고 태백산(太白山) 꼭대기에 있는 신단수(神檀樹) 나무 아래에 내려왔다. 이곳을 신시(神市)라 하고 이분을 환웅천왕이라 하였다. 풍백(風伯)과 우사(雨師), 운사(雲師)를 거느리고 곡식과 생명, 질병, 형벌, 선악 등 인간 세상의 360여 가지 일을 주관하며 인간 세상에 임하여 이치로 교화시키고자 하였다.

이 무렵 한 마리의 곰과 한 마리의 호랑이가 같은 동굴에 살고 있었는데 사람으로 만들어 달라고 늘 신웅(神雄)에게 빌었다. 이때 신웅이 쑥 한 다발과 마늘 스무 개를 주면서 말씀을 남기시되 '너희가 이것을 먹되 백일 동안 햇빛을 아니 보면 사람의 형상으로 바뀔 수 있을 것이다.'라고 하였다. 곰과 호랑이는 그것을 받아먹었다.

'삼칠일'을 금기하여 곰은 여자로 환생하였으나 호랑이는 금기를 감당할 수 없어 사람의 몸을 얻지 못하였다. 웅녀는 혼인할 상대가 없어 매일 신단수 아래에서 잉태하게 해 달라고 축원하였다. 환웅이 조화를 부려 혼인하게 되고 아들을 잉태하여 낳았으니 부르기를 단군왕검이라 하였다.

풍백과 우사, 운사는 바람과 비, 구름으로 땅을 일구는 농사에 영향을 주는 천기의 3가지 변화 현상이다.

● 환웅〈桓雄〉과 웅녀〈熊女〉

단군신화에서의 환웅과 웅녀의 결합은 하늘과 땅의 조화를 일깨워준다. 환웅은 하늘을 상징하며 웅녀는 땅에 해당한다. 인간은 천지 음양의 조화로 탄생되었다고 보는 것이 그 당시 우주관이다.

인간의 마음은 하늘의 해와 달, 몸은 땅의 지기로부터 비롯되었다고 보는 관점이다. 고로 인간은 하늘과 땅의 기운을 받아 태어났으며 천지의 모든 요소를 다 갖추었다고 보는 것이다.

인간은 천지 음양의 사이인 '중'에 존재한다. 단군신화에서 인간의 조상인 단군의 탄생을 환웅과 웅녀의 결합 즉 천지의 조화로 생겨난 산물임을 의미한다.

● 웅족〈熊族〉과 호족〈虎族〉의 후예〈後裔〉

'웅'은 곰이고 '호'는 범이다. 성격상 곰이 '음'이라면 범은 '양'에 해당한다. 환웅이 남성으로 '양'이라면 곰의 '음'과 맺어지는 것이 맞다. 우리 민족이 곰의 후손이니 호랑이의 후손이니 따지는 것은 옳지 않다. 환웅과 웅녀와의 결합은 '천지 음양'의 조화 이치를 교화하고자 함이지 꼭 곰의 후손이라고 호도하는 것은 옳지 않다. 호랑이는 '양'이기 때문에 환웅의 '양'과 결합할 수 없다.

곰과 호랑이의 성질은 서로 상반된다. 곰은 행동이 느리고 유연하다. 대신에 호랑이는 성질이 조급하고 사납다. 곰은 느림으로써 손해를 입지만 매사 신중하다. 반면에 호랑이는 날쌔기 때문에 먹이 사냥에서는 우세한 편이다. 하지만 호랑이는 성질이 급하고 화를 잘 내기 때문에 손해를 본다.

오늘날 '빨리빨리 문화'도 호랑이 흉내 내기와 같다. 호랑이와 곰은 토끼와 거북이 사이와 같다. 우리 주위에는 곰과 호랑이의 성정을 닮은 이들로 대별할 수 있다. 그들은 성깔에 있어서는 곰과 호랑이의 후예들이라 할 수 있다.

● 마늘과 쑥

단군신화에서 곰과 호랑이가 동굴 속에서 인간이 되기 위해 먹고 지낸 것이 마늘과 쑥이었다. 마늘과 쑥은 '음양'의 이치를 상징한다. 마늘은 '양'이요, 쑥은 '음'에 해당한다. 마늘은 '양기'를 돋구는 음식이다.

반면에 쑥은 '양기'를 낮추고 '음기'를 보하는 음식이다. 사람에게는 저마다 '양기'와 '음기'의 강약이 다르다. 음식은 신체의 '음양'에 조화롭게 섭취하지 않으면 아무리 좋은 음식도 부조화로 인하여 몸에 해롭다.

● 동굴과 햇빛

동굴은 '음'이다. 햇빛이 비치는 동굴 바깥은 '양'에 해당한다. 동굴은 모성의 자궁 속과 같은 곳으로 잉태의 공간이다. 햇빛은 '세상'으로 곰이 인간으로 화하여 자궁 밖의 공간으로 출생하는 교화적 의미가 있다. 동굴 밖은 새로운 '삶'의 세상이다. 동굴 속의 곰이 인간으로 환생함은 '음'에서 '양'이 생겨나는 이치이다.

천(天)의 양(陽)과 지(地)의 음(陰)이 상호 조화로 생겨난 인(人)의 중(中)은 우주 만물의 근본 삼 요소이다. 모든 곳에 공통적으로 존재한다.

태양에는 세상을 밝고 환하게 하는 '햇빛'이 있다. 또 추위를 몰아 내어주는 따뜻한 '햇볕'이 있다. 그리고 나쁜 병균을 죽이는 '햇살'이 있다.

빛이 합치면 희고 색이 합치면 검다. 흰 것은 빛이요, 검은 것은 색이다. 백광은 색이 없고 빛이 합해져 있다. 반면에 암흑은 빛이 없고 색이 혼합되어 있다. 고로 빛에서 색이 나온다. 백심(白心)이면 흑체(黑體)이다.

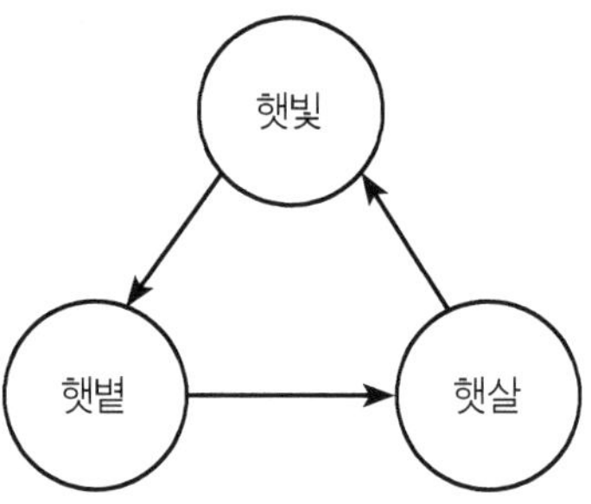

'빛'의 3요소는 빨강, 파랑, 녹색이다. 빛의 3요소를 '삼원광'이라 하고 합하면 흰색이 된다. '삼원광'은 빛의 바탕을 이룬다. 삼원광에서 빨주노초파남보의 무지갯빛이 생긴다.

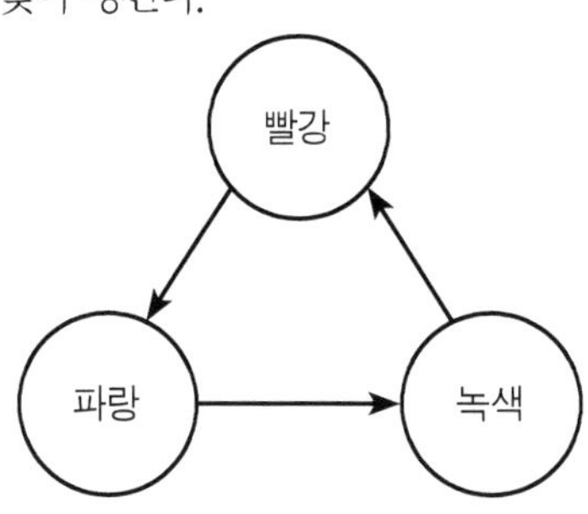

'색'의 3 요소는 빨강, 노랑, 파랑이다. 색의 3요소를 '삼원색'이라 하고 합하면 검은 색이 된다. '삼원색'은 색의 바탕을 이룬다. '삼원색'의 물감으로 여러 가지의 색깔을 배합해 낼 수 있다.

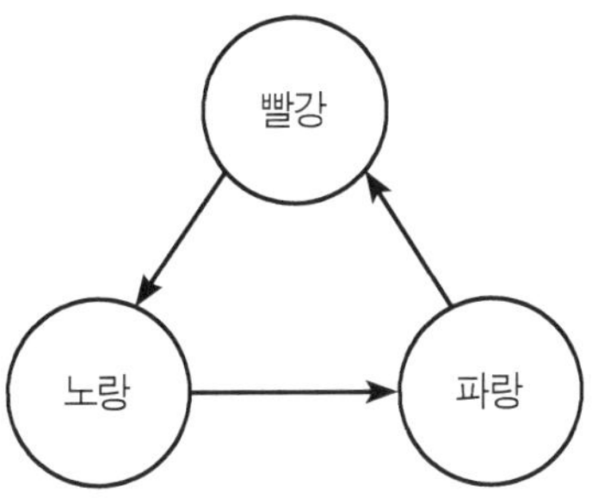

'3차원 공간'의 구성 요건은 가로, 세로, 높이이다. 가로, 세로, 높이가 최소한의 '입체 공간'을 차지한다. 가로× 세로× 높이 하면 공간의 부피를 구할 수 있다. 하늘(세로)과 땅(가로), 사람(높이)의 '곱'이 인간 세상이 차지할 수 있는 '무한 공간'으로 볼 수 있다.

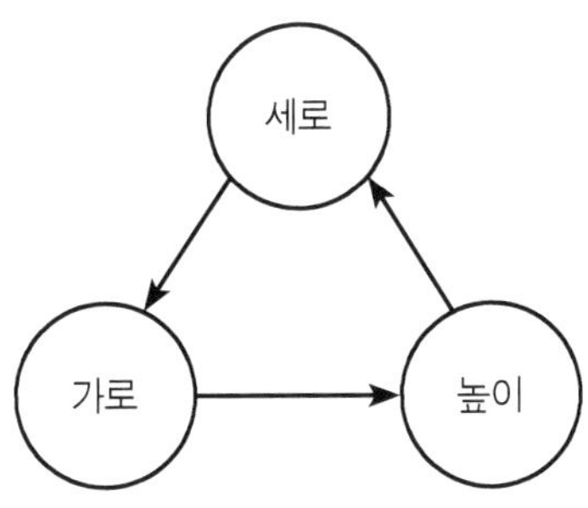

과거와 현재, 미래가 이어진다. 과거와 현재, 미래는 시간의 구성 요소이다. 과거와 미래의 사이에 현재가 있고 인간이 존재한다.

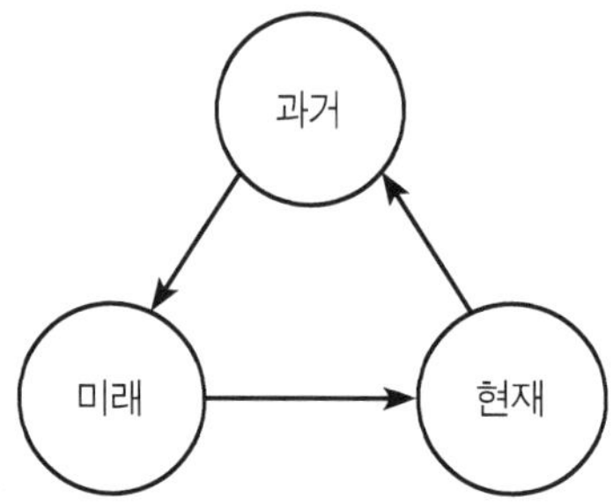

　시간과 공간, 그리고 인간이 함께하는 세상은 3차원의 세계이다. 국가의 기반이 되는 가정은 조부모, 부모, 손자의 3대로 구성되어 있다. '부, 모, 자'의 삼 요소가 있다. '삼대'나 '삼' 요소가 다 갖추어진 집안은 그렇지 못한 집안보다 안정감을 준다.

　요즘은 결손가정이 많아 여러 가지 부작용을 낳고 있다. 결연 맺기, 후원, 대리, 입양, 멘토 등을 통하여 인위적으로라도 3대 가족, 삼극 가정을 갖추면 사회적 역기능을 최소화시킬 수 있다.

　'삼' 요소는 천지 만물과 삼라만상의 핵심을 지칭하는 말이다. '핵심'은 존재나 현상에 있어 없어서는 아니 될 필수불가결한 요소이다. 이 세상을 '천지인'으로 '삼분'하듯이 모든 존재와 현상에서는 세 가지 핵심 요소가 있다고 여기는 것이다.

삼진법(三進法)

　디지털은 '음양'의 이진법이다. on과 off, 개폐, +와 -, 흑백, 생멸, 파동, 맥박, 오고 감, 융합과 분열, 미분과 적분, 수렴과 팽창, 유무는 각기 '음양'으로 상호 연속체이며 동일체라 할 수 있다.

　'극'과 '극'은 상통한다고 한다. 기쁨이 '극'에 달하면 오히려 감격의 눈물을 흘린다고 한다. '양'의 낙(樂)은 '음'의 고(苦)에서, '양'의 기쁨은 '음'

의 슬픔에서 나온다. 결국 천지 만물과 삼라만상 일체가 근본은 같고 겉껍질의 변화현상에 불과하다.

천부경에 내재된 기본 원리는 '천지인'의 삼분법이다. 단순한 이분법이 아니다. 컴퓨터의 하드와 소프트의 양(兩) 개념이 아니다. 하드(음)와 소프트(양), 그리고 외부로 표시되는 영상물(중)까지도 포함한다.

❁ 정반합(正反合)

헤겔의 역사 발전 과정에 적용되는 이론 모델이 '정반합'의 원리이다.

'천지'가 상생하여 '인'을 생성하는 과정을 '합'이라 하고 반대로 '인'이 상극하여 '천지'로 나누어지는 과정을 '반'이라 할 수 있다.

❁ 세 갈래

'일'은 시작과 끝이 일통하여 줄기를 이룬다. '일'의 줄기에서 '천일(天一), 지일(地一), 인일(人一)'의 삼극이 '일이삼'의 차례로 생겨난다. 태초의 '일'이 '일이삼'(一二三)으로 성장함으로써 변화된 모습을 보인다.

초목의 뿌리나 가지, 잎도 마찬가지이다. '일'의 원줄기에서 생겨난 곁가지를 근간으로 하여 '천일'의 잎과 '지일'의 잎, '인일'의 잎이 '일이삼'의 차례로 생겨난다. 나무의 잎맥도 마찬가지이다.

이와 같이 동일한 형태의 규칙적인 반복성이 복잡성의 전체 구조를 형성하는 현상을 프랙털(Fractal)이라 말한다. 카오스(Kaos) 속에 질서 구조를 조성한다. 석(析)의 '쪼개다'와 동일한 개념이다.

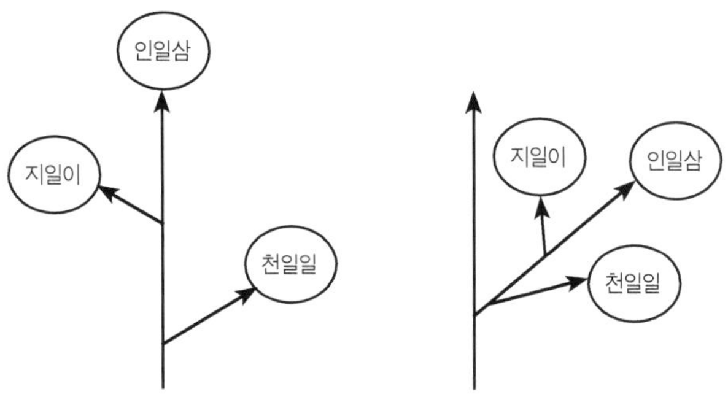

'일이삼'의 이치는 부채를 이쪽저쪽으로 흔들어 바람을 일으키는 것과 같다. 또 아기가 걸음마를 배울 때 왼발(음), 오른발(양)을 내디디어 몸의 중심(중)을 잡는 것과 같다. '하늘'은 무형의 세계로 관념의 바다이다. '땅'은 유형의 물질 공간이다.

'하늘'과 '땅' 사이에 생겨난 '인간'은 유무형의 영육을 다 갖추고 있다.

 삼분법(三分法)

이 세상을 '음양'의 이분법으로 보면 흑백의 논리로밖에 접근할 수 없다. 하지만 사실 그것은 인간을 배제한 상황이다. 천지만 볼 것이 아니라 천지만큼이나 중요한 인간도 포함시켜야 한다. 인간은 천지의 중심에 우뚝 서 있다. 천지는 인간을 위해 존재한다. '음양'의 조화에 의하여 만들어지는 결과물을 간과하여서는 아니 된다는 것이다.

컴퓨터도 '음양'의 디지털 신호로 나타나는 결과물에 주목해야 한다. 지구도 사람처럼 냉기와 열기 사이에 발생하는 온기가 있어 하나의 생명처럼 여긴다.

'삼극'은 '음양중'의 '원자'이다. 우주 천지 만물은 원자라고 하는 입자(粒子)로 구성되어 있다고 한다. 천부경을 지었던 그 당시 이미 우주에는 다함이 없는 물질의 '근본'으로 '원자'가 있음을 감지하였다고 보인다.

한자의 상형문자는 새의 발자국 모양(ᐱ)을 보고 처음으로 만들었다고 한다. 짐승의 발자국을 보고 지나간 흔적을 눈치 채듯이 사람의 생각도 형상으로 그 뜻을 전할 수 있다는 발상이 계기가 되었다고 한다. 천지 자연물에서 '석삼극'의 공통점을 찾게 되었을 것이다. 그러한 천부의 낙인처럼 천손만이 아는 비밀 표식이 우주 중심에서부터 비롯되었다고 생각하였을 것이다.

결론적으로 '삼'은 '일'의 존재 방식이다. '일이삼'의 순서는 변화의 기본 틀이며 '원자'가 된다. 물질은 음양으로 구성되어 있고 음양의 사이에 중이 생겨남으로써 물질은 안정적인 상태를 유지한다. 원자핵은 양성자와 중성자로 구성되어 있다.

중성자는 양성자와 전자의 결합체인 점을 감안하면 원자핵도 음양중의 삼극으로 이루어져 있는 셈이다. 물질의 중심에 원자가 있고 원자의 중심에 양성자의 핵이 있다고 보인다. 이 세상에는 세 가지의 기본 핵심이 있는데 그것은 '물질의 핵', '세포의 핵', '인간의 핵'이다.

● 물질〈物質〉의 핵〈核〉

흔히 우리가 알고 있는 '핵'은 '물질의 핵'이다. '물질의 핵'은 양성자와 중성자로 이루어져 있다. 중성자는 양성자와 전자의 결합체이다. 중성자는 원자의 안정적인 구조를 유지하는 매개체이다. 결국 천지 만물은 음양의 양극성으로 이루어져 있다고 보인다.

'물질의 핵'은 그 쓰임새에 따라 악용될 수도 있고 선용될 수도 있다. 인간에게 이로움을 준다 하여도 때로는 엄청난 피해를 준다. 원자로와 원자폭탄이 그 예이다. 원자폭탄은 태초의 현상인 빅뱅의 복사판이다. 원자로는 물리적인 '핵'의 분열이다. 원자폭탄의 위력은 이미 경험한 바 있고 원자력 발전소는 지금도 인간을 위해 이롭게 쓰고 있다.

이렇듯 아무리 좋은 것이라도 양면성을 가진다. 사람을 살리기도 하고 죽이기도 한다. 모든 것은 일방적이거나 절대적이 아니고 '음'과 '양'의 요소를 지닌다. 하지만 인류 생존을 위한 기술 발달은 불가피하다.

● 세포〈細胞〉의 핵〈核〉

엄청난 에너지를 유발하는 '핵'이 아닌 또 다른 '핵'이 있다. 그것은 생물의 세포 내에 존재하는 '핵'이다. 생물의 몸체를 이루는 근본이다. 생체는 이러한 생물학적 '핵'의 분열에 의해 존재한다.

'물질의 핵'은 원자핵 분열이나 융합으로 에너지가 발생한다. '세포의 핵' 역시 분열의 비밀을 규명하여 사람에게 이롭게 할 수 있고, 피해를 줄 수 있다.

그 쓰임새는 무궁무진하다. 생명의 신비를 밝히려는 DNA 게놈 프로젝트가 있다. '세포의 핵'은 '생명의 원천'으로 사람을 살릴 수 있는 잠재적 가능성이 상당히 높다.

● 사람의 핵〈核〉

'우주의 핵'은 인간이다. 인간의 중심에 마음이 자리 잡고 있다. 결과적으로 '물리적인 핵'과 '생물학적인 핵'의 쓰임새를 정하는 것은 인간의 '마음'이다. 사람의 '마음'을 한자로 바꾸어 보면 '心' 또는 '忄'이다.

마음 '심'의 형상은 '세 점'과 '일선'으로 되어 있다. '일선'은 '천지인'의 씨앗을 꿰고 있는 '끈'으로 여기기도 한다. '心'자는 ☺, ⋯, 小 등 여러 가지 문자나 기호로 표시하고 있으며 변형해 볼 수 있다. 마음 '심'의 모양은 미묘한 장단, 파장, '원자'의 기본 구조, 새의 발자국 모양, 물체가 쌓이는 모습, 생물이 자라는 형태를 연상할 수 있다.

예로써 마음 '심'(心) 자는 '일석삼극'(⋯)의 형태를 보인다. 뿌리가 뻗어가는 모습이나 줄기나 잎이 자라나는 모양을 닮았다. 보이는 형상의 중심에는 마음이 자리 잡고 있다. 마음은 '중'의 조화와 균형을 잡기 위해 '음'의 기(氣)와 '양'의 이(理)를 반복 교감한다.

삶의 지속도 '음양'의 파동이며 소멸과 신생의 연속이다. 즉 삶 속에 죽음이 있고 죽음 속에 삶이 있다. 삶이 없으면 죽음도 없고 죽음이 없으면 삶도 없다. 고로 대자연의 섭리가 곧 대자연의 마음이라 할 수 있다. 대자연의 마음이 인심(人心)으로 화하였다면 결국 자연선택권이 곧 인간선택권이 될 수 있다.

✽ 천지인 창조(天地人創造)

일석삼극(一析三極)은 음양중(陰陽中), 정중동(靜中動)의 원리가 내재되어 있다.

변화의 사이에 극즉변(極則變), 궁즉통(窮則通)의 원리로 대폭발 전후의 상황을 가정해 본다. '석삼극'에서 '태극'의 생성 원리를 유추해 볼 수 있다. '일시'의 '시'에서 '태극'이 생기고 '태극'은 무극(無極)에서 음양의 양극(兩極)이 생긴다는 뜻이다.

음양중과 정중동의 원리에 의하면 태초의 상태는 '음'의 세상이다. 생명이 있기 전 일(一)의 상태는 고요함, 어두움, 차가움만이 있는 음(陰)을 상징한다. '음'과 '정'은 -, 전자(電子)의 시대를 뜻한다. '음'에서 '양'이 생겨나고 '정'에서 '동'의 상태로 전환된다. 태극의 상태는 음양 이극(二極)이 쌍립하는 시기이다. 이어 음양의 결합으로 '중'이 생겨난다. 이것이 원자이다.

차가운 '음'에 대한 반발력으로 생겨난 것이 '양'의 열기이다. 원자는 차가운 '음'이 따뜻한 온기의 '양'을 감싸고 있는 형국이다. 추운 겨울 난로 불을 쬐고 있는 모습이 연상된다. '음'은 '양'을 필요로 하고 '양'도 '음'을 필요로 한다. 차는 엔진이 없이는 움직이지 못한다. 사람도 뜨거운 심장이 없으면 생명을 유지할 수 없다.

우주는 태초의 '일'에서 음양의 대결합으로 '중'의 상태가 된다. 음양의 대결합은 특이점이 폭발하는 대폭발, 즉 빅뱅의 시점으로 여긴다. '중'의 상태는 음양의 이극(二極)에 이어서 음양중의 삼극(三極) 상태가 된다는 것이다.

태초의 '일'에서 새로 생겨난 삼극은 천일, 지일, 인일이다. 양성자, 전자, 중성자가 결합한 '원자'가 생성되는 시기이다. 우주의 대폭발로 제일 먼저 하늘이 생성된다. 핵의 분열과 융합으로 천지는 온통 불바다가 된다.

제일 먼저 불덩어리로 이루어진 하늘이 형성된다. 오랜 세월이 지나 불덩어리는 식어 고체가 된다. 이 고체가 땅덩어리이다. 이 시기에 하늘의 불덩어리에서 해가 생겨나고 불덩어리가 식어 버린 땅덩어리에서 달이 생성된다. 불의 양기가 극소화된 달은 태음으로 태양인 해의 '극'으로 생겨난다. 불덩어리와 땅덩어리의 중간체가 지구가 된다. 하늘에 이어 두 번째로 생성되는 것이 땅이다.

천지 음양의 조화로 세 번째로 생겨나는 것이 만물의 영장인 사람의 '중'이다. 우주는 음양이 조화와 균형을 이루는 가운데 천지 만물이 생겨나고 삼라만상의 현상이 생겨난다고 보여진다.

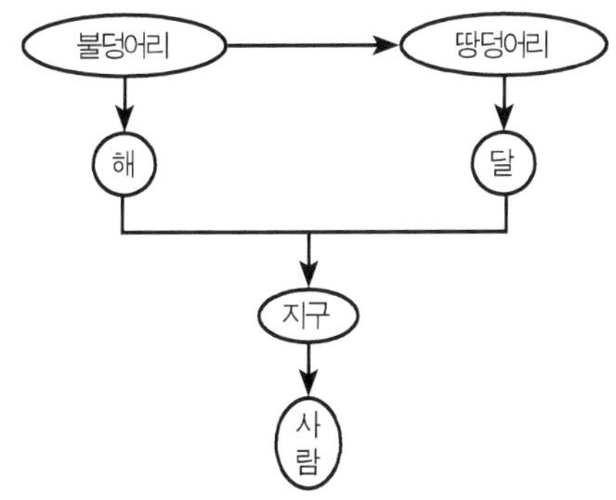

　태초에 우주는 기체 상태에서 전기적 결합이 일어나 불바다가 된다. 이어 자기적 결합으로 고체 상태의 땅이 만들어진다. 마지막에 전기와 자기의 상호작용에 의하여 전자기적 생물 상태의 인간이 생겨나는 것 같다.

　천부경에서 말하는 삼극은 천일, 지일, 인일로서 하늘과 땅, 사람의 씨앗이다. 이것은 천부경을 인용하여 살펴본 천지인 창조의 가상 시나리오이다.

　불빛인 하늘의 생성은 1극 시대이다. 다음 지구인 땅의 생성으로 하늘과 땅의 2극 시대이다. 그리고 만물의 영장인 사람의 탄생으로 하늘과 땅, 사람의 3극 시대가 도래되었다.

	一	일극 (一極)	음 (陰)	정 (靜)	음이온 (미립자)
	一十	이극 (二極)	양 (陽)	동 (動)	음이온. 양이온
	'一' + '十'	음양의　결합			
	±	삼극 (三極)	중 (中)	중 (中)	원자의　생성
천일 (天一)	하늘의　씨앗	양 (陽)	동 (動)	양성자	
지일 (地一)	땅의　씨앗	음 (陰)	정 (靜)	전자	
인일 (人一)	사람의　씨앗	중 (中)	중 (中)	중성자	

태극의 '태'는 태고, 태시, 태초, 태조, 태일, 태을로 시작의 의미가 있다. '극'은 '태'를 전제로 하며 끝을 의미한다. 무시무종은 '태'의 시작과 '극'의 끝이 무한히 반복함을 뜻한다. 太=⊙와 같이 마치 암탉이 알을 품은 형상이다. 또 '⸱'는 '⊙'와 같이 마치 씨앗이 씨눈(배아)을 가진 형국이다.

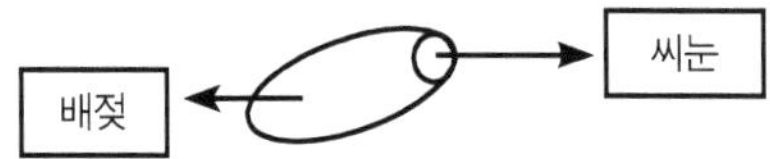

씨앗의 씨눈에서 싹이 나면 줄기와 가지가 생긴다. 영양분의 저장창고인 배젖은 기(氣), 싹을 틔우는 씨눈은 이(理)에 해당한다. 싹이 나면 배젖은 '태', 싹은 '극'이 된다. 그 다음 싹의 줄기는 '태', 줄기에서 자란 가지는 '극'이다.

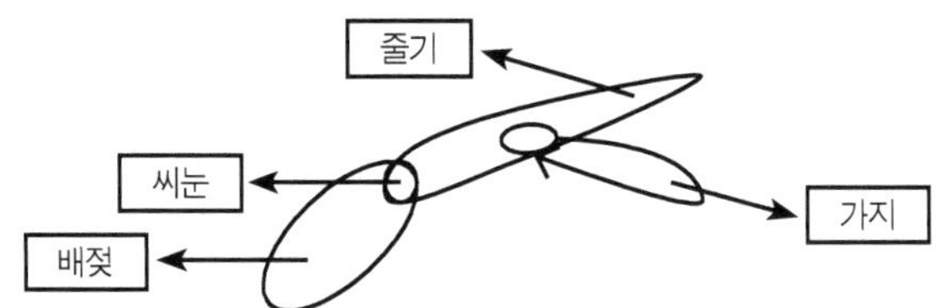

'태'는 '음', '극'은 '양'이며, 태극은 음양의 근본이다.

배젖	기(태, 음)			
씨눈	이(극, 양)	기(태, 음)		
싹		이(극, 양)	기(태, 음)	
줄기			이(극, 양)	기(태, 음)
가지				이(극, 양)

태초의 '일'은 우주의 태(太)이다. 천일, 지일, 인일은 천지인의 씨앗으로 '태'이다.

태극의 극(極)은 천지인의 삼극이다. 고로 천일지일인일은 삼태이며 천지인은 삼극이다. 배젖은 태초의 '일'에 해당한다. 씨눈에서 생겨난 싹과 뿌리, 줄기와 가지, 잎은 천지인과 같다.

씨눈에서 제일 먼저 생겨난 줄기가 '천일'이다. 다음에 생겨난 가지가 '지일'이다. 세 번째로 생겨난 잎이 '인일'이라 할 수 있다. 일점(÷)의 '일'(一)은 탯줄과 같다. 천일지일인일의 삼태에서 '일'의 탯줄을 떼어내고 '점'이 성장하면 천지인의 삼극이 된다.

원점(●, 圓點)의 상태인 '천일'의 씨앗에서 적(積)하면 만원(○, 滿圓)이 된다. 원점과 만원은 초승달과 만월(滿月)처럼 닮았다. 만원이 되면 다시 원점의 씨앗이 생기고 씨앗은 새로운 '태'인 천일지일인일의 상태가 된다. 씨앗과 성체는 '태'와 '극'이 동시에 존재한다.

'태'가 '극'에 달하면 궤(匱)를 바꾸어 소멸과 신생의 전환점(갈림길)을 맞이한다. 천일지일인일의 삼태가 적(積)하면 궤(匱)를 벗어나 천지인(天地人)의 삼극(三極)이 된다.

태초의 '일'은 우주 즉 천지 만물의 조상으로 여긴다. '천일'은 하늘의 시작, '지일'은 땅의 시작, '인일'은 사람의 시조라 할 수 있다. 태양은 해로서 '양'의 시작이며 태음은 달로서 '음'의 시초로 본다.

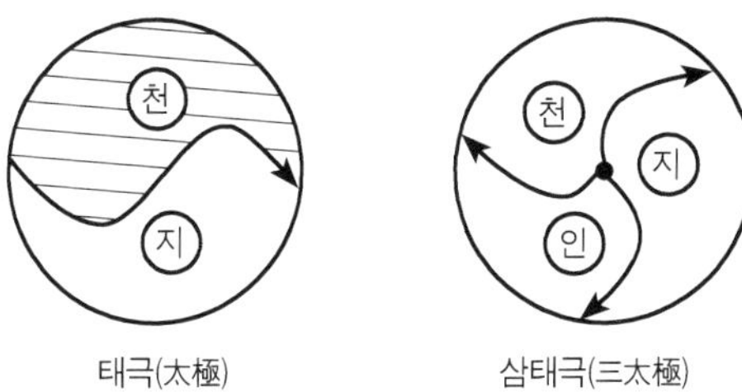

태극(太極)　　　　삼태극(三太極)

탈바꿈 현상에 의해 다 자란 초목은 근본인 씨앗이나 떡잎의 흔적을 찾을 수 없다. 천지인의 삼극은 무한히 번성할 수 있는 기본 요소이다. 천지인의 삼 요소가 모여 원자가 된다. 원자는 만물의 기본입자로 합쳐 분자를 이룬다. 분자는 기체와 고체, 액체를 형성한다.

一積十鉅無匱化三

일 적 십 거 무 궤 화 삼

일은 쌓여, 십을 이루면,
궤는 없어지고, 삼이 된다.

一 일

積 적

一積 일적

十 십

鉅 거

十鉅 십거

一積十鉅 일적십거

無 무

匱 궤

無匱 무궤

化 화

三 삼

化三 화삼

無匱化三 무궤화삼

一積十鉅無匱化三 일적십거무궤화삼

一 _일

태초의 '일'에서 생겨난 새로운 '일'이다. '일'은 '천일', '지일', '인일'의 '일'이다. 태초의 '일'에서 세 개의 '일'이 생겨났다. 그 세 개의 '일'은 각기 생성 순서대로 '천일', '지일', '인일'이라 하였다. 고로 '천일'의 '일', '지일'의 '일', '인일'의 '일'을 지칭한다.

태초의 '일'에서 생겨난 '천극'과 '지극', '인극'의 '삼극'이 각기 '천지인'의 '일'에 해당한다. '일'은 한 점에 불과한 씨앗을 의미한다. 처음이나 시작, 원천임을 알 수 있다.

태초의 '일'에서 '천일지일인일'의 '삼극'이 생겨났다. '천일'과 '지일', '인일'은 각기 태초의 '일'과 같은 역할을 한다. '천일'과 '지일', 그리고 '인일'은 각기 다시 '일석삼극'의 과정을 거친다.

積 _적

'적'은 쌓을 '적'이다. 쌓는다는 말은 '모으다, 섭취하다, 자라다, 커가다, 성장, 결합, 응집, 확대, 확장, 확산'의 의미가 있다. 옥편에 積(적)을 찾아보면 쌓을 적(堆퇴), 모을 적(聚취)으로 5획의 벼 禾(화) 변에 16획이다. 마치 수(數)나 양(量)이 증가하고, 세포가 분열하며, 기운이 사방으로 번지는 형상이다.

예를 들면 물이 불어나거나, 달이 차고, 초목이 자라고, 몸집이 커지는 등 차곡차곡 쌓여 빈 공간을 가득 채워 나가는 모습이다. 시간이 쌓이고 세월이 흘러가는 현상이다.

一積 일적

'일적'은 '천일', '지일', '인일'이 제 구실(천부의 사명)을 다할 때까지 성장하는 모습이다. 핵의 분열과 융합 과정에 비유된다. 태어난 아이가 성인 남녀로 다 자란 시기이다. 짐승의 새끼가 다 자란 상태를 일컫는다. 초목의 씨앗이 발아되어 무성하게 자라는 모습이다. 한 방울의 물이 대해를 이루고, 불씨가 발화되어 번지는 현상이다. 음양의 조화가 있기 전의 과정을 말한다.

'천일지일인일'의 '일'은 성장하여 성체가 되면 음양으로 나누어진다. 하늘에는 천일의 불씨가 불덩어리를 이루어 해와 달을 낳는다. 땅에는 종자가 싹이 트고 자라서 초목은 꽃이 피어 암수술이 생겨난다. 짐승의 새끼는 암컷과 수컷으로 나누어진다. 사람의 태아는 남자와 여자로 나누어지고 성장하여 정자와 난자를 가진다.

'천일, 지일, 인일'의 씨앗이 생김으로써 '천지인'은 삼태극이 된다. 1에서 9까지의 자연수는 쌓이는 수이다. 아직 목적을 이루지 못한 미완성을 의미한다.

일적은 '일'의 씨앗이 자라 성체가 되어 새로운 씨앗을 품은 상태이다. '일'의 한 점이 적(積)하면 원(○)을 이루고 원의 중심에 점(●)이 생긴 모습이다.

충만은 꽉 차서 터질 듯한 상태에 이른 것을 뜻한다. 배출하지 않으면 파멸할 것 같은 상태이다. 돌파구를 찾지 않으면 안 될 위기 상황이다. 욕망이 가득차면 해소하고자 하는 욕구가 생긴다. 충만은 완성을 이루기 위한 전단계이다.

'극'은 꼭짓점과 같다. 변과 변이 어긋나게 만나면 꼭짓점을 이룬다. 꼭짓점은 변화의 마디이다. 무엇이나 극치나 극대에 다다르면 극즉변의 상황이 예상된다.

十 십

'십'은 가로 '일'(l), 세로 '일'(一)이 합쳐진 모양이다. '음'(-)이 가로 세로로 포개진 형상을 나타낸다.

열십자로 포개진 상태는 음양의 조화를 암시한다. '十(십)'은 숫자의 '열'을 의미하며 2획의 열 십(十) 변이다. 천부경에서의 십(十)은 음양의 결합을 의미한다. +와 -의 전기적 결합, N과 S의 자기적 결합, 전기(+, -)와 자기(N, S)의 전자기적 결합을 뜻한다. 하늘의 해와 달, 땅의 암수, 사람의 남녀가 결합하는 형국이다.

핵의 융합, 극과 극, 요소와 요소 간의 결합도 마찬가지 현상이다. 정중동, 음양중, 석삼극의 원리에 의하면 원자의 생성과 더불어 천지인이 창조되었고 원자의 생성 이전에 음양의 대결합에 의한 빅뱅(대폭발)이 있었다고 전제한다.

예수와 십자가는 기독교의 상징이다. '십'은 모양이 사방을 가리키며 동서남북으로 뻗어감을 의미한다. 가득 찰 만(滿)을 뜻한다. 두 손의 손가락을 다 꼽으면 '십'이 되고 열 개의 나뭇가지를 하나의 끈으로 묶으면 한(다발, 묶음) 단이 된다.

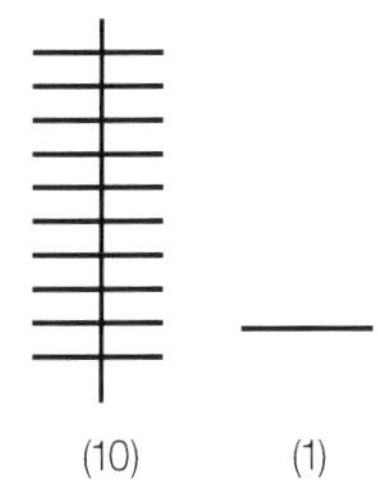

(10)   (1)

'일'이 시작이라면 '적'은 '구'에 이르고 '십'은 하나의 완성에 해당한다. 아홉수는 '십'의 완성을 위한 전 단계이다. 자연수와는 달리 십, 이십, 삼십……백, 만은 완성수이다.

'십'은 음양(-, +)의 무궁무진한 조화를 부리는 수라 여긴다. 음양의 결합은 완성을 뜻하고 열 십(十)자로 표시한다고 할 수 있다. 평면에 포개 놓은 것이 음(─)이며 세워 놓은 것이 양(丨)으로 음양이 건곤일척(乾坤一擲)함으로써 완성된 십(十)이 형성된다. 음양의 조화는 윤회와 영생, 세상을 여는 키워드라 할 수 있다. 하나는 '천지인'의 '삼극'과 '음양'이 갖추어 있어 만 가지로 변한다. 궁극적으로 모든 것은 하나의 완성을 이루며 일순일순(一循一循) 한다고 여긴다.

사람이 사는 집은 기둥의 丨(양)과 보의 ─(음)이 결합(十)하여 생겨난 결과물인 중(土, 中)에 해당한다. 그리고 집이 '양'이라면 주위의 빈 공간은 '음'에 해당한다. 이렇듯 집은 가로와 세로의 열십자로 맞물려 있다. 열십자의 연속적 결합으로 집이 완성된다. 음양중의 집에 음양중의 사람이 산다. 수직과 수평, 상하좌우의 균형이 음양의 조화이며 완성을 이룬다.

천지간 상하좌우의 중심에는 사람이 있다. 여자의 상징인 땅은 '음'으로서 평평한 모양인 '─'이다. 남성의 상징인 하늘은 '양'으로 하늘로 솟구친 모양의 '丨'이다. 또 '음'은 '--'로서 갈라지고 열린 형국이다. '양'은 '─'

로서 하나로 이은 닫힌 형국이다.

남녀가 합친 모양은 '十' 또는 '-|-'이다. 그래서 남성보다 여성이 더 우주적이며 포용력이 있고 생산성이 높다고 할 수 있다. '十'은 해와 달의 상호작용, 꽃의 수정, 짐승의 교배, 부부의 결합을 의미한다. 하늘을 봐야 별을 따듯이 성인 남녀의 결합이 있어야 정자 난자의 수정이 이루어진다.

'음'과 '양'이 '상극'하면 문제가 생긴다. '음'과 '양'이 '상생'하면 해결책이 된다. 찬성과 반대, 주장과 반론, 동조와 비판은 시시비비를 가려 도출한 결론이 진정한 해결책이 될 수 있다. 하지만 그 해결책도 시간이 지나고 상황이 바뀌면 '극'과 '극'의 시빗거리가 될 수 있다.

그럼에도 불구하고 시비가 절대 나쁜 것은 아니다. 그렇다고 필요악도 아니다. 우리가 받아들여야 할 극히 자연스러운 것이다.

'음양'의 부모가 낳은 '음양'의 자식이 있어야 대를 이어 나갈 수 있다. 하나를 알면 '열'을 안다고 한다. 하나는 씨앗으로 자기 자신이다. 자기 자신이 왜 태어났는지를 알면 자연히 천지인과 동격인 부모와 자식 간의 관계를 알게 된다.

'십'은 사방을 꿰뚫어 보고 하늘과 땅, 사람의 이치인 천문, 지리, 인사에 대하여 통달한 경지를 말한다. 모두 다, 완전, 잘, 우수, 탁월, 달통, 능수능란의 의미가 담겨 있다. 상하좌우를 모두 통하는 수로서 음양의 조화, 천지사방, 일체, 끝의 의미가 있다.

또 밭 전(田) 자나 버금 아(亞), 양백(兩百), 궁궁을을(弓弓乙乙), 만(卍) 자 등도 완성과 통달, 사방의 상징성으로 쓰이기도 한다. 바둑은 밭전 자의 바둑판에 흰 돌과 검은 돌의 씨앗을 뿌리는 것과 같다.

십(十)은 해탈이나 깨우침의 의미가 있다. 완성의 끝은 득도와 우화등선(羽化登仙)하는 것이다. 또 여의주를 입에 문 용이 승천하는 기상이다. 완성된 사람은 하늘로 귀천하는 것이다. '구'는 미완성의 숫자로

용이 여의주를 얻지 못함이다. 사람은 깨달음을 얻지 못함과 같다. 공든 탑이 무너지고, 십년공부가 허사일 것이다. 완성 없이 새로운 모습이나 한 단계 더 높은 품격으로 변화할 수 없다.

'십'의 수를 얻기 위해 누구는 재물과 권력, 명예에 집착한다. 누구는 종교에 귀의하기도 한다. 때로는 사람이 마음을 비울 때 그 마음은 '천지인'과 하나가 되었음을 의미한다. '십'은 사방과 중앙을 갖춘 완벽한 형태를 띤다. 또 '천(●)', '지(—)', '인(ㅣ)'을 합한 형상이다.

열 십(十)자는 전후좌우, 동서남북을 가리키기도 한다. '十' 표시는 동서남북과 중앙의 위치를 뜻한다. 방향을 알려주는 좌표의 역할을 한다. 좌표는 목표이며 궁극이다. 목표는 완성을 전제로 한다.

십(十)은 '천지인'의 '삼극'이 융합되어 있어 영생불사의 비결이다. 요소와 요소가 결합(十)하여 새로운 요소를 낳는다. 새로운 요소는 새로운 요소와 결합하여 또 다른 새로운 요소를 낳는다. 요소는 존재와 현상을 막론한다. 요소 간의 결합은 인연 또는 운명, 인위적인 작용 등 무수한 요인들이 더하여진다.

음양의 조화는 상생 상극이다. 십(十)은 음양의 상생을 의미한다. 음양의 상생 이전에는 음양의 상극(二)을 전제로 한다. '극'은 상극으로 생기고 상생으로 소멸한다. 천지 만물은 음양으로 구성되어 있으며 음양의 상호작용에 의해 생성과 소멸한다고 본다. 지구(땅)는 해와 달의 영향으로 냉온서열, 조주석야, 춘하추동의 현상이 생겨난다.

하나의 목적 달성이나 역할의 끝을 '십'의 상황이라 할 수 있다. '일'은 초승달, '십'은 보름달과 같다. 숫자는 '일'과 '십'을, 달은 초승달과 보름달을 반복한다. 1-9의 단계가 '일'의 일생이라면 '십'은 생을 마감하는 순간이다.

鉅 거

'거'는 쇠갈고리로 '긁어 모으다'의 의미가 있다. 마치 갈고리로 낙엽을 긁어모으는 듯한 느낌을 준다. '천일'과 '지일', 그리고 '인일'의 '일'이라는 존재가 사방에서 에너지를 모아 왕성하게 성장하는 모습을 연상할 수 있다.

'적'은 태어난 아이가 자라 성인이 되는 상태를 말한다. '거'는 남녀의 결합 이후 난자와 정자가 만나 세포핵 분열이 이루어지고 태아가 자궁에서 모체와의 탯줄에 의지하여 자라는 형상을 말하는 것 같다. 고로 '적'과 '거'는 동일한 개념이다.

鉅(거)는 클 거(大대), 갈구리 거(鉤구), 강한 쇠 거(剛鐵강철)로 8획의 쇠 金(금) 변에 13획이다.

일적(一積)의 적(積)이 일 개체의 독립적인 성장이라면 십거(十鉅)의 '거'는 음양의 결합 이후 모체 내에서의 성장이라 할 수 있다. 세상 밖으로 나오기 전, 알, 번데기, 땅속 등은 미성숙의 단계이다. 열매는 암컷과 수컷의 수정에 의해 새로운 씨앗을 잉태하는 것이다. 사람의 씨를 뿌리고 죽는 이치가 1에서 10의 수에 있다. '일'에서 '십'은 존재의 일생이다. 꽃은 암술과 수술의 꽃가루가 수정하면 열매를 맺는다. 열매가 익으면 열매 속의 씨앗은 자란다.

우주는 음양의 대결합에 의한 빅뱅으로 인하여 팽창하고 있다. 하늘의 해와 달이 상호작용하여 지구에 만물이 생겨나고, 초목의 열매가 익어가고, 짐승의 암컷이 새끼를 품고, 사람의 어미가 태아를 키우고 있는 형국이다.

十鉅 십거

'십'은 음양의 조화를 말한다. 즉 남녀의 사랑으로 정자와 난자가 합쳐져 생겨나는 현상을 말한다. '거'는 음양의 조화 이후에 일어나는 현상을 말하는 것 같다. 초목은 수정과 결실기, 짐승은 교배와 배태기, 사람은 남녀의 결합과 임신기에 해당한다. 우주는 음양의 대결합 이후 엄청난 진통의 산고를 겪은 후 천지인을 낳는다.

음(一)과 양(十)을 다 갖추어 음양의 결합이 일어남으로써 비로소 인간은 천부의 사명을 완성하게 된다. 음양의 이치를 알면 자연히 그 완성인 '십'을 안다고 할 수 있다. 이것은 대자연의 섭리이며 본능이다. 음양의 결합은 수정과 임신으로 이어신나. 성인 남녀의 결합과 수정은 '십'에 해당하고 태아의 자궁 내 성장인 10개월의 임신 기간은 '거'에 해당한다.

一積十鉅 일적십거

'일적십거'는 아기가 자라 씨를 가진 어른이 되어 성인 남성과 여성의 결합으로 배태하게 되는 상태를 말한다. '일'(一)의 수가 '구'(九)에 이르고 '구'에서 '일'을 더함으로써 '십'(十)의 완성을 이룬다. '9'의 극수에 '1'이 더해짐으로 해서 '10'으로 가득 차게 된다.

가득 차면 비워, 새로 시작하는 것이 자연의 이치이다. 무릇 무(無)하면 공(空)하고 '공'하면 허(虛)하고 '허'하면 동(動)하게 되는 이치와 같다.

'일적'이 미완성이나 허기진 상태라면 '십거'는 완성이나 충만된 상태로
볼 수 있다.

❀ 십시일반(十匙一飯)

한 숟가락의 밥도 열 개가 모이면 한 그릇의 밥이 된다. 완성 즉 세
월이 가고, 쌓여, 때가 되면 단위와 형태, 성정이 새롭게 바뀜을 뜻한다.
일 개체의 생성과 성장, 번성과 소멸의 일생기에 변화의 극점이 있음을
뜻한다.

無 무

'무'는 없다는 뜻이다. 숫자로 0의 개념이다. 또 부정의 '아니다'라는 뜻
도 있다. 다음에 오는 글자의 의미에 따라 무한이나 무궁무진, 반복, 순
환, 윤회로 해석할 수 있다.

匱 궤

보통의 櫃(궤)는 상자를 의미한다. 상자는 물건을 담는 그릇이다. 무
언가 소중한 것을 담기 위해서는 상자가 필요하다. 상자는 내용물을
잘 간수하거나 보호하기 위한 것이다. 상자도 종류가 많다. 내용물에

따라 포장도 달라진다. 물건이나 내용물은 소중한 것으로 쓰임새가 있기 마련이다. 주머니가 있고 밥그릇, 광주리, 궤짝, 장롱, 갑옷, 가면, 장식 등이 있다. 틀이나 모양, 모습, 상태, 태, 탈 등의 개념도 유추할 수 있다. 사람이 사는 집이나 짐승이 파 놓은 굴, 자연적인 동굴도 '궤'에 해당된다.

천부경에서의 '匱'(궤)는 나무 목 변이 없는 '궤'이다. 匱(궤)는 궤 궤(匣갑), 다할 궤(竭갈)라고 하며 2획의 모진 그릇 匚(방) 변에 14획이다. 목갑이나 철갑의 인공적인 상자와는 다른 특별한 뜻이 있다고 보여진다. 즉 자연물을 뜻하는 것 같다.

자연적인 '궤'라면 어떤 것이 있을까? 가까운 인체에서 찾아 볼 수 있다. 마음이 외부로 나타나는 것이 '궤'이다. 사람은 몸과 마음으로 이루어져 있다면 몸은 마음의 '궤'라 할 수 있다. 소위 상(相)이나 생김새를 말한다. 마음에서 생겨난 '극'이 '상'이다. 관상은 신체의 생김새를 보고 타고난 운명을 점치는 것이다. 다시 말하면 눈에 보이는 겉모습을 보고 보이지 않는 마음을 추정한다.

사람이 가장 소중하게 여기는 자궁이 아기에게는 '궤'가 될 수 있다. 또 사람의 장기를 둘러싸고 있는 뼈나 피부는 물론 사람 외에 자연물에도 많이 있다. 사람의 피부처럼 나무의 껍데기도 '궤'에 해당한다. 알껍데기나 조류의 깃털도 마찬가지이다. 초목의 껍데기가 다양한 것처럼 짐승의 껍질도 다양하다. 모양과 생김새에 따라 양서류, 갑각류, 어류, 곤충 등으로 분류한다.

이처럼 '궤'는 환경변화에 적응하기 위해 진화된 다양한 형태를 보인다. 껍데기는 '궤'의 실질적인 것이지만 상징적인 면도 있다. 이른바 모양이나 꼴, 모습, 상태를 보고 본질을 파악하는 것이다.

천지 만물의 모습은 저마다 다 다르다. 개성이 있고 특징이 있다. 마치 사람의 얼굴 모습이나 홍채, 지문이나 DNA와 같이 천차만별이다. 자연현상이 천태만상인 것처럼 천지 만물은 생긴 모습이 다르다고 할 수 있다. 그러한 꼴을 '궤'라고 할 수 있다.

사람의 옷을 '궤'라고 할 수 있다. 산이 계절마다 색깔이 변하는 현상도 '궤'를 바꾸는 것이라 할 수 있다. 흔히 악마나 짐승이 인간의 탈을 쓰고 태어났다고 한다. 우리 인간의 몸은 영혼의 거푸집에 불과하다고 말한다. 그렇다면 몸통은 정신을 담는 그릇일 뿐이다. 사람의 몸통도 궤에 해당하며 바뀔 수 있음을 암시한다. 몸통이 감싸고 있는 아주 원천적이고 근본인 것은 바로 생명에 관한 것이요, 마음일 수 있다.

의복이나 집, 사무실, 자동차, 우주선 등 문명의 이기도 사람에게는 '궤'이다. '匱(궤)'는 모진 그릇 방(□) + 귀할 귀(貴)의 합성어로 이것은 그릇이나 상자 속에 아주 귀한 것이 담겨 있는 형상이다. 그릇이나 상자는 소중한 물건을 보호하는 껍데기에 해당한다. 아주 귀한 물건을 감싸고 있는 보호막이 궤이다. 그럼 껍데기는 무엇이며 귀중한 내용물은 무엇일까?

無匱 무궤

'무'는 '무수, 무한, 무궁, 무진, 무량의 예처럼 수없이, 한없이, 다함없이, 헤아릴 수 없이'의 뜻이 있다. '무궤'도 '궤 없이'의 해석이 가능하다. '궤'란 무엇인가? '궤'는 몸체, 탈, 꼴, 모양, 모습, 형체, 형상, 거푸집의 뜻으로 해석할 수 있다. '궤'는 무형의 마음을 감싸고 있는 유형의 물질로 봄이 타당하다.

'무궤'는 '궤'가 없다는 의미이다. '탈궤(脫匱)' 즉 '궤'를 벗어난다는 의미도 있다. 예를 들면 태아가 어미 배 속에서 10달이 지나 만삭이 되면 어미의 자궁을 벗어난다는 뜻으로 보면 된다. 태아가 다 자라면 자신이 자란 집을 버리고 세상 밖으로 새로 태어난다는 것이다.

뱀이 자라면 허물을 벗는다. 곤충이나 꽃게도 마찬가지이다. 허물을 벗지 못하면 죽고 만다. 탈각 현상을 '무궤' 현상으로 볼 수 있다. 알에서 애벌레가 되고 번데기가 되어 나비가 된다고 할 때 알이나 애벌레, 번데기, 나비의 순으로 탈바꿈하는 것이 '무궤'에 해당한다. 모습을 탈바꿈한다고 할 때에 모습이나 탈이 '궤'라고 할 수 있다.

결론적으로 '무궤' 현상은 탈바꿈이라고도 할 수 있다. 환골탈태한다고 할 때 '태'와 '궤'는 동일한 의미로 보인다. 새로운 변신을 하려면 환골탈태하지 않으면 아니 된다. 구습에서 벗어나는 것, 새로운 기술혁신으로 도약하는 것, 지금보다 더 나은 상태에 도달하는 것을 '무궤' 현상이라 할 수 있다.

인간이 죽어서 현생의 업에 따라 축생이 되고 아귀가 되는 것도 짐승의 '궤'와 아귀의 '궤'를 뒤집어쓰기 때문이다. 인간의 육체도 물질적인 것으로 '음'의 모태인 땅에서 비롯된 것이어서 무한히 '태'를 바꾼다고 할 수 있다. '태'를 바꾼다고 하면 모습과 성질을 다 포함한다. 고로 물리적, 화학적, 생물학적 모든 변화를 의미한다.

영겁의 탈바꿈을 하는 일 개체는 강자와 약자, 빈자와 부자, 귀하고 천한 것이 현생이든 후생이든 역전되어 반드시 갚음을 하도록 되어 있다고 본다. 부부가 전생의 원수 같다느니, 언젠가 꿈에서 본 상황을 맛본다든지 하는 것은 '궤'를 바꿈으로써 가능하다는 이야기이다. 은혜와 원수, 남녀(부부)의 뒤바뀜, 보은과 앙갚음도 마찬가지이다.

오르막이 있으면 내리막이 있다. 행복이 있었으면 불행도 언젠가는 반드시 겪는다는 것이다. 억울하게 죽임을 당한 자도 언젠가는 내세에 다시 태어나 입장이 바뀌어 보복을 할 수도 있다는 것이다.

전생과 현생, 내생은 물론이고 천상과 지상, 천당과 지옥, 과거와 현재, 미래의 시간과 공간을 초월하여 수없이 반복되는 탈바꿈으로 그것이 가능하다는 이야기이다. 이 말은 상황이 '극'에 달하면, 변하고 궁지에 몰리면 통하기 마련이라는 의미이다. 도저히 감당해 내지 못할 극한 상황에 도달하면 급변한다. 하늘이 무너져도 솟아날 구멍이 있다는 것이다.

삶과 죽음도 급변 현상이요, '무궤' 현상이라 할 수 있다. 육체적 한계인 생물학적 불능에 도달하면 죽음을 맞이하는 것은 불가피하다. 자연 환경에 맞게 모습을 바꾸고 '궤'를 달리한다는 것은 존재자는 변화자이며 변화함으로써 존재 가치가 있다고 보아야 한다.

수정된 태아가 성장하는 과정은 수없이 많은 변화 과정을 거친다. 태아가 자라 새로운 세상을 보려면 태를 벗어나야 한다. 자연의 섭리인 시간에 따라 세포핵분열을 성공적으로 마쳐야 하며 열 달이 되면 어미의 자궁을 벗어나야 한다. 그렇지 않으면 어미나 아기의 생명을 잃을 수도 있다.

아이가 자라서 어른으로 성장할 때도 마찬가지이다. 어린아이의 티를 벗고 어른스러워졌다고 할 때도 일종의 변화된 모습을 보여 주는 것이다. 사람은 떡잎부터 알아본다는 말이 있다. 씨앗은 근본으로 종류만 알뿐 어떻게 자랄 것인지에 대한 상(相)이 없다는 뜻이다. 따라서 '무궤'는 변화 과정임을 알 수 있다. 인간으로 이 세상에 태어나야 비로소 '상'이 생긴다. '상'은 저마다 타고난 운명이다.

무언가 달라지고 날로 성숙하는 모습이 '무궤' 현상이라 할 수 있다. '무궤'는 산고와 껍질을 벗기는 아픔을 느낀다. 혁신과 고된 연마, 담금질의 의미가 있다.

대자연의 섭리에 따라 변화하는 현상을 '무궤'라 할 수 있다. 대자연
에는 질서와 생명 리듬, 계절의 변화가 있다. 때에 따라 위치를 바꾸는
해와 별, 모양을 바꾸는 달, 계절과 세월의 흐름에 따른 변화 현상은 무
한히 반복된다. '무궤'는 무한탈괘 즉 '궤'를 무한히 바꾼다는 뜻이 있다.

천부경에 내재된 '궤'의 의미는 태초의 '일'이 '삼극' 즉 '천지인', '음양중',
'일이삼'의 반복 변화로 해석할 수도 있다. 천부경에서는 인간에게 절대
적 믿음을 갖게 함으로써 영생불사의 삶을 약속하고 있다. 앞서 언급
한 '극즉변', '궁즉통'이란 말이 실감난다. '궤'의 중심에는 마음이 있다.
세상만사 마음먹기에 달려 있다고 한다.

'궤'의 모습도 마찬가지이다. 웃는 모습, 슬픈 표정 ,노하는 얼굴, 죄를
짓는 것도 모두가 마음의 표현이다. 탈피는 허물이나 표피, 겉껍질을 벗
어버리는 것이다. 알에서 부화하는 것과 같다.

물질적인 것 이상의 정신적인 것도 마찬가지이다. 무념무상(無念無相)
의 경지나 개과천선, 우화등선이란 개념이 어울릴 것 같다. 득도나 해탈,
깨달음을 얻는 것도 일종의 '무궤' 현상에 비유할 수 있다. 열반은 '생'의
마침과 동시에 신의 경지에 오른다는 뜻이다. 완성을 이룬 성인은 석가,
예수, 마호메트, 공자, 노자, 장자와 같은 삶을 산 사람들이다.

천적(天敵)

올챙이가 개구리로 모습이 바뀌는 현상도 '무궤' 현상이다. 반대로 장
구벌레의 유충이 잠자리가 되는 것도 마찬가지이다. '궤'를 바꾸면 천적
의 입장이 서로 전환되는 현상도 초래된다. 물속에서는 잠자리의 유충
이 개구리 새끼인 올챙이를 잡아먹지만 육지에서는 개구리가 잠자리를
잡아먹게 된다. 자연 상태에서 잡아먹고 먹히는 현상도 '무궤' 현상에 의

해서이다. 이렇듯 역전 또는 반전현상으로 상황이 달라질 수 있다. 인생에도 극적인 장면들이 연출되기도 한다.

一積十鉅無匱 일적십거무궤

'일적십거무궤' 현상은 일례로 사람의 정자와 난자가 모체의 태내에서 수정하여 자라서 태아가 자궁을 벗어나는 단계이다. 또 아이가 성장하여 어른이 됨으로써 혼인하여 아이를 잉태하는 현상에 비유할 수 있다.

'십거'는 남녀의 결합에 이은 수정과 임신, 출산까지의 단계로 보아야 한다. 짐승의 암컷과 수컷이 교배하여 어미의 태내에서 수정하여 자란 새끼가 태반의 탯줄을 끊는 과정까지이다. 또 새끼가 커서 암컷과 수컷이 교배하여 새로운 새끼를 낳는 현상에 비유할 수 있다.

초목의 씨앗이 발아하여 자라서 암술과 수술이 수정하여 열매를 맺고 씨앗을 퍼뜨리는 시기이다. 새로운 씨앗을 생산하기 위한 음양의 생성과 상호작용으로 여긴다. 이때 '무궤화 과정'은 열매의 결실과 씨알이 여무는 상태이다. 신생의 환골탈태나 탈각, 혁신의 아픔, 진통, 고난이 예상되기도 한다. 초승달이 보름달이 되고 씨알이 성체가 된 상태이다.

'일적십거무궤'의 또 다른 의미는 어떤 일을 도모하여 목적 달성함으로써 어려운 처지나 환경에서 벗어나는 것이다. 한계극복이나 위기돌파, 과제해결, 개선발전, 해탈, Upgrade와 같다.

化 화

'화'는 조화 현상으로 '되다. 바뀌다, 변화하다'의 의미가 강하다. 化
(화)는 될 화(陰陽運行음양운행), 화할 화 (萬物生息變化만물생식변화), 변화
할 화, 본받을 화, 바뀔 화(變形변형)로 2획의 숟가락 匕(비) 변에 4획이
다. 창조와 전이, 변이, 진화의 뜻이 있다.

三 삼

'삼'은 차수로 '일이삼'의 의미가 있고 개수로 '삼'이다. '일'과 '이'를 합친
것이 또한 '삼'이다. '천지인'에서는 '인'이 '삼'이고' 음양중'에서는 '중'이 '삼'
이다. '삼'은 '음극'과 '양극', 그리고 '중극'이 다 포함된 '삼극'을 말한다. '삼'
은 음양의 조화로 생성된 결과물이라 할 수 있다. 알이나 씨앗, 아기를
의미하는 것으로 보인다.

'음'의 땅도 '양'의 태양이 있기에 생명 탄생이 가능하다. 태양은 하늘
의 씨앗이며 정자이고 땅의 씨앗인 지구는 밭이요 난자의 역할을 한다.
생명은 '중'에 해당한다. 씨앗은 봄에 싹을 트고 여름에 무성하게 자라
암수가 수정을 하여 가을에 열매를 맺는다. 열매에서 다시 새로운 씨앗
이 생겨 겨울이 오면 땅에 묻힌다. '삼'은 새로운 '일'이며 '삼극'의 요소를
지녔다.

'일'과 '삼'은 무한히 반복된다고 할 수 있다. '음양중'의 삼각 구도는 되
풀이되는 기본 틀로 보아야 한다. 부모는 자식을 낳는 '본'이며 기본 틀

과 같다. 부모가 자식을 낳고 죽으면 자식이 자라 부모를 대신하는 것과 같다. 이 경우 부(양)와 모(음), 자식(중)의 관계는 영원히 반복되는 삼각관계이다.

부모와 자식의 삼각관계는 원자 구조와 같다. 2,3세대 부모자식의 관계가 새로이 형성되므로 자식은 '삼극'의 요소를 지닌 '핵'이다. 어른의 축소판이 정자와 난자이기 때문에 씨알에 어른의 요소가 다 포함되어 있다. 예를 들어 자식은 부모로부터 비롯되기 때문이다. 부모의 모든 것을 이어 받은 자식은 자라서 제2의 부모가 된다. 그리고 조부모와 부모, 자식은 '삼대'이다. 자식에게는 대를 이어갈 수 있는 부모와 자식의 삼 요소를 다 갖추어져 있다.

이것이 바로 천부경에서 말하는 '삼극'이다. 성체와 씨앗은 극소와 극대의 관계일 뿐 '극'과 '극'은 상통한다고 '일'(一)과 새로운 씨알인 '삼'(三)은 불이(不二)로 사실상 동일체이다. 또한 천지인의 삼극은 삼위일체를 이룬다.

化三 화삼

'화삼'은 '삼'이 된다는 의미이다.

無匱化三 무궤화삼

'궤'를 벗어나 '삼'이 된다. 나의 반려자인 몸을 빌려 태어난 자식은 나의 2세이며 또 다른 나라고 할 수 있다. 나의 모든 것을 지니고 있다. 내가 마저 이루지 못한 역할도 대신한다. 전부 다는 아니다 하더라도 기본적인 요소인 본질은 변함이 없을 것이다. 음양의 조화로 인하여 발생되는 신비한 현상들은 모두가 '무궤화삼'이라 할 수 있다.

✿ 무궤화현상(無匱化現象)

무궤화현상은 궤(모습, 보양, 형태, 현상)를 무한히 바꾸는 현상이다. '궤'는 '극'의 생성에 의해 나타난다. '일시'의 '시'와 '석삼극'의 '석'은 의미상 일맥상통한다. 우주 삼라만상은 '점'과 '원'을 반복 순환하면서 새로운 음양의 '중'을 생성해 낸다.

천태만상은 음양이 만들어 내는 '중'에 해당한다. '중'은 천지 음양의 '궤'로 생성된다. 우주생태계의 순환구조는 음양의 조화와 균형으로 안정과 질서를 유지한다.

병아리가 알을 깨고 나오는 것은 '점'에서 '원'으로의 변화 즉 무궤 현상이다. 그리고 닭이 알을 낳는 것은 '원'에서 '점'으로의 회귀인 무궤 현상을 뜻한다.

자연계의 변화는 '무궤 현상'이다. '무궤'는 씨앗이 열매에서 이탈하는 현상이다. 성인의 몸에서 정자와 난자의 결합은 '무궤 현상'의 전제조건이 된다. 싹이나 태아는 기존의 몸통을 벗어나 새로운 몸을 빌려 태어난다. 탈바꿈이나 변이현상과 같다.

이때 세포핵분열이나 유전인자의 결합이 이루어진다. 완성의 한계를 극복하기 위해 음양의 결합이 일어난다. 음양의 결합에 의해 국면전환이 이루어진다. 음양의 결합 시점은 희열과 극락의 순간으로 조물주가 만들어 놓은 덫이다. 덫은 마음이며 마음에 본능적 욕구가 새겨져 있다.

'궤'는 눈으로 지각할 수 있는 형태나 모양, 모습을 말한다. '무궤화 과정'은 '무체화 과정'과 같다. '무궤 현상'에 의해 '극'이 생겨나 온갖 만물이 새로 탄생하고 무량수의 천태만상이 생겨난다. 천지개벽이나 경천동지할 만한 변화에서부터 모습을 무한히 바꾸는 탈바꿈 현상에 이르기까지 다양하다. 유체이탈이나 은신, 변신 행위에 버금간다.

'궤'는 변화뿐만 아니라 유무의 개념을 포함한다. '무궤 현상'은 그야말로 신비한 음양의 조화 등 우주의 불가사의를 일컫는다. '점'과 '원'은 음양의 결합이 일어나는 출발점이고 '점'과 '원'의 사이는 '궤'에 해당한다. 대음양인 '원'의 결합과 소음양인 '점'의 결합은 동시에 이루어진다. 음양의 결합은 '궤'의 변화를 유발시킨다. '궤'는 보이는 공간을 물질계라 하고 보이지 않는 공간을 암흑물질이라 한다. 중심의 '점'과 바깥 '원'의 사이는 '상'이나 형태가 나타나고 사라지는 공간이다. '점'과 '원' 사이의 빈 공간은 '중'이다. '중'은 변화의 공간으로 '궤'에 해당한다. 계란과 닭이 공존하듯 '점'과 '원'은 어떤 방식이나 형태로든 동시에 존재한다.

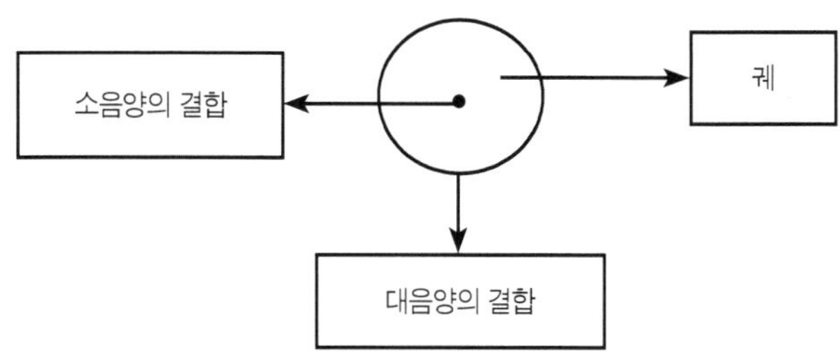

一積十鉅無匱化三 일적십거무궤화삼

　‘일석삼극’을 풀이하는 구절이 ‘일적십거무궤화삼’이다. ‘일적’의 ‘일’은 ‘천일지일인일’의 ‘일’을 지칭한다. 태초의 ‘일’이 그러하였듯이 ‘천일지일인 일’의 ‘일’도 똑같은 과정을 밟는다는 것이다.

　‘일’은 쌓여 ‘십’의 완성에 이르면 옛 모습을 벗어나 새 모습의 ‘중’(土)이 생겨난다. ‘중’(土)은 ‘십’(十)+‘일’(一)의 형상을 나타낸다.

| 一 | + | 二, --, + | = | 三, ---, ± |

　‘음양’에서 생겨난 새로운 ‘음양’을 ‘중’이라 한다. ‘음양’에 의해 생겨난 ‘중’에 또 ‘음양’이 있고, ‘음양’은 ‘중’의 생성을 반복한다. 부부가 ‘상생’하여 자식을 낳는다. ‘자식’은 아버지와 어머니를 닮는다. ‘음양’의 조화로 ‘상생 상극’하는 이치는 자연의 섭리이다.

```
천   지   양   음   +   一   ー   --   1   2
  \ /   \ /   \ /     \ /     \ /
     인        중        干        ---        3
  / \   / \   / \     / \     / \
천   지   양   음   +   一   ー   --   1   2
```

　‘일’(一)과 ‘십’(十) 그리고 ‘삼’(三)의 관계는 씨앗이 성체가 되어 음양의 결합 이후에 씨가 성체로부터 이탈한다. 난자와 정자가 수정된 태아가 10개월 후에 모체로부터 분리된다. 과일나무의 열매로부터 씨앗이 땅속

에 저장된다. 민들레 씨앗이 바람에 날려 사방으로 퍼져 나가는 현상들
이다.

숫자 계산에 있어서도 '일'(一)에서 시작하여 '십'(十)까지 세면 다음은
'십일'(十一)의 일(一)에서 새로 시작된다.

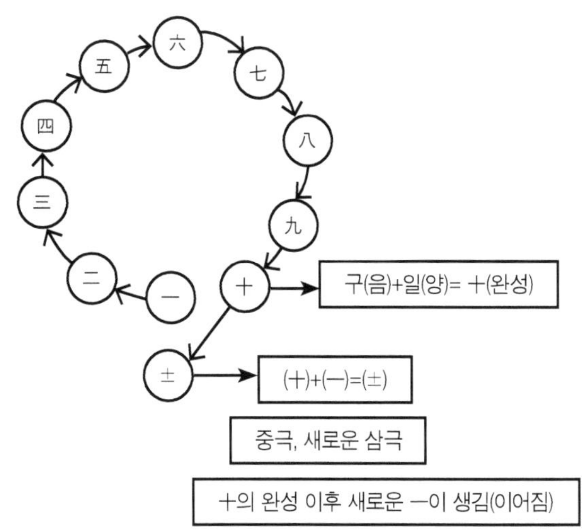

'십일'(十一)은 '음'(-)과 '양'(+)이 합친 모양의 '중'(土)이다. 성체로부터 벗
어난 새로운 모습의 씨앗이다. 또 '일석삼극'을 의미하는 '석삼극'(---)의
생성을 뜻한다.

'일'은 자연수의 끝인 '구'에 이르러 또 하나의 '일'을 취하여 '십'(十)의
완성을 이룬다. 그 하나의 '일'은 '양'이다. 본래 하나의 '일'은 '음'이지만
채워 '십'(十)의 완성을 이룸 즉 성정을 변하게 함으로써 '양'의 역할을 한
다는 것이다. 기존의 것은 '음'이다. 자극, 충격, 도움 등 기존의 것에 작
용하여 태도나 행동, 사고 등의 변화를 유발시키는 것을 '양'이라 여긴
다. '십'은 '일'에서 '구'까지의 상태와는 전혀 다른 상태이므로 '일'(一)과

'십'(十)은 서로 대치되어 '극'을 이루므로 음양의 관계로 본다.

'점'과 '원'은 '극'과 '극'이다. 극소는 점(点)이요 극대는 원(圓)이다. '점'은 일극(一極)이요, '원'은 만궁(萬窮)이다. '일'은 '일극'이며 '십'은 만궁이다. '일'과 '십' 사이는 궤의 변화현상이 일어나는 곳이다. '일극'과 '만궁'은 반복 순환하면서 '원' 속에 있는 '궤'의 형태를 변화시킨다. '일극'이 '적'하여 '만궁'에서 '십거'하고 '무궤화삼'하면 새로운 '일극'을 생성시킨다.

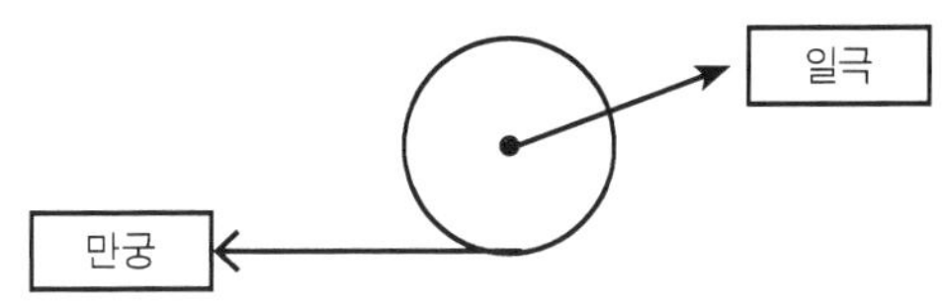

'일극'은 모든 것이 융합되어 만물은 멸(滅) 즉 사라짐의 한계에 있다. '극'이 드러나지 않은 상태로 무극(無極)또는 중극(中極)이라 한다. '만궁' 은 모든 것이 흩어져 생(生) 즉 나타남의 절정에 있다. 가득 참으로써 전체도 '극'이 상쇄되어 무극 또는 중극의 상태가 될 수 있다.

손 1개에 손가락 5개, 손가락 꼽고 펴서 10의 수, 손바닥 펴면 보름달, 주먹 쥐면 그믐달이다. 보름달은 대일(大一) 즉 끝인 극(極)이요, 만원으로 만(萬) 즉 궁(窮)이다. 그믐달은 소일(小一) 즉 시작인 태(太)요 일점(一點)으로 일(一) 즉 극(極)이다.

일점과 만원은 '극'과 '극'이다. '일'에서 천지인의 삼극이 나오고 삼극의 음양에서 천지 만물이 생성된다. 천지인은 각기 음양의 조화와 균형을 유지한다. 1≠1극, 1=3극이다. 만원은 '일'에서 '십'의 생애를 가진 일 개체들이 원 속에 가득 찬 형국이다. '극'에서 극즉변하고 '궁'에서 궁즉통한다. '궁'과 '극'은 다함께 변곡점 또는 꼭짓점을 이루어 서로 맞닿아 있다. 변화의 고비로서 '점'은 끝이자 시작이 된다. 음양은 상반되는 성정을 띈다. 10은 무궤 현상이 일어나는 시점으로 음양이 극변(極變)하는 시점이다.

'원'은 음양을 갖춘 성인, 어른, 성체를 의미하며 보름달이나 꽃을 피우고 열매를 맺는 나무와 같다. '점'은 정자나 난자, 씨앗, 그믐달, 암수술 등이다. 이와 같이 자연의 섭리와 현상은 초목이나 달, 사람, 우주에도 똑같은 원리가 적용된다.

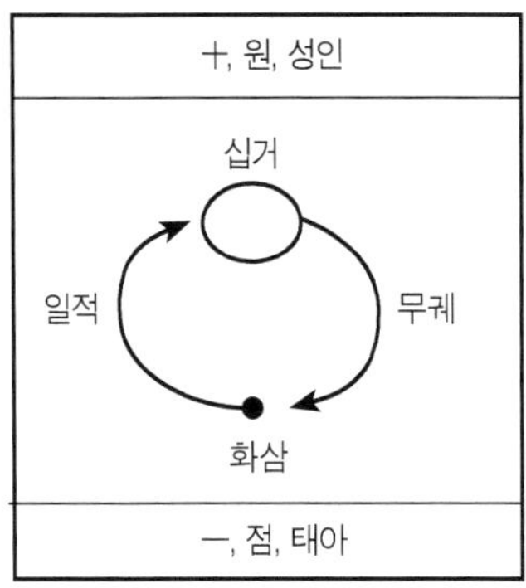

'일'이 시작하되 '일이삼'을 반복한다는 말은 '-'이 '十'을 통하여 '±'을 낳는 의미와 같다.

일적		십거		무궤화삼
●		⊙		●
—	⇨	二(--,十)	⇨	三(---,±)
씨앗		성체		새로운 씨앗의 탄생
그믐달		보름달		초승달(월아〈月芽〉)
정자와 난자		결합		태아
암술과 수술		수정		결실

'일이삼'은 '삼태극'의 '천지인'을 의미한다. '일'(一)이 시작하되 '일'이 '이'(二)로 나누어지고 합(十)하여 '삼'(三)으로 변화한다는 것이다.

변화의 양상은 '무시무종'의 순환현상이다. 존재의 생멸, 부활과 소생, 환원과 복귀는 같은 뜻이다. 변화에도 일정한 규칙이 있다. '일적십거무궤화삼'은 '일이삼'의 변화 원리이다. '일'은 일이삼을 반복한다. 태초의 '일'에서 천일지일인일의 삼극이 생겨난다. 천일지일인일의 '일'이 자라면 음양의 조화로 배태하여 '일'의 '궤'를 벗어나 새로운 '일'이 태어난다. 음양의 분리와 결합이 있음으로 해서 '무궤화' 현상이 생긴다. '무궤화' 과정을 통하여 비로소 자신을 닮은 제2세대를 복제해 낼 수 있게 된다.

'일적십거'인 음양의 조화는 귀일과 귀천, 순환, 영생의 비밀을 간직하고 있다. '일적십거무궤화삼'의 현상은 자연의 섭리와 같은 것이다.

극소와 극대는 무한 반복한다. 인생의 빈부귀천, 흥망성쇠의 기복도 마찬가지이다. 이것은 삼생을 통하여 이어진다. '일'(一)은 '시'(始)와 '종'(終)을 거듭한다. '일'로 시작(일시)하여 '삼'으로 끝(화삼)난다. '삼'은 삼극으로 본래 '일'의 요소를 다 갖추고 있으며 새로운 '일'의 역할을 한다. 이것은 무한히 반복되는 사이클이나 율동과 같다.

'일'(一)은 '시'(始)하면 '일이삼'으로 변화한다. 변화의 양상은 '일적십거무궤화삼'을 무한 반복하는 순환의 의미가 있다. 변화를 유발하는 것은 하늘의 천시이다. 하늘의 시간이 변화의 원인 제공자라 할 수 있다.

'●'은 주먹의 바위에 해당하고, 닫힌 공간 (우주) 이며, 씨앗으로 상 (相) 이 숨어있다. 'ㅇ'은 손바닥의 보와 같고, 열린 공간 (우주) 이며 성체 (成體) 로 상이 드러난다.

존재자는 이합집산의 변화현상에 따라 형태를 달리한다. 먼저 일어난 현상이 다음의 변화를 촉진한다. 변화가 새로운 변화를 유발시키는 현상은 인과응보의 법칙을 따른다고 할 수 있다.

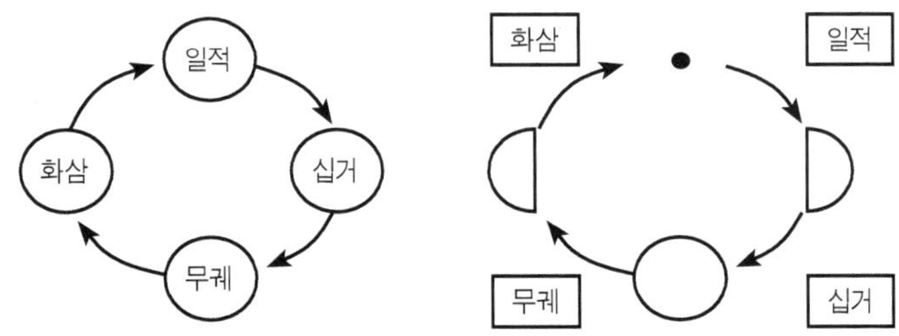

'일적십거무궤화삼'은 자연현상을 설명하는 기본 패턴이다. '일'의 초승달이 적(積)하여 상현달이 되고 상현달이 보름달이 되면 '십거'의 상태와 같다. '십거'의 보름달 이후 달은 극변(極變)하여 하현달이 되고 그믐달이 되면 '화삼'의 초승달이 다시 생성되게 된다. 초승달, 상현달, 보름달, 하현달, 그믐달은 무궤현상이다. 다시 말하면 대자연의 섭리인 질서와 규칙, 리듬, 박자, 운율, 운명, 변화주기와 같다.

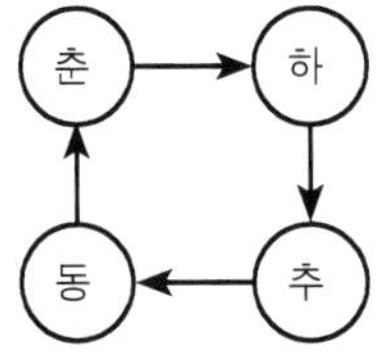

첫째 계절의 변화이다. '춘하추동'(春夏秋冬)을 말한다. '일적'은 봄에 '십거'는 여름에 '무궤'는 가을에 '화삼'은 겨울에 비유할 수 있다. 씨앗은 봄에 싹이 트고 여름에 무성하게 자란다. 꽃이 피고 벌이나 나비, 바람, 물 등 자연의 매개물에 의해 수정이 되면 열매가 맺힌다. 가을이 되면 열매가 익는다. 땅에 떨어진 열매는 겨울이 되면 씨앗으로 땅 속에 저장된다.

대자연에 봄, 여름, 가을, 겨울의 4계절이 있다. 사람에게도 각자 따뜻하고, 무덥고, 서늘하고 추운 시절이 온다. '하동'의 '음양'이 '춘추'의 '중'을 생성해 내는데 춘과 추, 또한 '음양'에 해당한다. 다시 말하면 '하'와 '동'의 '음양' 사이에서 '춘'과 '추'의 '중'이 생겨난다. '중'은 '음양'의 '합'으로 이루어져 있다.

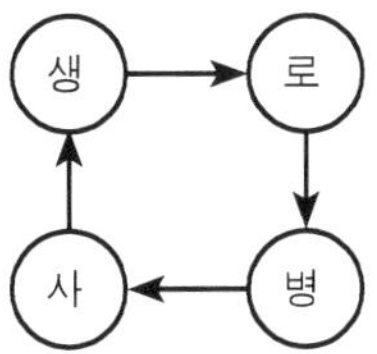

인간의 삶을 '생로병사'(生老病死)에 비유한다. 생은 아기가 태어나 자라는 시기로 '일적'에 해당한다. 어른이 되어 혼인하면 '십거', 늙고 병들어 죽으면 '무궤', 자식이 남아 있으면 '화삼'이 된다.

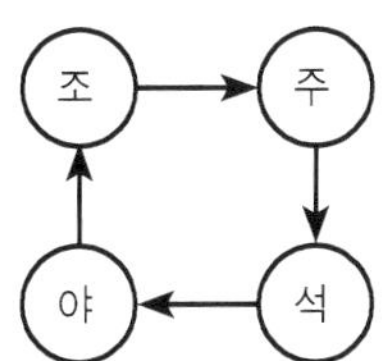

하루는 '조주석야'(朝晝夕夜)가 반복 되풀이된다. 아침은 '일적', 한낮은 '십거', 저녁은 '무궤', 밤은 '화삼'에 비유할 수 있다.

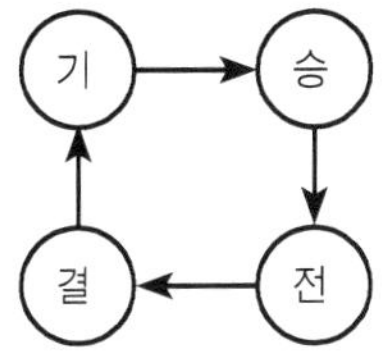

'기'(起)는 처음 사건의 발단으로 '일적'이다. 이어 '승'(承)은 촉발된 사건이 보다 복잡다단하게 전개되어 급박하게 절정에 이르는 '십거'이다.

‘전’(轉)은 상황이 극적 반전을 이루는 시기로 ‘무궤’이다. ‘결’(結)은 마지막으로 대단원의 막을 내리는 ‘화삼’에 해당한다고 볼 수 있다.

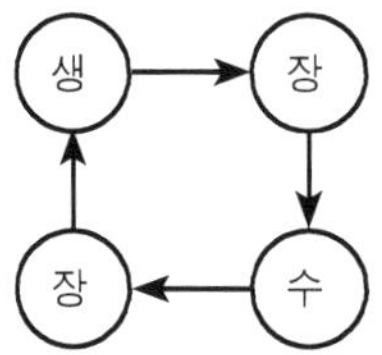

사계절의 변화에 따라 ‘생장수장’(生長收藏) 즉 나고 자라서 거두고 숨는 것도 ‘일적십거무궤화삼’의 이치에 따른다. 초목은 열매를 맺어 씨는 다시 자라고 껍질은 시들어 죽고 자연으로 되돌아간다. 부모에게서 태어난 아이는 자라고 부모는 노인이 되어 병들고 죽음으로써 결국 땅에 묻히는 이치와 같다. 각자의 인생 역시 4계절에 따라 뿌리고, 가꾸고, 거두고, 저장하는 시기가 있다.

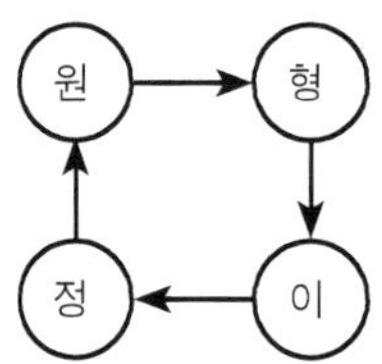

‘원’(元)은 만물의 시작인 ‘봄’을 이름이요, ‘형’(亨)은 ‘여름’, ‘이’(利)는 ‘가을’, ‘정’(貞)은 ‘겨울’을 뜻한다. ‘일’의 근본은 변함이 없으되 ‘일’은 ‘일시’의 ‘양’과 ‘무시일’의 ‘음’을 무한 반복한다. 존재의 변인(變因)은 ‘일’이며 ‘일’에서 생겨난 ‘천일’, ‘지일’, ‘인일’은 ‘음’과 ‘양’, 그리고 ‘중’(합음양)의 ‘삼극’을 낳는 것은 ‘일’의 생애주기이다. ‘일이삼’은 ‘일’의 ‘시종’ 현상으로 본말, 생사와 같은 것이며 결국 음양의 반복 현상이라 할 수 있다. 우주의 삼라만상과 천지 만물 즉 모든 현상과 형상은 절대존재가 변화를 일으키는 것이다. 존재의 '일기'와 변화의 이치는 둘이 아니고 하나이다. '일 기'가 몸체라면 '이치'는 마음에 해당한다. 몸과 마음은 하나이다. 존재 가 있고 생함과 동시에 변화가 생기는 것은 신의 섭리이다. 고로 존재는 생명이며 생명이 곧 변화라 할 수 있다.

<table>
<tr><td colspan="6" align="center">일</td></tr>
<tr><td align="center">일</td><td colspan="5" align="center">시</td></tr>
<tr><td align="center">정</td><td colspan="5" align="center">동</td></tr>
<tr><td align="center">음(一)</td><td align="center">양(+)</td><td colspan="4" align="center">중(±)</td></tr>
<tr><td></td><td></td><td align="center">(천)일</td><td align="center">(지)일</td><td colspan="2" align="center">(인)일</td></tr>
<tr><td></td><td></td><td align="center">일(一)</td><td align="center">이(二)</td><td colspan="2" align="center">삼(三)</td></tr>
<tr><td></td><td></td><td align="center">양(+)</td><td align="center">음(一)</td><td colspan="2" align="center">중(±)</td></tr>
<tr><td></td><td></td><td align="center">원(O)</td><td align="center">방(□)</td><td colspan="2" align="center">각(△)</td></tr>
<tr><td></td><td></td><td align="center">●</td><td align="center">ㅡ</td><td colspan="2" align="center">｜</td></tr>
<tr><td></td><td></td><td align="center">(천)일</td><td align="center">일월</td><td colspan="2" align="center">성신</td></tr>
<tr><td></td><td></td><td align="center">(지)일</td><td align="center">암수</td><td colspan="2" align="center">종자</td></tr>
<tr><td></td><td></td><td align="center">(인)일</td><td align="center">남여</td><td colspan="2" align="center">자식</td></tr>
<tr><td></td><td></td><td align="center">일적</td><td align="center">십거</td><td align="center">무궤</td><td align="center">화삼</td></tr>
<tr><td></td><td></td><td align="center">조</td><td align="center">주</td><td align="center">석</td><td align="center">야</td></tr>
<tr><td></td><td></td><td align="center">춘</td><td align="center">하</td><td align="center">추</td><td align="center">동</td></tr>
<tr><td></td><td></td><td align="center">생</td><td align="center">장</td><td align="center">수</td><td align="center">장</td></tr>
<tr><td></td><td></td><td align="center">원</td><td align="center">형</td><td align="center">이</td><td align="center">정</td></tr>
</table>

'일적십거무궤화삼'의 이치는 우주에 '일적' 즉 태초에 ㅡ(음)에서 +(양) 가 생겨난다. '십거' 즉 ㅡ(음)과 +(양)가 합치어 '무궤' 즉 한없이 태(양상) 가 바뀐다. '화삼' 즉 새로운 존재와 현상이 생겨난다. 사람의 생애 처음 이자 마지막 '궤'는 몸체이다. 몸체 즉 '궤'를 벗어나면 뒤따라 생기는 '화 삼'의 '삼'은 과연 무엇인지 궁금하다.

큰 구름덩어리에서 떨어져 나온 한 조각의 구름을 구름이 아니라고 할 수 없다. 흰 구름이든, 검은 구름이든, 모양이 어떻게 생겼든지, 크든 작든 구름은 구름이다. 천지 만물이 아무리 모양과 모습을 바꾼다 하더라도 우주의 본질은 '일'(一)이다.

'일'(一)에서 분리(또는 새로 생성)된 '천지인'의 '삼극'(三極)인 '━━━'는 '일'의 조화 현상에 지나지 않는다. '-(일적)'와 '+(십거)'가 생기고 '-'와 '+'는 합치어(무궤) '±(중)'을 생산(화삼)한다. 태초에 -(전자)와 +(양성자), 그리고 ±(중성자)가 합치어 비로소 천지 만물의 기본 물질인 원자를 생성하였다는 의미가 담겨 있다.

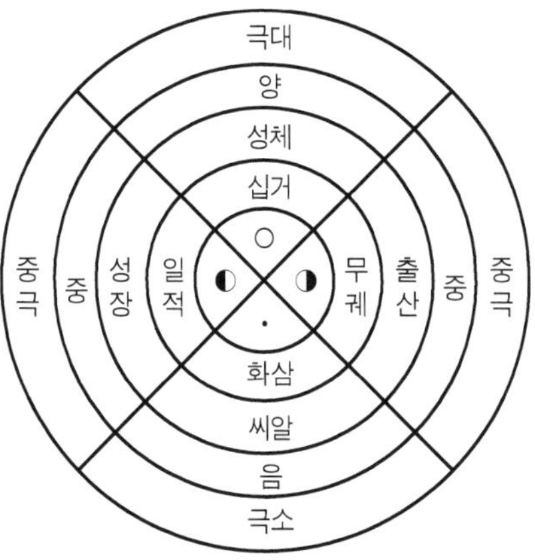

이것은 '천지인'의 창조 이전에 태초의 '일'인 우주의 변화를 전제하지 않으면 아니 된다. '일'이 사람인 경우, 어른인 남자와 여자의 극대점과 씨알인 정자와 난자의 극소점을 순환 반복한다. 달의 기울고 차는 현상과 같다. 다만 1일, 1주일, 1월, 1갑자 등 각자 고유의 변화 주기가 다를 뿐이다.

'극대점'과 '극소점'에서 극즉변의 현상이 일어난다. 씨앗이 발아되어 싹이 트고 성장한 초목에 다시 씨앗이 생긴다. 암술에 수술의 꽃가루를 수정시켜야 열매를 맺는다. 열매는 다시 씨앗을 퍼뜨린다.

일적	십거	무궤	화삼
씨앗	열매	이탈	씨앗
일시		무시일	
•	⊙	○	•

마찬가지로 사람은 여자의 난자에 남자의 정자를 수정시켜야 자식을 낳을 수 있다. 이것을 '십거'의 상태로 여긴다. '일적'은 암컷과 여성이 자라는 것을 뜻하며 '십거'는 암컷인 여성의 몸에서 생산된 암술이나 난자와 수컷인 남성의 몸에서 생성된 꽃가루나 정자가 수정되는 상태를 말한다.

'무궤'는 본래의 형체는 사라지고 씨앗으로 형상을 바꾸는 것이다. '화삼'은 열매에서 씨앗이 떨어져 땅에 묻힌다. '음'의 상징인 암컷과 여자는 몸 전체가 모체로 여기지만 수컷과 남자는 몸 전체를 '양'의 성정으로 여기지 않고 꽃가루와 정자만 '양'의 성정으로 보는 것 같다. 말하자면 여성은 밭으로 남성은 씨에 비유한다.

풍요와 다산이 주가 되는 고대 농경사회에서 모계 즉 여성 중심 사상이 밑바탕을 이루는 것 같다. 우주는 거대한 밭이다. 밭은 '음'이며 이러한 밭에서 태양인 '양극'이 생겨나고 '중극'의 인간이 생겨났다는 이치가 '음양중'의 이치로 보인다. 빅뱅(대폭발)을 '동'으로 이전의 상태를 '정'으로 보는 관점이 '정중동'의 이치이다. '음양중'과 '정중동'은 같은 맥락으로 여긴다.

一(일)	시(始)			
一(일)	석삼극(析三極)			
	일(一)	이(二)	삼(三)	
	일적(一積)	십거(十鉅)	무궤(無匱)	화삼(化三)

오묘하고 신비스럽기만 한 태극과 삼태극의 원리는 우주 천지 만물과 삼라만상에 대한 생성과 번성, 소멸의 비밀을 밝혀주는 열쇠일지도 모른다.

1에서 9의 '양'은 '극'이 생성되는 시기로 일시(一始)와 만래(萬來)에 해당한다. 역으로 1에서 9의 '음'은 '극'이 소멸되는 시기로 만왕(萬往)과 일종(一終)에 해당한다. '음'의 1극에서 적(積)하면 9극이 되고 '음'의 9극에 1극을 더하면 음양의 결합인 십(十)의 상태가 된다.

'십거'이후에 '무궤'하면 극변하여 '양'의 1극이 생겨난다. '양'의 1극이 '적'하면 9극이 되고 '양'의 9극에 1극이 더하면 음양의 결합인 십(十)의 상태가 된다. '십거' 이후에 '무궤'하면 역시 극변하여 '음'의 1극이 생겨난다.

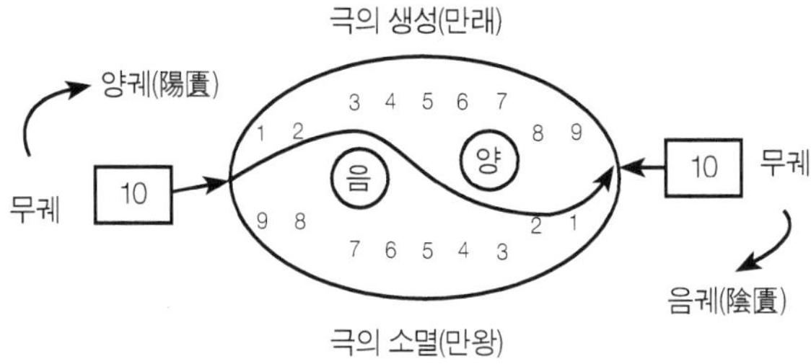

일 개체는 '1'과 '10' 사이를 왕복 순환한다. 태극의 문양에 적용하면 전체가 '10'일 경우, '양'이 1극이 되면 '음'은 9극이 되고, '양'이 9극이 되면 '음'은 1극이 된다. 나타나는 것이 있으면 사라지는 것이 있다. 한낮의 태양이 정수리를 비출 때 발밑 지구 반대편에는 한밤중 깊은 잠에 젖어 밀월을 꿈꾼다. '음'과 '양'은 상호 반비례한다. 또 '극'이 생성되는 기간과 '극'이 소멸하는 기간은 동일하다고 여긴다. 음양은 동시성과 순환성을 가진다.

대자연의 섭리는 음양의 조화와 균형에 있다. 음궤와 양궤, 무궤의 상황은 헤아릴 수 없이 많다. '구'에서 '십'의 과정은 힘든 아리랑고개를 넘거나 깨달음을 얻기 위한 고행의 과정으로 본다. 고진감래(苦盡甘來)라 했다. '고'와 '감'은 음양의 '극'을 이룬다.

❀ 삼태극(三太極)의 원리(原理)

 우주 생태계는 '점'과 '원'을 반복 순환한다. 원 중앙의 일점에서 천일 지일인일의 삼극이 생겨나 번성과 소멸을 반복한다. 새로운 것이 탄생하면서 기존의 것은 사멸하고 기존의 것을 대신하는 새로운 것이 생성된다. 궤를 무한히 바꾸는 즉 형체가 나타나는 유궤(有匱) 현상과 형체가 사라지는 무궤(無匱)현상이 반복된다. a는 중앙의 일(시)점에서 원으로 생성, 번성, 확산, 팽창, 일적십거, 화이트홀, 유궤 현상이다. 일시점은 빅뱅의 특이점과 같다.

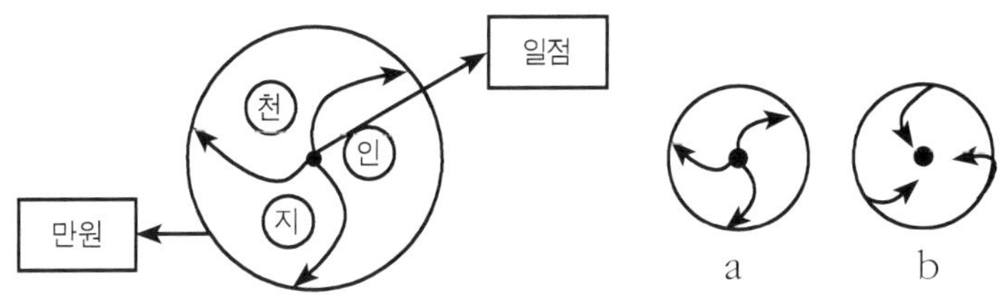

 반대로 b는 원에서 일종점으로 소멸, 수축, 압축, 무궤화삼, 블랙홀, 무궤 현상이다. 앞면의 팽창은 '양', 뒷면의 수축은 '음'이다. 무한변신을 뜻하는 무궤 현상은 전 우주에 공통으로 적용되는 자연의 섭리이다. '점'이 '원'이 되고 '원' 속에 '점'이 생기고 '점'이 '원'을 이탈하는 현상이 영원히 반복된다.

❀ 일(一)의 생애(生涯)

 음양이 순환하는 태극모양에서 A점은 전력과 열기가 최대이고 자력과 냉기가 최저인 극점이며 반대로 B점은 전력과 열기가 최소이며 자력과 냉기가 최대인 극점이 된다.

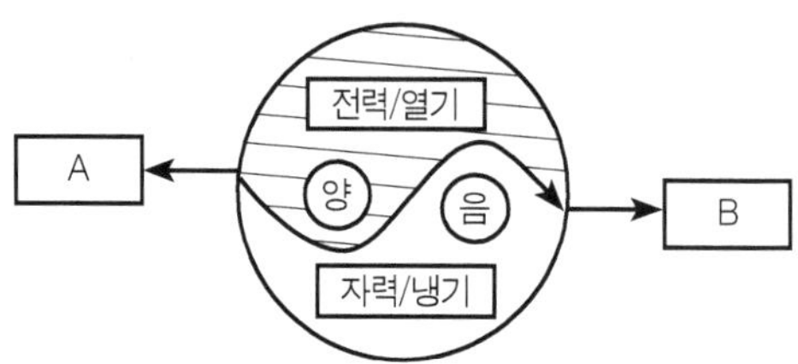

우주의 생성과 소멸을 +, -의 전기력과 N, S극의 자기력, 열기와 냉기의 상호작용으로 여긴다. 전력이 화기와 자력을 발생시키나 열기와 자력은 반비례한다. 화기에서 빛과 열을 발생하며, 자기는 원자, 세포, 분자, 물질, 생명체, 땅을 만드는 요소이다. 냉기는 전자, 열기는 양성자, 온기는 중성자와 같다.

개체는 씨앗이 있으면 성체가 있다. 성체 내에서 씨앗의 결합이 이루어진다. 성인 여성과 남성은 성체이고 난자와 정자는 씨앗이다. 여성의 난자와 남성의 정자가 결합하여 수정이 되면 세포핵의 분열로 태아가 생성된다.

음은 전자(-)이고 양은 양성자(+), 중(±)은 음양이 결합한 중성자이다. 사람과 달리 우주는 필요한 것을 스스로 해결하는 수밖에 없다.

일적십거무궤화삼 즉 음양중의 원리에 의하면 태초의 우주는 전자덩어리 상태였으며, 전자의 중심에 양성자가 생겨나고 음양이 대치된 불안정한 상태에서 음양의 대결합 즉 대폭발(빅뱅)이 일어났다고 여긴다. 전기적 결합인 대폭발 이후 양의 화기가 생겨나고 불은 천지사방으로 번져나간다. 불이 생겨남으로써 빛과 열이 생긴다. 이때 엄청난 양의 가스와 연무, 재, 그리고 폭풍이 발생한다.

열기와 냉기의 상호작용으로 생성된 가스, 연기, 구름, 물, 얼음, 흙, 금속의 물질들은 '음'이다. 이들 요소들은 상호충돌과 결합으로 서로 융합함으로써 더 단단하고 큰 물체가 생성된다.

또 전력은 자력을 발생시킨다. 자력은 당기고 미는 성질로 물체의 생성과 변력, 운행의 동력원이 된다. 빛은 어둠을 밝히고 열기는 냉기와 결합하여 온기를 만든다. 불덩어리가 식으면서 땅이 만들어지고 불덩어리와 땅의 중간이 지구이다. 천지의 기운을 합한 지구에서 인간이 탄생한다.

화수목금토 가운데 '화'가 불의 '양'이고 나머지는 '음'에 해당한다. 수가 불에 의해 데워지면 따뜻한 생명수가 되고, 음기인 토성에 양기인 화성이 깃들면 온기가 생명을 낳는다. 우주 초기 음양의 대결합 이후에 중성자가 생겨나 '음'의 전자와 '양'의 양성자, '중'의 중성자인 삼 요소가 결합하여 원자가 생성된다고 여긴다.

대폭발에 의해 생성된 불은 더 이상 태워버릴 원료가 없으면 힘을 잃는다. 불이 꺼지기 시작하면 빛이 점차 사라지고 열이 소진된다. 우주에는 온기마저 사라지면 생명도 사라지고 물질은 분해된다. 자력마저 사라진다면 결국 우주는 태초의 상태인 전자덩어리로 환원된다고 보는 것이다.

일례로 사람은 외톨이가 될 때 왠지 고독하고 불안해진다. 그래서 '일'(一)은 항상 외롭고 쓸쓸하다. 필요에 의해 자연히 어울리려 하고 짝이 생겨난다.

대자연의 섭리는 일방의 독주나 치우침을 용납하지 아니 한다. 그것은 필연적으로 치명적인 파멸과 죽음을 초래한다. 극한상황에서 위기탈출을 위한 또는 생명을 유지하기 위해서는 내부로부터 자연적으로 어떤 반발력과 반려자가 생긴다. 일종의 자기치유 내지는 조화와 균형의 기제가 내재되어 있기 때문일 것이다.

이것이 '음양'의 조화와 균형이다. 우주는 음양으로 이루어져 있고 일정 한도 내에서 상호 강약과 증감이 교차하면서 전체의 균형을 유지하려는 기제가 작동하는 듯하다. 이 모든 것은 우주의 본심이라 할 수 있다. 인간은 우주적 마음의 표상이다. 우주의 마음이 인간의 마음으로 나타난다. 인간의 탄생은 우주의 마음이 만들어 낸 결과물들을 확인하기 위한 것 같다. 변화의 끝점에서 발생하는 반전 즉 극즉변이나 궁즉통의 현상은 우주의 생존본능이다.

천지 음양의 사이에서 인간의 '중'이 탄생되게 된 것 또한 우주가 혼돈 속에서 스스로 안정화단계에 들어서기 위한 극단의 조치일 수 있다. 우주의 생명 신호는 조화와 균형이다. 조화는 번성, 부조화는 소멸을 뜻한다.

천지 만물의 생성과 변화를 위한 원초적 동력은 대폭발로 보는 것이다. 태초에 대폭발로 인하여 어마어마한 충격과 혼돈을 예상할 수 있다. 혼돈 속에 안정과 질서를 찾는 것은 음양 사이에 중(중성자)을 임신한 화삼(化三)인 '원자'의 탄생이다. 우주는 '중'의 '원자'가 생김으로써 다시 안정을 되찾는다. 태초의 '일'에서 소리, 냄새, 색깔, 형체, 심지어 의식 등 인간이 지각할 수 있는 모든 것이 생겨난 셈이다.

'일적십거무궤화삼'에 의하면 '무궤'의 상태에서 대폭발의 시점이 있었다고 본다. '음'은 최초의 생산자인 모성을 의미하며 천지 만물을 낳은 동정녀 우주이다. 인공위성은 엔진의 동력을 얻으려면 연소 과정 즉 폭발력을 필요로 한다. 자식이 태어나려면 음양의 결합이 있어야 한다. 하물며 우주적 음양의 결합이라면 팽창현상과 천지 만물을 탄생시킨 실로 이마어마한 에너지의 발생이 선제된다. 천지창조 이전에 이미 우주에서는 음양의 결합이 있었다고 여기는데 이것을 빅뱅으로 추정한다.

태초의 '음양'이 '중'을 낳음으로써 '원자'가 생성된다. 원자핵의 폭발로 '천지'가 창조되고 '천지'의 결과물이 '인간' 세상이라는 것이다.

성경의 창세기편에는 이브는 아담의 갈비뼈로 만들어졌으니 아담이 이브보다 먼저 태어났다. 단군신화의 고조선 편에는 환웅이 곰에서 인간으로 화한 웅녀를 아내로 맞이한다. 고대신화에서는 '양'이 먼저 생성되었다고 전제한다. 이것은 빅뱅(대폭발) 이후, 즉 불의 시대부터의 진행 상황이다.

천부경에 내재된 이치에 의하면 태양이 생기기 전에 이미 '음양중'의 과정이 있었다고 전제한다. 그것은 바로 '일석삼극'과 '일적십거무궤화삼'의 구절에서 추정한다. '음양중'의 원리에 입각하면 태초에 一(일)을 음(陰)으로 본다면 '음'에 상극하여 양(陽)이 생겨나고 '음'과 '양'이 상생하여 중(中)이 생성됨을 의미한다.

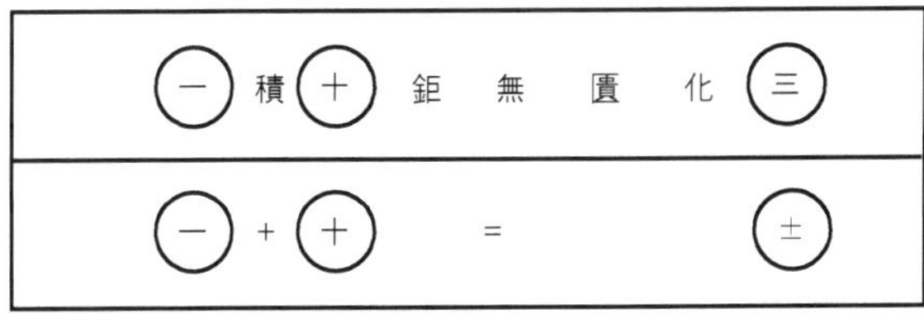

일적십거무궤화삼의 일(一)은 음(一)에 해당하고 십(十)은 양(十), 삼(三)은 중(±)에 해당한다. 전체적인 의미는 음양의 조화로 '중'의 균형이 생긴다는 뜻이 내포되어 있다. '중'의 의미를 파해하면 '음'과 '양'이 합쳐 완성(+)된 이후 생겨난 새로운 '일'(一)을 의미한다. '음양'의 결합이 '중'의 상태라면 이전에 '음'과 '양'의 존재를 무시할 수 없는 입장이다. 말하자면 '중'의 상태 이전의 상태 즉 핵인 '삼극'이 발생하기 전에 전 우주적인 '음양'의 결합이 있었다고 가정해 보는 것이다.

⟨-⟩=(음1극) → ⟨-⟩음극

⟨--------⟩(음9극)

⟨--------⟩(음9극) + ⟨-⟩(음1극)=

⟨--------⟩(음10극) → ⟨+⟩양극

⟨+⟩양극 + ⟨-⟩(음극)=⟨±⟩음양극 → ⟨±⟩중극

음⟨-⟩의 1극이 적(積)하여 9극⟨--------⟩에 도달하면 음⟨-⟩의 1극을 만나 ⟨+⟩의 상태가 되고 ⟨+⟩은 '양'이 된다. '양'⟨+⟩은 '음'⟨-⟩과 결합하여 '중극'⟨± ⟩을 생성한다. '중극'에서 '양'의 1극이 새로 생성된다. '원자'는 기존의 음양인 전자와 양성자가 결합하여 생성된 '중성자'를 포함하는 개념이다. 삼극의 전자, 양성자, 중성자로 이루어진 '원자'는 천지 만물의 근본이다. '삼극'은 물질을 이루는 기본입자인 원자의 형상을 닮았다.

양성자와 중성자가 결합된 중앙의 핵을 중심으로 음전하를 띤 전자가 돌고 있다고 한다. 이것은 마치 '음'인 여성(난자)이 '양'인 남성의 정자와 결합하여 태아인 중성자를 품은 형상이다.

원자핵은 융합할 때도 에너지가 발생하지만 분열할 때도 마찬가지 이치이다. 우주에는 원자가 생김으로써 안정을 이룬다. 원자는 천지 만물의 근본이 된다. 원자가 결합하여 분자를 만든다. 대폭발에 의해 막대한 에너지가 생기고 연소된 '음양'의 '기'에서 기체와 액체, 고체가 형성된다. 뭉치는 것이 있으면 비는 공간이 생긴다. 뭉치고 흩어짐은 물리적 반응의 강약이 척도가 된다. 어둡고 차가운 '음'의 공간에서 '양'의 태양이 생기고 해와 달이 조화를 이루어 이 땅에 생명이 탄생한다.

일적	-(음)의 상태
십거	+(양)의 생성단계
무궤	대폭발의 시기, 혼돈의 시대, 불의 시대
화삼	± (중), 원자의 생성, 안정과 질서, 조화의 시대

춘하추동(春夏秋冬)의 4계절 변화는 '음'에서 '양'이 생겨나고 '양'에서 '음'이 생겨난다. 음양의 사이에 '중'이 있다. 하(夏)는 '양'이요 동(冬)은 '음'이며 하(夏)와 동(冬) 사이에 춘추(春秋)의 '중'이 있다.

'일'은 자연수의 끝인 '구'에 이르러 '일'을 더하면 '십'의 상태가 된다. 십(十)은 완성, 결(융)합, 충만을 뜻한다. '십'의 상태가 되면 극변하여 반극(反極) 또는 상극(相剋)의 극성(極性)을 띤다는 이론상의 가정을 밝힐 뿐이다. 마치 궁극의 한계인 1-3-9-81의 의미와 초탈의 상황인 구사일생(九死一生)의 의미를 동시에 일깨워 준다.

사람은 고통이든 죽음이든 궁극의 한계를 맞이하여 슬기롭게 극복해야 할 운명을 타고 났다고 본다. '일석삼극'과 '일적십거무궤화삼'에 우주 빅뱅(대폭발)과 천지창조의 비밀이 담겨 있다고 여긴다.

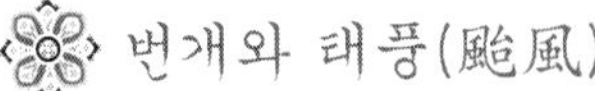
번개와 태풍(颱風)

우주 대폭발의 여운들이 남아 있다면 그 흔적들은 번개와 태풍에서 찾을 수 있을 것이다. 천둥 번개와 태풍은 자연현상에 불과하지만 인간에게 두려움의 대상이다. 천둥 번개는 심장이 두근거리고 일순 호흡을 멎게 한다. 태풍은 농사와 인명, 재산에 피해를 주는 재해를 발생시킨다.

천지창조의 흔적은 천둥과 번개에서 찾아야 할지도 모른다. 태풍과 번개 역시 음양의 조화에 의하여 생성된다. 우주의 생성 원리는 태풍을 닮았고 대폭발은 천둥 번개 현상을 닮았다. 낙뢰 현상은 +, - 전기적 현상이다.

태풍은 열, 냉의 기온에 의한 기압 차이로 발생한다. 먹구름이 쌓이면 우레가 울리고 벼락이 떨어진다. 또 폭우가 쏟아진다. 번개와 태풍은 가장 자연에 가까운 현상들이다. 우주의 은하가 태풍의 모습을 닮았다. 태풍의 한가운데는 핵인 눈이 있다. 대폭발을 유발시킨 점은 눈이며, 우주의 중심이다.

사대기운(四大氣運)

천지창조이전 태초에 음양의 대결합이 있었고, 이때 생겨난 '중'이 불덩어리이다. 불덩어리와 암흑물질에 의해 생겨난 '중'이 땅덩어리이다. 땅은 태초의 '음'에 이은 제2의 '음'에 해당하는 것으로 보인다. 빅뱅으로 생겨난 불씨가 모여 불덩어리가 되고 불덩어리에서 태양이 생겨난다. 불덩어리가 식어 고체화된 땅덩어리 가운데 하나가 지구이다.

화기(火氣)는 암흑물질과 반응하여 변형을 일으킨다. 태양과 지구(땅)

의 상호작용으로 '풍'과 '수'가 생겨난다. 냉기(冷氣)의 '음'이 화기인 '양'에 의해 '기'의 변형이 이루어지고 '기'의 변형물 간의 융합으로 생명이 탄생하였다고 여긴다. '물'과 '불', '바람'과 '땅'은 상극이다. 불과 바람, 땅과 물은 상생의 관계이다.

빅뱅(대폭발) 이후는 천지가 '불'의 시대이다. 우주는 불덩어리들로 가득 차게 된다. 이것이 '천'의 '양'이다. 에너지를 소진시킨 불덩어리는 식어 '땅'이 된다. 이것이 '지'의 '음'이다. '천'의 '양'에서 '지'의 '음'이 생겨난다. 이로써 우주는 불덩어리와 '땅'으로 구분되어 '천지 음양'이 생겨난다. 불덩어리는 하늘이 되고 태양의 '양극'이 생겨난다. 땅은 혹성이 되었고 지구의 '음극'이 생겨난다.

뜨거운 불덩어리의 '양기'와 차갑게 식은 땅덩어리의 '음기' 사이에서 기운이 동하여 바람(風)이 생기고, 바람이 엉기어 구름(雲)과 비(雨)가 생겨난다. 물'과 '구름'은 '바람'의 기운이 변화된 바람 덩어리이다. '불가에서는 화(火), 풍(風), 수(水), 토(土)의 사대 기운이 생겨나 이 땅에 생명을 낳게 하였다고 여긴다.

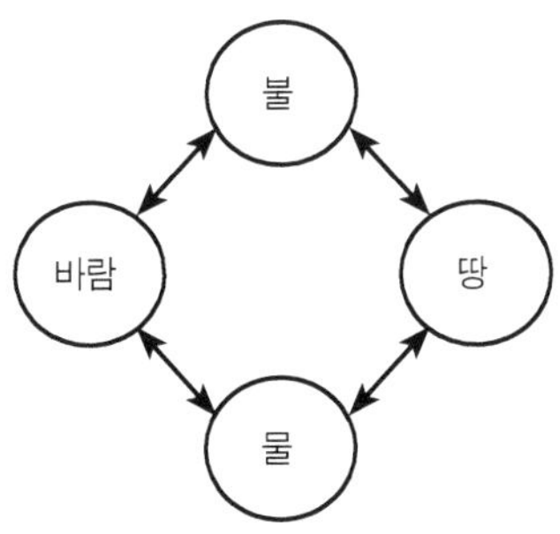

불덩어리는 차가운 원시의 암흑물질과 만나 식어 땅덩어리를 생성시킨다. 식지 않은 불덩어리는 태양이 되고 별이 되어 하늘을 이룬다. 식은 땅덩어리는 지구와 8행성을 생성시켜 땅을 이룬다. 우주에는 불의 시대 즉 빅뱅(대폭발) 이전에 대폭발을 야기한 음양이 있었다. 음양의 조화 과정에서 우주적 대폭발이 있었다고 가정한다. '음'의 성정으로 추정되는 암흑물질의 존재도 아직 미확인 상태에 있다.

태초에 '음'이 있었고 '음'에서 '양'이 나왔으며 음양의 결합으로 원자가 생긴다. 이때 대폭발로 불의 시대가 있었다고 가정한다. 하늘의 태양인 '양'과 새로운 '음'인 땅이 생긴다. 일월의 조화로 이 땅에 사대 기운이 생기고 천지 만물과 삼라만상이 생긴다. 생명이 생겨나는데 그 끝에 인간이 생겨났다고 여기는 것이다.

불(열)	雲	기체	양	천
풍(바람)/수(물)	水	액체	중	인
땅(냉)	冰	고체	음	지

'일'의 씨앗이 석삼극(析三極), 즉 뿌리나 싹이 돋아날 수 있는 기본 조건은 불(온기), 물, 바람(공기), 땅(흙)의 4대 요소이다.

오음오양(五陰五陽)

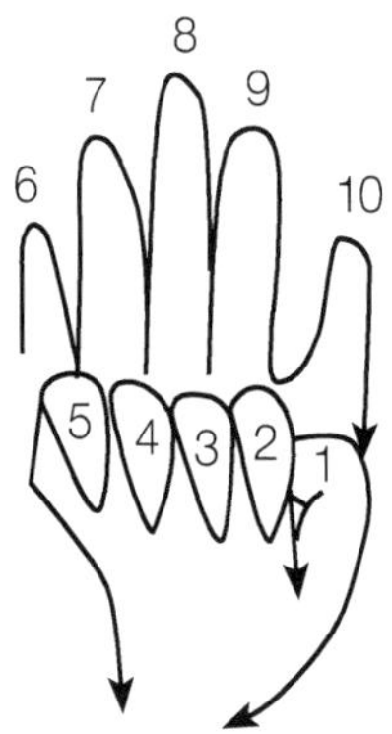

다섯 손가락의 음오극은 1,2,3,4,5이고 양오극은 6,7,8,9,10이다. 음오극과 양오극의 겹치는 수를 각기 합치면 (5+6), (4+7), (3+8), (2+9), (1+10)은 모두 11로 십일(十一)이다. 십일(十一)은 중(土)이다. 음(-)+양(+)=중(土)이 된다는 이치이다.

 ## 공통(共通)의 원리(原理)

초기 대폭발 시 하늘이 열리면서 여섯 가지 현상이 일어났다. 땅도 마찬가지이고 사람에게도 같은 현상이 일어났다. 안의비설신의에서 비롯된 108번뇌와 84,000가지의 망상이 생긴다. 천지 만물은 근본은 같으나 형상은 변화한다. 대기가 바람, 구름, 비, 눈, 이슬로 바뀐다. 물이 하천, 강, 바다로 변화한다.

천	번개	천둥	연기	재	현상	전자기
지	색(色)	파(波)	취(臭)	미(味)	태(態)	전자기체
인	안(眼)	이(耳)	비(鼻)	설(舌)	신(身)	의식

천지 만물과 삼라만상은 빛과 색깔, 소리, 맛, 형태, 의미의 근본은 같고 각기 다르게 나타나지만 공통의 운율이 있다.

화(火)	수(水)	목(木)	금(金)	토(土)
남(南)	북(北)	동(東)	서(西)	중(中)
적(赤)	흑(黑)	청(靑)	백(白)	황(黃)
주작(朱雀)	현무(玄武)	청룡(靑龍)	백호(白虎)	인(人)
폐(肺)	신장(腎臟)	비장(脾臟)	간(肝)	심장(心臟)
병정(丙丁)	임계(壬癸)	갑을(甲乙)	경신(庚辛)	무기(戊己)

사람은 물론 그 마음에 천지인의 삼극을 지녔으며 삼극은 우주 즉 사람의 마음이다. 천부경의 중심에는 '육(六)'이 있다. '육'의 자리는 에너지가 수렴되는 곳이며 발산되는 곳이기도 하다.

천지 만물은 공통으로 천지인과 음양의 융합체인 '육'의 요소를 간직하고 있다. 태초의 우주에서 처음 하늘이 열리고 땅이 생기고 사람이 탄생했다. 왜 조물주는 사람을 만들었으며 태초에 일어났던 현상의 결과를 알 수 있도록 오감과 의식을 심어 주었을까?

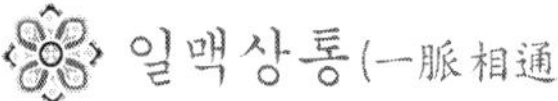 일맥상통(一脈相通)

'일적십거무궤화삼'은 '일'의 변화 패턴이다. '일'의 변화 모습이 어른과 아이로의 연쇄 고리이다. 어른과 아이는 한 몸체이며 아이는 어른의 변화된 모습에 불과하다. 변화를 유발시키는 촉진제는 '음양'의 조화이다.

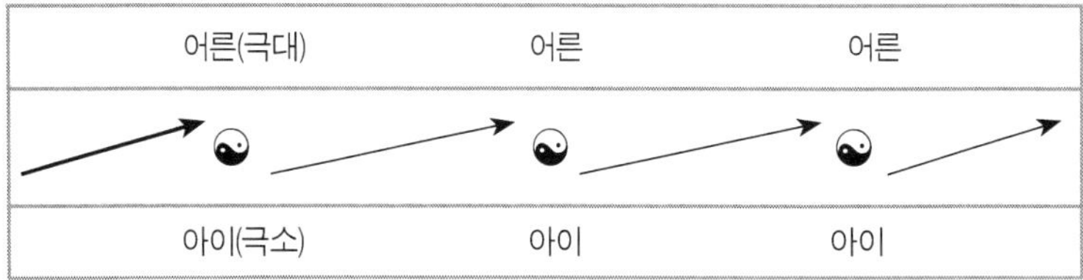

가득 차면 비워야 하고, 비게 되면 채워야 한다. 숨쉬기, 섭취와 배설, 일출과 일몰, 밀물과 썰물, 달의 차고 기우는 모습은 모두가 '일적십거무궤화삼'의 이치에서 비롯된다.

빈부귀천과 흥망성쇠, 길흉화복 등 모두가 자연현상이다. 무엇이든 '극'에 이르면 '극변'하는 이치와 같다. 이 속에 '음양중'과 '정중동'의 원리가 내재되어 있다. '무(無)'하면 '공'(空)하고 '공'(空)하면 '허'(虛)하고 '허'

(虛)하면 '동'(動)한다. 그리고 '동'(動)하면 '변'(變)하는 것이 자연의 섭리
이다.

✿ 분합(分合)의 반복원리(反復原理)

'음'과 '양'은 합하면 '중'이 생성된다. '중'은 합음양이다. '중'의 음양이 분
리되어 다시 '음'과 '양'이 합하면 새로운 '중'이 생성된다. 천지 만물과 삼
라만상은 이러한 현상을 무한히 반복한다.

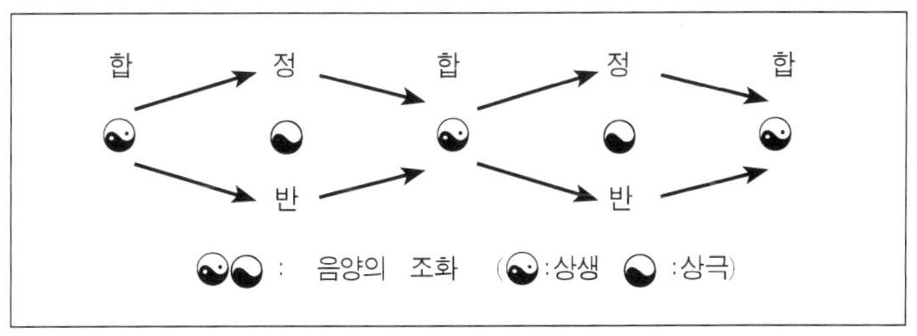

✿ 반복재생산체계(反復再生産體系)

일(一)의 씨앗이 '일적'하여 십(十)에서 천지 음양의 결합이 이루어지고
'십일'(±)의 '인중'이 반복 재생산되는 시스템을 이룬다. 일적십거무궤화
삼은 십진법의 기본 원리가 된다. '일'에서 '구'까지 쌓이고 '일'을 더하여
'십'의 완성을 이루면 다시 '일'로 되돌아간다.

결국 '일'은 일이삼사오육칠팔구의 음(陰)과 십의 양(陽), 새로운 '일'의
중(中)을 반복한다. 십일(十一)은 '중'으로 새로운 '일'이다. 음양이 결합한
십(十)의 모태에서 일(一)의 알 낳기를 반복하는 형국이다.

일적		십거	0세대
一, 二, 三, 四, 五, 六, 七, 八, 九		十(九+一)	
무궤화삼			1세대
一 十 一			
일적		십거	
一, 二, 三, 四, 五, 六, 七, 八, 九		十(九+一)	
무궤화삼			2세대
二 十 一			
일적		십거	
一, 二, 三, 四, 五, 六, 七, 八, 九		十(九+一)	
. . . .			

 유전법칙(遺傳法則)

유전법칙은 인체 내의 세포핵인 DNA(유전인자)의 복제(분리와 결합)와 전이로 자식은 부모의 성정을 닮는다는 이론이다. '일석삼극'과 '일적 십거무궤화삼'의 구절에서 유전법칙을 암시하고 있음을 알 수 있다. 천부경에서는 이러한 유전은 생물 간에는 물론 '천지인' 간에도 이루어진 다고 밝히고 있다.

우주는 물론 천지 만물과 사람은 ㅇ과 •을 무한 반복한다. ㅇ은 '음'이고 •은 '양'이다. ㅇ에서 •으로의 변화는 소멸이고 •에서 ㅇ으로의 변화는 생성이다. 생성과 변화는 동시에 이루어진다.

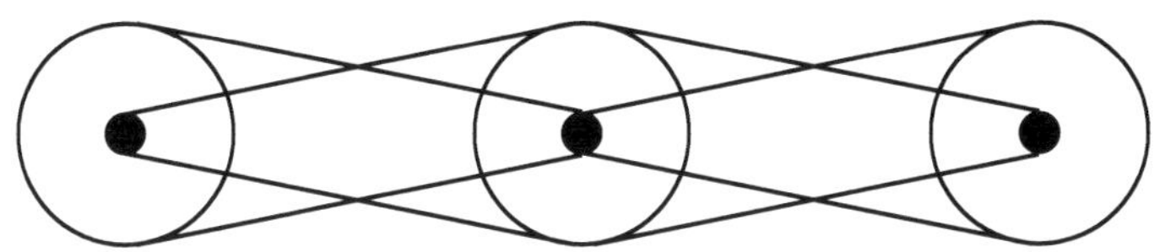

천부경의 일시무시일, 일적십거무궤화삼에 영생의 비밀을 간직하고 있다. 一(일)이 積(적)하면 陰陽(음양)이 생기고 陰陽(음양)이 十(십)하면 鉅(거)한다. 鉅(거)하면 匱(궤)가 없어지고 三(삼)으로 변화한다.

天二三地二三人二三
천 이 삼 지 이 삼 인 이 삼

천의 이에서 삼이 생겨나고,
지의 이에서 삼이 생겨나며,
인의 이에서 삼이 생겨난다.

天 천
二 이
天二 천이
三 삼
天二三 천이삼
地 지
二 이
地二 지이
三 삼
地二三 지이삼
人 인
二 이
人二 인이
三 삼
人二三 인이삼
天二三地二三人二三 천이삼지이삼인이삼

天 _천

'천'은 하늘이다. '천일' '지일' '인일'의 '삼극' 가운데 하나인 '천일'이 일적(一積)한 하늘이다. '천일'은 하늘의 씨앗으로 '일적'하면 대천(大天) 또는 호천(昊天)이 된다. 즉 '천일'의 씨앗이 성장하여 성체가 된 하늘을 뜻한다.

태초의 우주는 음양의 대결합인 빅뱅을 일으킨다. 우주 최대의 불꽃쇼인 셈이다. 그 과정에서 원자가 생성된다. 원자핵은 분열과 융합을 거듭함으로써 천지는 용광로처럼 불바다가 소용돌이친다. 불기둥이 용트림하는 아비규환의 대혼돈 상태가 된다. 불가마와 같은 하늘에는 불덩어리들이 불씨가 된다. 이합집산의 과정에서 해와 달이 만들어지고 수많은 별들이 생성과 번성, 소멸을 되풀이한다.

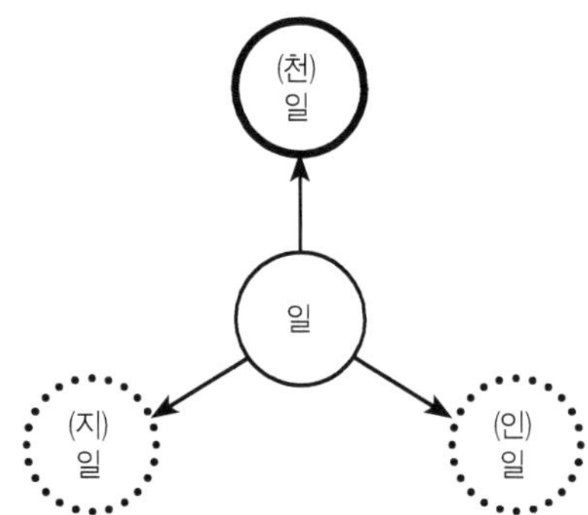

二 이

'이'는 개수로는 둘, 두 개, 순위로는 둘째, 제2이다.

天二 천이

그럼 일적한 하늘에 두 개 있는 것은 무엇일까? 일적한 하늘은 성체의 하늘을 뜻한다. 씨앗이 자라서 성체가 되면 음양이 생긴다고 하였다. 고로 천이(天二)는 성체인 하늘의 음양을 말한다.

하늘에는 수많은 불덩어리와 땅덩어리가 있고 그 중에 해와 달을 꼽을 수 있다. 해와 달의 조화로 이 땅에 생명이 탄생된다. 일월광명은 생명의 근원이다. 화이트홀과 블랙홀, 그밖에 전기의 +극과 -극이 있다. 전기가 합선하면 불을 일으킨다. 하늘은 불씨를 가지고 있다. 번개와 낙뢰현상은 음전기와 양전기의 마찰 현상이다. 불씨 가운데 하나가 태양이다. 태양 에너지를 이용하여 전기를 일으킨다. 그리고 달은 N극과 S극의 자력을 지니고 있다.

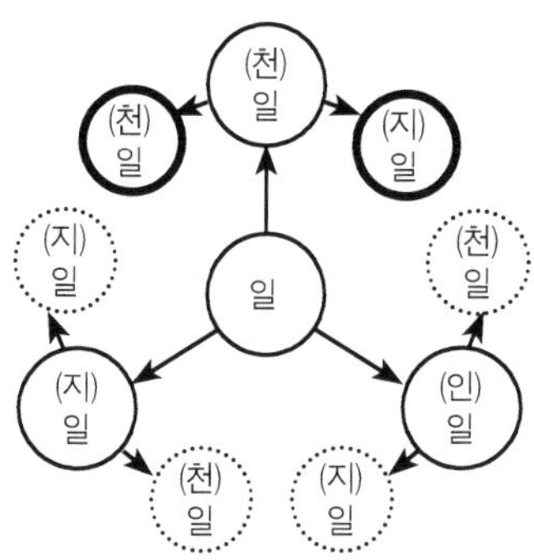

천일이 일적하여 대천이 되면 음양의 조화가 생긴다. 태초의 상태는 무색, 무미, 무취, 무음, 무각, 무의식의 세상이다. 이러한 세상을 '음'의 상태라 한다. 빅뱅으로 빛과 소리, 냄새, 형체가 생김으로써 현상이 일어난다. 빛이 생김으로써 형태와 현상을 분간할 수 있다. 모양과 현상을 분간할 수 있음은 오감과 의식 때문이다. 이러한 시기를 불의 시대라 한다.

빛과 소리, 냄새, 형체, 의식의 생김은 '극'의 생성과 같다. 빅뱅으로 세상은 온통 불바다가 된다. 불은 '양'의 성정을 가진다. 빅뱅을 계기로 소위 '음'에서 '양'이 생겨났다고 할 수 있다. 열기와 냉기가 합하면 온기가 생긴다. 하늘에는 해와 달이 생김으로써 음양이 갖추어진다. 주역에서 해를 태양이라 하며 달을 태음이라 한다.

三 삼

삼은 개수로는 세 개, 차례나 순서의 셋, 삼위, 제 삼, 세 번째, 셋째 등이 있다.

天二三 천이삼

위의 뜻풀이를 종합해 볼 때 '천이삼'은 하늘이 음양의 조화를 부려 '삼'이 된다는 의미이다. 먼저 하늘의 씨앗인 천일은 성체가 되어 음양으

로 분리됨으로써 이(二)가 된다. 다시 음양의 결합에 의해 중(中)을 낳음
으로써 삼(三)이 된다. 이로써 하늘은 삼극의 요소를 갖추게 된다. 또
한 하늘의 씨앗인 '천일'이 천이, 천삼으로 확산되어 가는 의미를 담고
있다.

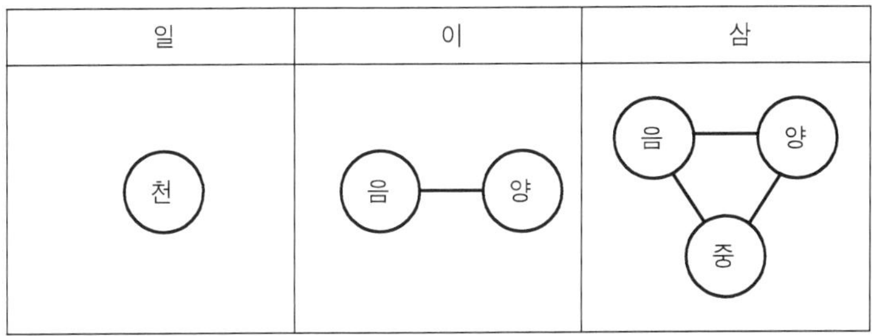

천(天)에서 음양이 생겨날 때는 △(삼각형)의 형상을 띤다. 음양에서
'중'이 생겨날 때는 ▽(역삼각형)의 형상이 나타난다. 천이삼은 △(팽창)과
▽(수렴), =(상극, 분리)과 +(상생, 결합)의 패턴을 반복함으로써 팽창한다.

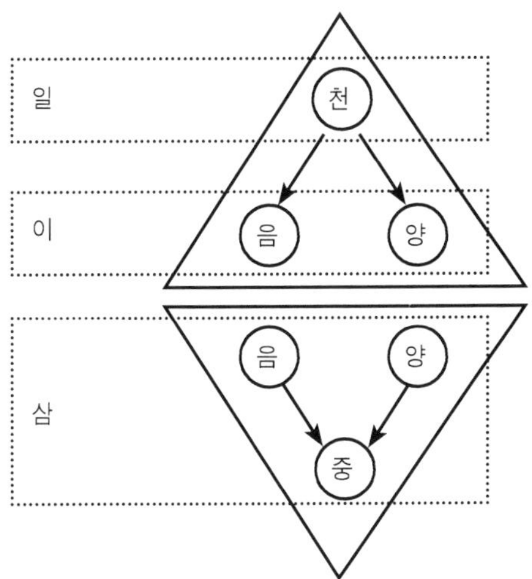

하늘의 씨앗인 천일(天一)에서 이(二)와 삼(三)이 생겨난다. 이러한 이치는 일시(一始)와 일석삼극(一析三極), 일적십거무궤화삼(一積十鉅無匱化三)의 구절이 밝혀준다. 태초의 일(一)이 시(始)하면 삼극(三極)이 생긴다. '천'은 '일적'에 해당하고 '이'는 '십거'에 '삼'은 '무궤화삼'에 해당한다. '천일'이 '적'하면 '이'의 음양이 생겨난다. 음양의 二(이)가 십거(十) 즉 결합하면 '삼'의 '중'이 생겨난다는 이치이다. '천일'이 적(積)하면 음양이 생긴다. 음양의 사이에서 '중'이 생겨남으로써 하늘은 음양중의 삼극이 갖추어진다.

일	시					
일	석					삼극
일	적	십거			무궤	화삼
천일	성장	이				삼
		음	양	조화		음 양 중
		-	+			- + ±
		냉	열	상호 작용	번성	냉 열 온
		고체	기체			고체 기체 액체
		땅덩어리	불덩어리			± 火 風/水
		달	해			달 해 성신

일월과 성신이 하늘을 구성하고 있는 요소들이다. 일월과 성신은 하늘의 삼 요소를 이룬다. 하늘의 핵인 해와 달의 음양이 만들어 낸 씨앗이 별이 된다. 하늘에는 해와 달을 닮은 항성과 혹성이 한량없이 퍼져 있다.

'일이삼'은 '천지인'의 발생 순서이다. '일석삼극' 또는 '일적십거무궤화삼'에 천지 만물과 삼라만상의 변화 원리가 내재되어 있다. 따라서 '천'

은 '천일'이 '일적'한 것이다. '이'는 음양의 조화를 의미하며 '삼'은 새로운 씨앗인 '중'을 의미한다.

하늘은 음양의 조화로 나누어진 '삼극'을 생성한다는 뜻이 담겨 있다. 그리고 하늘의 불씨는 오랜 세월동안 음양의 조화로 새로운 별이 될 무수히 많은 불씨들을 하늘에 퍼뜨리게 될 것이다.

달과 해는 '극'과 '극'으로 냉열의 관계이다. 소위 '음'과 '양'의 관계에 있다. 별 중에는 수많은 제2의 해와 달이 있다고 할 수 있다. 그들은 분열과 융합으로 생성과 소멸을 거듭한다. 그리고 하늘에는 천둥과 번개가 친다.

이처럼 하늘은 +극과 -극이 조화를 부려 전기 에너지를 생산하는 곳이라 할 수 있다. 하늘의 생성과 번성, 소멸도 '음양중'의 원리가 작동된다. 하늘은 일석삼극과 일적십거무궤화삼의 원리에 의해 무한히 번성할 수 있는 삼극 체계를 갖추게 된다. 즉 만물의 근원인 원자의 구조와 체계를 갖춘다는 것이다. 하늘은 천국이나 천상세계와 같은 관념적인 의미를 지닌다.

하늘의 해는 동쪽에서 떠서 서쪽으로 진다. 달도 마찬가지이다. 해는 낮을 환하게 비추고 달은 밤을 밝힌다. 수많은 별들도 제 위치를 지키며 하늘의 법칙에 따라 운행한다. 별자리를 보고 동서남북의 방향을 정한다. '천기'(天機)를 점치기도 한다. 하늘에서 일어나는 현상을 '천기'라 한다. 하늘은 일월성신의 움직임으로 기상과 계절이 바뀌고 땅과 사람에게 영향을 미친다. 하늘은 일월성신의 운행과 더불어 시간을 관장한다. 이것을 '천시'라 한다.

'천'은 '천일'이 성인으로 자란 하늘이라는 의미이다. 다시 말하면 '음양'의 요소를 갖추어 음양의 조화를 부릴 수 있는 상태의 하늘을 말한다. 하늘은 해와 불을 상징하며 '양'의 기운을 가지고 있다. +극과 -극의 전기적 작용으로 불씨를 일으킨다. 하늘에 있는 해와 항성은 전기적 작용에 의해 생성된 불씨들이다. 하늘의 음양과 음양의 조화로 일어나는 모든 현상이라 할 수 있는 '중'은 '삼'이다.

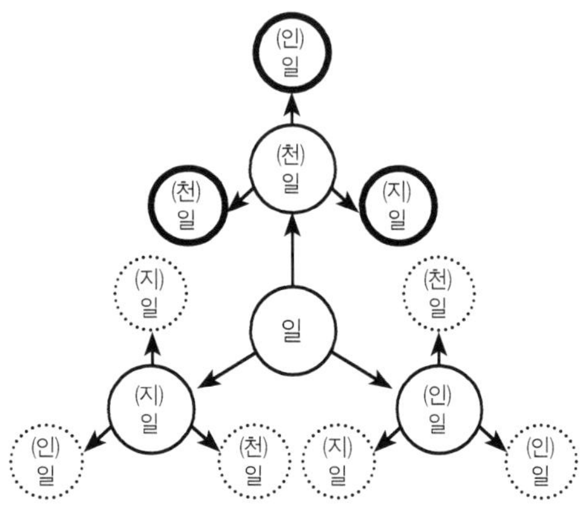

地 _지

'지'는 땅이다. '천일, 지일, 인일'의 '삼극' 가운데 하나인 '지일'이 일적(一積)한 땅이다. 하늘의 수많은 땅덩어리 가운데 음양의 요소를 갖춘 지구를 지칭한다. 지구는 '음'인 달과 '양'인 해의 성정을 간직하고 있다. 광의로는 지구 환경과 생태계를 총망라한다.

'지일'은 땅의 씨앗으로 '일적'하면 대지(大地)즉 생물이 살고 있는 지구가 된다. 즉 '지일'이 커져서 음양의 조화를 부릴 수 있는 성체가 된 지구를 뜻한다.

불은 모여 덩어리가 되고 기체인 불덩어리는 식어 재가 된다. 재는 고체가 된다. 고체는 땅이다. 하늘에 오성과 삼왕성의 팔성이 생기고 아홉 번째 땅의 지구가 생겼다. 달이 생김으로써 하늘이 완성된다. 그 다음 지구에서 생명이 탄생한다.

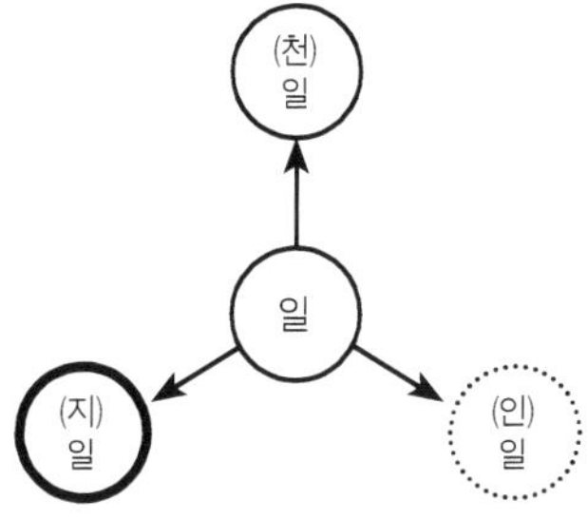

　'지'는 우주를 '천지인'으로 삼분할 때 지구 환경의 개념이다. 인간을 제외하고 오대양 육대주, 즉 남·북극의 한 대, 적도의 열대, 그 사이의 온대에 사는 네 발 달린 짐승 등 생물종을 다 포함한다. '지'는 동서남북의 공간 개념을 갖고 있다. 그래서 '방(口)'이라 칭한다. 지구 땅덩어리는 둥글지만 대지에 붙어사는 인간은 동서남북의 이차원적 평면 개념으로 인식하였다고 본다.

　'이'는 개수로는 둘, 두 개, 순위로는 둘째, 제2이다.

地二 지이

그럼 '일적'한 땅에 두 개 있는 것은 무엇일까? '일적'한 땅은 성체의
땅을 뜻한다. 씨앗이 성장하여 성체가 되면 음양이 생긴다고 하였다.
고로 지이(地二)는 성체인 땅의 음양을 말한다. 땅은 생명체이며 우주의
'일'과 같이 모성의 역할을 한다. 이 땅에는 생물과 무생물로 나누어지
며 수많은 음양의 요소가 있다. 지형지세가 그러하고 초목과 짐승도 마
찬가지이다. 땅에서의 음양은 암컷(자)과 수컷(웅)을 들 수 있다.

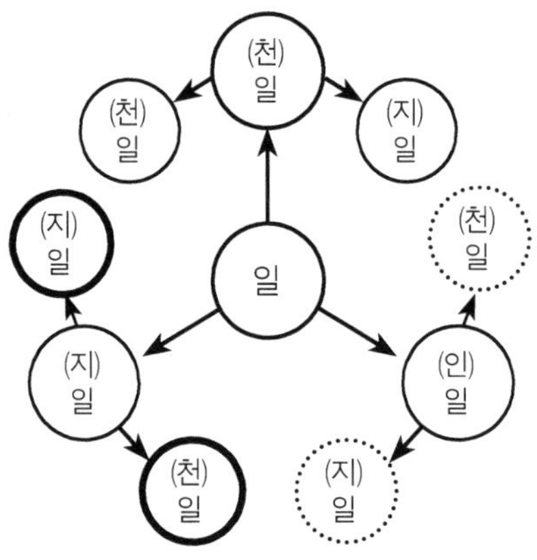

땅에도 '일적'하면 음양의 조화가 생긴다. 일월의 운행에 따라 조주
석야, 춘하추동, 생장수장의 율동이 생기고 조수간만의 차이가 생긴다.
산은 '양'이요 깊은 계곡은 '음'이다. 햇볕이 잘 드는 곳은 '양지'요 그늘진
곳은 '음지'이다. 사람이 사는 곳을 '양택'이라 하며 망자가 있는 곳을 '음
택'이라 한다. 식물은 '음'이요 동물은 '양'이다. 물론 체 분리나 암수(자
웅)가 한 몸에 있는 생명체도 있다. 암수는 어떤 형태로든 생명체의 번

식에 반드시 필요하다.

三 삼

삼은 개수로는 세 개, 차례나 순서의 셋, 삼위, 제 삼, 세 번째, 셋째 등
이 있다.

地二三 지이삼

위의 뜻풀이를 종합해 볼 때 '지이삼'은 땅이 음양의 조화를 부려 '삼'
을 낳는다는 의미이다. 먼저 땅의 씨앗인 '지일'은 성체가 되어 음양으
로 분리됨으로써 이(二)가 된다. 분리된 음양의 결합에 의해 중(中)을 낳
음으로써 삼(三)이 된다. 이로써 땅은 삼극의 요소를 갖추게 된다. 또한
땅의 씨앗인 '지일'이 지이, 지삼으로 확산되어 가는 의미를 담고 있다.

일	이	삼
지	음 — 양	음 양 중

지(地)에서 음양이 생겨날 때는 △(삼각형)의 형상을 띤다. 음양에서
'중'이 생겨날 때는 ▽(역삼각형)의 형상이 나타난다. 지이삼은 △(팽창)
과 ▽(수렴), =(상극, 분리)과 +(상생, 결합)의 패턴을 반복함으로써 분화
되어 나간다.

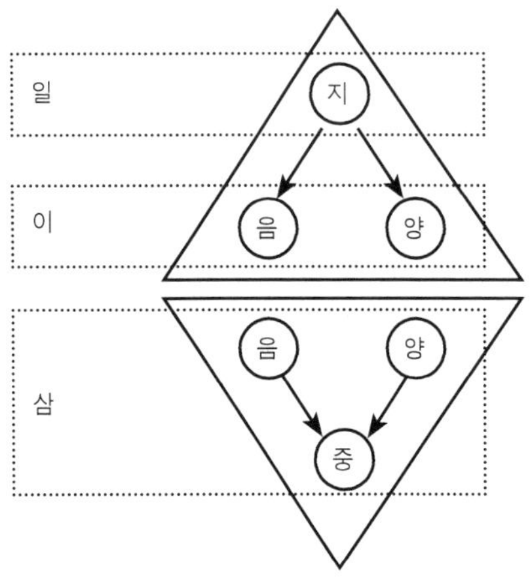

땅의 씨앗인 지일(地一)에서 이(二)와 삼(三)이 생겨난다. 그러한 이치
는 일시(一始)와 일석삼극(一析三極), 일적십거무궤화삼(一積十鉅無匱化
三)의 구절이 밝혀준다. 태초의 일(一)이 시(始)하면 삼극(三極)이 생긴
다. '지'는 '일적'에 해당한다. '이'는 '십거'에 '삼'은 '무궤화삼'에 해당한다고
볼 수 있다. 다시 말하면 '지일'이 '적'하면 '이'의 음양이 생겨난다. 음양
의 二(이)가 십거(十) 즉 결합하면 '삼'의 '중'이 생겨난다는 이치이다.

'지일'이 적(積)하면 음양이 생긴다. 음양의 사이에서 '중'이 생겨남으로
써 땅은 음양중의 삼극이 갖추어진다. 암수와 종자는 삼 요소로서 땅
을 구성하고 있는 근본이다. 하늘의 음양인 해와 달의 조화로 땅에는
온갖 생물이 자라난다. 생물은 세균에서부터 미생물, 초목, 짐승이다.
땅에는 해와 달을 닮은 초목과 짐승이 생겨난다. 그리고 성장과 번성,
소멸을 거듭하고 있다.

일	시					
일	석					삼극
일	적	십거			무게	화삼
지일	성장	이			번성	삼
		음	양	조화		음 양 중
		암(자)	수(웅)	상호작용		암 수 종자

땅의 씨앗은 무성하게 자라서 꽃을 피운다. 암수술이 수정하여 열매를 맺음으로써 이 땅에 무수히 많은 씨앗을 퍼뜨리게 될 것이다. 동물도 마찬가지이다. 모양(궤)도 갖가지 생긴 대로 성질도 가지가지이다. 천지 만물은 상호 융합현상을 일으킨다. '지'의 '음양'이 암컷과 수컷이라면 '삼'은 암수가 낳은 수없이 많은 종자와 새끼가 될 수 있다. 종자와 새끼를 나누면 그 속에 수많은 제2의 암컷과 수컷이 있다고 할 수 있다.

'지'(땅)도 '천지인'의 '삼극'이 있고 '일이삼'인 '음양중'의 원리가 작동된다. '천이삼'과 '지이삼'의 과정을 거치면서 하늘과 땅은 인간이 생겨날 수 있는 최상의 여건을 만들게 된다. 천지 음양이 상호작용하는데 태양의 전기와 달의 자성이 상호 조화를 이루어 지상에 만물을 생성시킨다. 하늘의 해와 달이 생김으로써 빛에너지가 생성되어 땅에는 생명의 기운이 일어난다.

이러한 과정은 모두가 오직 인간이 탄생하여 살아갈 수 있는 최적의 공간을 갖추기 위함이다. 하늘의 해와 달의 조화로 이 땅에 수없이 많은 형체와 현상인 '극'이 생겨난다. 땅의 음양과 음양의 조화로 일어나는 모든 현상인 '중'이 '삼'이다. '지이삼'은 땅의 대지 위에서 생겨나고 자라는 온갖 초목과 짐승, 벌레들이 음양의 조화와 균형으로 생성하고 번성하며 소멸하는 현상들을 총칭하는 것으로 볼 수 있다.

땅은 +, - 전기를 동력(動力)으로 삼고 N, S극 자기를 변력(變力)으로 삼는다. 물질이 이합집산을 거듭하면서 새로운 물질을 만들어 내는 것이다. 또 하늘의 '열기'와 땅의 '냉기'가 서로 조화를 부려 지상에 물이 생긴다.

빛과 공기, 물, 영양소는 천지의 요소로서 이 땅에 생명체가 생겨나게 한다. 하늘의 해가 뜨고 지고, 가깝고 멀고에 따라 기후와 계절의 변화가 생겨난다. 지구 생태계는 음양의 조화와 균형을 이룬다. 봄에 씨앗에서 싹이 트고 여름에 암수 꽃이 피어, 가을에 열매를 맺고 겨울에 수많은 종자를 퍼뜨린다. 이로써 땅에도 암수종자의 삼극 체계가 완성되어 생물이 번성할 수 있는 최상의 환경이 조성된다. 즉 '지'도 원자의 구조를 갖춘다는 것이다.

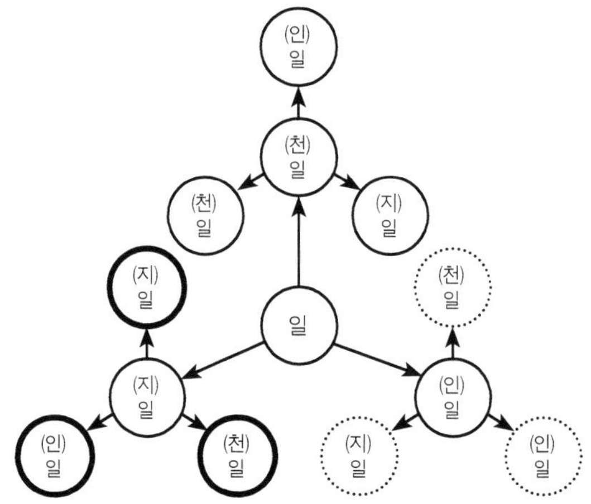

人 인

'인'은 사람이다. 삼극' 가운데 하나인 '인일'이 '적'하면 대인(大人)의 '인'이 된다. 즉 '인'의 성인(成人)이 된다는 의미이다. 성인은 음양의 조건이 다 갖추어진 상태이다. '인'의 씨앗이 '인일' 즉 '인극'이라 할 수 있다. '인'은 사람이다. '인일'은 사람의 씨앗으로 '적'하면 남녀(男女) 즉 사람의 씨앗인 난자와 정자를 간직한 성인이 된다. 즉 '인일'의 사람 씨앗이 자라서 성체가 된 인간을 뜻한다.

우주는 음양의 대결합 이후 엄청난 산고를 겪고 천지창조를 한다. 마지막에 사람을 탄생시킴으로써 우주는 삼 요소가 갖추어진다. 천지인은 삼립(三立)함으로써 안정을 유지하게 된다. 어릴 석 불과 흙장난을 많이 한 기억이 난다. 하늘의 불, 땅의 흙, 다음은 사람으로 삶과 앎의 시대가 열렸다.

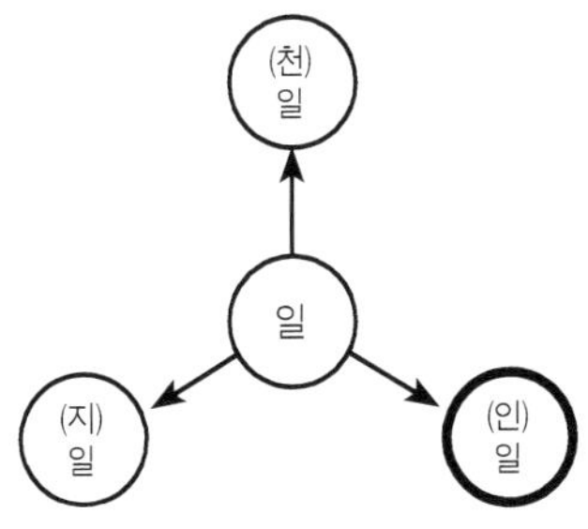

二 이

'이'는 개수로는 둘, 두 개, 순위로는 둘째, 제2이다. '이'는 '이극'(二極)을 말한다. '이극'은 '음극'과 '양극'이 있는 상태이다. '음'과 '양'을 뜻한다.

人二 인이

'인이'는 사람의 '음양'이다. 사람의 '음'과 '양'은 여와 남을 말한다. 사람도 음양의 조화를 일으킨다. 사람은 몸과 마음의 음양으로 이루어져 있다. 물질과 정신적인 음양의 요소들이 존재한다.

사람의 마음이 만들어 내는 사단(四端)과 칠정(七情)이 있다. 복잡한 감정들이 빚어내는 호불호, 시비, 선악, 행복과 불행, 빈부귀천, 흥망성쇠, 길흉화복 등은 음양의 요소들이다.

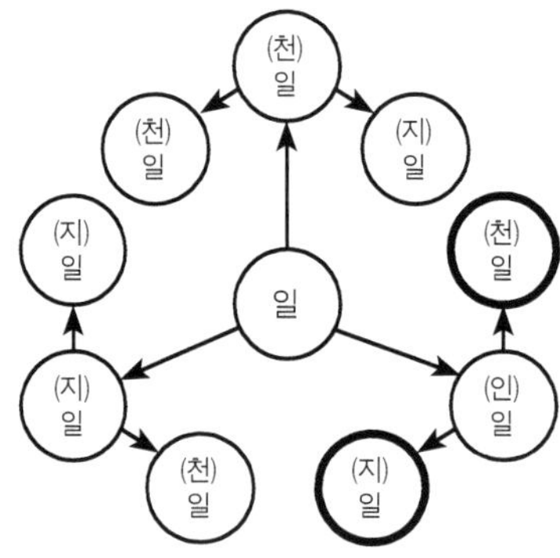

三 삼

'삼'은 개수로는 세 개다. 차례나 순서의 셋, 삼위, 제 삼, 세 번째, 셋째 등이 있다. 천부경에서는 삼극을 뜻한다. 삼극은 천일지일인일로 세 개의 '극'과 세 번째 '인일'을 삼극으로 지칭하기도 한다.

人二三 인이삼

'인이삼'은 사람이 음양의 조화를 부려 '삼'을 낳는다는 의미이다. 먼저 사람의 씨앗인 '인일'은 성체가 되어 음양으로 분리됨으로써 이(二)가 된다. 다시 음양의 결합에 의해 중(中)을 낳음으로써 삼(三)이 된다.

결국 사람은 삼극의 요소를 갖추게 된다. 또 사람의 씨앗인 '인일'이 인이, 인삼으로 확산되어 가는 의미를 담고 있다.

일	이	삼
인	음—양	음 양 중

인(人)에서 음양이 생겨날 때는 △(삼각형)의 형상을 띤다. 음양에서 '중'이 생겨날 때는 ▽(역삼각형)의 형상이 나타난다. 인이삼은 △(팽창)과 ▽(수렴), =(상극, 분리)과 +(상생, 결합)의 패턴을 반복함으로써 확산되어 나간다.

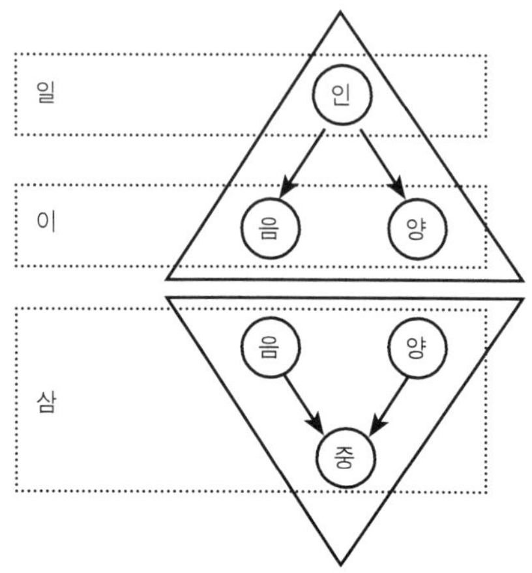

'인'의 씨앗인 인일(人一)에서 이(二)와 삼(三)이 생겨난다. 그러한 이치는 일시(一始)와 일석삼극(一析三極), '일적십거무궤화삼(一積十鉅無匱化三)의 구절이 밝혀준다. 태초의 일(一)이 시(始)하면 삼극(三極)이 생긴다.

'인'은 '일적'에 해당한다. '이'는 '십거'에 '삼'은 '무궤화삼'에 해당한다고 볼 수 있다. 다시 말하면 '인일'이 '적'하면 '이'의 음양이 생겨난다. 음양의 二(이)가 십거(十) 즉 결합하면 '삼'의 '중'이 생겨난다는 이치이다. '인일'이 적(積)하면 음양이 생긴다. 음양의 사이에서 '중'이 생겨남으로써 사람도 무한히 번성할 수 있는 음양중의 삼극이 갖추어 진다.

일	시					
일	석					삼극
일	적	십거			무궤	화삼
인일	성장	이				삼
		음	양	조화	출산	음 양 중
		여 (女)	남 (男)	결합 임신		모 부 자식 (母)(父)(子息)

'삼'은 '삼극'이며 '중'의 새로운 씨앗을 의미한다. 사람도 부모자식의 삼극을 갖춤으로써 인간 세상의 기본 틀이 만들어지게 된다. '인이삼'은 '사람이 남녀의 사랑으로 자식을 낳아 번성한다'는 의미이다. '일이삼' 즉 '음양중'의 원리를 반복함으로써 인간은 자자손손 대를 이어 번성한다는 것이다. 이 세상에 마음이 형상화되어 나타난 것이 사람이다. 마음이 물질의 탈을 쓰고 저마다 모습을 드러낸다.

조물주가 인간의 탄생을 위해 120억 년 동안 공들인 천혜를 생각한다면 사람은 태어나는 것 자체가 축복이다. 부모님이 낳아준 것만 해도 감지덕지해야 한다. 결코 삶을 가볍게 여겨서도 아니 되겠다. 요지경 세상은 인간의 마음이 만들어 낸 걸작이다. 부정할 수도 회피할 수도 없다. 지구의 한 티끌, 찰나만 차지하여도 행복한 줄 알아야 한다.

'이'가 '인'의 '음양'이며 '삼'은 '인'의 '중'에 해당한다. 인간의 음양이 남녀라면 '삼'은 남녀가 낳은 수없이 많은 자식이다. 자식을 나누면 그 중에 수많은 제2의 남자와 여자가 있다. '인'(사람)도 '음양중'의 원리가 작동된다. 즉 '인'도 원자의 체계를 갖추게 된다. '인일'이 '일적'하면 사람의 씨앗을 가진 성인 남녀가 된다. 성인 남녀는 이 땅에 수많은 자손을 낳는다. 사람은 남녀의 결합으로 자손만대, 억조창생을 누리는 것이다.

사람의 음양과 음양의 조화로 일어나는 모든 현상인 '중'이 '삼'이다. 의식이 점차 깨어나 시비와 선악, 호불호, 행불행, 애증을 분별하며, 문명의 이기가 만들어진다. 토론이 활성화되고, 문제점이 개선되는 현상들은 인이삼의 원리에 따른다.

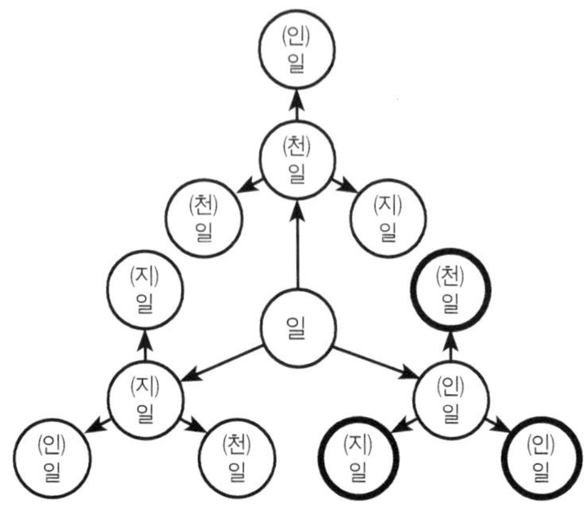

天二三地二三人二三 천이삼지이삼인이삼

지금까지의 상황을 살펴보면 '일'이 '시'함으로써 '친지인'으로 나누어진다. 제일 먼저 우주의 씨앗인 천일지일인일의 삼극이 생긴다. 다음으로 '천일'이 일적하여 '이'의 음양으로 나누어진다. 음양은 십거무궤화삼하여 '삼'이 생겨남으로로써 '천'은 음양중의 삼극을 갖추게 된다.

이어 '지일'이 일적하여 '이'의 음양으로 나누어지고 십거무궤화삼하여 '삼'이 생겨난다. '지'는 음양중의 삼극을 갖추게 된다. 그리고 '인일'이 일적하여 '이'의 음양으로 나누어진다. 음양은 십거무궤화삼하여 '삼'이 생겨남으로써 '인'은 음양중의 삼극을 갖추게 된다. 비로소 천지인은 생성과 변화의 기본요소인 삼극을 완성하게 된다. 즉 천지인은 모두 원자의 구조와 체계를 갖춘다는 것이다.

천지인에는 씨알인 소천지인과 성체인 대천지인이 있다. 천부경에서 숫자의 개념은 순서와 개수를 동시에 생각해야 한다. 예를 들어 '일'은

첫째인 동시에 한 개다. '이'는 둘째인 동시에 두 개다. '삼'은 셋째인 동시
에 세 개가 존재한다는 의미이다.

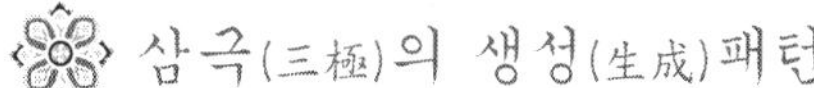
삼극(三極)의 생성(生成)패턴

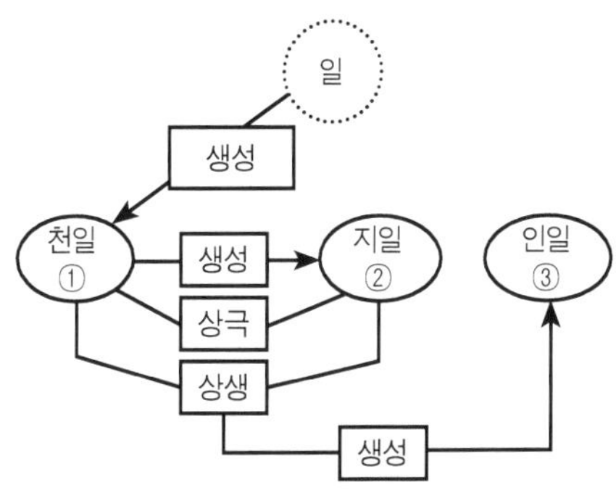

일석삼극〈천일일 지일이 인일삼〉

태초의 '일'에서 '천일'의 첫 번째 '일극'이 생긴다. 다음 '지일'의 두 번째
'이극'이 생긴다. 그리고 '천일'과 '지일'이 합하여 세 번째 '인일'의 '삼극'이
차례로 생긴다.

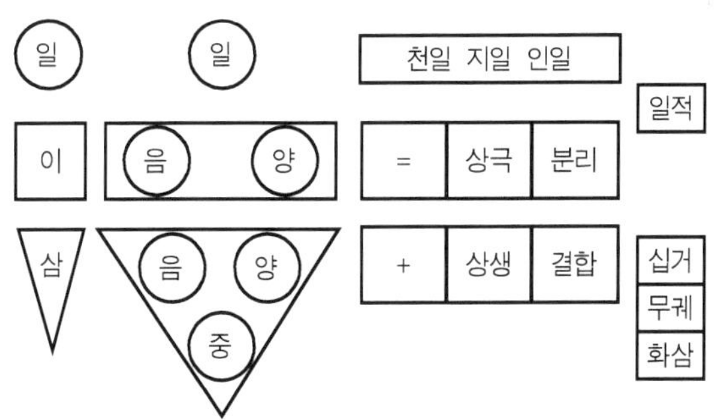

일적십거무궤화삼〈천이삼 지이삼 인이삼〉

하늘의 해는 '+극'과 '-극'의 '전기'를 지니고 있다. 달은 'N극'과 'S극'의 '자기'를 가지고 있다. '전기'와 '자기'가 합하여 '전자기'를 형성한다. 하늘의 소생인 지구생태계는 전자기체를 형성한다. 지구의 소생인 사람은 전자기 의식체에 비유된다.

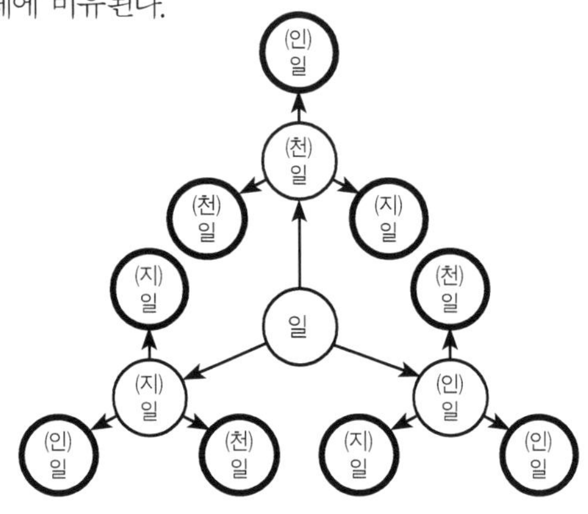

'천이삼'은 하늘의 해와 달이 별을 낳는다는 생각을 한 듯하다. 지이삼은 지상에서 암수가 종자를 낳는 현상이다. 인이삼은 사람의 남녀 사이에서 자식이 태어난다는 이치를 함축적으로 설명한 것이라 할 수 있다. 하늘과 땅, 사람이 각기 음양의 조화로 2세를 생산한다는 뜻으로 해석할 수 있다. 하늘에는 수많은 별들이 생성하고 땅에는 초목과 짐승이 무성하게 번성하고 인간 세상은 자자손손 대를 이어 번창한다는 뜻이 있다.

천	양	일	중	성신
	음	월		
지	음	암	중	종자
	양	수		
인	양	남	중	자식
	음	여		

  '천지인'은 각기 '일시무시일', '석삼극무진본', '천일일지일이인일삼', '일적십거무궤화삼'의 이치가 작동된다는 것이다. 소위 정중동', '음양중', '천지인', '일이삼'은 천지 만물의 존재와 변화, 생성과 번성의 이치가 담겨 있다. 삼라만상의 현상을 설명하는 기본법칙이나 원리와 같은 것이다. 즉 '천지인'은 우주일체의 현상을 해석하는 척도이다.

  태초에 '일기' 및 근원인 '일'이 '시'(동)하면 '삼극'이 생긴다. '삼극'은 '천일'과 '지일', 그리고 '인일'이다. '천일', '지일', '인일'이 '적'(성장)하면 '천지인'이 된다. '십거'하면 음양의 조화가 일어난다. '무궤'로 기존의 것은 소멸(귀일)한다. '화삼'하면 새로운 '삼극'이 생성된다. '일적'은 '천일'과 '지일', '인일'이 '음양'으로 분리(상극)하는 것이다. '십거'는 성인으로 자란 '천지인'의 '음양'이 결합(상생)하는 것이다. '무궤화삼'은 '천일' '지일' '인일'의 '음양'이 만들어낸 새로운 씨알이 '삼'이라는 것이다. 삼극이 커져서 성체가 되면 음양의 결합이 일어나 씨알을 남긴다는 뜻이다. 이와 같이 천지 만물은 '일석삼극', '일적십거무궤화삼'을 무한반복하면서 억조창생한다.

		시(석)			
	삼극				
	일	적 십거			무궤화삼
일	천1	천2	음	달	중3	전자기 불씨, 성신
			양	해		
	지1	지2	음	암	중3	전자기체 종자, 생태계
			양	수		
	인1	인2	음	여	중3	전자기 의식체 자식, 인류
			양	남		

이러한 현상들로 인하여 지금의 하늘과 땅, 사람이 만들어졌다고 여긴다. 비가시권역인 기체(원자)에서 가시권역인 고체(물질)로 형상화되었다는 것이다. 생명은 물질을 바탕으로 하고 있는 전자력의 덩어리이다.

생명 가운데 가장 고귀한 존재가 인간이다. 인간은 마음을 가지고 있기 때문이다. 마음은 짐승과 구별 짓는 기준이 된다. 인간에게 생동감을 느끼게 하는 것은 온기와 애정이다. 온기는 몸의 따뜻함이며 애정은 마음의 이끌림이다. 온기는 해의 빛(전기)에너지에서 생기고 이끌림은 달의 자성을 닮았다.

육체는 전기(빛)에너지의 합성물이라면 마음은 자성을 지닌다. 전력에 의해 자성이 움직인다. 마음의 자성은 몸과의 상호작용으로 의식이 생겨난다.

자성은 N극과 S극의 '상극'을 띤다. '상극'은 서로 당기려(상생)하고, '동극'은 서로 밀치려(상극)고 한다. 힘이 강하고 적고를 불문한다. '상극'의 인력(引力)과 '동극'의 배력(排力)에 의해 '원'의 모습이 생겨난다. 물질은 자성에 의해 이합집산 현상이 생긴다.

천(天)에서 지(地)가 나오듯 전력은 자력의 원천이다. 자력은 동력을 일으킨다. 자력은 전기에너지의 크기에 달려 있다. 전기(천기의 음양)와 자기(지기의 음양)가 합치지 않으면 동력이 생성되지 못한다. 고로 생명에너지의 발생 원천은 전자력이다. 자력과 전력은 상생하며 조화와 균형을 유지한다. 다시 말하면 '천지 만물은 '일석삼극', '일적십거무궤화삼'의 원리에 의해서 팽창한다.

'일점'에서 생겨난 '삼극'이 음양의 조화로 생성과 번성, 소멸을 거듭한다. 결국 하나의 '만원'을 다 채우게 될 것이다. 근원의 '일'에서 '천일', '지일', '인일'로 3등분된다. 이어 '천일'과 '지일', '인일'은 성장(적)하여 각기 '음양'으로 나누어져 6등분된다. 마지막으로 '천'과 '지', '인'의 '음양' 사이에서 '천일'과 '지일', '인일'의 '중'이 생긴다. '일'은 9등분되는 단계에 이른다. 태초의 '일'에서 삼극, 육극, 구극이 차례로 생겨난다.

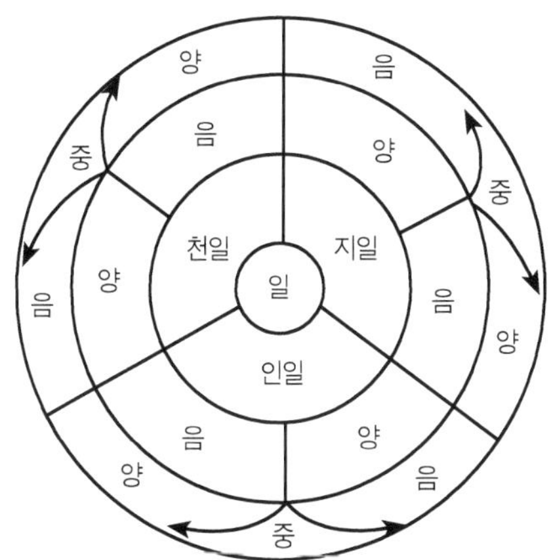

초목의 씨앗에서 터진 떡잎의 모양을 보면 그 형상을 알 수 있다. 두 개의 떡잎 사이에서 새싹이 돋아난다. 새싹은 천기와 지기의 광합성 작용으로 생성한 영양분을 섭취하며 성장한다. 부모가 낳은 자식이 자라 혼인하면 다시 자식이 생겨나는 이치와 같다. 이것은 항상 '천지인'의 삼각 구도를 이룬다. 부모는 자식의 밑거름이 되고 자식이 부모를 대신한다.

태초의 '일'의 '음'에서 '양'이 생기고 '양'에서 '음'이 생긴다. '일'의 '음'은 천지 만물의 배양액이 된다고 본다. 초목은 씨앗에서 떡잎이 두 개 나고 그 사이에서 다시 새로운 잎사귀가 돋아난다. 씨앗을 '일'이라 하면 두 개의 떡잎은 하늘의 '양'과 땅의 '음'에 비유할 수 있다.

새로운 어린 싹은 인간의 '중'에 해당한다. 그리고 그 뿌리가 '일'이라 면 줄기는 뻗어가는 순서대로 '음양'과 '중'이 된다.

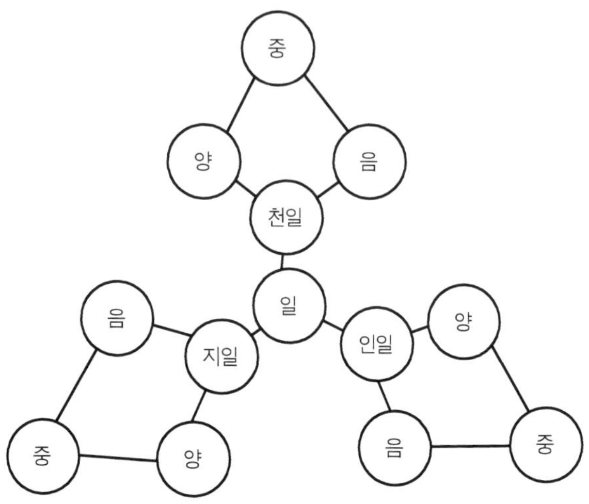

줄기가 '일'이라면 가지는 '음양'과 '중'이다. 가지가 '일'이라면 잎사귀와 꽃은 '음양'과 '중'이 된다. 꽃이 '일'이라면 암수가 '음양'에 열매는 '중'에 해당한다. 이렇듯 씨앗이나 뿌리, 원 줄기에서 가지가 생긴다.

마찬가지로 잎이 생기고 꽃이 피고 열매가 열리는 현상은 모두가 동일한 원리에 의해 생겨난다는 것이다. 씨앗에서 제일 먼저 생겨나는 것이 하늘의 '양'이다. 다음에 생겨나는 것이 땅의 '음'이다. 그 다음에 생겨나는 것이 사람으로 '중'이다. 이렇게 '천(양), 지(음), 인(중)'이 차례대로 반복해서 생겨난다는 것이다.

원뿌리에서 생겨난 줄기와 가지, 그리고 잎이 삼위일체가 된다. 천지만물이 무성하게 자라고 줄기차게 뻗어가는 기상을 느낄 수 있다. 눈(雪)의 형상이 그러하고 뿌리와 종자, 자손이 번성하는 원리도 마찬가지이다.

'천지인', '음양중', '일이삼'은 '일'의 변화 원리이다. '석삼극무진본', 즉 '일'에서 나누어진 삼극은 무궁무진한 변화의 기본 틀이 된다고 하였기 때문이다.

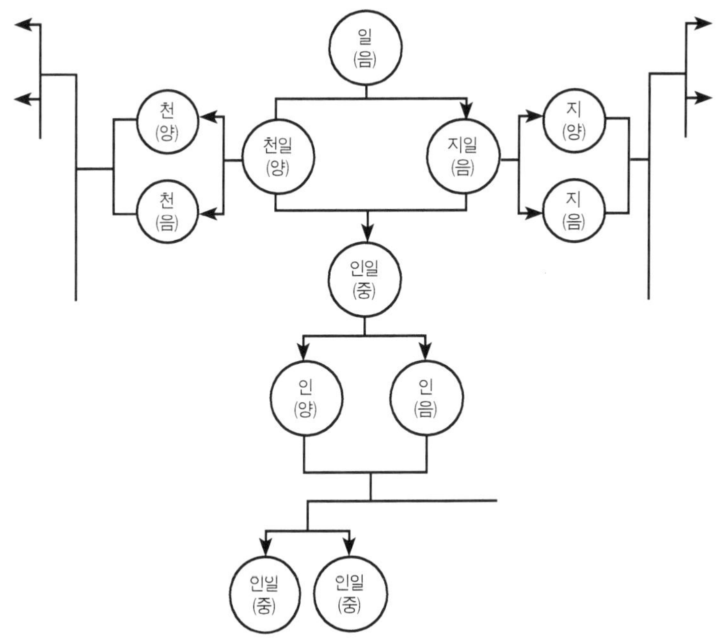

하늘의 불이 땅으로 화하고 땅에는 일월의 조화로 생명이 탄생하고 사람이 태어난다. 사람은 남녀의 결합으로 자식이 번성한다. 이것은 하늘에서 땅이 생겨나고 땅에서 사람이 생겨났다는 우주관에서 비롯된다. 모든 만물이 그렇게 성장해가는 것은 각기 '삼극'의 씨앗을 가지고 있기 때문이라 여긴다. 그러한 원리는 '일'에서 생겨난 '삼극'은 '무진본'이기 때문이다. '삼극'은 존재와 생성의 기본 틀로서 원자와 같은 것이다.

'삼'과 '일이삼'은 우주 삼라만상의 핵심 요소이다. 이것이 대자연의 섭리라고 여기는 것이다. 동물도 마찬가지이다. 알에서 새끼가 부화되어 자라서 어미 새가 되면 교미를 하고 새로운 알을 낳는다. 다시 알에서 새끼가 부화되고 자라 교미하고 알을 낳는 일을 수없이 반복한다. 다 성장한 새는 교미하고 죽어 없어진다.

어미 새는 가고 없지만 어미 새가 남긴 알에서 수컷과 암컷이 부화한다. 새끼는 자라 어미 새가 하였던 일을 또 다시 되풀이한다. 모양에서 하나의 몸체는 '일'이요 두 개의 날 개와 두 다리는 '천지'의 기운을 받은 '음양'을 상징한다. 머리와 꼬리는 '중'에 해당한다. 또 머리는 '양', 꼬리는 '음', 몸통은 '중'이다. '음양'이 분리되고 합쳐지는 현상이 일어나는 곳을 '중'으로 여긴다. 두 눈이 사물의 움직임을 인식하고 두 귀가 소리를 듣는 것도 '음양중'의 이치에 따른 것이다.

하늘의 음양인 해와 달이 합쳐 밝음을 준다. 밝음은 천지 만물이 자랄 수 있는 에너지가 된다. 낮에는 햇빛이 있지만 밤에도 햇빛을 비추기 위해 달이 생겼다. 하늘에 번개가 치면 천둥소리가 들린다. 빛을 볼 수 없으면 소리로써 알 수 있다. 소리를 들을 수 없으면 빛으로 알 수 있도록 신체의 기관은 대체구조를 갖추고 있다. 조물주가 그렇게 만들어 놓았다는 것이다.

깨끗한 물은 투명하지만 촉감이나 맛으로 알 수 있다. 비록 꽃을 볼 수는 없어도 향기로운 냄새로써 알 수 있다. 번개(빛)가 치면 천둥(소리)이 울리고 비(감로수)가 온다. 하나의 현상이라도 동시에 여러 가지로 나타남을 뜻한다. 그렇지만 아무렇게나 나타나는 것이 아니고 반드시 일정한 원칙이 있다는 것이다. 바로 '천일일지일이인일삼'의 이치다. 이것을 '음양중'의 변화 이치라고 한다. '음양'이 합쳐 '중'을 만들어 낸다는 것이다.

번개는 '천극'의 '양'으로 첫 번째이다. 소리는 '지극'의 '음'으로 두 번째이다. 비(감로수)는 '인극'의 '중'으로 세 번째에 나타난다. 우리는 흔히 틈새시장이란 말을 많이 듣는다. '음양'의 사이는 틈새라 할 수 있다. 새로운 것은 '중'으로 '음양'의 틈새에서 생겨난다는 것이다. 틈새는 허점이자 약점이 되고 상대방에게는 돌파구가 되기도 한다.

양측의 진영이 대치하고 의견이 분분하여 대립각을 세우기도 한다. 시시비비의 문제점은 새로운 해결책을 마련하지 못하면 서로가 파멸한다. 선악, 옳고 그름, 물과 불의 '음양'은 '상생 상극'한다. 그러나 새로운 '중'을 생산하지 못하면 반드시 불화하여 파국을 맞게 된다. 우리의 주위에는 보는 관점에 따라 달라지고 처지에 따라 입장 차이가 생긴다. 그러한 문제점들은 '음양중'의 원리에 의해 새로운 개선책을 마련하지 못하면 반드시 화가 닥친다는 것이다.

신(神)은 한 사람의 무한한 독주를 방관하지 않는다. 무한 극단과 극치는 부조화로 한쪽으로 기울어지면 넘어지게 된다. 이것이 균형의 조화이며 신의 섭리이다. 또 입체삼각형은 가장 안정적인 구도이다. 사랑과 관심 등 무게중심이 가장 아랫부분에 자리 잡고 있기 때문이다.

'삼극'의 안정적 삼각구도와 순차적 생성패턴이 우주 탄생의 근본원리가 된다. '삼극'의 상호작용은 보행이나 스케이트 타기와 같다. 왼발, 오른발 번갈아가며 앞으로 힘차게 뻗는다. 이렇게 함으로써 몸이 중심을 잡고 전진하게 된다.

무릎 펴기는 '양', 굽히기는 '음'이다. 무릎을 굽히지 않으면 넘어진다. 일어서지도 걷지도 앉을 수도 없다. 때로는 양보나 배려, 자비, 보시, 박애정신 등 자기희생이 불가피하다.

낮과 밤, 일과 휴식의 음양을 반복한다. 영차영차의 구호, 후렴, 추임새 등은 음양이 엇박자를 보이며 순차적으로 나타나는 현상으로 서로 부추긴다고 할 수 있다. 이것은 작용과 반작용, '정반합'의 원리가 적용된다.

천지 만물은 강약과 고저, 장단이 서로 조화를 이룬다. 생명 활동의 핵심은 음양의 조화이다. '음'과 '양'은 서로 '상생 상극'의 작용이 없으면 천지 만물은 존재도 생성도, 번성도, 심지어 소멸도 할 수 없다.

부모가 자식을 낳으면 귀일(소멸)한다. 자식과의 관계는 소원(상극)하지만 자연과는 합일(상생)의 과정을 거치게 된다. 몸과 마음이 이별하고 전기와 자기가 분리된다. 전기는 태양으로, 자기는 달로 환원된다. + 극과 -극, N극과 S극이 해체의 길을 걷게 된다. 궁극적으로 천지인은 합일을 이룬다. 천지 만물은 각기 존재하지만 모두가 '일기'의 변화물이다. 생명 활동은 곧 변화이다.

변화는 음양의 조화에 의해서만 가능하다. 변화하지 않으면 죽은 목숨과 같다. 죽음도 변화의 과정이다. 인류는 존재하기 위해서 변화해야 한다. 변화하기 위해서는 지극정성을 다하여 완성을 이루어야 한다. 이것은 천부의 사명이다. 인간은 천부의 사명을 완수하기 위해 이 땅에 태어났다. 그것은 각자의 쓰임새를 다하는 것이다.

음양의 조화는 살길이며 완성을 이루는 비결이다. 거래나 수수행위, 행불행과 생사고락이 모두가 음양의 원리가 있다. 음양의 조화는 바로 자연의 섭리이기 때문이다.

우주 내 개체의 생성과 번성, 소멸은 '일'의 변화현상에 불과하다. '일'은 '천지인 '창조 이전부터 존재한 '무극'의 '특이물질?'이라 생각된다. 이것이 바로 '삼극일체'의 원리이다. '일석삼극'은 '일'에서 '음양중'의 '삼극'이 갈라져(생겨) 나온다는 뜻이다. 우주 전체의 '일'속에 중앙의 작은 한 '점'의 '일'에서 시작하여 사방으로 확산되는 현상으로 봄이 옳다.

여기에서 전체인 '원'의 '일'과 중앙의 한 점인 '일점'은 동일한 개념이나 지칭으로 여긴다. '음양' 사이에 항상 '중'이 생긴다. 이로써 '음양중'은 삼각관계를 유지하게 되고 안정을 찾게 된다. '일'은 '음양중'을 무한히 반복함으로써 궁극적으로 만(萬)에 이른다. 우주에 극이 가득차서 한계에 이르면 태초의 상태가 된다. 전체의 '일'이 곧 '음양'이 만들어낸 '중'의 상태가 된다.

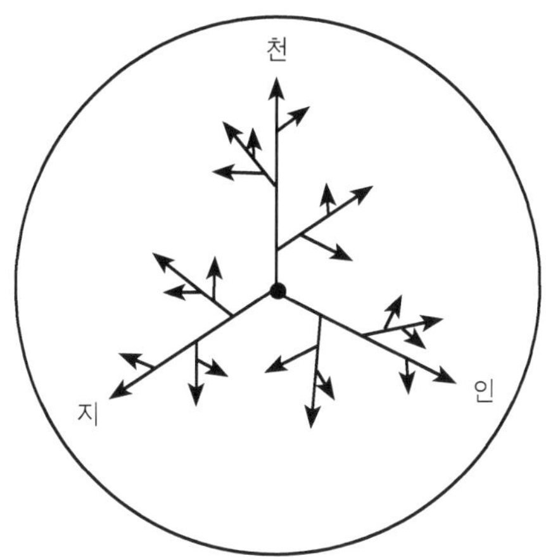

고로 전체의 '일'은 우주이다. 자신의 내부 깊숙하고도 은밀한 지점인 중앙의 작은 '일점'의 '특이점'에서 시작된 자신의 변화 현상이 불과하다. 마치 하늘의 해와 달이 이 땅에 생기를 불어넣어 제2, 제3, 특이점의 형태로 있는 생명의 불씨를 살리려는 듯하다. 이것이 현재 우주가 보여 주고 있고 인간이 보고 있는 모든 현상들이다. 손오공이 아무리 재주를 부려도 부처님 손바닥 안에 있는 것과 같다.

✤ 일월(日月)과 지구(地球) 그리고 인간(人間)

태초의 '一(일)'에서 음양의 결합으로 대폭발(빅뱅)이 일어났다. 우주는 온통 불바다가 된다. 이것이 하늘이다. 하늘이 제일 처음 시작된다. 하늘의 불씨는 해를 생성시킨다.

해를 중심으로 수성, 금성, 화성, 목성, 토성의 오성과 천왕성, 해왕성, 명왕성(해를 중심으로 해왕성의 바깥에 있는 행성들의 집합체 개념으로 여긴다)의 삼왕성의 팔성이 생겼다. 그리고 아홉 번째 지구가 생겨나고 열 번째 달이 만들어짐으로써 하늘이 완성된다. 하늘에 해와 달이 생겨나고 이어 지구에서 생명이 탄생한다.

‘땅’ 가운데 ‘지구’는 차가운 땅덩어리 속에 뜨거운 마그마가 용해되어 있다. ‘지구’ 땅덩어리인 ‘음’의 성정 속에는 ‘하늘’의 뜨거운 ‘양’의 성정을 그대로 간직한 셈이다.

태양계는 태양을 중심으로 ‘수금지화목토천해명’의 행성이 주위를 돌고 있다. 행성의 주위에는 위성이 돈다. 해는 태양계의 핵이며 마음이다. 행성과 위성, 소혹성은 몸체를 이룬다. 행성은 식어버린 불덩어리이며 태양의 분신이다.

지구 위성인 달은 불덩어리가 완전히 식어버린 소혹성의 덩어리이다. 해는 순양(純陽)이며 달은 양기가 극소화된 순음(純陰)이다. 지구는 식어가는 불덩어리이며 ‘양’의 불덩어리가 ‘음’의 지각을 형성한 형국이다. 지구는 해와 달의 요소를 다 간직하고 있다. 지구는 소태양계이다. 하늘의 핵심은 태양이고, 땅의 핵심은 달이다.

천지의 중간체인 지구의 핵심은 인간, 인간의 핵심은 마음이다. 하늘에는 전기적 작용체인 태양과 자기적 작용체인 달이 있다. 그리고 지구는 해의 전기적 작용체와 달의 자기적 작용체의 융합체이다. 고로 전자기적 작용체에 해당한다.

사람의 마음은 전자기적 결정체라 할 수 있다. 다시 말하면 사람은 지구를 닮았고 지구는 해와 달을 닮았다. 해는 태양이고 달은 태음, 지구는 해와 달의 중간체이며 사람은 지구의 축소판이다.

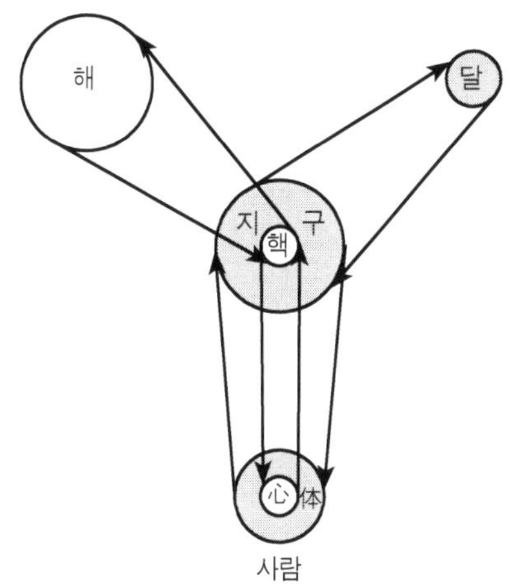

하늘에 일월의 밝음(明)과 땅의 지구, 사람의 마음이 있다면 모든 요소를 다 갖춘 셈이 된다. 하늘이 땅을 만들고 땅이 사람을 만든다. 여자가 자기(磁氣)라면 남자는 전기(電氣)이다. +, - 전기와 N, S의 자기, 즉 남자와 여자의 사랑이 천지 만물과 삼라만상의 원동력이라 할 수 있다. 해, 달, 지구와 남, 여, 자식은 또 하나의 원자인 셈이다.

사 상(四象)

근원의 '일'에서 '양'이 생겨나고 '양'에서 '음'이 생겨난다.

'양'을 태양 (☰) 이라 하고 '음'을 태음 (☷) 이라 한다. 태양과 태음은 양의(兩儀)라 하고 부모와 같다. '음양'으로 나누어져 2등분되고 '음양'이 결합하여 '중'을 낳음으로써 3등분된다. '중'은 다시 '음양'으로 나누어짐으로써 전체는 4등분된다. '중'은 자식에 해당하고 자식은 남아와 여아로 나누어지는데 남아는 소양 (☳) , 여아는 소음 (☴) 이 된다.

'양'은 뜨거우며 동적이고 '음'은 차가우며 정적이다. 유전적 체질을 음

양으로 구분하여 병력(病歷)을 진단하고 처방하는 것이 사상의학의 기
본 틀이 된다.

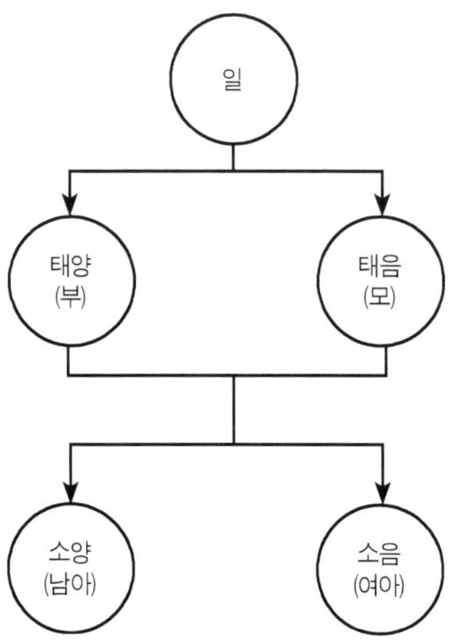

　　외형에 따라 성격을 판단하기도 한다. 예를 들면 원(ㅇ)형은 하늘로 둥
글고 환한 해와 달을 연상시킨다. 성격이 원만하고 인심이 좋아 보인다.
방(ㅁ)형은 땅으로 성격이 안정되고 무게감과 강인한 인상을 준다. 각
(△)형은 남성다운, 다소 느려 보이나, 순박한 성향의 소유자인 것 같은
생각이 든다. 역삼각(▽)형은 여성스러움으로 영리하며 샤프한 느낌을
준다.

大三合六生七八九

대 삼 합 육 생 칠 팔 구

큰 삼이 합한 육에서
칠, 팔, 구가 생겨났다.

大　대

三　삼

大三　대삼

合　합

大三合　대삼합

六　육

大三合六　대삼합육

生　생

七　칠

八　팔

九　구

生七八九　생칠팔구

大三合六生七八九　대삼합육생칠팔구

大 대

‘대’는 큰, 크다는 의미이다. 모두, 다, 전체의 의미도 있다. 옥편에 ‘大’(대)를 찾아보면 큰 대, 클 대, 지날 대(過과), 길 대(長장)로 3획의 클 大(대)이다.

‘천지인’에 각기 큰 대 자를 붙여 해석해 볼 수도 있다. 하늘은 ‘대천’으로 한없이 넓은 뜻의 ‘호천’이나 그 끝을 알 수 없이 검은 ‘현천’을 뜻한다. 땅은 ‘대지’로 사방팔방 광활한 지구를 의미한다. 사람은 ‘대인’으로 결혼한 ‘성인’이나 사회적으로 존경 받는 어른을 뜻한다. ‘성인’은 혼인의 시기에 다다른 청춘남녀를 말한다. ‘천지인’의 씨알인 ‘천일’, ‘지일’, ‘인일’이 ‘적’(성장)하여 음양의 조화를 부릴 수 있는 ‘천지인’을 말한다.

三 삼

‘삼’은 석 ‘삼’으로 셋을 의미한다. 순서의 세 번째와 개수의 세 개를 뜻한다. 천부경에서는 ‘삼’을 상징하는 ‘천지인’이 있다. 또 ‘음양중’을 지칭한다. 음양의 가운데 ‘중’을 의미하며 ‘중’에는 ‘음양중’을 내재하고 있다. ‘음’과 ‘양’, 그리고 ‘음’과 ‘양’의 합성물이나 조화물을 총칭한다. ‘일’에서 나누어진 ‘천일’과 ‘지일’ 그리고 ‘인일’의 ‘삼극’이 있다.

大三 대삼

‘대’는 크다는 뜻이고 삼은 셋, 세 개, ‘삼’ 요소를 말한다.

천부경에서의 ‘삼’은 ‘천지인’을 지칭한다. ‘삼’이 ‘천지인’이라 전제하고 굳이 ‘대’(大) 자를 붙인다면 대천, 대지, 대인이라 부를 수 있다. 대천, 대지, 대인은 음양의 조건을 갖추었다. 음양의 조화를 부릴 수 있는 ‘천지인’을 말한다. 자신을 복제할 수 있는 씨를 가지고 있다는 말이다. ‘천일지일인일’의 ‘삼극’이 ‘적’하면 ‘천지인’이 된다. 이때의 ‘천지인’은 ‘천일’, ‘지일’, ‘인일’과 다른 성체로서의 ‘천지인’ 즉 ‘대삼극’이다.

合 합

‘합’은 합친다는 의미이다. 여기에서는 단순히 합친다는 의미보다도 융합, 결합, 수정, 잉태, 만남의 의미로 보인다. 천부경에서는 ‘일적십거무궤화삼’에서 ＋(십)에 해당한다. 그야말로 원융회통의 의미대로 ‘천지인’이 막힘없이 고루고루 소통을 이룬다는 뜻이다. 자연의 섭리인 음양의 조화와 균형이 잘 이루어지고 있는 상태이다. ‘合’(합)은 합할 합(同동), 같을 합, 짝 합(配배), 모일 합(會회), 대답할 합(答답)으로 3획의 입 口(구) 변에 6획이다.

大三合 대삼합

천일지일인일의 삼극이 일적한 천지인은 대천대지대인이 되고 대천, 대지, 대인의 삼 요소를 합치면 대삼합이 된다. 우주 내 '천지인'은 독립적인 요소가 아니다. 상호작용을 하면서 의존적이다. 천지인은 상호 융합하여 복잡계를 형성한다.

현재 나의 존재는 천지인의 요소가 상호작용으로 융합한 결과이다. '한 송이 국화꽃을 피우기 위해 봄부터 소쩍새는 그렇게 울었나 보다.'라는 서정주 시인의 시 구절이 생각난다. '천지인'이 현재의 나를 위해 한 일은 감히 상상도 할 수 없다. 아무리 사소한 일이라도 우연히 일어나는 것이 아니다. 하늘과 땅, 사람의 복합적인 요소가 가미되어 필연적으로 일어나는 것이다. 지금의 세상은 대자연의 결정체이다. 인간은 '천지인'의 합작품과 같다.

六 육

'육'은 순위로는 여섯 번째 개수로는 여섯이다. 천부경의 81자 중심에 '육'(六)의 수가 있다. 아무래도 심상치 않은 수인 것만은 틀림없다. '육'의 수에 내재된 의미가 매우 궁금하다. 큰 무엇이 합하여 여섯이 되는 것은 무엇일까? '대삼합'이라면 큰 '삼(三)'이 합치면 여섯이라는 의미이다.

六(육)은 2획의 八(여덟 팔)부의 4획이다.

'합육'은 합하여 '육'(六)이 된다는 뜻이다.

大三合六 대삼합육

　'천일지일인일'의 '삼극'이 '적'하면 음양을 가진 '대천대지대인'이 되고 '큰 삼'이 합하여 '육'이 된다.

　'육'의 상징인 육각형은 원형인 전체의 테두리 내에서 개체가 형성되어 확대 재생산할 수 있는 형상이다. 광활한 우주의 텃밭에 천지인의 씨앗은 뿌려졌다. '천'의 음양이 하늘을 만들고, '지'의 음양이 땅을 채우고, '인'의 음양이 사람을 낳을 것이다.

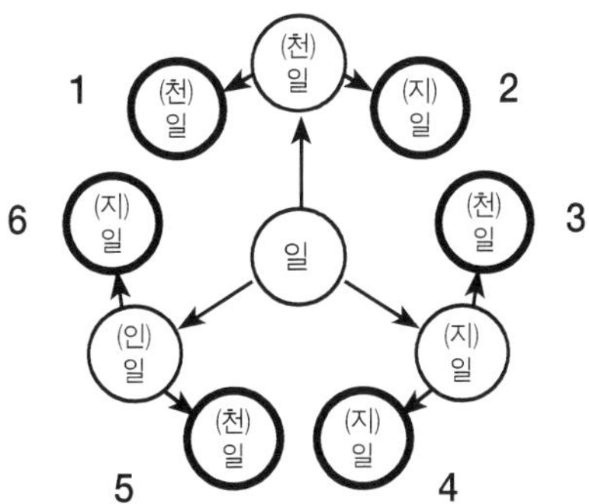

천일지일인일의 삼극은 원자로서 우주의 근본 구성 요소이다. 천지인

이 지닌 음양은 천지 만물과 삼라만상의 생성, 번성, 소멸을 위한 근본 요소이다. 태초의 '일'에서 생성된 '천일지일인일'의 '삼극'이 '적'하면 음양을 갖춘 '천지인'이 된다.

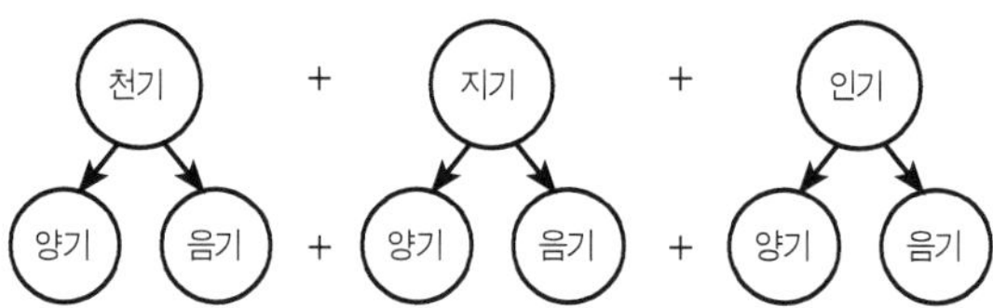

우주의 '기'는 크게 하늘의 '기'인 '천기', 땅의 '기'인 '지기', 사람의 '기'인 '인기'로 나눌 수 있다. 천기, 지기, 인기의 음양기를 합하면 '육'이 된다.

하늘의 양기와 음기는 해와 달이다. 땅의 음기와 양기는 암수이다. 사람에게 양기와 음기는 남녀이다. 이로써 하늘의 해와 달, 땅의 암컷과 수컷, 사람의 남여를 합하면 여섯 가지 '기'가 된다.

보통 '대기'라 함은 공기를 말한다. 공기는 기류가 있고 기류는 태양에 의한 차고 더운 것의 차이 때문에 발생한다. 기류는 뜨거우면 수중기가 되고 엉기면 구름이 되고 뭉치면 비가 되고 차가우면 얼음이 된다. 대기의 변화에 따라 태풍이 불고, 눈이 내린다. 비가 오고, 이슬이 맺고, 우박이 떨어지기도 한다.

우선 '대기' 중에 일어나는 여섯 가지 기운이 있다. 공기와 물, 불에 의해 생기는 풍(風) 한(寒) 서(暑) 습(濕) 조(燥) 화(火)의 기상현상을 말한다. '대기'가 음양의 조화로 여섯 가지의 변화를 일으킨다는 뜻과 같다.

여섯 가지 '기'의 변화는 불과 공기, 물의 대소, 강약, 장단의 비율에 달려 있다. 결국 '대기'의 변화는 하늘의 해와 땅의 지구가 조화를 부려 만들어 낸다. 낮과 밤, 사계절, 해의 길고 짧음 등 열기의 강약에 따라 대기가 변화한다. 하늘의 '양기'가 결집된 것은 해이며 땅의 '음기'가 결집되었다고 보는 것은 달이다. 하늘의 음양이 결합하여 생겨난 '중'이 지구이다.

인간 세상은 '천지인'과 '음양'의 여섯 기운이 융합하는 중심이다. 도자기를 만들 때 흙을 반죽하고 말리고 굽고 하는 것, 요리를 할 때 지지고, 볶고, 데치고, 튀기고, 굽고, 끓이고 하는 것은 모두가 '기'의 운용과 관련이 있다. '육합'에 의해 흙이 도자기로 탄생한다.

음식도 불과 물, 공기, 재료, 사람의 정성이 융합되어 만들어진다. 천연의 재료로 맛나고 영양소가 풍부한 육합 식단을 짜보자. 하늘의 '열기'와 땅의 '냉기'가 사람의 정성이 융합하여 빚어내는 것이다.

사람은 하늘과 땅의 요소를 두루 갖추어 있다고 했다. 천기인 공기는 '양'이고 지기인 영양분은 '음'이다. 사람은 천기와 지기를 코와 입으로 흡수하여 몸 안에서 융합하여 그 에너지로 생명을 유지한다. 또 하늘의 뜻과 땅의 이치를 살펴 오감과 감성을 풍부하게 한다.

생물이 생존하는 것은 공기로 호흡하고 먹이를 섭취해야 한다. 공기는 '천기'요, 먹이는 '지기'에 해당한다. 특히 생물은 '천기'와 '지기'를 합성하여 생명을 유지한다. 물체를 태울 때는 땔감도 중요하지만 공기 중의 산소도 충분히 공급되어야 불길이 활활 잘 타오른다.

먹는 데만 욕심을 부리고 숨 쉬는 데 게을리 하면 체하기 쉽다. 사람

은 뱃심으로 산다. 지(地)의 몸통에 6장6부가 있고, 복부의 중심에 단전
이 있다. 음식물과 산소가 잘 융합하여 분해된 영양소(정기)를 신체의
구석구석에 고루고루 배분하는 곳이다. 이것은 마치 '천지인'이 융합하
여 물아일체를 이루는 것과 같다.

양기		음기	변형 변성, 변질, 부패, 발효	=	새로운 맛, 색깔, 형태, 성질, 모습
천기(공기)		지기(먹이)			
전기(+, −)	+	자기(N, S)			
화기(불)		수기(물)			
열기(밝음)		냉기(어둠)			
십거		무궤		화삼	
혼합		변화		결과	

즉 하늘의 '양기'와 '음기', 땅의 '양기'와 '음기', 사람의 '양기'와 '음기'의
여섯 가지 요소가 잘 화합하여야 다산과 풍요를 위한 최상의 조건과
상태를 유지할 수 있다. '기'의 변화로 '극'이 생기고 형체가 만들어 진다.
'기'는 우주의 텃밭이며 생명의 젖줄이라 할 수 있다. 모든 존재의 기본
요소이기도 하다.

하늘에는 대기(大氣)가 흐르고 땅에는 수기(水氣)가 흐른다. 사람에
게는 신기(神氣)와 혈기(血氣)가 흐른다. '기'도 물처럼 변화와 흐름이 있
다는 것이다. 변화와 흐름은 파(波)나 맥(脈)과 같은 것, 돈이나 유행도
마찬가지이다. '대기'는 우주에 충만한 큰 기운이 있다는 말이다. '지구'
를 둘러싸고 있는 공기층을 대기권이라 한다. '대기'의 상태에 따라 흐름
이 생기고 기상 변화가 일어난다.

예로부터 농사에 의존하던 시기에 풍흉을 결정짓는 천기의 움직임 즉 기후 변화에 지대한 관심을 가졌다. '대기'의 변화를 일으키는 근본 원인은 태양이다. 태양의 운행 위치에 따라 사계절의 변화가 생긴다. 봄의 '온기'와 여름의 '열기', 가을의 '서기', 겨울의 '냉기'가 있다. 그 밖에 '대기'에 수분이 차지하는 비율에 따라 '습기'와 '건기'가 있다.

음식물은 서늘한 곳에 저장하고 갈무리한다. 봄에 꽃이 피어 열매를 맺은 곡식은 겨울이 되면 저장한다. 도자기는 흙을 물과 섞어 빚는다. 용기는 서늘한 그늘에 말려 열기에 달구어 태어난다. 명검은 뜨거운 불에 달구어지고 차가운 물에 야물어지고 수없이 두드리고 담금질하여 만들어진다. 음식도 마찬가지이다. 이처럼 인간의 삶에 필요로 하는 의식주는 자연에서 채취한 재료의 조합과 조화로운 '기'의 운용으로 만들어진다.

밤과 낮, 아침, 저녁의 사시(四時)와, 봄, 여름, 가을, 겨울, 사계절의 순환에 따른 대기의 변화는 사람의 몸을 상하게도 하고 보하기도 한다. 천지 만물은 '기'로 이루어져 있으며 공기가 없으면 생명이 살 수가 없다. 기후의 변화도 결국은 '양기'와 '음기'가 합하여 일어나는 현상들일 뿐이다. 춥고 덥고, 서늘하고 따뜻하고, 습하고 건조한 정도에 따라 만물은 생장수장을 반복한다는 것이다.

온대지방의 사시사철 고른 '기'는 사람을 이롭게 한다. 적도 부근의 열대, 극지방의 한대, 건조한 사막은 '기'의 부조화 현상이 있는 지역이다. 심각한 지구온난화로 인한 이상기후는 인간을 해롭게 하고 흉년이 들게 한다. 비가 올 때 비가 와야 하고 눈이 올 때는 눈이 와야 한다. 철따라 계절에 걸 맞는 기후로 바뀌어져야 한다.

사람의 기분도 마찬가지이다. 화를 내거나 시기하거나 미워하거나 해서는 아니 된다. 항상 너그러운 성품과 온화한 미소가 나와 남을 이롭게 한다. ‘냉기’와 ‘화기’는 사람의 몸을 상하게 한다.

명당은 ’기’의 운행이 조화로워 ‘열기’와 ‘냉기’인 재해를 막아주고 다산과 풍요로움을 줄 수 있는 곳이다. 우리나라는 명당이라 일컫는 십승지(十勝地)가 열 곳이 있다. 모성의 자궁과 같이 아늑한 곳이다.

사계절과 삼한사온이 있는 우리나라는 음양의 조화와 균형을 잘 이룬 곳이다. 때문에 여섯 가지 조리 음식은 몸을 건강하게 하고 장류와 김치, 젓갈 등의 발효음식은 몸에 이롭다. 대기의 변화는 생명의 율동을 가지며 쇠의 담금질과 같은 역할을 한다. 천지인의 음양을 갖춘 고른 ‘기’가 조화롭게 융합하여 천지 만물을 생성하고 삼라만상의 변화 현상을 만들어 낸다.

육극(六極)

대삼’이 합쳐서 생겨난 ‘육’은 무엇일까? 우주를 크게 삼분한 것이 ‘천지인’이다. 천부경에서는 ‘천이삼’, ‘지이삼’, ‘인이삼’이 있다. ‘천이’와 ‘지이’, 그리고 ‘인이’를 합하면 ‘천지인’은 ‘육’의 수를 갖는다.

이것은‘천지인’이 각기 가지고 있는 ‘천일과 지일(양과 음)’을 들 수 있다. 즉 천지인의 발생 순서에 따라 ‘천일’의 천일(양)과 지일(음), ‘지일’의 천일(양)과 지일(음), 인일의 천일(양)과 지일(음)인 ‘육극’(六極)으로 추정된다.

천부경의 해석에 보다 충실히 하려면 일극, 이극, 삼극, 육극……처럼 숫자 뒤에는 ‘극’을 붙여 해석해도 무리가 없을 것 같다. 천부경에는 많은 숫자가 나온다. 하지만 숫자에 유일하게 붙여진 글자가 ‘삼극(三極)’의 ‘극’(極)이기 때문이다. 이런 이유로 숫자의 뒤에는 ‘극’이 생략되었다고 보는 것이다.

'극'은 끝, 첨단, 말단, 뿔, 모, 각, 자락, 가지의 의미가 있다. 초목의 뿌리, 가지, 잎과 짐승의 머리와 팔다리, 꼬리 등은 '극'에 해당한다. 그리고 전기의 +극과 -극, 자기의 N극과 S극, 남극과 북극, 북극성도 '극'을 가지고 있다.

'육극'이라 하면 6개의 '극'을 가리킨다. 서로 대치되는 여섯 개의 '극'을 의미한다. '극'은 상호 대립하나 '상생 상극'의 성질을 가진다. '극'은 한계에 달하면 변하는 성질이 있다. 변곡점이나 전환점이 된다. 형태학적으로 보면 벌집, 거북이의 등, 수정체, 눈(雪)의 결정체 모양이 '육극'의 사례들이다. '극'의 의미는 화살의 끝처럼 뾰쪽하거나 모가 나고 각, 뿔, 가지가 생긴다는 뜻이다. 원기, 생기, 정기를 지닌 생장점을 의미한다. 하늘의 해와 달, 땅의 암수, 사람의 남녀인 여섯 '음양'이 '천지인'을 재생하는 근본이며 힘이 된다.

천지간에 여섯 가지 근간을 이루는 것은 무엇일까? '삼'의 상징인 '천지인'을 기준으로 풀이해 볼 수 있다. '천'의 '음양'인 자기와 전기, '땅'의 '음양'인 무생물과 생물, '인간'의 '음양'인 몸과 마음의 '6극'이 있다. 이들 '극'은 냉열작용의 불(火)성인 전기력과 인척작용의 수성(水性)인 자력을 가진다.

그리고 '양'의 전극과 '음'의 자극 사이사이에는 '극성'이 있고 '극성'의 사이사이에 '중극'(무극)이 존재한다. 남북은 자기가 흐르고 동서는 전류가 흐르는 방향이다. 그리고 중심에는 중력이 작용한다. 전기가 강하면 불덩어리가 되고 약하면 재가 된다. 그리고 자기가 강하면 뭉쳐서 형체를 만들고 약하면 흩어져 티끌이 된다. 1:1:$\sqrt{2}$의 직각삼각형 8개를 조합하면 정육각형이 된다. 초목과 짐승의 형상이 육각형을 이룬다.

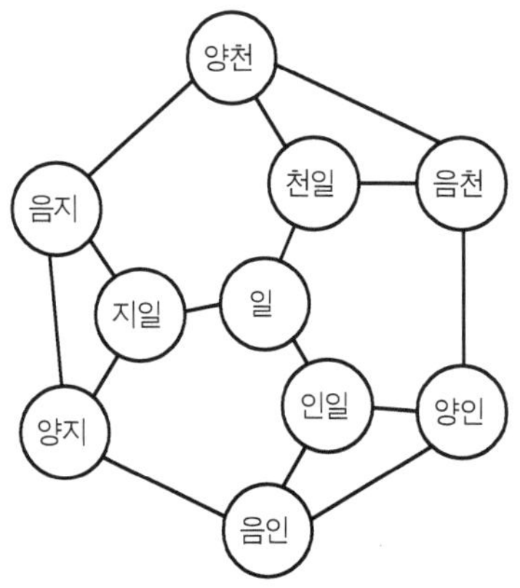

사람은 원래 육각형이었으나 꼬리가 퇴화되어 꼬리의 힘이 두뇌로 이동되어 오각형의 별 모양이 되었다. '오'(五)는 하늘의 수(天數)이다. 수(首)와 미(尾)는 '양'과 '음'이다. '수'가 극대화되고 '미'가 극소화된 형국이다.

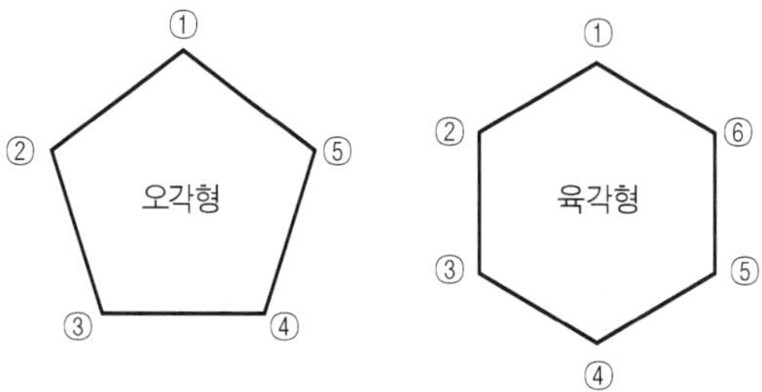

육각형의 ①은 머리 위치이고 ②와 ⑥은 오른팔, 왼팔이며 ③과 ⑤는 왼발과 오른발이며 ④는 꼬리 부분이다. ①과 ④는 天(천)의 陰陽(음양)이며, ③과 ⑤는 地(지)의 陰陽(음양)이며, ②와 ⑥은 人(인)의 陰陽(음양)에 속한다.

'일석삼극'하면 '천일일, 지일이, 인일삼'이 되고 '일적십거무궤화삼'하면 '천이삼, 지이삼, 인이삼'이 된다. '천이, 지이, 인이'를 합하면 '육'의 수이다.

일석삼극	천일일		지일이		인일삼		3극	소	씨알	
	양		음		중					
일적십거	이		이		이		6극	대	성체 +씨알	번식능력 을 가짐
	음	양	음	양	음	양				
무궤화삼	삼			삼			삼		9극	소	씨알	신생
	음	양	중	음	양	중	음	양	중			

'일'이 '이'가 되고 '이'가 '삼'이 된다. '일'이 '이'로 바뀌는 의미는 '음양'으로 분화됨을 뜻하며 자신 외의 자신을 가진다는 뜻이다. 한 몸이든 두 몸이든 음양이 생겨나고, 자신 외에 자신의 씨알인 핵을 가진다.

초목은 한 나무에 암수 꽃이 핀 상태이다. '일'은 본래의 자신이며 '이'는 자신과 씨알이다. 다시 말하면 자신의 몸에 씨알이 생기는 형국이다. 자신의 몸에 씨알이 생긴다 하면 성체가 되었다는 뜻이며 음양의 조화를 부릴 수 있는 개체를 말한다. 어린이는 자라서 성인이 되어 결혼하면 어른으로 대접받는다. 즉 소인과 대비되는 대인이라 한다.

'천지인'은 '대삼합'을 이룸으로써 새로운 완성을 이루어 도약을 준비한다. 즉 '천지인'은 '삼태극'으로 각기 음양의 쌍극성이 생긴다. 천지인이 가진 '음'과 '양'의 '극'을 합친 수가 6극이다.

지금의 세상은 하늘의 일월과 땅의 암수, 사람의 남녀인 6극이 융합하여 끊임없이 새로운 결과물을 낳음으로써 억조창생한다. 이처럼 '육'은 신비스러운 일면을 엿보게 한다.

'육합'은 천지와 사방 즉 우주를 뜻한다. 상황전파는 육하원칙이 기본 틀이다.

많이 쓰이는 '육'의 수는 육각형이다. 육모방망이가 있고 육각수가 있다. 눈(雪)과 수정의 아름다운 결정체가 육각형이다. 또 1에서 6까지의 수로 행운을 가리는 주사위 모양이 정육면체이다.

'육'은 신비의 수로 여겨진다. 완전한 형상을 갖춘 완성수라 생각한다. '천지인'의 '음양'이 조화를 부리면 제2의 천지창조라 할 수 있다. 이 시기에 만물이 생겨나는 기틀이 완성된다.

천지 만물은 중심이 먼저 생기고 중심에서 여섯 개의 방향으로 뻗어 간다. 이것은 사각형의 몸통이 생기고 다음은 머리와 꼬리가 생김으로써 완전한 육각형의 형태를 갖추었다고 생각한다. 하늘과 땅, 사람 즉 '기'와 형체, 생명의 음양이 융합된 여섯 가지 요소를 다 갖춘 완전한 상태이다.

육조육방, 육부촌, 육가야, 삼현육각은 현실 속의 완전을 구가하였다. 육십갑자의 일순은 사람의 일생과 같이 완성된 후천 세계를 꿈꾼다. 육각형은 신비한 형태로 여긴다. 거북이의 등껍질에 나타난 무늬를 보고 만들었다는 주역의 기초인 낙서(洛書)가 바로 신구(神龜)에서 유래되었다고 한다.

나무의 모습도 역시 육각형이다. 나무를 형상화한 것이 목(木) 자이다. 나무가 뻗어 가는 끝이 여섯 개의 방향을 가리킨다. 물 수(水) 역시 여섯 개의 방향으로 뻗어 가는 모습과 닮았다. 동물도 머리와 양팔, 양다리, 꼬리를 합치면 육(六)의 수를 가진다.

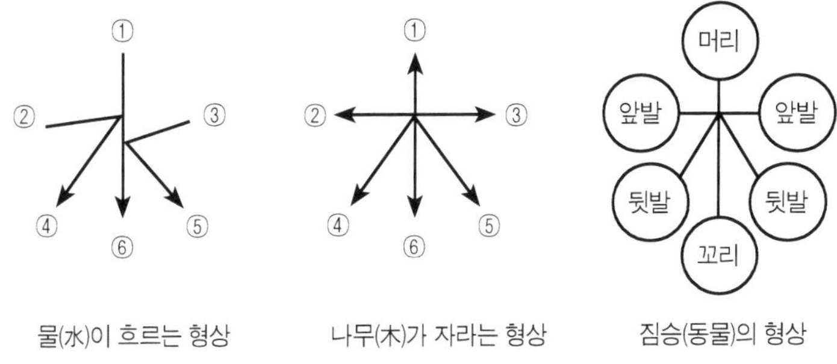

물(水)이 흐르는 형상 나무(木)가 자라는 형상 짐승(동물)의 형상

초목의 모습도 동물과 같이 싹은 머리에 해당하고 뿌리는 꼬리에 해당하며 가지는 몸통에 해당한다고 할 수 있다. 사람도 생긴 모습은 '육극' 즉 육각형이다. 머리와 양팔, 양다리, 그리고 비록 퇴화되었지만 꼬리뼈가 남아 있어 역시 여섯 개의 방향으로 뻗어 있다. 적어도 생명체라면 '천지인'의 음양을 상징하는 여섯 개의 각을 이룬 형태가 완벽에 가장 가깝다고 생각된다.

'육'의 수는 다이아몬드형의 기본 구조를 가진다. 단군신화에 등장하는 마늘은 단단하고 육즙이 풍부한 6쪽을 최고로 친다. 육각형은 천지인의 음양이 융합하여 만들어 내는 가장 기본적인 뼈대이다. 생명체는 상하로 앉고 일어서고 전후좌우로 움직인다. 중심을 잡기 위해서는 동서남북상하, 전후좌우상하의 여섯 개의 방향이 최소한 갖추어야 할 형태라고 여긴다.

이스라엘 국기에 삼각형(△)과 역삼각형(▽)이 교차한 문양이 있다. 두 도형을 합치면 ✿의 모양이 된다. 이 모양 역시 육각형을 나타내고 있다.

삼각형(△)은 극대화(極大化)와 무한대(無限大)의 상징이라 한다. 역삼각형(▽)은 극미화(極微化)와 무한소(無限小)의 뜻이 있다. 극대화와 극미화를 동시에 추구하는 것은 순환과 조화, 균형의 원리를 내포하고 있다. 천부경 구절 중 '일시무시일'과 '일종무종일'의 의미와 그 맥을 같이 한다. 원(o)형과 방(□)형, 각(△)형은 입체형이 되면 구(球)와 육면체, 원추형을 이룬다.

천래와 귀천은 따지고 보면 극소화와 극대화의 동시적이고 연속적인 반복 순환이다. 즉 합성체의 '일적십거'와 분해체의 '역일적십거'의 현상을 되풀이하는 것이라고 해도 무방하다고 본다. 또 전체와 개체로서의 존재 형태에 불과하다고 여긴다.

'육'은 '천지 음양암수'가 퓨전된 융합 상태라 할 수 있다. 공간에서의 방향과 줄기나 가지, 잎맥이 뻗어나가는 지향성으로 짐작해 볼 수 있다. 처음의 하나에서 천지 사방팔방으로 확산되어 가는 대자연의 기본 원리에 '육'의 수가 내재되어 있다.

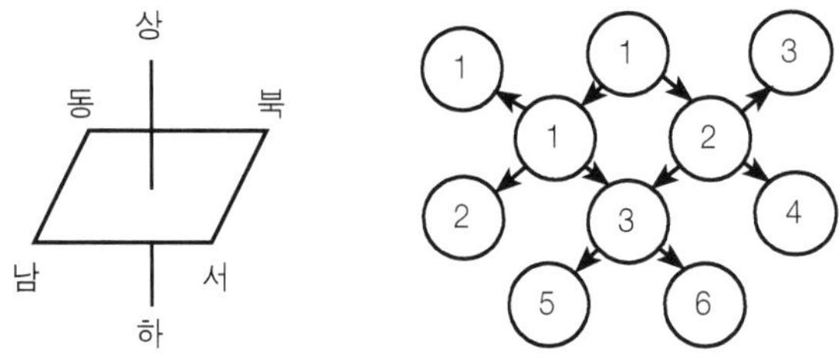

음악에도 '고저장단강약'의 여섯 '음율'이 서로 조화를 이루어야 좋은 소리를 낼 수 있다.

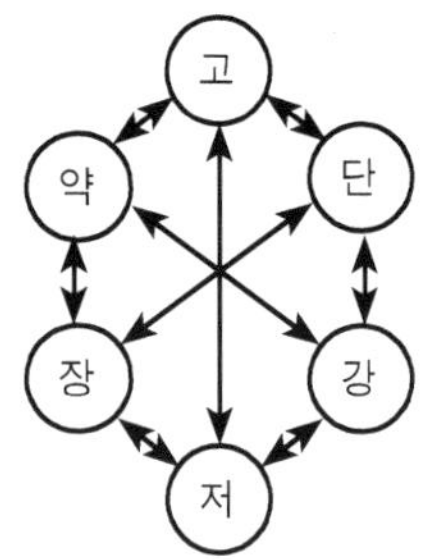

천부경에서 '중심'인 육(6)의 자리는 '중음(中陰)'의 자리이다. '천원'이요, 마음의 자리이며 단전이다. '천지인'이 음양의 조화에 의해 나타난 완전한 형태가 '육'의 수를 갖는다.

'천지인'이 안정적으로 번성할 수 있는 수가 '육'이다. 육은 '삼극'과 음양을 갖춘 수이다. 이른바 우주의 기본요소를 두루 갖춘 수이다. 고로 새 생명을 잉태하고 신문명을 창조하는 수이기도 하다. 새 질서나 신개념, 신지식, 새 국가 창건의 근본이념으로 삼는다. 인간이 오행의 중심에 드는 것이 '육'의 상태라 여긴다. 거북선의 발명은 '육'(6)의 의미와 어떤 연관성이 있는 듯하다. 장수와 생명의 수가 '육'이다. 육수(六數)는 소우주의 상태이다.

✦ 원방각(圓方角)의 융합(融合)

'천지인' 즉 '원(○) 방(□) 각(▽)'이 합치면 머리와 몸통 꼬리의 형상을 만들어 낼 수 있다. 머리를 상징하는 하늘의 수 1과 몸통을 이루는 땅의 수 2, 꼬리에 해당하는 사람의 수 3을 합치면 6의 수를 구하게 된다. 이러한 형상은 거북의 등이나 짐승의 형상에서 쉽게 유추해 낼 수 있다.

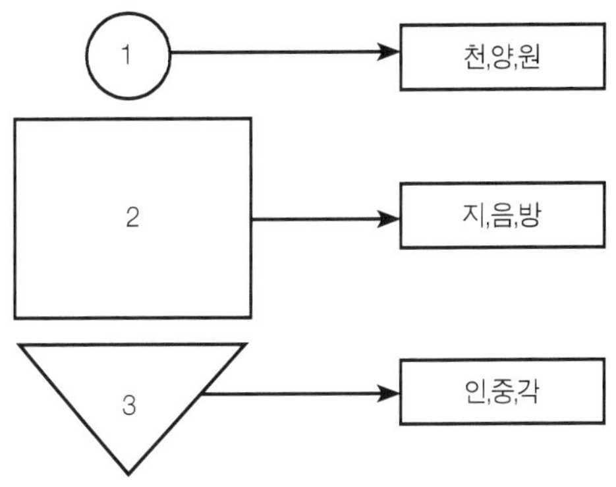

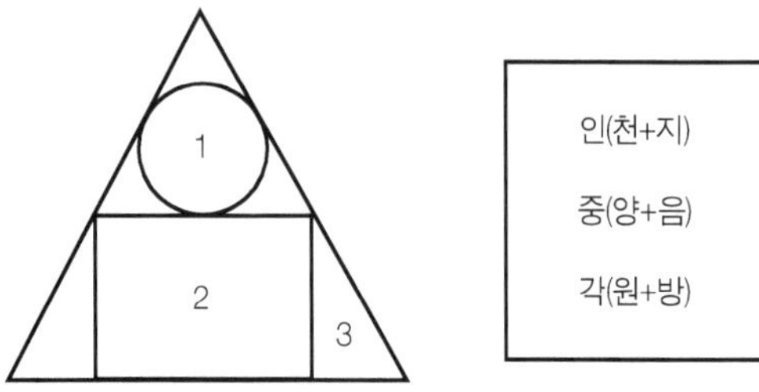

천1 지2 인3의 관계에서 '인'은 '천지'를 합한 피조물임을 알 수 있다. '인'에 음양이 있고 '천'의 음양과 '지'의 음양이 다 포함되어 있다. '천지인'의 3요소를 다 갖추었기 때문에 결과론적으로 인간에게 6가지 요소가 다 갖추어졌다고 볼 수 있다.

①	②	③
천	지	인
원	방	각
·	—	ㅣ
一	二	三
-	--	---
양(+)	음(-)	중(±)
상	동서남북, 전후좌우	하
머리	몸통, 네발(두 손, 두 발)	꼬리
동	정	중
하늘	초목, 짐승	사람
해, 달	암, 수	남, 여

인체는 눈(시각), 귀(청각), 코(후각), 혀(미각), 피부(촉각), 두뇌(지각)의 여섯 가지 감각기관으로 대별할 수 있다.

❁ 육근육진(六根六塵)

불교에서는 안이비설신의(眼耳鼻舌身意)의 육근과 색성향미촉법(色聲香味觸法)의 육진이 있다.

❁ 육장육부(六臟六腑)

인체 내 주요 기능을 하는 장기로 '육장육부'가 있다. '육장'은 대장, 소장, 삼초, 위, 방광, 담이다. 그리고 '육부'는 폐, 심, 심포, 비, 신, 간을 말한다. '육장'은 '음'이요, '육부'는 '양'에 해당한다.

생명은 육장육부 간의 조화와 균형에 있다. 육장육부는 신체의 중요한 기관이다. 장기 간에 조화와 균형이 깨어지면 붕괴의 과정이 진행된다. 서로가 필요성을 느끼지 못하면 용불용의 이치에 따라 퇴화한다.

❁ 천지인(天地人)의 복합체(複合體)

조물주는 천지인을 창조하였다. 천지인은 별개인 것 같으나 사실상 영화의 한 장면처럼 겹쳐 있다. 피조물은 천지인의 복합체이다. 원방각의 합체는 피조물의 원형이다.

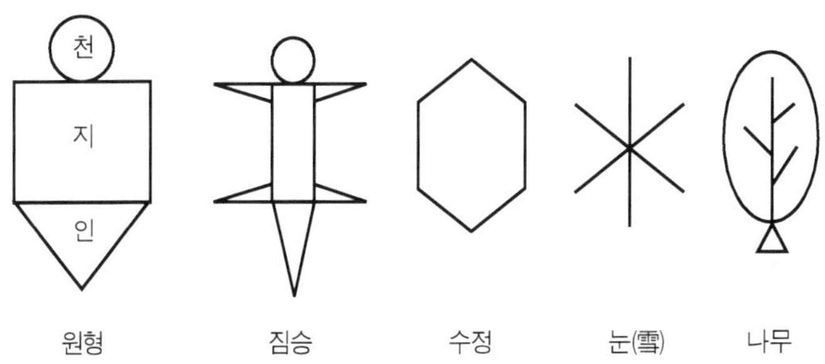

| 원형 | 짐승 | 수정 | 눈(雪) | 나무 |

하늘은 머리, 땅은 몸통, 사람은 꼬리에 해당한다. '지'의 몸통과 '인'의 꼬리는 '천'의 머리에 따라 움직인다. 머리에는 뿔이 생겨 서로 다투고, 더듬이가 생겨 방향을 감지한다. 몸체의 팔다리는 상하좌우로 움직이고, 꼬리는 자신의 몸체를 보호하고 균형을 잡는 데 쓴다. 짐승이나 수정, 눈의 결정체, 초목은 공통적으로 육각형의 구조이다.

'극'은 쓰임새에 의해 생겨난다. 인체 내의 '기'의 흐름도 막힘이 없어야 한다. 태양의 전기적 작용은 신경계, 달의 자기적 작용은 순환계를 이루는 것 같다.

인체가 최적의 컨디션을 유지하려면 천기의 공기와 지기의 양분이 고루 융합하여야 한다. 그리고 신경계와 순환계가 조화롭게 소통하여 수승화강하는 상태이다. 피조물은 六(육)에서 완전한 형태를 갖추어 지금의 세상을 만들었다.

生 생

'생'은 '생겨난다. 생성한다. 태어난다, 탄생한다'의 뜻이 있다. 生(생)은 낳을 생(産산), 해산할 생, 날 생(出출), 날것 생(不熟불숙), 살 생, 무궁할 생, 산 것 생(活物활물), 살릴 생, 자랄 생(成長성장), 목숨 생(命명), 늘릴 생(殖식), 살림살이 생(生計생계), 저절로 생(天然천연), 나 생(自己자기)으로 5획의 날 生(생) 자이다.

'생'은 생명, 미생물에서 초목 짐승, 인간까지의 생물이다. 일일신우일신과 같은 '신생'의 의미가 있다. '극'이 생겨 천지 만물과 삼라만상의 형태와 현상이 나타나는 것을 말한다.

七 칠

'칠'은 일곱 '칠'이다. '칠'은 '기수'이며 '양수'이다. 그리고 하늘의 수(天數)이다. 즉 하늘의 성정과 가깝다는 의미이다. '육'에서 하늘의 수인 '일'을 더한 수가 '칠'이기도 하다. 七(칠)은 一(한 일)부에 2획이다.

大三(대삼)인 天地人(천지인)의 陰陽(음양)이 合(합)하면 六(육)이 된다. 天(천)은 陰陽(음양)의 二(이)에서 '중'의 三(삼)이 새로 생겨난다. 이로써 하늘은 음양의 '이'에서 음양중의 '삼'으로 바뀌게 된다. 하늘은 하늘로서의 완전한 세상을 구현할 수 있는 기본 3요소인 원자의 구조와 체계가 갖추어진다.

天地人(천지인)은 발생 순서에 의해 六(육)에서 첫 번째로 생겨나는 것이 하늘의 '중'이다. 하늘의 음양에서 생겨난 '중'은 순서로는 천음양, 지음양, 인음양의 '육' 다음 일곱 번째에 해당한다. 그 결과 하늘은 七(칠)의 숫자를 가지게 된다.

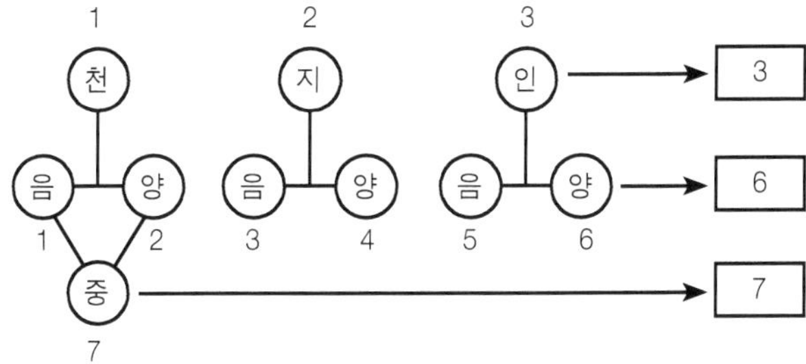

태초의 '일'에서 '천일지일인일'의 '삼극'이 생긴다. '천일지일인일'이 '일적'하면 음양을 갖춘 '천지인'이 된다.

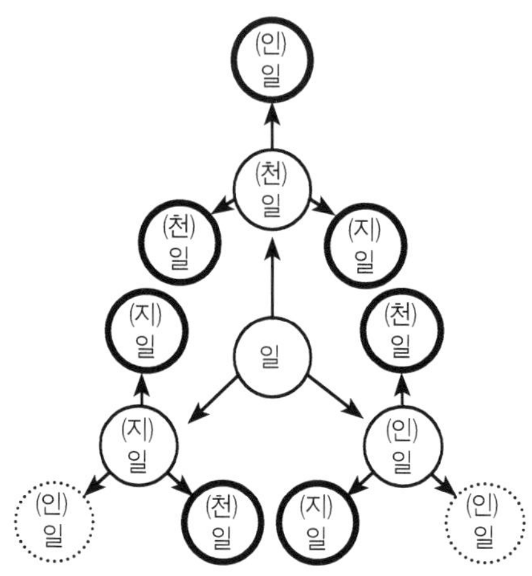

'천'의 음양, '지'의 음양, '인'의 음양이 합하면 '육극'이 된다. '육극'에서 '천'의 음양극이 '십거'하면 '무궤화삼'한다. '천'의 음(지)양(천)사이에서 중(인)이 생김으로써 하늘은 음양중의 삼극을 갖추게 된다. 이때 새로 생겨난 중(인)은 일곱 번째 극이 된다. '천'의 삼극인 음양중이 갖추어짐과 동시에 우주는 '칠극'의 상태가 된다.

'칠'은 하늘의 수이다. 천지인은 3분되어 '천'의 음양과 음양이 만들어 낸 '중'의 천상계는 7과 7의 한계를 가진다. 일(日) 월(月) 성(星)은 하늘의 삼극이다. 하늘은 원자의 구조를 갖춘다.

칠칠제(七七祭)

칠칠제는 불교에서 49제를 말한다. 망자는 7일간 한 번씩, 일곱 번의 제사를 지낸다. 마지막 날에 올리는 제가 7x7의 49제이다. 이 기간 동안 망자의 혼은 중천(中天)을 떠돈다고 여긴다. 이때 망자의 영혼은 인간으로 다시 태어날 수 있을지 없을지 판가름이 난다고 한다. 판단 기준은 망자가 생전에 얼마나 공덕과 선업을 쌓았느냐에 달려 있다는 것이다.

칠월칠석(七月七夕)

매년 음력 7월 7일은 하늘의 견우(성)와 직녀(성)가 까치와 까마귀가 놓아 준 오작교에서 만나는 날이다. 음양의 만남은 안정과 번영의 상징인 원자의 구조를 만들기 위함이다.

천상계(天上界)

하늘은 음양중의 삼극을 무한 반복함으로써 오늘날의 천상계를 형성한다. 하늘은 둥글다. 일월과 성신의 운행이 그러하다. 하늘의 별자리를 그린 것이 천상열차분야지도(天象列次分野之圖)이다. 천기는 일월성신의 운행으로 인한 변화이다.

첫째 중요한 것이 일월의 변화이다. 다음으로 대표적인 행성이 '오성'과 '칠성'이다. 오성은 '극'이 다섯 개이고 칠성은 '극'이 일곱 개다. 하늘의 별자리는 북극성을 중심으로 돌며 북극성(추성)은 천상계의 중심으로 여긴다.

천시란 시간, 때, 세월을 의미한다. 하늘이 땅과 인간에게 미치는 영향이 지대하다고 본다. 천문은 행성의 운행과 변화 현상을 관찰하여 천기에 대비코자 한다.

八 팔

'팔'은 여덟 '팔'이다. '팔'은 우수(짝수)이며 2, 4, 8은 지수(地數), 음수(陰數)이다. 大三(대삼)인 天地人(천지인)의 陰陽(음양)이 合(합)하면 六(육)이 된다. 地(지)의 陰陽(음양)인 二(이)에서 '중'의 三(삼)이 새로 생겨남으로써 땅은 음양의 '이'에서 음양중의 '삼'이 된다. 비로소 땅은 땅으로써의 완전한 세상을 구현할 수 있는 기본 3요소인 원자의 구조와 체계가 갖추어진다. 八(팔)은 八(여덟 팔)부에 2획 이다.

天地人(천지인)의 발생 순서에 의해 六(육)에서 첫 번째 하늘의 '중'에 이어 두 번째로 생겨나는 것이 땅의 '중'이다. 땅의 음양에서 생겨난 '중'은 순서로는 여덟 번째에 해당한다. 그 결과 땅은 八(팔)의 숫자를 가지게 된다.

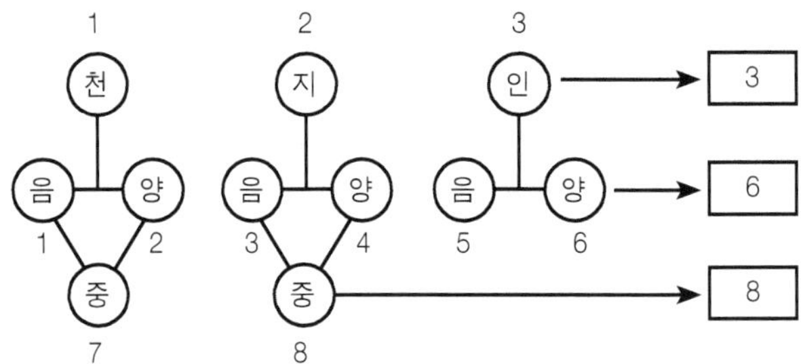

'팔'은 하늘의 수인 7에 1을 더한 땅의 수이다. 천지인은 3분되어 땅의 음양과 음양이 만들어 낸 '중'의 지상계는 8과 8의 한계를 가진다.

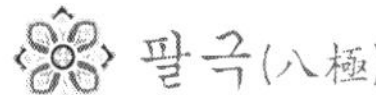
팔극(八極)

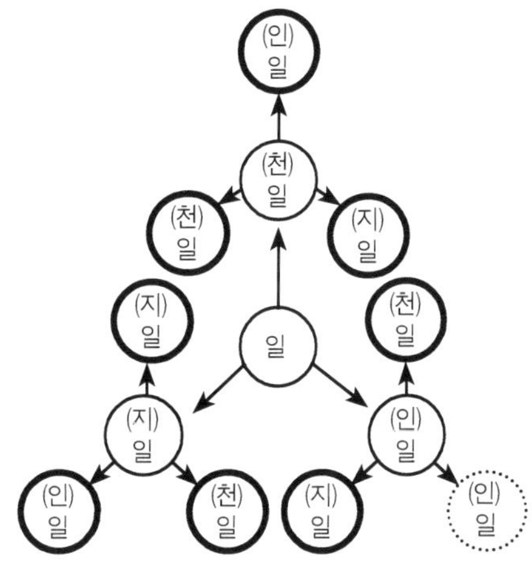

태초의 '일'에서 '천일지일인일'의 '삼극'이 생긴다. '천일지일인일'이 '일적' 하면 음양을 갖춘 '천지인'이 된다. '천'의 음양, '지'의 음양, '인'의 음양이 합하면 '육극'이 된다. '육극'에서 '지'의 '음양극'이 '십거'하면 '무궤화삼'하게 된다.

'지'의 음(지)양(천) 사이에서 '중'의 (인)일이 생겨남으로써 땅은 음양중의 삼극을 갖추게 된다. 이때 생겨난 '중'의 (인)일이 일곱 번째 '천'의 '중'에 이어 여덟 번째 '극'이 된다. 동시에 우주는 '팔극'의 상태가 된다. 암수종자는 땅의 삼극이다. 땅도 원자의 구조와 체계를 갖추게 된다.

팔괘는 ☰(건〈乾〉), ☷(곤〈坤〉), ☲(이〈離〉), ☵(감〈坎〉), ☳(진,震〉), ☴(손〈巽〉), ☶(간〈艮〉), ☱(태〈兌〉)의 여덟 가지 괘이다.

'건'은 하늘(天)로 서북방향을 나타낸다. '곤'은 땅(地)으로 방위는 서남이다. '이'는 불(火)의 태양(해)이며 방위는 남이다. '감'은 태음(달)으로 물(水)을 상징하며 방위는 북쪽이다. '진'은 우뢰(雷)이며 동쪽이다. '손'은 바람(風)이며 동남쪽이다. '간'은 산(山)이며 동북쪽이다. '태'는 연못의 늪(澤)이며 서쪽을 가리킨다.

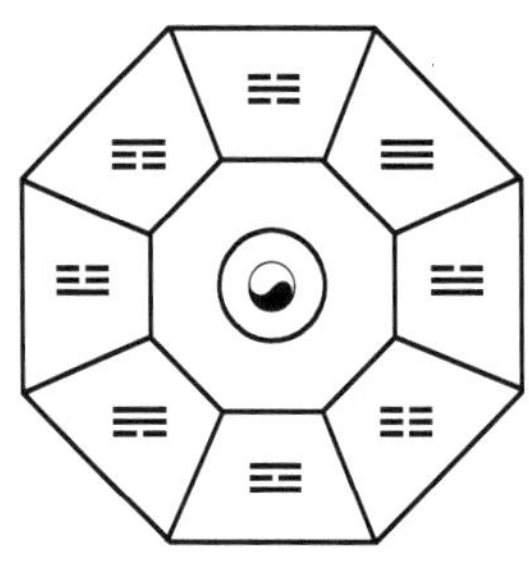

구구단에 의하면 팔팔은 육십사이다. 64괘는 8음괘와 8양괘가 조합하여 만들어진다. 광활한 대지는 동서남북, 사방팔방, 팔방의 팔방으로 펼쳐져 있다. 2, 4, 8, 16, 32, 64는 원방각의 방에 해당하는 땅의 방향을 지칭한다. 땅에서 사방팔방으로 펼쳐나가는 모양을 연상할 수 있다.

64괘는 형체를 가진 생물의 세포핵 속 유전인자(DNA)의 구조와 흡사하다고 해서 많은 관심을 끌고 있다. 땅으로부터 비롯된 사람의 육신은 죽으면 땅으로 되돌아간다고 한다.

땅은 음양중의 삼극이 무한 반복함으로써 오늘날의 지상계를 형성한다. 지금까지 밝혀진 바에 의하면 사람이 사는 유일한 곳이 지구이다. 지구는 하늘의 '양' 기운을 가진 불덩어리와 땅의 '음' 기운을 닮은 '흑성' 사이의 '중'에 해당한다고 여긴다. 지구는 '불'과 '땅'의 두 가지의 성정을 동시에 가진다. 음양의 조화와 균형을 갖춘 곳이다.

'지상계'는 하늘에 빛나는 일월성신의 운행 위치에 따라 낮과 밤, 춘하추동, 24절기의 변화가 생긴다. 사시는 아침, 낮, 저녁, 밤을 말한다. 사철은 춘하추동 사계절의 변화를 의미한다. 하늘의 기후 변화에 따라 농사의 풍흉이 결정된다.

땅은 삶의 공간이며 위치나 거리 등 동서남북의 방향이 중요한 요소이다. '지상계'의 '극치'는 '지상낙원'이다. '지상낙원'은 인간이 탄생하기 위한 필수 전제 조건이 된다. '지상낙원'은 '천지'의 합작품으로 오로지 인간을 위해서 조물주가 공들여 만든 최고의 걸작이다.

지구에는 용암의 분출로 화산이 폭발하고 지진에 의한 지각변동이 일어나며 폭풍, 해일 등 갖가지 위험 요소들이 존재한다. 이것은 지구가 살아 있다는 증거이다.

사람은 삶의 공간인 땅의 지리를 밝혀 생존 지혜로 삼았다. 강약에서 유(柔)를, 냉열에서 온(溫)을, 생사를 초월한 앎을 찾는다.

지구 바깥에는 미개척의 행성에 대한 신비가 있다. 태초에 해가 있었고 수성과 금성, 화성, 목성, 토성의 '오행성'과 천왕성, 해왕성, 명왕성의 '삼왕성'이 생겨나 8행성이 된다. 지구는 '해'를 중심으로 세 번째에 위치한다. 아홉 번째 행성인 '지구'에 이어, 열 번째 지구위성인 '달'이 생김으로써 '천지 음양'이 갖추어졌다.

하늘의 일월이 '십'의 완성수를 가짐으로써 지구상에 생물이 생긴다. 그 끝머리에 '아홉수'의 인간이 생겨났다고 할 수 있다. 인간이 살고 있는 지구는 땅의 으뜸이다. 해를 중심으로 지구가 돌고 지구를 중심으로 달이 돈다. 고로 지구는 해의 소생이고 달은 '지구'의 궤(匱)라 할 수 있다.

하늘의 해와 달이 지구에 미치는 영향은 매우 크다. 땅의 생물은 해의 에너지를 동력으로 삼아 생명을 얻고 삶을 유지한다. 여성의 월경주기가 달의 한 달 주기에 맞추어져 있다.

농사는 월(달)력을 사용하며 24절기 음력에 의존하고 있다. 달의 운행에 의해 밀물과 썰물이 번갈아 나타난다. 지구는 해의 전기(양)와 달의 자기(음)에 의해 전자기장(중)을 형성하는 것 같다.

일지이강삼해(一池二江三海)

하늘이 지상낙원을 만들어 놓고 환웅이 제일 먼저 내려온 곳이 태백산이다. 태백(太白)이란 말은 클 태(太) 자에 흰 백(白)으로 순수, 정갈 백광을 상징한다. 사시사철 눈 덮인 히말라야의 높은 산으로 신선이 살만한 신비스러운 곳을 연상시킨다.

에덴의 동쪽 한반도는 동해의 태평양과 맞닿아 있어 해가 뜨는 나라, 동방의 등불이니, 신선의 나라라 함직 하다. 또 십장생의 백학처럼 고고하다. 태백과 백두는 흰 것의 시초나 머리라는 뜻으로 일맥상통한다.

아시아대륙, 세계의 지붕인 히말라야 산맥의 끝자락, 한반도의 정수리인 백두산에는 천지의 연못이 있다.

천지(天池)는 하늘 호수를 이루는 천(天)의 '일지'(一池)이다. 천지의 연못에서 물이 넘쳐 동쪽으로 흐르는 강이 두만강이고 서쪽으로 흐르는 강이 압록강이다. 두만강과 압록강은 땅 지(地)의 강(江)을 이루는 '이강'(二江)이다. 두만강은 흘러 동해를, 압록강은 서해를 적신다. 동해와 서해가 만나 남해를 이루는 것이다. 황해와 동해, 남해는 사람 인(人)의 바다를 이루는 '삼해'(三海)이다.

우리나라는 삼면이 바다로 둘러싸여, 대륙과 연결되고 오대양 육대주와 통해 있다. 대양의 물은 태양의 열기에 의해 승천한다. 다시 백두산 '일지'에 모여 동서로 '이강'을 이루고 '삼해'를 적시는 것이다. 한반도는 일지이강삼해의 물을 생명수로 먹고 자란다. 하늘의 정기가 '일지'에 모이고 '일지'의 정기가 천지에 고루 소통하는 것이다.

태중반도(胎中半島)

한반도는 백두천지와 한라백록담의 천지 음양을 이룬다. 동배서흉(東背西胸), 북두남미(北頭南尾)의 지세로 대륙을 탯줄로 연결하여 웅크린 태아와 같아 그 숨결을 느낄 수 있다. 태아는 지구가 잉태한 결정체이다. '일지이강삼해'의 물은 태아의 양수와 같아 마치 항차 태어날 우주 아기가 평온하게 잠자는 듯하다.

이처럼 한반도는 하늘이 점지한 땅, 성스러운 땅, 생명이 잉태하는 땅, 복된 땅이라 해도 지나치지 않다. 남북 삼천리금수강산, 백두대간에서 뻗어 나온 산악은 마치 여인의 주름치마와 같다. 첩첩산중은 두뇌의 주름을 연상케 한다. 주름은 유구한 세월의 흐름을 읽게 한다. 또 펼치면 그 넓이가 한정 없다.

굴곡선이 심한 해안선도 마찬가지이다. 반도의 삼해에 삼천여 개의 크고 작은 섬들이 씨알처럼 옹기종기 모여 있다. 대지는 살아 숨 쉰다. '십승지'는 태중반도 속의 은밀한 급소로서 '구중궁궐'과 같다. 그리고

'남북'이 '천지일월', '상핵과 하핵', '물과 불', 남남북녀의 '음, 양극'을 이룬다. 주위 사방에는 '건곤이감(乾坤離坎,天地日月)'의 4대 강국이 버티고 있어 번성을 뜻하는 '육'(6)의 수를 가진다.

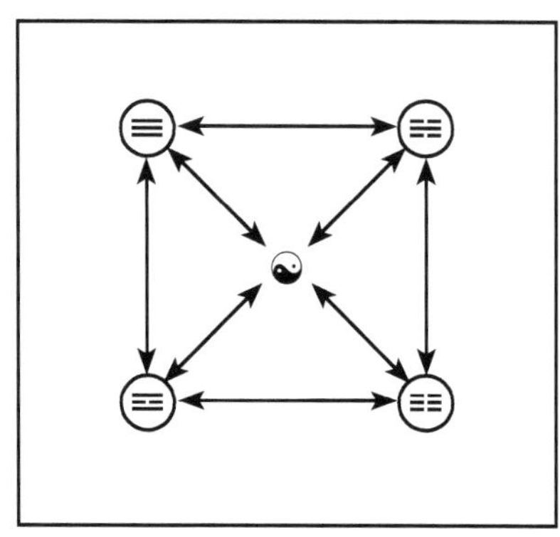

'삼극'과 '사계', '오행', '칠성'의 조화와 균형을 이룬 생동하는 나라이다.

덥고 차갑고 건조한 날씨에 따라 눈, 비, 바람, 구름으로 대기가 변한다. 고저의 기압골 차이로 대기가 불안정하면 대륙풍과 해풍의 방향이 수시로 바뀐다. 바다에서의 한류와 난류의 흐름도 마찬가지이다. 바람은 강한 것이 약한 쪽으로 영향을 주게 된다. 미·일과 러·중은 대륙풍과 해풍에 해당한다. 대기가 불안정해지면 강하고 약하고에 따라 풍향이 바뀌고 대한민국에 영향을 주게 된다. 국가의 운명도 음양의 조화와 균형에 달려 있다.

내우외환은 병리현상과 같아 진단과 치료 역시 수술이나 보약, 침, 뜸, 비보 행위와 다를 바 없다. 두 눈, 두 귀는 청홍의 태양태음이다. 항상 얼굴과 몸의 기색을 살피듯이 안과 밖 기운의 변화를 일으키는 에너지인 원기와 그 마음, 기세를 살펴야 할 것이다. 결국 섭리란 음양사상인 조화와 균형에 있다고 보아야 한다.

아리랑의 '아'는 나 아(我)이다. '리랑'은 '나랑, 그이랑' '~와 같이 함께, 더불어'의 뜻이 있다. 십 리(十里)는 십(十)의 완성을 의미한다. 나(我, 조국)를 버리고(배반하고) 가시는 님(연인, 동포)은 십 리(부부, 독립)도 못 가서(못 이룸) 발병(이별, 망국)난다. 나와 연인 간의 인연, 나와 조국의 독립을 바라는 염원이 담겨 있어 사랑가나 애국가의 의미가 있다.

九 구

'九(구)'는 아홉 '구' 자이다. 乙(새 을)부에 2획 이다. '육'의 수에서 인간의 수인 '삼'을 더하면 '구'의 수가 된다. 大三(대삼)인 天地人(천지인)의 陰陽(음양)이 合(합)하면 六(육)이 된다. 人(인)의 陰陽(음양)인 二(이)에서 중(中)의 三(삼)이 새로 생겨남으로써 음양중의 '삼'으로 나누어진다. 사람은 사람으로서의 완전한 인간 세상을 구현할 수 있는 삼극 즉 음양 중 삼 요소인 원자의 구조와 체계가 갖추어진다.

'육'에서 天地人(천지인)의 발생 순서에 의해 제일 먼저 생겨난 하늘의 '중'인 三(삼)이 일곱 번째이다. 다음으로 생겨난 땅의 '중'인 三(삼)이 여덟 번째이다. 마지막으로 생겨난 사람의 '중'인 三(삼)은 아홉 번째에 해당한다.

'구'는 땅의 8에 1을 더한 인간의 수이다. 천지인은 3분되어 '인'의 음양과 음양이 만들어 낸 '중'의 인간 세상은 구구 팔십일의 한계를 벗어나지 못한다.

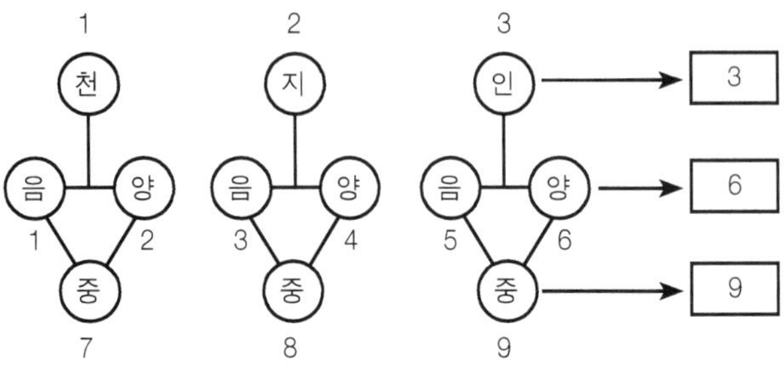

　태초의 '일'에서 '천일지일인일'의 '삼극'이 생긴다. '천일지일인일'이 '적'하면 음양을 갖춘 '천지인'이 된다. '천'의 음양, '지'의 음양, '인'의 음양이 합하면 '육극'이 된다.

　'육극'에서 '인'의 '음양극'이 '십거'하면 '무궤화삼'한다. 제일 먼저 생겨난 '극'이 '천'의 음양에서 생겨난 '중'이다. 그 다음으로 생겨난 '극'이 '지'의 음양에서 생겨난 '중'이다. 마지막으로 생겨난 '극'이 '인'의 음양에서 생겨난 '중'이다.

　남녀자식은 사람의 삼극이다. 그 결과 천지인은 모두 다 음(지일), 양(천일), 중(인일)의 삼극을 갖추게 되고 전체는 구극이 된다. 즉 천지인은 각기 음양중의 삼 요소인 원자의 구조와 체계가 갖추어진다는 것이다.

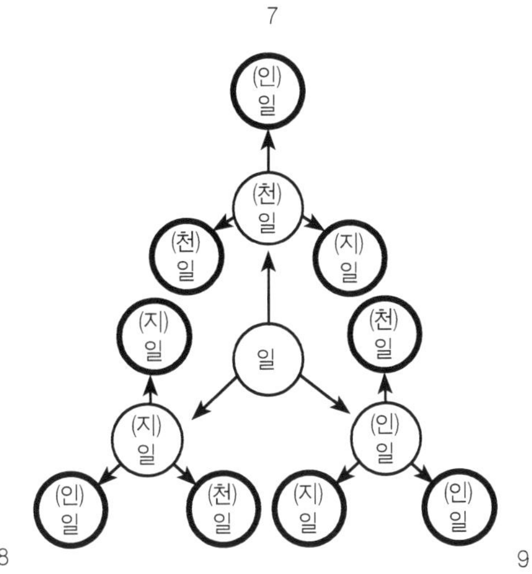

✿ 구구(九九) 팔십일(八十一)의 인간 세상

인간은 '구극'으로 마지막, 극단, 극치, 클라이맥스의 상징성을 가진다. 구극을 넘어서면 '십'이다. '구'는 미완성의 수이다. '일'을 더하면 '십'의 완성수를 가진다. '구'는 고비이며 인간 세상의 고뇌를 알만한 수이다.

구구 팔십일의 숫자와 관련된 대표적인 놀이가 바둑과 장기이다. 예로부터 전해오는 바둑과 장기는 인간 세상의 축소판이다. 바둑은 밭 전(田) 자의 칸이 가로 세로 9칸, 81칸으로 흑백의 음양이 상생 상극하는 형국이다. 장기도 □형 64개, △형 16개 80칸(천부경에서 일시와 종일의 '일'이 중복으로 1칸 제외)으로 청홍의 음양이 생사를 건 싸움을 벌인다.

팔십일(八十一)은 결자하면 본(本)을 뜻한다. 우주에서 사람은 천지 만물의 근본이 된다는 것이다.

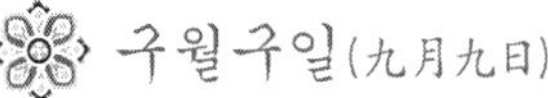

구월구일(九月九日)

매년 음력 9월 9일은 전통 민속 명절인 중양절(重陽節)이다.

인간계(人間界)

천지로부터 생겨난 사람이 천지의 영향을 받는다는 생각은 지당하다. 천지는 인간의 생존 환경으로 작용한다. 생로병사, 빈부귀천, 부귀영화, 길흉화복, 흥망성쇠가 원인 제공자인 '하늘'에 달려 있다고 본다. 소위 마음먹은 대로 안 된다고 하는 인명, 팔자, 재능, 재주, 운수, 운명, 숙명, 인연 등이란 말들에 적용된다.

대자연의 변화가 우주의 섭리이고 신의 의지라고 본다. 일례로 낮과 밤, 기후 변화에 따라 일상이 달라진다. 농사도 계절의 변화에 맞추어 봄에 씨를 뿌려야 가을에 결실을 약속하고 긴 추운 겨울을 보장할 수 있다는 것이다.

보금자리는 악(惡)을 등지고 선(善)을 품는 형국이 좋다. 망자는 북쪽의 은밀한 뒷동산을 택한다. '순천자는 흥하고 역천자는 망한다'고 하였던가! 대자연의 변화를 알면 적응하기가 쉽다는 것이다. 관우주계는 '천기'와 '지기' 즉 천문과 지리, 시간과 공간 개념을 아는 것이다. 이것이 '건곤지책'이다.

하지만 인간사만큼 복잡한 것이 있으랴? 첨단문명은 끝이 없고 말도 많고 탈도 많은 것이 인간사이다. 불안한 미래를 예측하여 대비하는 희망프로젝트도 인간의 중요한 관심사 중의 하나이다. 인간사를 아는 측도는 무엇인지 궁금하다.

'구'는 천지인의 끝수이다. 처음 시작은 어렵다. 반 고개를 넘어서면

탄력을 받는다. 하지만 끝을 잘 마무리하는 일도 중요하다. 시작이 1이라면 클라이맥스, 즉 고비가 9이다.

나이의 끝수인 '구'의 수를 조심하라는 말이 있다. 마치 구비 구비 넘어가는 아리랑 고개와 구사일생의 인생 고비와 같다. '구'에서 '십'으로의 진입은 생의 극치에서 이룰 많은 의미가 내포되어 있다. '십'(十)으로의 완성은 채움과 버림의 또 다른 선택이 필요하다.

미완성의 9에서 1을 더하면 완성 수인 10(十)이 된다. 십년공부가 도로 아미타불 되고 옥에 티, 1% 부족으로 전체를 망친다. 미완성의 인간을 완성시키는 1은 무엇인지 궁금하다. 아무래도 해답은 각자의 몫이다.

生七八九 생칠팔구

'천일지일인일'의 '삼극'이 '일적십거'한 후 '무궤화삼'하면 '생칠팔구'가 된다. 즉 '칠팔구'가 차례로 생겨났다고 할 수 있다. 칠팔구는 '화삼'의 '삼'과 동일하다. '삼'은 새로운 삼극을 뜻한다.

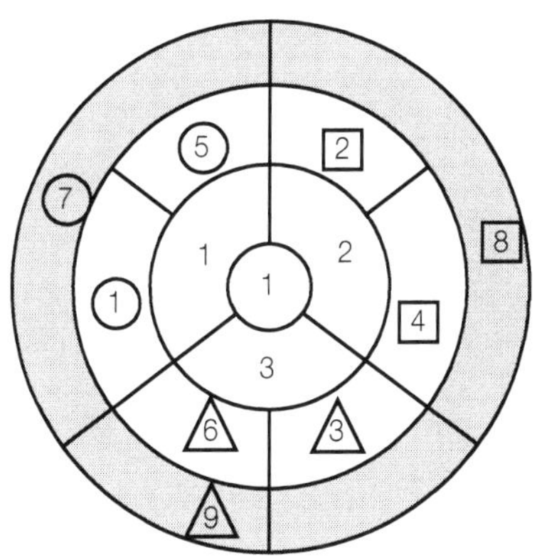

천(1)의 음(2) 양(1)에서 중(7)이 생긴다. 지(2)의 음(4) 양(3)에서 중(8)이 생긴다. 인(3)의 음(6) 양(5)에서 중(9)이 생겨났다. 동시에 천지인은 다 같이 천(1, 5, 7), 지(2, 4, 8), 인(3, 6, 9)이 됨으로써 새로운 음양중의 삼극인 원자의 구조와 체계를 갖추게 된다. 1, 2, 3은 소삼극이고 7, 8, 9는 대삼극이다.

천지인은 음양중의 무한반복으로 확대 재생성된다. 그 결과 우주는 오늘날의 천지 만물인 천상계와 지상계, 그리고 인간계가 만들어지게 된다. 천지인을 품은 우주의 불가사의에 숙연해진다.

❁ 칠팔구(七八九)의 시대

오늘날 천상계, 지상계, 인간계를 지칭하는 '칠팔구'(七八九)는 '이'(二) 획으로 서로 어긋나 있는 모양을 하고 있다. '이'(二)는 음양을 지칭한다. '칠'(七), '팔'(八), '구'(九)는 단지 순서에 불과할 뿐, 모두 '이'(二) 획으로 음양이 교접하고 있는 형상이다.

이것은 七=X, 八=X, 九=X와 같아 모두 'XXX'의 '백십자'시대를 지칭한다. 마치 지구의 자전축이 기울기를 갖는 형국이다. 참고로 '구'(九) 다음은 '십'(十)이다.

'십'은 음양이 수직수평 직교차하는 형상으로 '흑십자'라 한다. 만약에 변역(X)의 시대는 가고, '정역'(十)의 시대가 온다면 지구 기울기가 바로 (|) 서고 4계절의 변화가 고정된다. 그로 인하여 지구는 상하종횡으로만 춘하추동의 사계절이 병존하게 될 것이다. 그러한 시대는 새로운 출발을 위한 중지, 휴식, 명상의 시간처럼 느껴진다.

六生七八九 육생칠팔구

6 → 7(6+1) → 8(6+2) → 9(6+3)에서 '1, 2, 3'은 '天地人(천지인)'의 '三極(삼극)'으로 하나의 변화 패턴이다. 하늘의 陰陽(음양)과 땅의 陰陽(음양), 사람의 陰陽(음양)이 생겨나면 '六(육)'의 세상이 된다.

제일 먼저 하늘이 陰陽(음양)의 二(이)에서 中(중)의 三(삼)을 생성시킨다. 하늘의 '중'인 三(삼)은 일곱 번째의 존재가 된다. 이때 하늘은 二(이)에서 三(삼)으로 나누어짐으로써 음양중의 삼극이 완성되게 된다.

이어 땅은 陰陽(음양)의 二(이)에서 中(중)의 三(삼)을 만든다. 중의 '삼'은 여덟 번째의 존재가 된다. 땅 또한 二(이)에서 三(삼)으로 나누어짐으로써 음양중의 삼극 체계가 완성된다. 그리고 마지막으로 사람이 陰陽(음양)의 二(이)에서 中(중)의 三(삼)을 낳는다. '중'의 三(삼)은 아홉 번째의 존재가 된다.

사람 역시 二(이)에서 三(삼)으로 나누어짐으로써 음양중의 삼극 체계가 완성된다. 천지인의 삼극이 반복 재생산됨으로 먼저 천상세계를 이룬다. 이어 지상의 낙원이 만들어지고 그 다음 인간 세상이 탄생하게 되는 것이다.

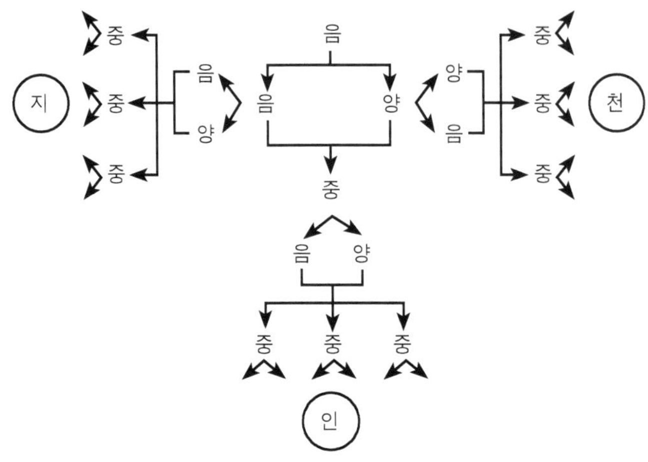

大三合六生七八九 대삼합육생칠팔구

태초의 '일'에서 '천일지일인일'의 '삼극'이 '일적'하면 '천지인'의 '대삼'이 된다. '대삼' 즉 '천지인'의 '음양'을 합치면 '육극'이 된다. '육극'에서 '천지인'의 새로운 '삼극'이 생겨나온 것이 '칠극', '팔극', '구극'이다.

'극'의 생성은 일석삼극(一析三極)의 원리에 따른다. 이로써 우주는 뿔이 아홉 개 달린 구각형의 형태를 띤다. 석(析)은 지(支)의 의미로 갈라지고, 필요에 따라 새롭게 변화된 형상을 갖추어 생겨나는 것이다.

머리에 난 '극'은 角(각, 뿔)이다. 얼굴의 두 귀와 두 눈, 코, 입이 '극'이다. 몸통에 난 팔, 다리, 손가락, 발가락의 '극'은 지(脂), 줄기와 가지는 간지(幹枝)이다. 꼬리는 미(尾), 땅 밑으로 뻗은 '극'은 근(根)이다.

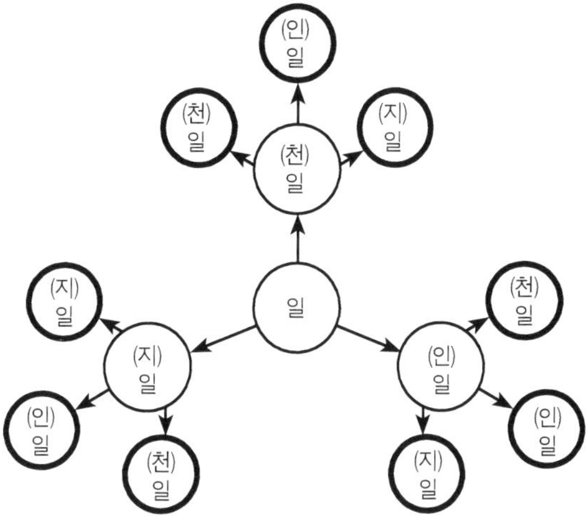

　'이'는 두줄 한가닥, '대삼합'은 세 가닥의 새끼줄을 꼬는 것과 같다. '대삼합육'은 '천지인'이 융합한다는 의미이며 '생칠팔구'는 칠, 팔, 구가 순서대로 생긴다는 뜻이다.

　즉 '천지인'이 음양의 조화를 부려 각기 '중'을 생산해 낸다. 제일 먼저 생겨나는 '천'의 '중'이 '칠'이다. 다음 '지'의 '중'이 '팔'이요, 마지막으로 '인'의 '중'이 '구'이다. 천지인의 삼극이 융합하여 만들어 내는 우주가 지금의 하늘과 땅, 인간이라 할 수 있다.

　'일이삼'과 '칠팔구'는 6을 중심으로 대칭된다. '칠팔구'도 '일이삼'과 같다. '일이삼'이 씨알의 상태라면 '칠팔구'는 대삼에서 생겨난 새로운 씨알이다. 대인과 소인의 형국이다. 태초의 '일'에서 생겨난 삼극이 '일'(一)의 '극(極)으로 시작이라면 '육' 이후에 생겨난 '칠팔구'는 후삼극이라 할 수 있다. '삼극'은 '무진본'이라면 뒤의 '칠팔구'는 '삼극'의 복사본이라 할 수 있다.

　'6'은 소삼극과 대삼극, 씨알과 성체의 매개체 역할을 한다. 삼극은 무한반복 재생성된다. 대자연은 변화무쌍하게 천변만화함으로써 우주에 가득 찬 '만'(萬)의 세계가 펼쳐지고 다할 '궁'(窮)의 상태로 된다. 참고로 지금까지 언급된 1에서 9까지의 수에 대한 의미이다.

1, 5, 7	천수(하늘의 수)	양	원	+	전자기체
2, 4, 8	지수(땅의 수)	음	방	-	전자기고체
3, 6, 9	인수(사람의 수)	중	각	±	전자기생명체

하늘의 삼극은 일월성신으로 '칠'은 성신에 해당한다. 이때 천음양, 지음양, 인음양의 6극에 이어 '중'의 성신이 생겨남으로로써 우주는 7극이 된다. 땅의 삼극은 암수종자로 '팔'은 종자에 해당한다. 7극에 이어 '중'의 종자가 생겨남으로써 우주는 8극이 된다. 사람의 삼극은 남녀자식으로 '구'는 자식이 된다.

천지인이 모두 다 3극을 갖추게 됨으로써 9극이 된다. 천지인의 삼극은 원자로서 무한반복 재생산체계를 갖추어 각기 오늘날 천상계, 지상계, 인간계를 형성하는 기본 틀로 여긴다.

극(極)의 생성법칙(生成法則)

태초의 '일'에서 일석삼극의 원리에 의해 '극'이 생겨난다. 삼극은 천일지일인일이다. 생겨나는 순서는 천일이 '일'이요 지일이 '이'요 인일이 '삼'이다. 일이삼은 두 가지의 의미가 있다. 첫째 존재자의 개수로 일극, 이극, 삼극이다. 두 번째는 발생 순서로 제일극, 제이극, 제삼극이다.

'일'의 생성과 변화는 일이삼의 법칙을 따른다. 태초의 '일'은 일이삼(一二三)의 무한반복으로 팽창한다. 일련의 변화는 전자의 완성에 따라 결과물로서 후자가 생성된다. 전자와 후자는 성과와 종속의 관계에 있다. 완성 없는 결과는 없다.

● 소삼합삼극(小三合三極)

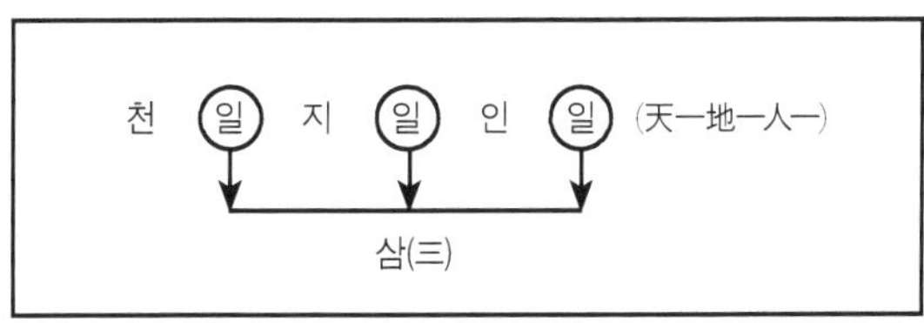

● 대삼합육극(大三合六極)

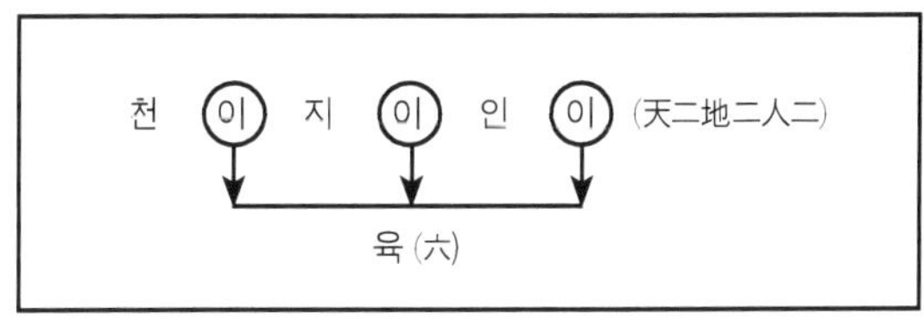

'삼극'이 '일적'하면 '대삼합육극'이 된다. '소삼합삼극'은 단핵구조로 '대삼합육극'의 다핵구조로 변이되는 과정이다.

☯ 일석삼극-천일일지일이인일삼

〈소삼합〉- 전자, 양성자, 중성자로 이루진 원자의 생성

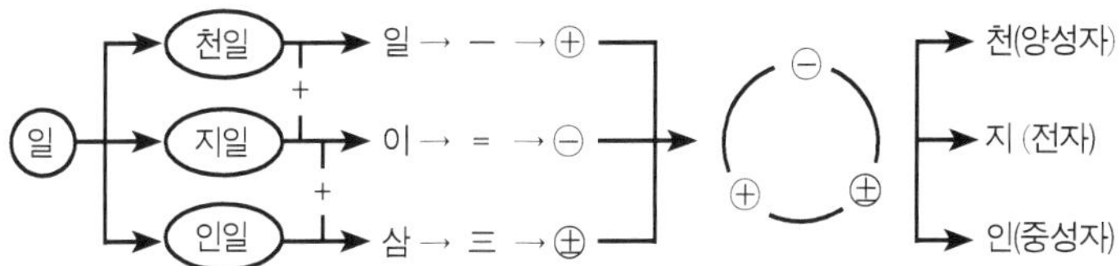

〈중삼합〉 -일월과 암수, 남녀의 생성

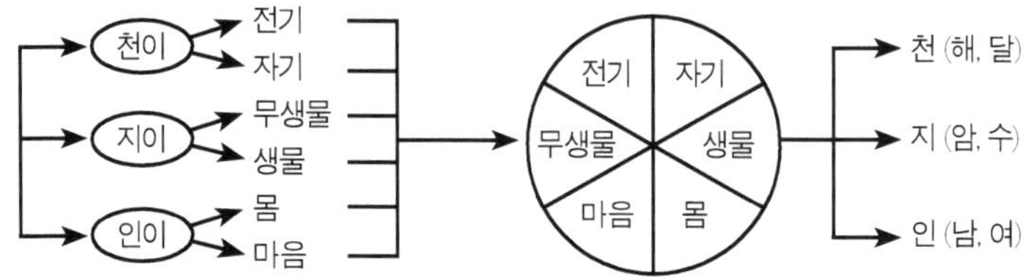

☯ 일적십거무궤화삼-천이삼지이삼인이삼

〈대삼합육〉−천지만물과 삼라만상의 생성

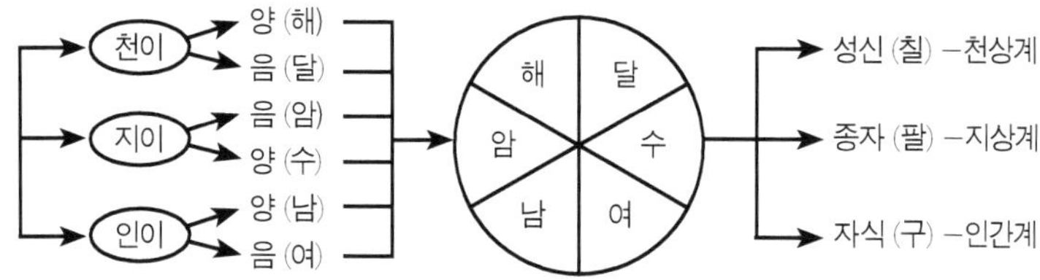

❀ 천원(天元)

천부경에서 '육'의 자리는 바둑판에서 천원의 자리와 일치한다. 천원은
우주 또는 하늘의 중심이며, 중음(中陰) 으로 만물의 생성근원이다.

육의 자리는 '일'이 '삼극'으로 나누어지고 다시 삼극이 일적하여 '천지
인'이 '음양'으로 나누어진 곳이다.

육극(기)은 '천'의 '음양', '지'의 '음양', '인'의 '음양'이다. 육극(기)의 사이
는 우주의 자궁과 같다. 육극(기)의 중앙은 용광로와 같다. '천지인'의
'음양'이 융합되는 공간으로 중심의 '일점'에서 새로운 생명이 탄생한다.

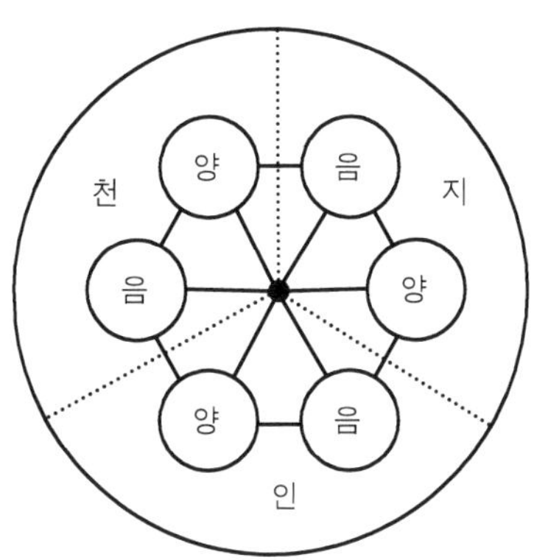

6극(기)이 맞물려 있는 곳은 생산의 공간이며 배출구이자 산도와 같다. 고로 천지 만물과 삼라만상은 '육극(기)'의 기운을 받아 형태나 현상에서 '육'의 수를 가진다. 다시 말하면 여섯 기운을 받아야만 하나의 생명체로 완성을 이룬다. 우주 탄생 시 생겨난 기본입자는 원자핵이다. 핵은 무거운 입자인 쿼크 6개, 가벼운 입자인 전자, 뮤온, 타우, 전자중성미자, 뮤온중성미자, 타우중성미자의 6개로 구성되어 있다고 한다. 우연일까? 육율육려(六律六呂)의 의미와 유사하다. 이 또한 '6'의 수와 관련이 있어 보인다.

❀ 천지인(天地人)의 상호관계(相互關係)

천(天)	+	+-	전자기현상체	일월	불씨
지(地)	-	NS	전자기형상체	암수	종자
인(人)	±	전자기	전자기의식체	남여	자식

 천지인(天地人)의 순환체계(循環體系)

천지 만물은 음양의 분합을 반복하면서 변화를 거듭한다. 개체는 전체인 우주에서 분화되어 개체끼리의 융 분합과 우주 전체와의 융 분합을 되풀이한다. 개체끼리의 융합은 남녀상열지사의 희열이다. 우주와의 융합은 천당, 극락, 열반의 의미를 가진다. 이처럼 '극'은 무엇과 '합'하고 '분'하느냐에 따라 형태를 달리한다.

'극'은 우열에 따라 생멸한다. 생과 사, 먹히고 먹는 현상도 오행의 원리인 상생 상극의 이치가 작용한다. 예를 들면 뱀과 개구리는 천적이다. 뱀이 개구리를 잡아먹는 현상은 개구리와 뱀은 십(十)의 상태를 충족하기 위한 것이다. 뱀은 개구리를 잡아먹음으로써 생명을 유지하고 새로운 생명인 새끼를 탄생시킨다. 뱀과 개구리는 음양의 상극(=)관계이지만 상생(+)으로 '중'을 낳음으로써 삼극을 끊임없이 복제해 내고자 한다.

 우주(宇宙) 가오리

인체는 소우주라 한다. 우리 인체에는 우주의 '기'와 소통하는 아홉 개의 구멍이 있다. 아홉 개의 구멍을 표시하면 흡사 가오리처럼 생겼다. 인체는 머리에서부터 발끝까지 좌우대칭 구조로 되어 있다. 인체를 3분하면 머리와 몸통, 손발로 나눈다.

머리 부위에 중앙선을 중심으로 한 치 정도의 거리에 좌우 대칭으로 두 개의 구멍이 뚫려 있었다. 이것은 눈으로 좌우 음양의 대칭을 이룬다. 그리고 눈 바로 뒤쪽 약간 아래에 두 개의 구멍이 뚫려 있다. 이것은 귀로 역시 좌우 대칭을 이룬다. 또 귀밑 눈과 눈 사이에 중앙선을 중심으로 두개의 구멍이 나 있다.

　좌우 두 개의 구멍은 서로 붙어 있다. 이것은 코로 '천기'를 흡수하고 그 잔해를 내 보낸다. 코 아래 입은 두 개의 구멍이 하나로 합친 듯하다. 입으로 '지기'를 섭취한다. 다음은 몸통의 하복부 중앙에 한 개의 구멍이 뚫려 있는데 배꼽으로 닫혀 있는 구멍이다. 배꼽 아래 두 개의 구멍이 뚫려 있다. 잉태와 배설의 문이다.

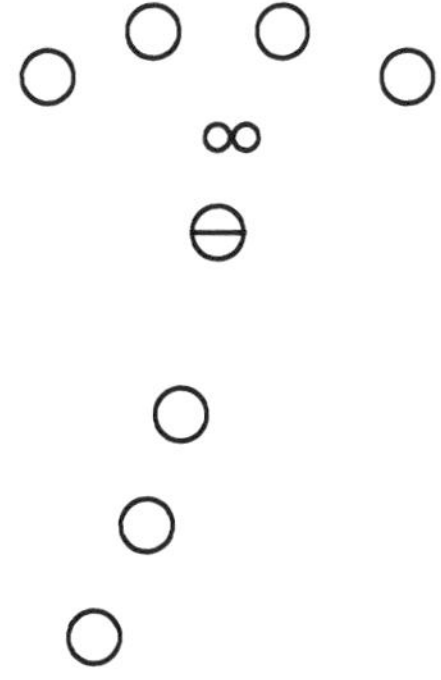

　두부에 해당하는 여섯 개의 구멍은 '대삼합육'을 이루고 아래 몸체에 해당하는 세 개의 구멍은 '칠, 팔, 구'에 해당한다. 모양이 가오리처럼 생겨 우주가오리라 이름 붙였다. 우주의 심연에 전설속의 우주가오리가 산다. 눈을 감고 우주를 바라보면 희미한 빛을 내며 유유히 떠다닌다. 잡으면 진리의 빛을 남기고 사라진다. 이윽고 우주일체가 나의 몸체임을 느낀다.

 천지인(天地人)의 조화(造化)와 한글

한글은 '천지인'의 상징인 '원방각'과 '삼재'를 조화롭게 응용한 최고의 창작물로 추정된다. 모음은 '원방각'의 기본 틀과 닮았다.

자음은 '삼재'의 기본형을 유지하고 있다. 모음 속에 '천지인'을 뜻하는 '음양중'이 있고 자음 속에 '천지인'을 뜻하는 '음양중'이 있다. 그리고 모음은 '양', 자음은 '음'에 해당되며 모음과 자음, 즉 '음'과 '양'의 조화로 글과 소리, 뜻이 생겨나는 것 같다.

원방각 (양)	천	양	○	ㅇㅎ	하늘과 관련된 낱말	모음
	지	음	□	ㄱㄴㄷㄹㅁㅂㅋㅌㅍ	땅과 관련된 낱말	
	인	중	△	ㅅㅈㅊ	사람과 관련된 낱말	
삼재 (음)	천	양	•	•	하늘과 관련된 낱말	자음
	지	음	─	ㅗ ㅛ ㅜ ㅠ ─	땅과 관련된 낱말	
	인	중			ㅏ ㅑ ㅓ ㅕ ㅣ	사람과 관련된 낱말	

원방각과 삼재를 합하면 대삼합육이 된다. '육'에서 칠팔구가 생겨나고 반복해서 만 가지의 말과 뜻이 생겨난다. 한글은 단순히 격자 문살을 본뜬 것이 아니라 '대삼합육생칠팔구'의 원리가 담겨 있다. '음양오행'의 이치는 자연의 섭리로 인간의 삶속에 뿌리 깊게 자리 잡고 있다. 과학이나 의학, 건축, 토목, 농업, 인문학에도 응용할 수 있다.

이처럼 '천지인'의 '삼극'을 '본'으로 하여 무궁무진한 조화를 부릴 수 있는 잠재력을 가늠해 볼 수 있다. 삼극은 천지 만물과 삼라만상의 본바탕이 됨을 알 수 있게 한다.

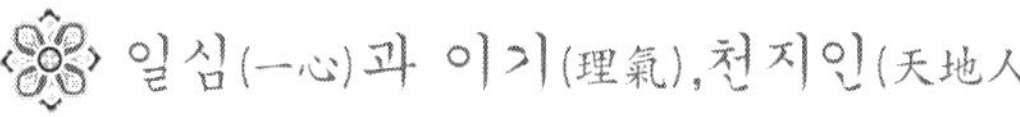

일심(一心)과 이기(理氣), 천지인(天地人)

'일'의 마음이 이(理)와 기(氣)를 움직여 천지 만물과 삼라만상을 만들어 낸다. 마음 속의 음양은 불이(不二)이며 상보(相補)한다.

일 (心)	理이	念염	極극	動동	性성	光광	陽양	用용
	氣기	體체	匱궤	靜정	態태	色색	陰음	變변

삼라만상	변화	파동	현상	정신	무형	문화
천지 만물	존재	입자	형상	물질	유형	문명

마음이 일(一)이라면 마음속에 하늘을 만들고자 하는 마음, 땅을 만들고자하는 마음, 사람을 만들고자 하는 마음이 있다. 마음에서 하늘이 생기고, 하늘에서 땅이 생기고, 땅에서 사람이 생겼다. 이 세상은 마음이 만들어 내었다. 자연이 사람을 먹이고 입히고 양육한다. 사람은 마음으로부터 비롯되었으니 죽어 근본인 마음으로 되돌아감은 필연지사라 여긴다.

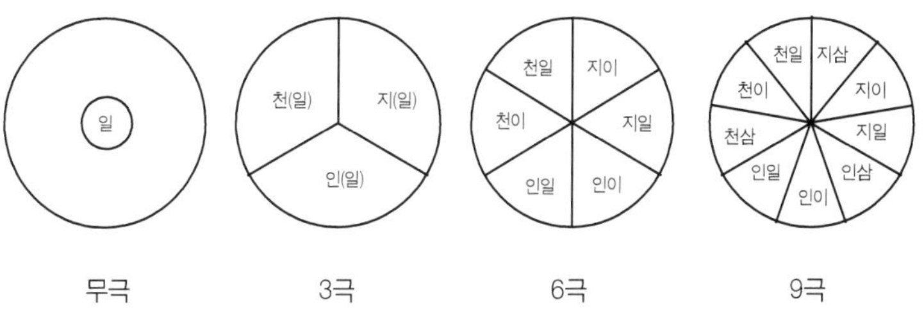

運三四成環五七

운 삼 사 성 환 오 칠

삼과 사의 운수는
오와 칠의 고리에 달렸다.

運 운
三 삼
四 사
運三四 운삼사
成 성
環 환
成環 성환
五 오
七 칠
五七 오칠
環五七 환오칠
成環五七 성환오칠
運三四成環五七 운삼사성환오칠

運 운

'運'(운)은 운명, 운수, 운세, 운행이란 뜻으로 쓰인다. 옥편을 찾아보면 運(운)은 운전할 운(轉전, 行행), 움직일 운(動동), 옮길 운, 운수 운(曆數역수)로 7획의 쉬엄쉬엄 갈 辶(착) 변에 16획이다.

'운'은 돌고 돈다거나 윤회, 순환의 의미도 있다. 하늘에 해와 달이 돌고 있어 낮과 밤, 그리고 기후 변화가 있다. 땅에는 춘하추동의 사계절이 있다. 사람에게도 돌고 도는 복잡 미묘한 인간사가 있다. 인간은 한 치 앞을 내다 볼 수 없다. 사람의 권세와 부귀, 무병장수는 천운과 지세에 달려 있다.

하늘(양)과 땅(음)의 인연으로 업보(業報)의 '운'이 생겨난다. '운'은 신의 섭리이며 조물주의 마음에 의해 결정된다. 사람의 한 치 속마음도 종잡을 수 없다. 참으로 묘한 것이 조물주의 마음이며 사람의 마음이기도 하다. 인간은 자신의 운명이나 앞날을 예언하고자 하지만 천심 즉 천의는 불가사의이며 경외의 대상이다.

三(삼)

'삼'은 석 '삼' 자이다. '삼'의 의미는 아주 다양하게 쓰인다. 단순히 숫자상으로는 세 개를 뜻한다. 순서로는 첫째, 둘째, 셋째이다.

'삼'은 무엇일까? '삼'의 의미를 천부경에서 찾아보는 수밖에 없다. 앞 구절에서 '삼'과 관련된 말은 석삼극에서 천지인의 삼극이 있다. 천일일 지일이인일삼에서 삼극의 발생 순서인 일이삼이 있다. 그리고 일적십거 무궤화삼, 천이삼지이삼인이삼, 대삼합육에서 '삼'이 있다. '삼'은 천지인, 음양중의 삼극과 일이삼을 지칭한다.

'삼'은 삼극의 생성과 번성, 소멸을 뜻한다. 핵이나 삼 요소의 존재 방식과 삼박자의 율동인 자연법칙과 관련이 있어 보인다. 천지인과 음양중, 일이삼은 삼위일체를 이루며 반복 순환한다.

천일일	지일이	인일삼
천	지	인
양	음	중
조부모	부모	손자
부	모	자식
상	하	중
일(하나)	이(둘)	삼(셋)
동(動)	정(靜)	중(中)

삼극(三極)

일석삼극의 삼극처럼 천부경의 숫자에는 '극'을 붙여 해석해도 무리가 없다고 본다. '삼극'은 '천지인'을 지칭한다. 천지인이나 음양중은 같은 의미로 쓰인다. 삼극은 '일'의 생성과 변화 패턴이다. 즉 천지 만물의 존재 방식과 변화현상이다.

일이삼(一二三)

일이삼은 천지인의 음양중이 생성되는 순서이며 개수이다.

四 사

'사'는 넉 '사' 자이다. 넷째, 네 번째의 의미가 있다. 四(사)는 3획의 口 (큰 입구)부에 5획 이다. '사'의 의미도 여러 가지로 쓰인다.

'사'(四) 하면 가장 많이 쓰이는 단어 중에 하나가 동서남북의 사방이 다. 전후좌우, 전후상하, 좌우상하의 사방이 있다.

예로부터 조상들은 동서남북의 사방을 맡아 다스린다는 '사신'(四神) 이 있다고 믿었다. 동쪽의 청룡, 서쪽의 백호, 남쪽의 주작, 북쪽의 현무 를 사신이라 한다.

길흉화복, 사시사철, 태양태음소양소음의 사상, 사단(네 가지 마음씨) 이 있다. 천부경에서 4 또는 네 박자의 율동과 관련 있는 구절은 일적십 거무궤화삼이다. 이 구절은 천지인, 음양중이 생겨나는 이치를 설명하 는 구절이다.

계절의 변화에도 적용할 수 있다. 일적은 봄, 십거는 여름, 무궤는 가 을, 화삼은 겨울에 비유할 수 있다. 계절의 변화에 따라 초목은 봄에 싹을 틔우고 여름에 수정한다. 가을에 열매를 맺어 겨울에 저장한다.

시절따라 생장과 번성, 소멸을 반복한다. 농사의 풍흉이 결정되며 사 람의 형편도 달라진다. 일적십거무궤화삼의 원리인 춘하추동은 반복 순환한다. 자연의 율동이며 연속적, 반복적 변화패턴이다.

일적	십거	무궤	화삼
춘(春)	하(夏)	추(秋)	동(冬)
동	남	서	북
조(朝)	주(晝)	석(夕)	야(夜)
생	장	수	장
원	형	이	정
생	로	병	사
기	승	전	결
일(하나)	이(둘)	삼(셋)	사(넷)

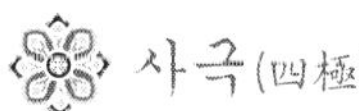 사극(四極)

'일적십거무궤화삼'의 구절은 조주석야, 춘하추동, 생장수장으로 변화하는 '4극'의 순환 체계를 갖는다.

'4'의 변화 주기가 내재되어 있다. 1일 24시와 1년 24절기의 변화는 시간의 흐름이다. 사극은 삼라만상의 변화 현상을 말한다. 즉 삼극의 생성과 변화에 영향을 끼치는 환경으로 작용한다.

일이삼사(一二三四)

일이삼사의 네 박자는 일적십거무궤화삼과 연관되어 있다. 하루는 조주석야, 한 달은 삭(朔) 현(弦) 망(望) 회(晦)의 변화가 있다. 1년은 춘하추동 사계절의 변화 주기와 관련이 깊다.

運三四 운삼사

'운'은 운명, 운수, 움직임과 같은 것이다. '운'일 경우 사람과 땅의 운수나 운명 같은 것이다. 운명은 어쩔 수 없는 상황이다. 신의 섭리는 누구도, 무엇이나 거부할 수 없는 불문율이다.

'삼'이 천지인, '사'가 '일적십거무궤화삼'의 변화 주기라면 '삼'과 '사'는 운율을 뜻한다. '삼'은 공간을 차지하고 있는 존재의 생사를 의미한다면 '사'는 '삼'의 생과 사에 영향을 미치는 환경이라 생각된다.

成 성

'성'은 이루다. 성공하다. 완성되어 있다. 끝내다. 마치다의 뜻이 있다. 成(성)을 검색해 보면 이룰 성(就취, 畢필), 평할 성(平평), 거듭 성(重중), 마칠 성(終종), 될 성(爲위), 화목할 성(和睦화목)의 뜻이 있다.

4획의 창 戈(과) 변에 7획이다. 존재나 현상은 불가분의 관계에 있다. 또 시작이 있으면 언젠가는 마침이 있다는 것을 하나의 완성으로 본다. '시종'은 대나무의 마디와 같아 연속적이어서 시작도 완성도 끝이 없다는 것이다. 성공이나 완성은 노력한 결과이며 성과물이나 완성된 작품, 체계가 있다는 것이다.

'성'(成)은 완성을 의미하며 완벽한 상태이다. 개방시스템이나 유기적인 체계로 이루어진 상태를 일컫는다. 조화와 균형의 상호작용이 이루어진다. 상대적인 역할, 위치를 유지한 채로 자율 작동하는 우주의 섭리 같은 것이다. 필수 불가결한 요건이 모두 다 갖추어진 상태이다.

완성의 과정인 존재의 목적과 이유를 대자연의 이치에서 찾는다. 하늘이 만들어 놓은 환경에 적응하지 못하면 생존하지 못한다. 이런 연유로 천문(天文)과 지리(地理), 인사(人事)의 원리를 알고 생활에 적용 또는 응용하기도 한다. 완성을 위하여 순리에 거슬리지 않게 하고 지극정성을 다하기도 한다. 지성이면 감천이라 정성이 하늘에 닿으면 하늘이 감동하여 그 뜻을 이루게 한다고 믿는다.

예로부터 수많은 기인이사 또는 도인들이 득도를 하기 위해 고행을 마다하지 않았다. 도(道)를 깨우치는 것은 통천하는 것이다. 천리를 아는 것이다. 천리는 섭리이며 천기(天機)이다. 천기를 알면 신통방통하여 마침내 일체의 것에 달통하는 것이다. '성'은 완성, 완수, 득도, 해탈, 깨달음, 소통 등 여러 가지의 의미가 있다. '알아차림'과 행동으로 실천함으로써 완성을 이룬다.

環 환

'환'은 가락지 모양의 둥근 고리를 뜻한다. '環'(환)은 둘릴 환, 도리 옥환, 둥글 환(圜환), 옥고리 환으로 5획의 구슬 玉(옥) 변에 18획이다. 고리는 서로 연쇄적으로 결합되어 있어 일체를 이룬다는 뜻이다. 연쇄적이란 말은 개체로 존재하지만 상호적이며 서로 연관되어 영향을 끼친다는 의미가 있다.

고리는 처음과 끝을 알 수 없고, 시작과 끝이 없다. 끝없이 되풀이되는 윤회의 사슬과 같은 것이다. 순환하고 되풀이되는 행성의 운행과 인생행로, 계절의 변화는 거스를 수 없는 대자연의 섭리와 같다.

둥근 고리의 의미는 생태계처럼 한 치의 빈틈없이 천지 만물은 유기적으로 연계되어 있다고 여긴다. 얼키설키 실타래처럼 얽혀 있는 인연과 같다. 만남과 헤어짐, 삶과 죽음은 운명적 고리의 마디에 불과함을 알 수 있게 한다.

'천지인'은 필연적으로 맺어진 관계이다. '천지인'은 원래 하나에서 비롯되었다. 하나로부터 생겨난 변화 현상에 불과하고 언젠가는 하나로 되돌아가야 하는 존재이다. 대우주의 순환 고리는 자연 또는 우주 생태계를 의미한다. '환'은 cycle, system, circle 등 집단 내 순환체계를 뜻한다. 우주는 거시체계, 사람은 미시체계라 할 수 있다.

成環 성환

'성환'은 글자 그대로 둥근 고리로 이루어져 있다고 해석된다. 또는 고리에 유기적으로 연결되거나 결속, 결합되어 있는 상태를 말한다. 즉 상호관계 속에 있다고 보아야 한다. '성환'은 연쇄 고리로 이루어진 유기적인 시스템이나 매트릭스 조직, 짜 맞추어진 틀, 작동원리와 같은 것이다.

천지인의 융합과 생성, 변화는 종횡으로 엮어 만든 옷감과 같다. 직녀가 짠 가로 세로의 올실에 따라 인간의 운명이 바뀔 수 있다고 본다. 직녀는 운명의 여신이고 베틀은 섭리이며 천은 세상만사에 비유할 수 있다.

한 올 한 올, 종횡의 만남에 의해 각자의 운명이 결정될 것이다. 서로의 운명적 만남은 대추나무에 연줄 걸리듯이 걸리는 것이다. 올과 올이 만나는 지점인 열 '十'자의 자리에 각자의 '용'(쓰임새)이 있다. 가로 올과 세로 올은 '천지'를 뜻한다. '천지'가 만나 인간이 입을 옷감이 완성(十)되고 '천지' 사이의 교차점에 인간의 운명이 결정된다고 여긴다.

옷감은 매우 정교하여 한 올이 터지면 전체는 손상을 입을 것이다. 각자의 역할은 올이 끊어지지 않게 하는 것이다. 천부경에서의 유기적 시스템은 음양의 조화와 균형을 배제하고는 설명할 수 없다. '천지인' 간에 '상생 상극'함으로써 전체는 균형을 유지한다.

五 오

'오'는 '다섯 오' 자이다. '오'는 양수(陽數)로서 하늘의 수(天數)이다. '오'와 관련한 상징적인 의미가 많이 있다. 숫자상 단순히 '5'이지만 '오'는 여러 가지로 표현된다. 五(오)는 二(두 이)부에 5획 이다.

'5'라는 숫자와의 연관성을 가지는 실례들이 생활 주변에서 쉽게 찾아 볼 수 있다. '오색찬란하다' 할 때의 오색은 빨강, 노랑, 파랑, 흑색, 백색이다. 시각, 청각, 후각, 미각, 촉각의 다섯 가지 감각을 '오감'(五感)이라 한다. 단맛, 신맛, 쓴맛, 매운맛, 짠맛을 '오미'(五味)라 한다. 재물욕, 명예욕, 식욕, 수면욕, 색욕을 '오욕'(五慾)이라 한다. 인, 의, 예, 지, 신은 사람으로서 마땅히 지켜야 할 다섯 가지 도리로 '오상'(五常)이라 한다. 오른손, 왼손 각기 손가락이 다섯 개로 '오지'(五指)이다.

셈을 할 때 손가락은 요긴하게 쓰였을 것이다. 셈할 때 손가락을 폈다 쥐었다하는 어린아이의 어둔한 모습이 눈에 선하다. 주먹과 손바닥이 교대로 나타난다. 주먹 쥐면 다섯 개의 손가락이 숨은 상태이고 펴면 다섯 개의 손가락이 다시 나타난다. 주먹은 5음이고 손바닥은 5양이다. 세상은 '음'과 '양'이 반반씩 섞여 있다. 세상은 '음'과 '양'의 조화와 균형으로 유지된다.

이집트의 피라미드는 밑면이 사각형의 방형(方形)으로 되어 있다. 사면체의 네 개의 변을 밑면으로 네 개의 삼각형이 서로 맞대어 있다. 피라미드는 영혼을 담는 거대한 타임캡슐이다. 극히 안정적인 모습으로 뾰족한 뿔은 하늘을 향하여 있다. 이것은 사면의 밑면은 '사(四)의 수로 동서남북 땅의 수와 일치한다. 또 꼭짓점은 둥근 점(點)의 하늘과 일치한다.

사면은 삼각형의 각형(角形)으로 사람을 뜻한다. '천지인'의 모습과 닮아 있다. 또 밑면의 사각형이 오행의 토(土)에 해당한다. 서로 맞닿은 네 개의 삼각형은 밑면의 '토'를 제외한 화수목금의 4요소라 할 수 있다. 즉 서로 기대어 서 있는 네 개의 삼각형은 각기 화인(火人), 수인(水人), 목인(木人), 금인(金人)에 해당한다. 4대 요소가 합쳐져야만 비로소 하늘과 통할 수 있는 영원불멸과 전지전능한 힘이 생긴다고 여긴다.

그렇다면 서로 밀접하게 관련성을 가지고 상호작용하는 다섯 개의 돌고 도는 연쇄 고리는 무엇일까? 규칙적인 변화를 보이며 지대한 영향을 주고받는 다섯 가지의 요소일 것이다. 지상에는 불과 물, 나무, 쇠붙이, 흙의 '5원소'가 대자연의 순리에 따라 상호작용한다.

주역의 기본원리인 음양오행사상에서 오행은 화(남南, 적赤), 수(북北, 흑黑), 목(동東, 청青), 금(서西, 백白), 토(중中, 황黃)이다. 하늘에는 다섯 개의 별들의 고리가 있다고 하는데 화성, 수성, 금성, 목성, 토성의 '오성'(五星)이다.

하늘의 현상을 탐구하는 천문이나 일월성신의 운행을 관측하는 관상감은 사람에게 중요한 관심사였을 것이다. 그 이유는 하늘이 농사의 풍흉과 사람의 생사는 물론 길흉화복을 결정짓는 것으로 생각했기 때문일 것이다.

　오성의 운행체계 역시 천기(天機)에 영향을 주는 변수의 하나이다. 지상의 인간 세상보다 하늘을 상위개념으로 여긴다. 동양사상의 근간인 음양오행설의 '오행'과 하늘의 다섯 별인 '오성'은 상호 깊은 연관성을 가진다고 본다. 천지 만물의 생성과 변화의 원리가 '오(五)'의 숫자에 담겨 있다. 오(五)는 밤하늘에 빛나는 오성(五星)을 지칭한다. 삼(三)의 운(運)은 오성의 운행과 관련이 있다는 것이다.

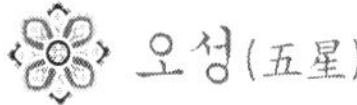 오성(五星)

　'오(五) 하면 다섯 개, 다섯 번째이다. '5'는 별을 상징한다. 밤하늘 아스라이 먼 곳에 빤짝이는 별은 동경의 대상이 되었을 것이다.

　옛 문헌에 의하면 '오성'은 다섯 행성으로 동(東)쪽으로는 세성(歲星)인 '목성'(木星)이 있고, 서(西)쪽으로는 태백(太白)인 '금성'(金星)이 있다. 또 남(南)쪽으로는 형혹(熒惑)인 '화성'(火星)이 있고, 북(北)쪽으로는 진성(辰星)인 '수성'(水星)이 있다. 그리고 중앙(中央)에는 진성(鎭星)인 '토성'(土星)이 있다.

　하늘의 수많은 별은 군락을 이루며 저마다 자리가 있고 이름이 붙여진다. 운행체계는 규칙적이다. 어느 별이 어디에 위치하고, 어떠한 형상과 현상을 보이면 어떤 일이 일어난다는 예측수단으로 삼는다.

　인간의 운명은 하늘에 달렸다 한다. 일월성신의 움직임이 인간에게 미치는 영향은 매우 크다고 여긴다. 특히 '오성'은 가깝고 유난히 밝아 그 변화에 관심을 많이 가지는 별이다. 오성의 운행과 오행의 원리는 맥을 같이 한다.

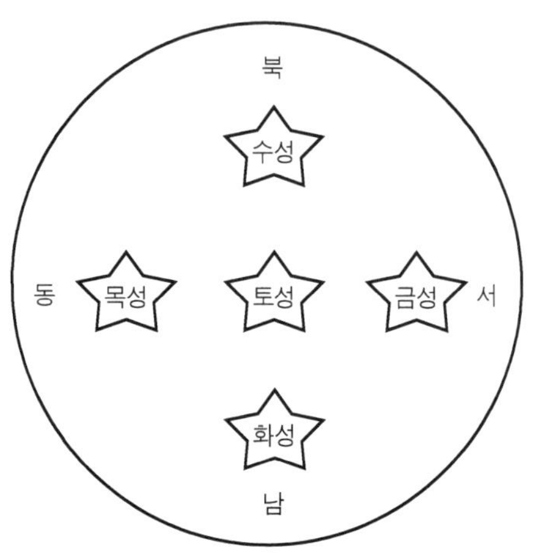

오극(五極)

천부경에서는 '5극'으로 해석함이 타당하다. 다섯 개의 '극'을 가진 것은 하늘의 별이 있다. 하늘의 별 중에 수성, 금성, 화성, 목성, 토성의 '오성'을 지칭한다. 그 밖에 음양오행의 원리에서 화수목금토의 '오행'은 '5극'에 해당한다.

오행(五行)

'오행사상'은 음양의 조화인 '상생 상극'의 원리가 기본이다. '오행'은 '오성'의 순환 체계와 맥을 같이 한다. '화수목금토'의 '오원소'가 서로 '상생 상극'하면서 조화를 부리는 것이다. 자연의 조화와 균형을 '오행'의 원리로 풀이한다. 우주는 불과 물, 나무, 쇠붙이, 흙으로 이루어져 있다. 이들이 서로 '상생 상극'함으로써 천지 만물과 삼라만상이 생멸한다고 설명한다.

'상생'하면 생(生), 보(補), 약(藥), 선연(善緣)이 되고 '상극'하면 그 반대가 된다. '극'은 상통한다고 사즉생, 생즉사한다. 때에 따라 약이 독이 되고 독이 약이 될 수 있다. '화수목금토'에서 절대 강자는 없다. 각 요소는 상생 상극의 물고 물리는 상태이다. 하나가 생하면 같이 생하고 사라지면 모두의 존재가치가 상실되며 하나가 변하면 모두가 바뀐다.

'오행'은 천지 만물의 생성과 번성, 소멸의 원리를 밝히는 요결이며 마법의 상자라 할 수 있다. 천지 만물의 생성과 변화 원리를 설명하는 공식이며 근본이 된다. 음양오행 사상은 오성의 운행 체계에서 비롯된 것으로 여긴다.

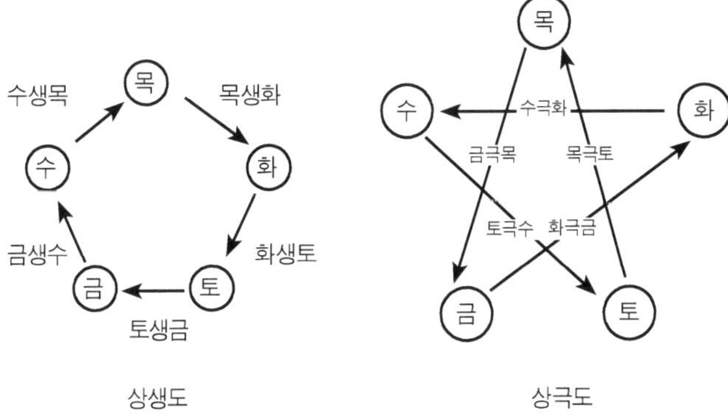

우주와 인간은 같은 맥락을 가지는데 성정을 5가지로 나누기도 한다. 火性(화성)은 전기나 불과 같고, 수성(水性)은 자기나 물과 같다. 목성(木性)은 초목이나 짐승, 금성(金性)은 쇠붙이, 금강석과 같다. 토성(土性)은 흙, 땅과 같은 요소들이다.

인간의 심장은 태양과 같고 태양은 우주의 심장과 같다. 우주는 氣(기)의 흐름이 있고 생태계에는 水(수)의 흐름이 있다. 그리고 사람에게는 血(혈)의 흐름이 있다.

七 칠

‘칠’은 일곱 ‘칠’ 자이다. ‘칠’은 ‘오’와 같이 양수(陽數)로서 하늘의 수(天數)이다. ‘사단칠정’의 일곱 가지 감정이 있고, 칠보단장의 ‘칠보’는 일곱 가지 보물이다. 무지개색은 일곱 가지 색을 지닌 ‘칠색’이다. 일월화수목금토, ‘칠일’의 1주일이 있다. 서양에서는 ‘럭키 세븐’이라고 행운을 가져다주는 수로 여긴다.

‘칠’의 상징적인 의미도 많다. 제일 많이 귀에 익은 단어가 하늘에 있는 ‘북두칠성’이다. ‘칠원성군’이라 칭하기도 한다. ‘북두칠성’에 얽힌 이야기도 많이 있다. 사람이 죽으면 ‘칠성판’에 놓여져 ‘북두칠성’을 통하여 ‘북극성’에 이른다고 한다. 그래서 ‘북두칠성’은 인간의 죽음을 관장한다고 여긴다. ‘칠성각’, ‘칠성 할배’란 말이 쓰이기도 한다.

예로부터 하늘에 있는 ‘칠성’의 변화나 움직임도 인간생활과 밀접한 관련성을 가지고 있다. 북극성을 중심으로 회전하는 ‘칠성’의 계절별 움직임을 응용한 윷놀이가 있다.

윷놀이는 우리 민족이 오랫동안 간직해 오는 전통놀이 가운데 하나이다. 지금도 매년 정월 대보름이면 가족 단위, 남녀노소 할 것 없이 모두가 즐기는 놀이가 되고 있다.

칠(七)은 밤하늘에 빛나는 칠성(七星)을 지칭한다. 삶과 죽음의 길은 칠성을 거쳐 북극성(추성)을 왕래한다. 사(四)의 운(運)은 칠성의 운행과 관련이 있다고 여긴다.

계절의 변화는 태양과 지구의 기울기 때문에 발생한다. 오랫동안 밤하늘 별들을 유심히 관찰한 결과 북두칠성의 위치에 따라 계절이 변화한다는 사실을 발견하였던 것 같다.

천부경에서의 '칠'은 '칠극'을 의미한다. 일곱 개의 '극'을 가진 것으로
하늘의 '북두칠성'을 꼽을 수 있다.

지구의 북쪽을 가리키는 북극성과 북두칠성은 하늘의 중추적 역할
을 한다. 북두칠성에도 별마다 고유의 이름표가 붙어 있다. 북극성을
향한 첫 번째 별은 '탐랑'(貪狼), 두 번째 별은 '거문'(巨門), 세 번째 별은
'녹존'(祿存), 네 번째 별은 '문곡'(文曲)이다. 다섯 번째 별은 '염정'(廉貞),
여섯 번째 별은 '무곡'(武曲), 일곱 번째 별은 '파군'(破軍)이라 한다.

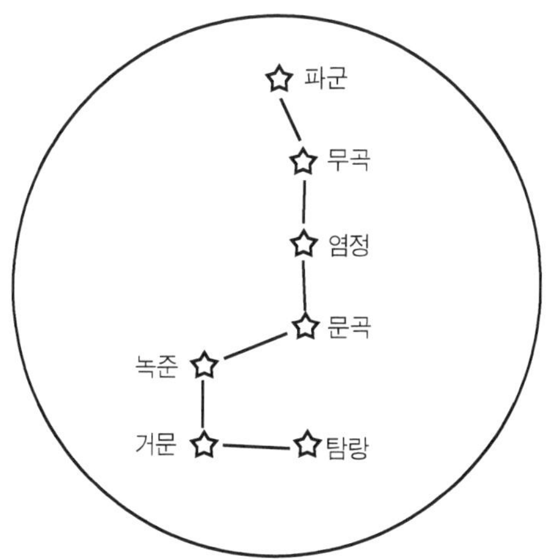

사람은 죽으면 그 영혼은 일곱 번째 '파군'을 통하여 우주정거장인 황
극을 거쳐 하늘의 중앙인 '북극성'(추성, 樞星)에 이른다. 그리고 태어 날
때는 반대의 단계를 거쳐 다시 되돌아 나온다고 한다. 북두칠성은 천상

과 지상을 이어주는 다리 역할을 한다. 북두칠성을 통하여 사람은 지상과 천상을 오고 가고를 반복하는 것이다.

'북극성'이 우주의 중심이 되는 것은 하늘에 오직 움직이지 않고 고정되어 있는 별은 '북극성'이다. 움직임이 없다는 것은 중심임을 뜻한다. 하늘의 중심은 천원의 자리이다. 북극성을 중심으로 칠성은 4계절에 따라 동서남북의 사방에 위치한다. 칠성은 옥황상제가 타고 다니는 수레에 비유하기도 한다. 옥황상제가 칠성의 수레를 타고 일순하면 1년이다. 북극성과 칠성의 영역을 황극(皇極)이라고도 한다.

별로써 하늘의 중심을 알고 중심을 통하여 저세상으로 가고자 하는 마음이 간절하였던 것 같다.

❀ 칠지도(七支刀)

4세기경 백제왕이 왜왕에게 하사하였다고 전하는 '칠지도'가 있다. '칠지도'는 칼날이 일곱 개로 칠극(七極)의 형태를 띤다. 그 모양이 마치 사슴의 뿔이나 용의 발톱, 봉황의 벼슬, 천마의 갈기, 나뭇가지, 생선의 뼈처럼 생겼다. 보통 반월도, 인월도, 삼지창이 있으나 '칠지도'는 매우 귀한 병기이다. 왕에 버금가는 권위의 상징물로 여겨진다.

'칠'은 천수로 하늘이 삼극을 갖춘 시기를 말한다. '칠성'은 사람의 생사여탈권을 가진 신성한 별이다. '칠지도' 역시 '칠성'의 상징물과 동일시되는 것으로 여긴다. 하늘의 염라대왕이 가지고 있을 만한 신기(神器)로 추정한다.

예로부터 전해오는 윷놀이가 있는데 척사(擲柶) 또는 사희(柶戲)라고 불리기도 한다. 윷놀이는 정월 초하루에서 대보름 사이에 행해지는 것으로 그 해 농사의 풍흉과 개인의 일 년 운수를 점치는 놀이이다. 윷놀이는 '사'(四)의 뜻인 윷(柶)과 놀이의 합성어이다.

윷판인 말판이 있고 네 개의 말(馬)을 뜻하는 목편 4짝의 윷가락이 있다. 목편은 보통 둥근 나뭇가지를 반으로 쪼개어 쓴다. 윷판은 중앙에 북극성인 '추성'(樞星)이 있고 주위에 28숙(宿)의 별자리가 둥글게 진열되어 있다. 4계절을 알리는 '북두칠성'의 운행을 형상화하였다고 전해온다.

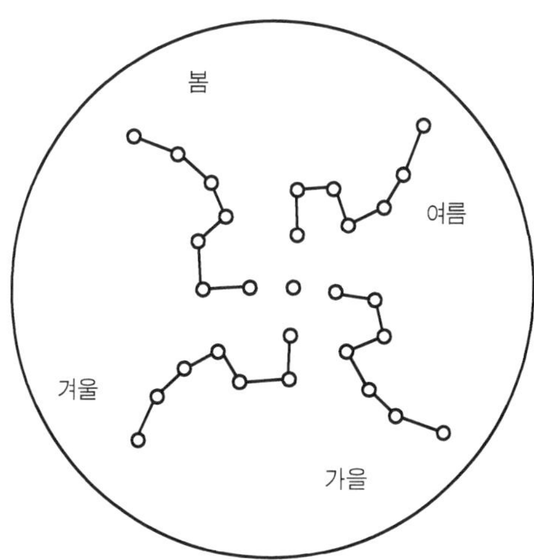

천체관측이나 점술과 연관이 있다고 하며 한반도 정신문화의 원류라고 극찬하기도 한다. 천부경의 원리가 응용된 놀이로서 그 뜻을 이해하는 데 많은 도움을 준다.

윷판 위를 움직이는 말은 해(日)로서 거리의 길고(長), 짧고(短), 고른(均) 정도에 따라 먼 곳으로 돌아가면 하지이다. 가까운 길은 동지를 의미한다. 즉 해의 운행거리에 따른다. 멀지도 가깝지도 않은 중간 길은 춘분 또는 추분이라고 한다. 윷판은 들어가는 입점과 나가는 출점이 하나이고 앞서 이야기 한 춘하추동의 네 가지 길이 있다.

예를 들면 말이 움직이는 방향이나 길(道)이 북→동→중앙→북의 가장 짧은 길은 마치 해가 짧은 겨울철과 같아 동지라고 한다. 이 시기에 태어난 사람을 겨울 태생이라 한다.

북→동→중앙→서→북의 중간 길은 낮이 고르다 하여 춘분이라 한다. 이 시기에 태어난 사람을 봄 태생이라 한다.

북→동→남→중앙→북의 중간 길은 밤이 고르다고 하여 추분이라고 한다. 이 시기에 태어난 사람을 가을 태생이라 한다.

북→동→남→서→북의 가장 먼 길은 마치 해가 긴 여름철과 같아 하지를 가리킨다고 한다. 이 시기에 태어난 사람을 여름 태생이라 한다.

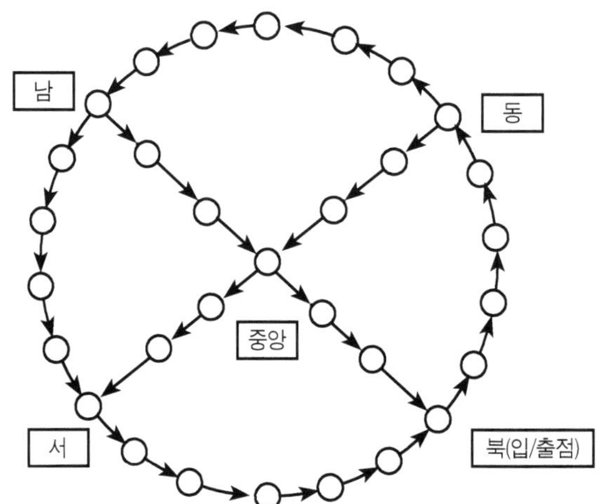

북(北)쪽에 들 점과 날 점이 있고 들 점은 귀천문이며, 날 점은 환생
문이라 할 수 있다. 중앙은 북극성으로 추성점이 된다. 윷놀이에서 윷
은 '사(四)'의 의미가 있으며 '방형'(方形)으로 땅을 뜻한다. 그래서 땅의
수는 '사'(四)라고 여겼다.

윷판이 둥근 '원'이면 하늘을 뜻한다. 또 방형의 윷판과 4개의 윷인
말은 땅의 수 사(四)를 의미한다. 원형의 윷판은 하늘, '도, 개, 걸, 윷, 모'
의 다섯 종류의 말이 뜻하는 '오(五)'는 천수(天數)로 해의 움직임을 나
타낸다고 하였다.

윷가락은 네 개다. 한 개의 윷가락 모양을 보면 [△]으로서 둥근 쪽은
하늘 '천'(天)을, 편편한 쪽은 땅 '지'(地)를 뜻한다. 그리고 천지의 가운데
는 사람에 해당하는 '인'(人)이다.

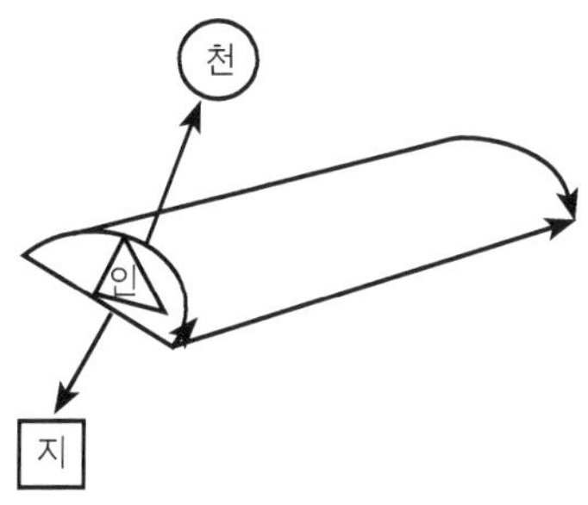

이와 같이 윷 한 짝의 생김새에도 '천지인'의 '삼' 요소가 담겨 있다. '천
지인'의 '삼극'과도 통한다. 윷판을 둥글게 한 것은 하늘의 모양을 본 뜬
것이다. 평평하고 네모나게 만든 것은 땅의 모양을 본 뜬 것이다. 이것
은 '천지인'은 일체를 이루어 같은 원리와 이치가 적용될 수 있다고 여기
는 것 같다.

윷놀이는 4 개의 윷을 던져 엎치고 뒤친 모양에 따라 도, 개, 걸, 윷,
모의 다섯 괘가 나온다. '지천천천'(地天天天) 즉 '지'(地)가 하나고 '천'

(天)이 세 개인 '도'가 나오면 말이 한 걸음(칸 또는 점)을 간다. '지지천천'(地地天天) 즉 '지'와 '천'이 각기 둘인 '개'가 나오면 두 걸음을 간다. '지지지천'(地地地天) 즉 '지'가 셋이고 '천'이 하나인 '걸'이 나오면 세 걸음을 간다. '지지지지'(地地地地) 즉 '지'가 넷이면 '윷'으로 네 걸음을 간다. '천천천천'(天天天天)의 '천'이 넷이면 '모'로서 다섯 걸음을 간다.

사람은 천지가 어떻게 변화하느냐에 따라 운수가 좌우된다. 네 개의 윷가락을 던져서 만들어지는 행운의 수인 '도, 개, 걸, 윷, 모'의 다섯 종류의 말도 각기 의미를 가진다.

'도'는 해(亥)로서 돼지를 뜻하며, '개'는 북극성으로서 개를 가리킨다. 또 '걸'은 양자리로서 양(羊)을, '윷'은 견우(牽牛)로서 소를, '모'는 천마(天馬)로서 말을 상징한다고 한다.

겸해서 도, 개, 걸, 윷, 모는 옛 고조선의 관직명인 '오가'(五加)에서 유래되었다고 한다. '우가'(牛加)는 농업을 담당하고, '마가'(馬加)는 목숨을, '저가'(豬加)는 질병을, '구가'(狗加)는 형벌을, '양가'(羊加)는 선악을 담당하였다고 하는 기록들이 발견되었다고 전한다.

윷놀이는 해와 북극성, 칠성, 천지 음양의 조화로운 이치를 절묘하게 연관시킨 슬기로운 조상의 지혜가 담겨 있다.

칠요일(七曜日)

밤과 낮을 상징하는 일월에 '화수목금토'의 '오성'을 더하면 '1주일'이 된다. '일월화수목금토'의 순환은 달력에 1주일의 주기를 나타내는 '칠요일'이 된다.

지금의 달력에 '일월화수목금토'(일월오성)의 1주기로 반복 되풀이됨도 인간의 삶이 하늘, 즉 일월성신의 순환과 관련이 깊음을 알 수 있게 한다.

1주의 주기가 연속 순환되어 한 달이 된다. 1달이 쌓여 1년 12달의 세월이 흘러가는 것이다. 1주는 7일간이다. 첫째 날이 일요일, 둘째 날이 월요일, 셋째 날이 화요일, 넷째 날이 수요일이다. 다섯째 날이 목요일, 여섯째 날이 금요일, 마지막 일곱 번째 날이 토요일이다.

지구는 일월과 오성의 사이에 있고 세월은 일월오성의 운행에 달려 있다고 여긴다.

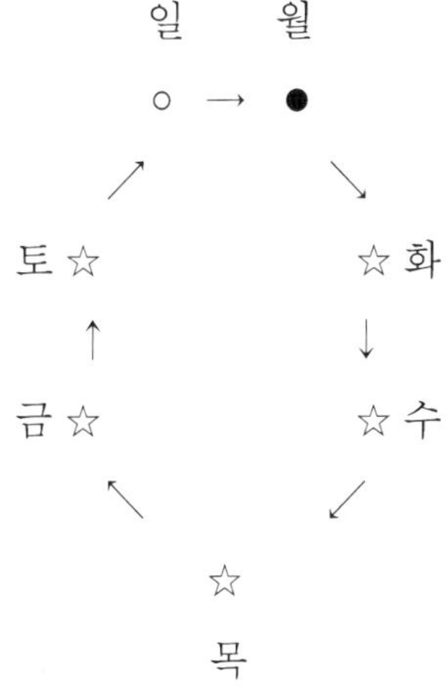

環五七 환오칠

'환'은 연쇄 고리로 구성되어 있고 돌고 도는 운행 체계를 가진 것을 의미한다. 고리의 둥근 모양은 '원방각'에서 '원'에 해당하며 하늘을 상징한다.

항성과 행성, 위성 간의 운행 체계는 공전과 자전이다. 해와 달, 별은 하늘의 삼극으로 지구와 인간에게 절대적인 영향을 미친다. 낮과 밤, 춘하추동의 계절, 밀물과 썰물, 24절기의 변화가 생긴다.

계절은 농사에 영향을 끼치고 인간의 삶에도 변화를 준다. 특히 하늘에서 일어나는 현상이 인간의 삶에 미치는 영향은 절대 불가항력의 숙명으로 여기기도 한다.

인간은 천지로부터 비롯되었다는 '천지인' 사상이 주류를 이루고 있는 고대 농경사회에서의 생활 방식은 더욱 그러하다. '환'은 별들의 운행 체계와 연관이 있다. '환오칠'은 '오성'과 '칠성'의 순환이라 여긴다.

成環五七 성환오칠

'성환오칠'은 '오와 칠의 둥근 고리로 완성되어 있다.'라고 해석할 수 있다. '성'이란 '완성'을 말한다. '완성'은 열 십(十) 자를 상징하며 음양의 결합을 의미한다. 음양의 결합은 생산과 변화가 따름을 암시한다.

십(十)은 무엇이든 필요충분조건을 다 갖추었음을 뜻한다. 그야말로 하나의 독립된 그 나름대로의 체계와 원리를 갖춘 상태로 보인다. 추호의 결함이 없는 완벽한 시스템을 일컫는다.

'환'은 연쇄 고리로 얽혀 있으며 상호 연관성을 가진다. '오'와 '칠'은 하늘의 오성과 칠성이다.

運三四成環五七 운삼사성환오칠

'운삼사성환오칠'의 구절에서 '운삼사'와 '환오칠'은 '성' 자를 중심으로 좌우 대칭되어 있다. '운'과 '환'이 대귀가 되고 '삼사'와 '오칠'이 대귀가 된다. 인명(人命)은 재천(在天)이다. 하느님의 속뜻 즉 마음의 움직임이나 운명은 둥근 고리와 같은 의미를 부여한다.

'성'은 '='의 의미가 있다. '삼'과 '사'의 운명이나 속뜻은 '오'와 '칠'의 고리에 달려 있다. 삼사오칠은 유전인자(DNA)가 내재되어 있다고 보아야 한다. 우주 속의 모든 요소는 서로 영향을 주고받고, 생태계를 이루며 맞물려 있다. 하늘의 일월성신은 돌고 도는 시계의 시침, 분침, 초침과 같다.

서로 긴밀하게 연관되어 땅과 사람에게 영향을 끼치는 것이다. 결론적으로 인간은 하늘의 시간과 땅의 공간에 갇혀 있다. 시공의 지배를 받을 수밖에 없다. 흔히 '세월이 약이다'라고 할 때 하늘이 모든 것을 해결하는 것과 같은 이치이다.

공간과 인간은 시간의 제약을 받는다. 시간은 변화이다. 변화는 음양의 조화에 의해서 일어난다. 공간이 계절에 영향을 받는다면 인간은 공간이 주는 혜택에 의존한다. 특히 생명과 직결되는 농사는 계절의 변화에 민감하다.

'천지인'의 '일이삼', '음양중'의 변화는 불규칙하게 일어나는 것이 아니다. 우주 대자연, 그 속에는 일정한 법칙 즉 운율이 있다. 운율은 '3, 4, 5, 7'이라 할 수 있다. 대삼합육생칠팔구와 일묘연만왕만래의 사이에 있는 운삼사성환오칠은 앞뒤 구절을 연관시켜 준다. 대삼합육생칠팔구는 천지인이 모두다 삼극의 기본 체제를 다 갖춘 시점이다. 삼극은 무진본이라 하였다.

일묘연만왕만래의 '만'은 오늘날의 천상계, 지상계, 인간계를 총칭하는 천지 만물과 삼라만상을 뜻한다. 대삼합육생칠팔구는 씨앗과 같은 존재이다. 일묘연만왕만래는 초목이 우거지고 무수한 씨앗이 퍼진 상태이다. 그 사이에는 씨앗의 생성과 번성, 소멸은 필연적이다.

운삼사성환오칠의 의미는 천지인의 삼극이 만왕만래하는 상태가 되기까지 자연의 법칙을 설명하기 위한 것이라 생각된다. 천지 만물 가운데 천지를 구성하는 만물과 만물의 영장인 사람의 생성과 변화는 하늘에 달려 있다고 여긴다. 천지인의 삼극은 운삼사성환오칠의 원리에 의거 번성하며 억조창생함으로써 천지를 가득 채우게 된다.

운삼사성환오칠의 구절을 해석하기 위해서는 일석삼극의 천지인, 삼극과 일생이(一生二), 이생삼(二生三), 삼생만(三生萬)인 일이삼의 이치를 알아야 한다. 그리고 일적십거무궤화삼, 원방각의 원리가 응용된다.

운삼사성환오칠은 천지인의 삼각구도로 연결 지어서 풀어야 한다. '삼'과 '사'는 모나 극, 각의 형상이 생기는 이치와 규칙적인 변화를 의미한다. 사람과 땅의 요소들이다. 그리고 환(環)의 둥근 고리는 하늘의 둥근 모습이나 일월성신의 운행과 관련지어야 한다.

땅과 사람을 생성시킨 하늘의 천시는 때 즉 시간을 의미한다. 땅과 사람의 운명 즉 인생만사와 농사의 풍흉은 하늘에 달려 있다는 관점이다.

하늘은 땅과 사람의 원천이다. 하늘에서 일어나는 현상이 땅에서도 발생하고 사람에게도 나타난다는 원리이다. 일월성신의 운행에 따라 동서남북 사방향의 기준을 삼고 춘하추동 사계절이 생겨남을 인지했다고 여긴다.

사람은 삶의 영속을 위해 이러한 원리를 생활에 이용하고 문명의 이기로 삼는 것 자체가 순천(順天)하는 길이다. 뭇 생명의 명운은 둥근 하늘의 돌고 도는 일월성신의 고리에 달려 있다.

천	지	인
양	음	중
○	□	△
7,5	4	3

'삼'은 인수(人數)이며 사람의 각(角)으로 △이다. '사'는 지수(地數)이며 땅의 방(方)으로 □이다. '오'와 '칠'은 천수(天數)이며 하늘은 원(圓)으로 ○이다. 원방각의 의미에 따라 '삼'이 △이면 '사'는 □이며 다음의 '오'와 '칠'은 ○이 된다.

운	삼	천지인, 삼극, 사람, △, 일이삼
	사	일적십거무궤화삼, 땅, □,일이삼사
환	오	하늘, ○
	칠	하늘, ○

하늘의 '오'와 '칠'은 오성과 칠성임을 알 수 있다.

운	삼	천지인, 삼극, 사람, △, 일이삼
	사	일적십거무궤화삼, 땅, □, 일이삼사
환	오	하늘, ○, 오성
	칠	하늘, ○, 칠성

오성은 오행과 관련이 있고 칠성은 춘하추동 사계절과 관련이 있다.

운	삼	천지인, 삼극, 사람, △, 일이삼
	사	일적십거무궤화삼, 땅, □, 동서남북, 일이삼사
환	오	하늘, ○, 오성, 오행, 오극,
	칠	하늘, ○, 칠성, 춘하추동, 칠극

운삼사성환오칠에서 '삼'과 '오', '사'와 '칠'은 대귀로 서로 연관성이 있다. 고로 '삼'은 음양중이고 '오'는 오행으로 둘 다 음양의 조화와 균형의 원리를 밝혀주는 사상에서 파생되었다.

그리고 '사'의 일적십거무궤화삼은 춘하추동 사계절의 변화를 의미한다. 그리고 칠성은 사계절에 따라 동서남북으로 위치가 바뀐다. 둘 다 춘하추동의 사계절과 관련이 있다.

다시 말하면 '삼'의 음양중은 오행의 원리에 따르고 '사'는 춘하추동의 계절 변화로 칠성의 운행에 따른다. 천지인의 삼극은 춘하추동의 사계절의 변화에 의해 생성과 소멸을 반복한다.

위의 사항들을 종합해 볼 때, 사람의 일생은 하늘의 오성에 달려 있고 땅의 풍흉은 하늘의 칠성에 달려 있다. 결과적으로 사람의 운수는 땅의 풍흉에 따라 변하고 땅의 풍흉은 하늘의 오성과 칠성의 운행에 달려 있다는 것이다.

운 삼 사	성	환 오 칠
운 △3 ⬜4	=	환 ⑤ ⑦

‘삼’은 음양중의 존재이며 오행의 원리에 따른다. 사계절의 변화는 칠성의 운행과 연관되어 있다. ‘사’는 계절로 ‘삼’의 생성과 변화에 영향을 주는 외부 환경 요인으로 작용한다. ‘삼사’와 ‘오칠’의 관계를 ‘삼’을 사람, ‘사’를 땅, ‘오’와 ‘칠’을 하늘의 ‘오성’과 ‘칠성’의 관계로 본다. 관련되는 개념들을 나열하면 다음과 같다.

인명과 인간사의 길흉화복이나 빈부귀천, 부귀영화는 물론 땅의 풍작이나 흉작은 하늘의 뜻에 달려 있다고 할 수 있다. 하늘의 뜻은 천의(天意)이며 하늘의 마음이다. 하늘에서 비롯된 땅과 사람의 운명이 하늘에 달려 있다고 해도 과언이 아니다. 돌고 도는 운명과 둥근 고리는 일맥상통하는 의미를 가지고 있다.

운	삼	사	성	환	오	칠
운수	각(△)	방(□)	완성	둥근 고리	원(○)	
	사람	땅			하늘	
	인간사	농사			운행	
	길흉화복	풍흉			천기	
	인사	지리			천문	
	인간	공간			시간	
	사주팔자	사방팔방			사시사철	

사람과 땅의 운수는 하늘에 있는 ‘오성과 칠성’의 움직임에 달려 있다고 해도 과언이 아니다. ‘일시무시일’의 ‘일’에서 ‘대삼합육생칠팔구’의 ‘구’까지는 종속적인 관계라면 ‘운삼사성환오칠’은 상호연관성이다.

천지인의 관계를 부모와 자식에 비유한다. 자식이 아프면 부모의 마음도 아프고, 부모가 돌아가시면 자식이 슬퍼하는 이치이다. 자식의 효가 부모의 마음을 감동시키듯이 사람의 지성이 땅을 울리고 하늘을 감동시키는 이치이다. '일이삼'이 아니고 '삼이일'의 관계이다. 다시 말하면 사람은 땅에, 지상의 생물은 하늘에 운명이 달려 있다는 것이다.

사람의 쓰임새도 하늘이 정하는 것이다. 이를 천명이라 한다. 하루의 일기(日氣)도 하늘에 달려 있다. 하늘에서 땅과 사람이 비롯되었다고 여긴다. 이 세상의 모든 것이 하늘에서 연유되었다고 믿는다. 하늘의 뜻에 따르는 것이 순리이며 거슬리면 망한다는 것이다. 그래서 누구나 이루지 못하면 때가 되지 않았다고 하고 뜻을 이루면 때를 만났다고 한다.

천기를 누설하면 재앙이 따른다고 한다. 예로부터 특출한 재주를 가진 자들은 대체로 박명하였다. 주위의 시기와 미움의 대상이 되었다.

농부가 계절에 따라 씨를 뿌리고 거두어들이는 것은 천시에 따른 것이다. 사람도 우주의 씨앗이다. 사람의 씨를 뿌리고 거두는 것도 하늘의 뜻이라 여긴다.

사실 인간은 한 방울의 물과 같다고 하였던가. 천수답과 같이 미약한 존재일 수도 있다. 천부경의 기본 요소는 '천지인'이기 때문에 '운삼사성환오칠'의 해석을 '천지인'과 관련하여 풀이한 것은 설득력이 있다.

'삼'은 '각'(△)으로 사람의 수이고 '사'는 '방'(□)으로 땅의 수이다. 그리고 '오'와 '칠'은 '원'(○)으로 하늘의 수이다. 따라서 사람과 땅의 마음을 움직이는 것은 하늘이고 하늘의 '오성과 칠성'이 '오와 칠'에 해당한다고 볼 수 있다. 우주를 '천지인'으로 삼분하고 삼자간의 구도나 관계를 기본 틀로 하여 모든 것을 판단하고 응용하는 기준으로 삼는다.

일월성신은 정해진 궤도를 따라 규칙적으로 운행한다. 일월의 운행에 따라 밤과 낮, 계절, 기후, 조수간만의 변화가 생긴다. 세월의 흐름에 따라 개인의 삶도 바뀐다. 하늘의 변화가 농사의 풍흉은 물론 인간생활에 미치는 영향은 절대적이라 할 것이다. 과학이 고도로 발달한 오늘날에도 여전히 태풍은 불고 폭우가 쏟아지며, 한파가 닥치고 가뭄이 들게 한다.

시간은 금이다. '천명이니 천기, 천운, 천시'라는 단어들이 지금도 인간의 삶을 지배하고 있다. 존재와 변화, 형상과 현상, 천지인, 시간과 공간은 상호작용한다.

통천문(通天文)하면 달지리(達地理)하고 각인사(覺人事)할 수 있다. '운삼사 성 환오칠'의 관계를 '운과 환', '삼과 오', '사와 칠'의 관계로 본다.

운	△3	□4
환	◯5	◯7

'오성'에 내재한 음양의 조화를 응용하여 물질의 5대 요소인 화수목금토의 상호관계를 풀이한 이론이 오행사상이다. '삼'은 '천지인'의 '삼극'과 '음양중'의 존재이다. 그리고 '사'는 '일적십거무궤화삼'의 변화이다.

'삼'은 '일'에서 새로 생겨난 천일, 지일, 인일의 '삼극'이며 천지 만물로서 존재자이다. '삼'의 존재는 '오행'의 요체인 상생 상극의 원리에 의해 '일이삼'의 현상을 되풀이한다는 것이다.

'사'는 삼라만상의 변화 현상이며 '칠성'의 위치에 따라 변화한다고 여긴다. 하늘의 섭리인 천리는 '오성'과 '칠성'에 담겨 있다. 이와 관련된 개념들을 정리해 보면 다음과 같다.

성		삼			사
		천	지	인	일적십거무궤화삼
	운	일, 이, 삼 양, 음, 중 동, 정, 중			조주석야, 춘하추동 생장수장, 생로병사 원형이정, 기승전결
		존재(천지 만물)			현상(삼라만상)
	환	오성의 운행(오행)			칠성의 운행

결국 하늘이 땅과 사람의 마음을 통제한다고 할 수 있다. '운'은 저마다 타고난 '명운'이다. '운'은 우주의 실행 파일이다. '천지인'의 마음은 서로 밀접하게 연관되어 있다는 개념이다.

즉 '천'의 마음이 어떻게 변하느냐에 따라 '지'의 마음이 변하고 '지'의 마음이 '인'의 마음을 좌우한다는 것이다. 사람과 이 땅의 마음이 변하는 요인은 하늘 즉 하늘의 '오성'과 '칠성'에 달려 있다고 본다.

'오성'은 '오행'이며 '오행'은 결국 '상생 상극'하는 음양의 조화와 균형에 바탕을 둔다. 음양의 조화를 물질의 5대 기본 요소들의 상호관계를 간결하게 풀이한 것이 '오행'의 원리이다. 말하자면 인생의 흥망성쇠와 길흉화복이 반복하고 땅의 풍흉은 '오성'과 '칠성'의 상호작용에 있다고 여긴다. 이러한 관련성은 마치 각자의 사이클 즉 주파수나 진동, 파동이 있음을 뜻한다.

일이삼에도 삼생의 의미가 있다. 부모에게는 절을 한 번만 하는 것은 현재 구복의 의미가 있다. 조상에게는 절을 두 번 하는 것은 과거 보은의 의미가 있다. 신에게는 절을 세 번 하는 것은 미래 부활의 의미가 있다.

하늘과 땅, 사람의 이치를 알면 신선의 경지에 도달할 수 있다지만 먼저 자신의 처지를 알고 도리를 알아야 한다. 모든 것이 완벽하게 완성되면 황금빛을 띤다. 황금은 만고불변하며 지고의 보물이다. 결실의 계절 가을, 황금빛 들녘이나 서산의 태양이 만드는 저녁노을은 '용변'의 완성 상태를 이룬다.

하늘과 땅, 사람에게 일어나는 현상이 서로 조화와 균형을 이루며 연관되어 있다고 여긴다. 하늘의 변화를 알면 땅의 변화를 알고 땅의 변화를 알면 사람의 변화를 알 수 있다.

하늘은 명령자, 통제기관, 결정자 등의 신격으로 상위 개념이다. 하루의 일기보다 지진이나 화산폭발, 태풍, 혹한, 혹서, 대한, 대홍수 등의 자연재해를 겪게 되면 대자연은 경외의 대상이 된다. 하늘의 일기(日氣)에 따라 농사의 풍흉과 운수, 기분이나 상(相)이 달라진다. 하루 전의 일기도 맞추기 힘들다. 마치 짚신 장수와 우산 장수의 운이 갈리는 경우와 같다.

정치인은 백성의 마음을 알려고 한다. 그리고 부하는 상사의 눈치를 보고, 자식은 부모의 안색을 살핀다. 절대자의 눈치를 보고, 일거수일투족에 분위기가 달라지며, 말 한마디에 사기가 좌우된다.

이렇듯이 '천지인'의 생성과 변화, 움직임 등은 상호작용에 의하여 일어난다. 톱니바퀴처럼 맞물려 서로 무관하다고는 볼 수 없다. 이것을 대자연의 순리 또는 섭리라고 한다.

각각의 수(數)는 율동을 가지는데 '삼'은 1,2,3 의 삼박자이며, '사'는 1,2,3,4의 4박자이다. 그리고 '오'는 1,2,3,4,5의 5박자이며, '칠'은 1,2,3,4,5,6,7의 7박자이다.

시(詩)는 일정한 형식의 틀에 맞추어 짓는데 특히 한시는 정형시로 엄격하다. '삼'과 '사'가 어울려 34343543의 정율시를 만든다. 고시조에 내재된 운율인 오언절구와 오언율시가 있고 칠언절구와 칠언율시가 있다.

'삼사오칠'은 일정한 리듬을 가진 율수로 본다. 서로 잘 어울리는 수이다. 천지 만물과 삼라만상의 변화주기라 할 수 있다. 리듬은 율동이나 파동, 진동, 사이클, 주기, 순기, 박자를 가짐을 의미한다. 심장의 박동과 같다.

우주의 섭리는 변화이며 일정한 규칙과 법칙, 운율을 갖고 있다. 대자연의 변화법칙은 신의 섭리로서 신비한 오케스트라 연주와 같다. 리듬은 화음과 박자가 생명이다.

삼	삼극	3행	3요소	3박자	천지인, 음양중, 정동중, 123
사	일적십거 무궤화삼	4행	4요소	4박자	조주석야, 춘하추동, 생장수장 원형이정 1234
오	오성	5행	5요소	5박자	화, 수, 목, 금, 토 12345
칠	칠성	7행	7요소	7박자	차균, 무곡, 염정, 문곡, 녹준, 저문, 탐랑. 1234567

훈민정음은 아설순치후(牙舌脣齒喉)의 오성을 바탕으로 창제하였다고 한다. '궁상각치우'의 '오음계', '도레미파솔라시도'의 '칠음계', 음운의 초성, 중성, 종성의 강약, 4분의 3박자. 3분의 1박자, '삼삼칠'의 박자가 있다.

그리고 아기의 숨소리, 심장의 박동소리, 자장가 소리, 파도소리, 천둥소리, 아우성, 절규, 새들의 울음, 사랑의 고백은 모두가 음악이다. 계절의 변화를 알리는 풋풋한 풀 냄새, 꽃향기, 바람소리, 낙엽 떨어지는 소리, 빗소리, 열기, 냉기, 봄바람은 대자연의 노래이다. 우주의 장엄한 교향곡을 들어보면 생의 환희를 느낄 것이다.

1주, 1년 열두 달, 춘하추동, 24절기는 변화의 리듬이다.

사람에게도 생애 주기로 각자의 봄, 여름, 가을, 겨울이 있고 그에 따른 길흉화복과 생로병사가 있다. 리듬은 음양의 조화와 '중'의 균형이 요체이다.

봄의 연녹색 잎이나 여름의 무성한 녹음, 가을의 알록달록한 단풍, 겨울의 하얀 눈(雪) 색깔도 자연의 조화와 균형의 이치가 작용한다. 빨주노초파남보의 무지갯빛도 음양의 조화물이다. 눈에 보이는 것, 듣는 것, 맛이나 냄새, 촉감, 심지어 무형의 관념물이라 할지라도 음양의 조화가 깃들지 않은 것이 없다.

그 밖에 '삼생', '사방', '삼한사온', '삼강오륜', '사서삼경'의 실례에서 내재된 운율의 법칙을 찾아 볼 수 있다. 천지자연의 율수인 '3. 4. 5. 7'은 대자연의 섭리이다.

'조, 주, 석, 야에 따라 하루 일과가 반복된다. 이것은 생활의 질서이며 리듬이다. 움직임과 호흡은 서로 리듬을 타야 한다. 호흡과 박자가 흐트러지면 힘을 쓸 수 없다. 사계에 따라 음양중은 반복된다. 봄이 오면 씨앗을 뿌리고 여름에 왕성하게 자라고 가을에 열매 맺고 겨울에 씨앗을 거두어들인다.

인생에도 계획과 완성인 결실, 마감 등 시(始)와 종(終)은 다 때가 있는 법이다. 공부할 때가 있고 뜻을 이루는 때가 따로 있다. 일평생 태어나고 성장하여 자식을 낳아 길러 병들어 늙고 죽는 것도 자연의 법칙이다. 수태된 뱃속의 아이도 10개월을 견디고 세상 밖으로 나오는데 만약에 시기가 어긋나면 유산하거나 목숨을 위태롭게 할 것이다. 신의 섭리인 자연법칙을 알고 때를 놓쳐 후회하는 일이 없도록 하여야 할 것이다.

때는 천시, 즉 천심의 움직임이며 인심과 같다. 결국 유행이나 사조, 문화, 문명 등 시대의 반영도 인심에 의해 만들어진다. 그리하여 천심이

인심이란 말이 통하는 것이다.

민심은 자기 통제의 방편으로 삼는 안전시스템이다. 그대가 무엇을 하든지 간에 민심이 주시할 것이다. 지극정성을 다하는 마음은 하늘을 울리기 위해서이다. 궁극적으로는 민심을 감동시키기 위함이다. 성좌의 움직임 등 천문기상의 변화를 관측하는 것도 중요하지만 민심의 변화를 살피는 것도 하늘과 땅의 일 못지않다. 화재와 폭발도 원인의 씨가 있어 조건만 갖추어지면 언제든지 일어날 수 있다.

아름다운 음악은 '고저장단강약'의 조화와 균형에서 생겨난다. 이처럼 미(美)는 조화와 균형, 안정에 있다. 소위 황금비니 황금률이니 하는 말들이 있다. 조화와 균형은 규칙이나 법칙, 율동과 맥을 같이한다. 무릇 섭리는 자연미를 가지며 자연미의 극치는 생산과 풍요의 여체에서 찾을 수 있다.

천부경에서 '일'은 '일이삼'으로 분화하고 완성된 '육'의 형태로 현현한다. 그리고 칠팔구를 갖추어 칠칠, 팔팔, 구구로 번성하여 '만'의 세계가 펼쳐진다. '일이삼'의 변화는 자연의 질서인 '삼사오칠'의 생명리듬을 갖추어 변화한다. 생명리듬은 대자연의 화음이며 기운이다.

각각의 운율에는 천지 만물과 삼라만상에 공통으로 적용되는 우주질서로 신의 섭리가 담겨 있다. 저절로, 흥, 신명, 신바람, 생기발랄의 뜻과 같다. 운(運)과 마음(心), 문(門)은 열리고 닫히는 때가 있다. 동참과 방관, 기회와 실기는 각자의 마음에 달려있다.

🌸 매트릭스 구조(Matrix 構造)

하늘과 땅 사이에 살고 있는 인간은 시간과 공간의 매트릭스에 얽혀 있다. 이것에 의해 인간의 운명이 결정된다고 볼 수 있다. 신화 속에 등

장하는 직녀는 베를 짜는 여인이다. 직녀가 인간을 위해 짜는 베는 인
간의 운명과 인연을 결정하게 된다. 이런 의미에서 직녀는 부부의 연을
짝짓는 천상의 여신이라 할 만하다. 베는 씨실과 날실로 이루어져 있다.
가로 줄은 시간, 세로줄은 공간을 의미한다.

　하늘은 곧 시간이며, 때를 말한다. 땅은 공간 즉 곳을 의미한다. 인간
의 운명은 하늘의 지혜와 땅의 부를 얼마나 부여받을 것인지는 시간과
공간에 의해 제약을 받지 않을 수 없다. 모든 개체는 때와 장소의 인연
을 가지며 상호작용과 반작용으로 운명이 이루어진다. 하지만 전체의
운명은 0(제로)이다.

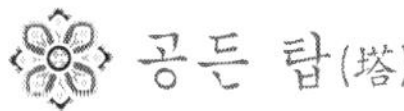 공든 탑(塔)

　피라미드나 불탑의 형상을 보면 '천지인'의 일체형으로 이루어져 있다.
둥근 돌탑의 구조를 위에서 보면 '삼태극선'의 모양과 닮았다. 탑의 뾰족
한 끝은 '일점'으로 둥근 하늘을 상징하며 본래의 '일'로 되돌아가려는
귀일사상과 맥을 같이 한다.

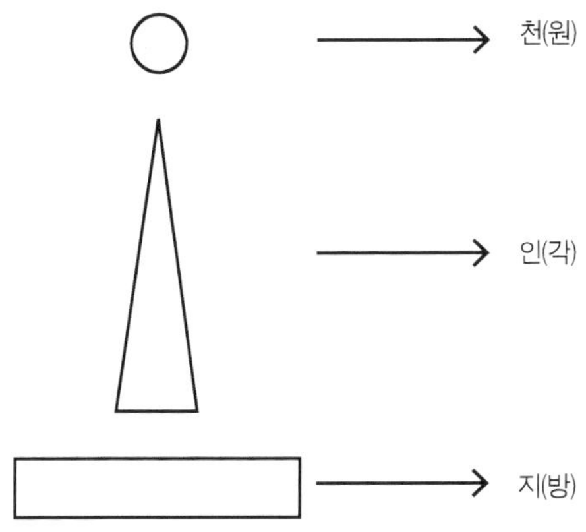

탑의 꼭짓점 역시 하늘을 상징하며 아래의 네모 모양은 땅을, 가운데 삼각형은 사람을 나타낸다. 위쪽의 상(上)은 하늘과 닿아 있어 하늘의 '•'을 상징한다. 아래쪽의 하(下)는 평평한 땅을 기반으로 하는 'ㅡ'을 상징한다.

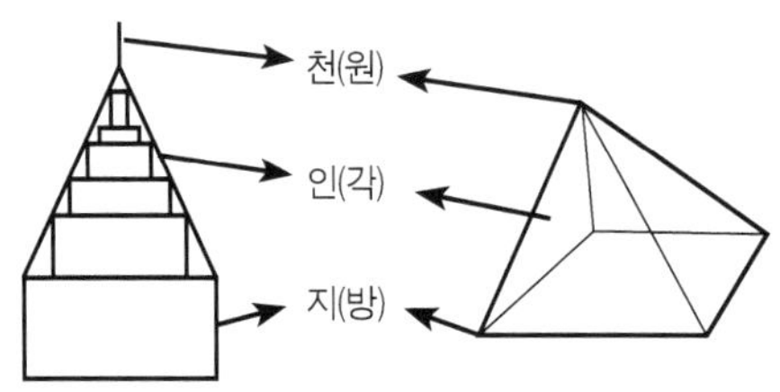

그리고 하늘과 땅의 중간에 우뚝 선 사람의 모양을 한 'ㅣ'을 상징하고 있다. 이것은 천지 사이에 사람이 살고 있음을 형상화한 것이다. '천지인'의 일체형 자연관은 '천지인'의 상호 연관성을 배제할 수 없다고 보여 진다. 탑과 피라미드는 천지인을 상징한다. 사람은 천지와 상하 일통함으로써 완성을 이룬다.

우주(宇宙)의 질서(秩序)

'천지인'의 '삼극'은 '음양중'의 이치가 적용되고, '3,4,5,7'의 운율은 '정중동'의 원리가 내재되어 있다. 일상생활에는 절도, 타인과는 예를 지켜야 한다. 숨을 들이쉬고 그치고 내쉬고 그치고 들이쉬기를 반복한다.

바닷물도 썰물과 밀물이 교대로 일어난다. 춘하추동 사계절에 맞추어 농사를 짓고, 인생도 파도처럼 각자의 사이클이 있다. 우주의 심장 박동에 맞추어 천지자연은 신명나게 일하고 흥에 겨워 어깨춤을 절로 추게 되는 것이다. 그 사이의 '중'에 온기와 서기, 휴식과 명상이 있다.

이러한 것들은 되풀이되며 나름대로 자연의 질서와 규칙에 따르는 것
이다. '정동'과 '음양'의 반복은 한쪽으로의 치우침이 없는 '중'의 중심을
잡기 위해서이다. 중심은 핵이다. 하늘과 땅 사이에 있는 사람은 우주의
중심에 서 있다.

또 '중'은 '삼'에 해당한다. '삼'은 '일'의 후손이다. 후손은 제2의 자기 자
신이다. 고로 '일'의 동정 우주는 자식인 천지인에 대한 사랑은 지극하
다고 여긴다. 대자연의 변화는 어머니의 자장가처럼 규칙적이며 음악적
인 율동이 있다. 음양의 조화는 산풍(山風)과 야화(野花)처럼 자연 그대
로의 삶이다. 천지인은 공생공멸(共生共滅) 한다.

一妙衍萬往萬來

일 묘 연 만 왕 만 래

일은 묘하게 번성하여
만물이 가고 만물이 온다.

一 일
妙 묘
衍 연
一妙衍 일묘연
萬 만
往 왕
萬往 만왕
萬 만
來 래
萬來 만래
萬往萬來 만왕만래
一妙衍萬往萬來 일묘연만왕만래

＜div style="box"＞一 일

‘일’은 최초의 ‘일’이며 존재자이다. ‘일’은 ‘원’일 수도 있고 ‘원’ 속의 ‘점’일 수도 있다. 아니면 중심에 ‘점’을 가진 ‘원’일 수도 있다. 천부경에서는 오늘날의 천지인은 일시무시일의 ‘일’ 그리고 ‘일’에서 생겨난 ‘천일’, ‘지일’, ‘인일’의 삼극으로부터 출발한다. ‘일’은 우주 만물의 근본인 씨알이다. ‘일’에서 나누어진 ‘천일’은 하늘, ‘지일’은 땅, ‘인일’은 사람의 씨알이라 할 수 있다.

삼극은 원자와 같은 요소로 우주의 청정한 ‘기’(氣)의 텃밭에 뿌려진 천지인이 될 세 개의 씨앗이다. ‘一’(1) 은 ‘=, +’(2)를 통하여 ‘三’(3)을 낳는 것을 반복함으로써 궁극적으로는 ‘萬’(만)의 상태에 이른다.

일			
일석삼극			
천일	지일	인일	
일 一 천(◆) 양(+) 원(O)	이 -- 지(一) 음(-) 방(□)	삼 --- 인(ㅣ) 중(±) 각(△)	
일적	십거	무궤	화삼
춘 생 원 기	하 장 형 승	추 수 이 전	동 장 정 결
천이	지이	인이	
음	양	음	양	음	양

삼			삼			삼		
음	양	중	음	양	중	음	양	중

즉 '천지인', '일이삼', '음양중', '정중동'을 반복한다. 그럼으로써 오늘날의 천지 만물의 존재를 만들어내었고 삼라만상의 현상을 있게 하였다고 여기게 된다. '일'에서 비롯된 천지 만물이 각기 '일'이며 천지 만물을 포함하는 대우주가 '일'이다.

妙 묘

'묘'는 참으로 '묘'하다는 뜻이다. 도무지 알 수 없는 상태나 현상이다. 음양의 조화야말로 가장 묘하게 여기는 우주 시스템이다. 불가사의한 자연의 섭리 또는 이치를 우주의 마음이라 일컫는다.

언제 변할지 모르는 사람의 한 치 속마음도 묘하다. 하늘의 현묘함과 같고 종적조차 찾을 길 없는 묘연한 상황이다. 일기가 변하는 것이 예측불허고, 남녀의 결합으로 아이가 생겨나는 것도 신기하다. 태어나고 죽는 것이 다 마찬가지이다.

신비한 자연현상 또한 헤아릴 길이 없다. 우주 일체 모두가 기적 같은 불가해로 이루 다 설명할 수 없는 현상들이다. 아직까지 그 근원은 더욱 더 알 길이 없다.

옥편을 찾아보면 妙(묘)는 묘할 묘(神奇신기), 정미할 묘(精微정미), 간들거릴 묘(纖媚섬미), 예쁠 묘(美미), 젊을 묘(少소)로 3획의 계집 女(여) 변에 7획이다. 묘(妙)는 여자(女)가 아이(少)를 품은 형상이다.

衍 연

'연'은 물이 거침없이 자연스럽게 흘러가는 형상이다. 하늘에서 떨어진 한 방울의 빗물이 고여 옹달샘을 만든다. 옹달샘은 실개천이 되고, 실개천은 모여 냇물이 된다. 냇물은 모여 강물이 된다. 강물은 모여 바닷물이 되어 마침내 머무른다. 더 이상 흐를 수 없는 바닷물은 극즉변(極卽變)한다.

바다에 모인 물은 태양의 열기에 의해 증기가 되어 하늘로 상승한다. 수증기는 구름이 되어 하늘을 두둥실 떠다닌다. 물은 천지인을 돌고 돈다. 우주생태계가 일련의 순환 체계를 유지한다. 이 땅에 초목과 짐승이 무성하게 자라고 인간의 자손이 대를 이어 번성하는 현상에 비유할 수 있다.

한 방울의 물이 대해를 이루듯이 한 톨의 씨알이 초원을 이루고 짐승은 무리를 지어 밀림을 누빈다. 지구상의 인구도 기하급수적으로 늘어나 과밀하다고 벌써부터 걱정하는 이들도 많다.

'연'은 문화가 발달하고 강성해지는 세력 집단을 의미한다. 세월이 가면 저절로 이루어지는 것, 알게 되는 것, 얻게 되는 것으로 자연의 순리라 할 수 있다.

'일'의 극미한 상태에서 팽창하거나 확산, 분열, 확장 또는 확대되어 한없이 뻗어가는 기상을 느낄 수 있다. 한마디로 '상생 상극'하는 음양의 조화로 말미암아 변화되어 가는 대자연의 충만한 모습을 연상할 수 있다. 衍(연)은 넓을연(廣광), 번성할연(茂盛무성), 넘칠연(溢일)으로 6획의 行(행) 변에 9획이다. 점의 小(소)에서 원의 大(대)로 변화하는 모습이다.

一妙衍 일묘연

'일묘연'은 '일이 묘하게 번성하다.'로 해석할 수 있다. 번성해 나가는 것은 변화하는 것이다. 땅 속의 씨앗이 봄이 되면 발아하여 싹이 난다. 여름에 줄기는 자라 가지와 잎이 무성해진다. 꽃이 피어 암수가 수정하고 가을에 열매를 맺어 겨울에 수많은 씨앗을 다시 대지에 퍼뜨린다.

짐승도 암수가 새끼를 낳고 번식하는 것이다. 한 방울의 물이 모여 시냇물을 이루고 강물이 되어 거대한 오대양을 만든다. 사람도 한 쌍의 남녀가 만나 자식을 낳으면 그 자식이 자자손손 천대만대 이어간다.

그야말로 자연의 섭리는 묘하다. 모든 존재와 현상들이 불가사의하게도 우주의 섭리에 따라 자연히 이루어지게 되어 있음을 뜻한다. 인위적인 힘은 배제되며, 오직 신의 의지만이 세상의 변화를 만들어 낸다고 여긴다. 인간의 의지 또한 신의 섭리에 의해 움직인다. 운명은 숙명이며, 부동본이 된다. 밤과 낮, 그리고 계절의 변화도 마찬가지이다.

인생의 생로병사도 누구든 거슬릴 수 없는 가히 운명적 변화이다. 세월 앞에 장사 없다고 한다. '일묘연'의 원리는 '운삼사성환오칠'의 변화이치에 적용을 받는다.

'삼사오칠'은 우주의 시스템을 움직이는 기본법칙으로 작동한다. 우주의 박동이며 율동을 의미한다. '물 흐르듯이 순리대로 살아라.'라고 할 때 순리는 '일묘연'의 원리를 의미한다. '일묘연'은 '천지인'이 '음양'의 조화를 부리는 현상을 말한다.

부언하면 '일'에서 '천일', '지일', '인일'의 '삼극'이 생겼다. '음양중'의 원리에 따라 '삼극'에서 비롯된 첫 번째 하늘은 일월과 성신으로 가득 찬다. 둘째 땅에는 온갖 미물과 초목, 짐승의 암수가 종자를 퍼뜨린다. 인간은 성인남녀의 결합으로 천대만대 이어갈 자손을 낳을 것이다.

'일'에서 생겨난 모든 극에는 일석삼극의 원리가 DNA처럼 각인되어 있다. 종소리와 북소리는 천지사방, 방방곡곡으로 울려 퍼진다. 우주의 심장에서 시작된 울림은 하늘과 땅, 사람의 심금을 울릴 것이다.

삼태극선 중앙의 한 점이 원의 테두리로 팽창하는 모양을 닮았다. 그리고 연못의 한가운데 조약돌을 던지면 파문이 번져나가는 현상이다. 천지인은 서로 고리를 이루어 박자에 맞추어 변화한다. 모든 신호의 근원은 우주의 중심이다.

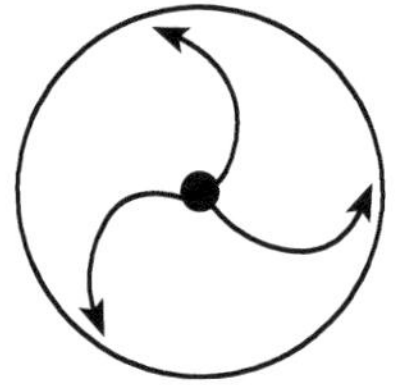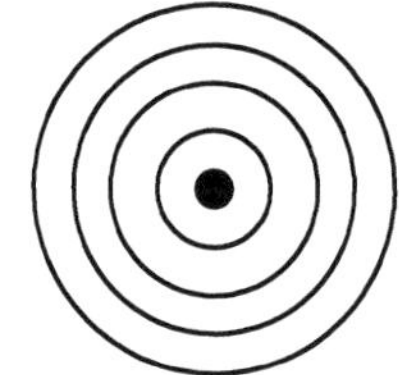

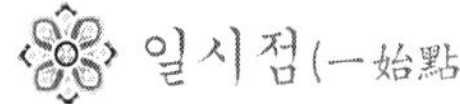 일시점(一始點)

천부경에서의 '일시점'은 '일'에 해당한다. '일시무시일'의 '일'과 '일묘연만왕만래'에서의 '일'이다. '일'은 시작을 한없이 반복한다. '일'이 묘하게 번성하여 만물이 생겨나고 사라지고 한다는 것이다.

'일'에서 비롯된 오늘날의 우주 만물이 가고, 오는 것이 모두가 다 '운삼사성환오칠'의 원리에 의해서이다. '일시점'은 인과응보(因果應報)의 인(因)에 해당한다. 즉 모든 것의 근원이며 씨앗이라는 뜻이다. 오늘날의 모든 것을 있게 한 원천이 '일'이라는 뜻이다. '일'은 우주일 수도 있고 '사람'일 수도 있다.

'일시점'은 어떤 상황으로 변화할지 모르는 미묘한 존재이다. 미세한 기류의 흐름과 같다. 어떻게 변할지 모르는 날씨, 어떤 결과를 예측하기 힘든 언행일 수 있다. '일'이 삼라만상의 근본이라면 '일'의 중요성을 강조하지 않아도 알 만하다.

모든 것은 '일'에서 시작한다. 아무리 사소한 언행이라도 경칠 수가 있다. 말 한마디, 일거수일투족 행동 하나 하나에 당신의 운명이 달려 있다고 해도 과언이 아니다. 무심코 저지르는 몸짓, 의미 없이 스쳐가는 일순간의 표정에도 당신의 미래가 달려 있다. 순간에서 영원이란 말이 있다. 찰나의 생각이 일평생을 좌우할 수도 있다는 뜻이다.

'일시점'은 수상한 점이다. 주위에 감으로 느낄 수 없는 미묘한 분위기와 같다. 왠지 기분이 좋거나 나쁜 느낌, 기대와 설렘, 불현듯 스치는 생각, 조짐이나 징조, 예감 등 미세한 낌새의 흐름과 같다. 서로가 잠을 못 이루고 이심전심으로 느끼는 초감각적인 현상일 수도 있다.

'일시점'은 태풍의 눈과 같다. 말 한마디에 천 냥 빚을 갚는다. 마음에서 생겨난 언행은 '극'이 되어 어떤 파장을 일으킬지 알 수 없다.

'일'은 결코 없어지지 않는다. 시작하고 또 거침없이 나아갈 것이다. 그야말로 '무진본'이기 때문이다. 개체의 '일'이 사라지더라도 우주 전체의 '일'로서 존재하게 된다는 것이다. '일'은 '일이삼, 육, 칠팔구, 십…… 만'으로 증가한다. 말하자면 '일'은 천지의 영기를 받아 무한히 번성할 수 있다는 것이다.

우주의 빅뱅이론도 '일시점'에서 대폭발이 있었다고 여기는 것이다. '일시점'은 폭발물의 뇌관과 같다. 한 사람의 힘이 사회에 엄청난 변화를 줄 수 있다. 소문은 일파만파 사방으로 펴져 나간다. '일묘연'의 '일'은 '일시점'과 같다. '일시점'은 파장이나 확산, 충격의 계기가 된다. 일시점은 발생의 시작점이 되기도 하고 변화의 전환점이 된다.

사람은 누구나 불행과 행복을 맛 볼 수 있다. 물도 끓고, 얼고, 녹는 시점의 온도가 있다. '일'의 존재는 '궤'를 바꾸어 시간과 공간을 넘나드는 것 같다. 미래 언제, 어디에서, 무슨 일이 일어날지, 어떻게 변할지는 아무도 모른다. '일'은 어떠한 상황으로 변할지 모르는 미지수인 셈이다.

시시각각 변하는 한 치 사람 속의 마음도 도무지 종잡을 수 없다. 사람의 마음도 묘연한 것이라 '일시점'이라 할 수 있다. '일시점'은 우주 즉 인간의 마음이 만들어 낸다.

천지 만물과 삼라만상에는 우주의 마음이 깃들지 않은 데가 없다. 무엇이든 태양광명의 마음에서 우러나온 것이라면 천지와 통하는 기를 느끼며 세상을 이롭게 할 것이다.

주위나 상대방의 마음이 어떻게 변할지를 알려면 현재 어떤 상태에 있는지를 먼저 읽어야 한다. 하나를 알면 열을 깨치듯 평상시 습관처럼 되풀이 되는 표정과 언행, 형색 등을 꼼꼼히 살피면 상대방의 마음이 어떻게 변할지를 꿰뚫어 볼 수 있다. 변화는 천지인, 음양중의 일정한 법칙이 있기 마련이다.

萬 만

'만'은 천지 만물, 삼라만상의 '만'이다. 개체로 '만'이다. 회수로 만 번을 의미할 수 도 있다. 우주 전체나 다함, 이룸의 끝, 모든 것, 일체를 뜻한다. 태초의 '일'이 묘하게 번져 생겨난 오늘날의 세상을 '만'이라 한다. 더 이상의 지속할 수 없는 한계를 내포한다. 말하자면 '일'이 번성한 끝이다. 아기가 자라 어른이 되고, 씨앗이 자라 나무가 된 상태이다. 우주 내 존재하는 모든 형상과 현상들이다. 한마디로 조물주가 만들어 낸 억조창생이다.

萬(만) 자는 일만 만, 여러 만(多數다수), 많을 만으로 6획의 풀 艸(초)변에 15획이다. '만'은 천지 만물, 삼라만상, 천태만상, 천변만화 등 여러 가지 뜻이 있다.

오늘날의 천상계, 지상계, 인간계는 '만'의 극치에 다다랐다고 볼 수 있다. 신명세계는 기분이 최고조에 달한 '만'의 상태이다. 온갖 현상이 펼쳐지는 신묘한 세계이다. 만감과 만 가지의 생각이 교차함으로써 빚어내는 도와 깨달음의 경지를 터득할 수 있다. '만'은 그저 모든 것, 수없이 많은 것, 온갖 것, 우주를 나타내는 말이기도 하다. 무량수, 불가사의한 현상을 일컬을 때 한마디로 '만'이라 한다.

1945년 8월 15일 해방과 광복의 순간에 우리 민족은 너 나 없이 '만세 만세, 만만세'를 목이 메도록 외쳤다. 만세삼창은 대를 이어 영원히 번성하자는 뜻을 담고 있다.

천부경에서는 만 가지 변화도 하나의 법칙에 의해 움직임을 알 수 있다. 그리고 만 가지 사물이나 현상도 '일(一)'에서 유발되었다고 하였다. 한 가지를 들으면 열을 알고, 열을 알면 만 가지를 안다는 뜻이다. 모든 것을 알아야 모든 것을 아우를 수 있다. 사람은 아는 것만큼 행동으로 옮길 뿐이다.

천부경은 비록 81자이지만 상수(象數)와 율수(率數)로 이루어져 있다. 숫자는 하나에서 열까지의 자연수가 키워드로 우주와 통하고 삼세를 밝히는 비경이라 할 수 있다. 의미상 극도로 축약되어 있다. 우주의 축소판인 소우주라 할 수 있다. 천부경의 글자는 그 뜻을 제대로 새기려면 81만 자로 펼쳐도 모자랄 것 같다.

'만'은 오늘날의 천상계, 지상계, 인간계를 총칭한다. 이러한 '만'의 경지에 다다르면 무아의 경지에서 접신 하여 대화도 하고 사람의 운명을 점치기도 한다. 과거와 현재, 미래의 삼세를 내다보며 보이지 않는 자취를

훤히 꿰뚫어 보기도 한다. 천지 만물과 통하여 그 마음을 읽고 영혼을 달래 주기도 한다.

즉 '천지인'의 '삼인(三印)'에 통달한 사통팔달의 기인이사이다. 삼 신(三神)과 대화하고 천문과 지리, 인사에 밝은 사람이다. 해탈의 성인이나 선각자, 신이나 신선의 반열에 오른 사람이다. 우주와 통하고 삼세를 통찰할 수 있는 초능력을 가진다. 만능이란 말이 있다. '천지인'을 아는 사람은 만사를 분별할 수 있는 능력이 생긴다.

온 누리, 온 세상을 알고 온 백성을 편안히 다스리는 능력을 가진 사람이라 한다. 또 심성이 밝고, 깨끗한 '만'의 경지에 이른 사람을 능인(能仁)이라 한다. 눈 감고 가만히 앉아서도 우주를 알 수 있다. 천리만리 밖에서도 소리를 듣고 현상을 느낄 수 있다. 이러한 경지를 일컬어 해인(海印) 또는 깨달음의 경지라 할 수 있다. 이른바 천통(天通), 신통방통(神通方通), 천리안(千里眼), 혜안(慧眼), 이심전심(以心傳心), 천이통(天耳通)의 경지라 할 수 있다. 그것은 천지의 중심에 서서 본심으로 우주를 바라보는 내가 있기 때문이다.

과대와 과소를 구분할 줄 아는 사람은 '일(一)'로써 '만(萬)'을 얻는다고 할 수 있다. 만일사상(萬一思想)은 '만에 하나'이다. 물에 빠진 사람이 지푸라기 한 올도 잡으려는 심정과 같이 선택의 여지가 없는 긴박한 상황일 것이다.

하늘의 보물을 찾는 선지자들은 무아의 경지와 예지력, 통찰력, 임시변통력을 터득한 사람들이다. '만'을 '일'로 꿰뚫어 보는 능력은 자신의 '일(一)'을 알고 삼세(三世)를 통달하여 신선의 경지에 이른 도인이 아니면 불가능할 것 같다. 일(一) 은 점, 마음, 씨앗, 시, 래이며, 만 (萬) 은 원, 완성 (十) 의 완성 (十) , 卍, 대완성, 성체, 종, 왕을 뜻한다.

천부경의 81자에 우주 대자연의 이치가 축약되어 있다고 여긴다. '점'

의 일자(一字)와 '원'의 81만자는 일맥상통한다. 언필칭, 신의 능력은 일부 현실화되고 있으며, 앞으로도 가능하다고 본다.

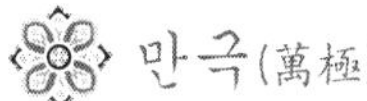 만극(萬極)

태초의 '일'에서 '천일지일인일'의 '삼극'이 생겨났다. '일적십거무궤화삼'의 '사극'(四極)에 의해 삼극은 음양중으로 변화한다. 삼극과 사극은 오성인 '오극'(五極)과 칠성인 '칠극'(七極)의 변화에 따라 '상생 상극'함으로써 생겨났다가 사라지기를 반복한다.

'극'은 한계점에 다다르면 변화하고 극소의 씨앗과 극대의 성체를 순환 반복한다. '극'은 천지 음양의 조화로 쓰임새에 따라 '생극'과 '멸극'을 되풀이한다. 태초의 '일'에서 비롯된 '일, 이, 삼극, 육극, 칠, 팔, 구극'에서 파생된 것이 '만극'이다. 만극은 이 세상에 존재하는 모든 것을 의미한다.

극치(極致)

지금의 세상은 우주 즉 마음이 만들어낸 극치의 세상이다. 이 세상의 모든 것이 태초의 '일'에서 생겨난 '극'이라면 '일극'의 끝에 존재하는 것은 '만궁'의 시대이다. 그러한 시대는 드러날 것이 다 드러난 더할 나위없는 한계이다. 또는 더 이상 도달할 수 없는 극도의 상태라 할 수 있다.

인간이 태어남으로써 극치의 시대가 전개되고 앞으로도 인간이 살아 있는 한 계속될 것이다. 극치의 현세에서 낙을 누리면 그것이 바로 극락이다. 욱일승천의 붉은 태양, 한가위의 밝고 환한 둥근 달, 변경인, 궁극의 삶, 경계선이란 말이 어울린다.

 만물(萬物)

 '만'의 뜻을 만물로 여긴다. 만물은 천지의 조화물로 볼 수 있고 만질 수도 있다. 이 세상에 존재하는 모든 것이다. 물질의 형이하학적인 형상물 일체를 말한다. 기(氣)의 변형으로 '음'이다.

 만상(萬象)

 '만상'은 삼라만상으로 눈으로 볼 수 없고 손으로 만질 수 없는 것이다. 이 세상에 존재하는 모든 비물질의 형이상학적인 현상들을 총칭한다. 이(理)의 작용으로 '양'이다.

往 왕

 갈 '왕' 자이다. 간다는 의미이다. 간다는 '사라진다. 없어진다'의 의미도 있다. 생사에 있어서는 사멸과 같으며 만나고 헤어짐에 있어서는 헤어짐과 같다. 여기에서 저기로, 이승에서 저승으로 장소를 옮기는 것이다. 혹은 현세에서 내세로 이동하는 시간 여행에 비유할 수 있다. 또는 현상이 사라지는 것을 의미한다.
 往(왕) 자는 갈 왕(去거), 옛 왕(昔석), 이따금 왕(間간)으로 3획의 자축거릴 彳(척) 변에 8획이다. '저세상으로 간다'는 말은 태초의 '일'로 되돌아간다는 뜻이다.

萬往 만왕

'만물이 가다. 또는 만물이 죽거나 사라지거나 없어진다는 것이다. 만물이 서로 헤어지거나 천태만상의 현상들이 자취를 감춘다. 보이지도 들리지도 않고 뒤를 이어 따라 가는 것을 수없이 되풀이하는 현상이다. 회자정리, 생자필멸이다. 만물이 본래의 자리로 되돌아감을 뜻한다.

멸극(滅極)

기존에 있던 '극'이 사라짐을 뜻한다. '궤' 즉 분별할 수 있는 형체의 소멸을 의미한다. '극'과 '극'은 '상극'함으로써 나누어지고 상생함으로써 합쳐져 자신의 씨앗을 남기고 환원한다.

천부경에서는 완전히 사라지는 것은 아무것도 없다. 사고사든, 병사든, 자연사든 처음의 '일'로 되돌아 갈 뿐이다.

萬 만

앞서의 '만' 자와 같은 의미이다. 전자의 '만'과 후자의 '만'은 같다. 다른 점은 저쪽에서의 '만'이 이쪽으로 오고 이쪽에서의 '만'이 저쪽으로 간다는 의미이다. 또 반복의 의미가 강하고 무한히 지속된다는 것을 강조하고 있다.

이쪽 편의 '만'과 저쪽 편의 '만'과는 엄밀하게는 다르다. 이쪽으로 오는 '만'은 씨앗의 집합이고 저쪽으로 가는 '만'은 성체의 집합과 같다. 전자는 새로 생겨나는 것이고 후자는 사라지는 것이다. 사라진다기보다는 궤(형태)를 바꾸어 영속한다고 볼 수 있다.

부모가 늙어 죽어도 자식은 남아 뒤를 이을 것이다. '만'이 '만'을 낳고 사라지는 것이다. 영원히 없어지는 것이 아니고 언젠가는 다시 생겨난다고 여긴다. 아니 생각에 따라서는 이미 다시 생겨난 것인지도 모른다. '만'이 중복해서 사용된 것은 미묘한 차이가 있다.

'만'이 와서 단지 소멸된다는 것이 아니다. '만'이 오면 '만'이 간다는 균형의 의미가 있다. 만물은 저마다의 정해진 순서에 따라 뒤를 잇는다. 새로운 '만'이 전자의 빈자리를 채우고 역할을 교대한다는 것이다. 에너지 불변의 법칙과 같다.

산이 높으면 골짜기도 깊다. 빛이 강하면 그늘도 짙다. 겉으로 나타나는 것이 있으면 안으로 숨는 것이 있다. 한쪽이 상승하면 다른 한쪽은 하락한다. 시소놀이나 천칭저울의 원리와 같다.

來 래

올 '래' 자이다. '온다'는 의미가 있다. '태어나다. 탄생하다. 생기다'의 뜻도 있다. 생사의 문제에 있어서는 생에 해당하고 만나고 헤어짐에 있어서는 만남과 같다. 또 현상이 새로 일어난 때이다.

來(래)자는 올 래(至지), 돌아올 래(還환)로 2획의 사람 인(人) 변에 8획이다. 태초의 '일'에서 빅뱅 이후 유발된 모든 것의 나타남을 말한다.

萬來 만래

만물이 오다. 또는 만물이 생기거나 탄생하는 것을 의미한다. 만물이 형상으로 나타나거나 만남을 뜻한다. 천지 만물의 형상들이 새로 만들어지거나 삼라만상의 현상들이 새로 일어나는 것을 말한다.

❀ 생극(生極)

새로운 '극'이 생겨남을 의미한다. '극'은 음양과 같이 서로 대치되는 요소들이다. 하나의 '극'이 생기면 반드시 대립하는 '극'이 생긴다. '극'이 생기면 기존의 질서가 파괴되고 한동안 혼란이 초래된다. 그러나 어느 시기가 지나면 안정을 되찾게 된다. 대립되는 '극'은 균형을 유지하려는 본능이 작용하기 때문이다. '극'과 '극'이 상생하면 새로운 '극'을 낳는다 .'극'이 '극'을 낳는다는 말이 맞을 것 같다. 생극은 태초의 '일'에서 시작된다.

萬往萬來 만왕만래

'만'의 의미는 무수히 많은 다양한 개체들로 가득 찬 모습이다. '만왕만래'는 옛 만물이 가면 다시 새 만물이 온다는 의미이다. 비우면 또 다시 채울 것이다. 고로 우주에는 빈자리가 없음을 알 수 있게 한다. 빈자리가 생기면 동일한 그 무엇이 대신 채울 것이다. 이것이 음양의 조화와 균형이며 대자연의 섭리이다. 그야말로 천태만상이나 천변만화하는 대자연의 변화무쌍한 현상들을 의미한다고 보인다.

'일'이 묘연한 것이 '만'이다. '일'의 궁극적인 모습들이 '만왕만래'이다. 대자연의 모습을 바라보면 수많은 생명들과 현상들이 나타났다 사라진다. 지난 여름 무성한 초목의 백화만발했던 황량한 벌판을 바라보면 감회가 새롭다.

연이어 새로운 현상들이 끊임없이 되풀이된다. 개체도 생겨났다가 사라지고 또 다른 개체가 생겨난다. 신세대가 구세대를 대체하는 현상은 무한히 지속되는 것이다. 한 생명체가 이 세상에 탄생해서 생존하다가 사라지지만 새로운 제2, 제3의 생명체가 다시 뒤를 잇는다. 만물은 서로 만나고 헤어짐을 수없이 반복한다고 할 수 있다.

마음이 형상으로 나타났다 사라지고 전생과 현생, 내생을 윤회하는 현상을 그려 볼 수 있다. 우주의 섭리인 계절에 따라 만물이 나타나고 사라진다. 그야말로 저마다 모습을 바꾸는 탈바꿈(궤를 바꿈) 현상이 일어난다. 예를 들어 봄이 가면 여름이 오고, 여름이 가면 가을이 오고, 가을이 가면 겨울이 온다. 겨울이 닥치는데 가을이 아니 가지 못하리라. 겨울이 오면 봄이 멀지 않았음을 안다.

가고 오는 것은 동시다발적으로 이루어진다. 씨앗이 성체를 대신한다. 기존의 것이 없어지고 새로운 것이 그 자리를 채우거나 역할 전환 또는 대신한다는 의미가 있다. '일묘연'은 '천지인'이 음양의 조화로 번성한다는 것이다.

'만왕만래'는 음양의 조화로 인한 균형이다. 태초의 '일'에서 '극'과 '극'이 생기고 상호작용으로 '생극'과 '멸극'을 되풀이한다. 두 개의 '극'은 쓰임새에 따라 생겨나, 서로 상극을 이루다가 상생함으로써 새로운 씨앗을 남긴다.

쓰임새를 다하면 중화되어 둘 다 사라진다. 그릇에 물이 가득차면 비우고 채우기를 반복하는 것과 같다. 마치 이승과 저승을 오가는 무한 궤도의 순환열차에 비유된다. 천지인의 요소가 함께 생성되고 소멸됨을 의미한다. 만개체는 시와 종을 되풀이 한다.

주먹 쥐면 만왕이요, 펴면 만래이다. 전자의 뒤를 따라가고 후자의 뒤를 따라오는 것이다. 이승과 저승, 만래와 만왕은 '양'과 '음'으로 전체는 조화와 균형을 유지하며 무한히 반복되는 현상이다.

✿ 상생 상극(相生相剋)

'극'은 마음이 표출된 것이며 필요에 의해 생겨난다. '천지인'의 순서대로 생겨난다. '극'은 인간이 느낄 수 있는 천지 만물과 삼라만상을 의미한다.

모든 현상과 형태는 상극점에서 '극즉변'하고 하극점에서 '궁즉통'한다. 그리고 인연에 따라 상호 '상생 상극'하면서 나타났다가 사라지기를 반복한다. 하지만 '삼극'은 '무진본'이다. '삼극'은 음양의 조화로 생겨나며 항상 음양극 사이에 중극이 생김으로써 전체는 균형과 안정을 이룬다. 상극은 상생을 위한 전제 조건이 된다. 상극과 상생은 음양의 조화와 균형을 위한 필수 조건이다. 천지 만물은 생한 만큼 멸하고 멸한 만큼 생한다.

✿ 먹이사슬

자연현상은 음양의 조화가 근본을 이룬다. 음양의 조화는 '상생'과 '상극'이다. 태초의 '일'은 상생 상극을 반복한다. '상생'함으로써 번성하고, '상극'함으로써 소멸한다. 천적은 서로 먹고 먹히는 관계이다. 먹고 먹히는 행위도 음양의 조화와 균형에 지나지 않는다.

'상생'은 '상극'의 바탕위에 이루어진다. 그 에너지의 원천은 '상생' 즉 합치는 데서 얻는다. 천적은 상극관계이지만 자연계의 안정을 위해서는 상생을 위한 먹이사슬은 불가피하다. '극'과 '극'을 상쇄하고 새로운 '극'을 생성시키게 된다. 이러한 연쇄구조는 대자연의 메커니즘이다.

'상생'은 '생'을 의미하고 '상극'은 '사'를 의미한다. 상극의 의미는 먹는 쪽은 '생'이지만 먹히는 쪽은 '사'이다. 먹히는 쪽은 단지 용도 폐기된 껍데기의 '궤'를 벗어나는 것이지 마음은 영원히 살아 윤회한다는 것이다. 먹고 먹히는 '상극'도 어쩌면 '상생'을 위한 마음의 기제가 밑바탕에 깔려 있다고 보아야 한다.

다시 말하면 전체적으로는 음양의 조화와 균형을 이루는 것으로 보아야 한다. 물속에서 잠자리의 유충은 올챙이를 잡아먹는다. 반면에 물 바깥으로 나오면 개구리는 잠자리를 먹는다. 이렇듯 상극은 전체적으로는 융합이며 결국 '상생'하는 셈이다. 죽음이 있어야 생명이 새롭게 탄생한다. 강자도 언젠가는 죽음을 면치 못한다. 강자와 약자는 생의 길고 짧은 정도의 차이가 있을 뿐이다.

결국 '상생 상극'은 궁극적으로 모두가 죽음으로써 얽힌 인연을 끊고 잘못을 고칠 수가 있다. 사멸하는 시간 차이는 사실상 찰나의 순간이며 의미가 없다. '천'이 생하면 '지'가 생하고 '인'이 생한다. 반대로 하늘이 멸하면 땅이 멸하고 인이 멸한다.

자연 생태계에서 음양의 조화와 균형이 있도록 하는 시스템은 각자의 본능에 의한다. 조물주는 그 본능을 마음에 심어 놓았다. 결국 먹이사슬은 '극'의 상호작용으로 '생극'과 '멸극'을 되풀이하는 '상생 상극'의 의미를 가진다. 만약 죽음을 택했다면 마음이 몸통을 버린 것이다. 생(生)과 사(死)는 on과 off, 명(明)과 암(暗) 같은 것, 모두가 대자연의 순환계를 벗어나지 못한다.

사람은 만 가지 서로 다른 요소로 구성되어 있다. 만 가지 요소들은 만 가지 마음을 만들어 하나의 독립된 유기생명체를 구성한다고 여긴다. 고로 사람의 몸은 자연물인지 내 것인지의 구분이 모호하다.

운삼기칠(運三技七)은 천운이 1/3을 차지한다는 뜻이다. 사람은 태어나 1/3은 하늘, 1/3은 땅, 1/3은 자신을 위해 존재한다. 자신의 몫인 1/3을 제외한 2/3는 박애와 자비로 홍익세상의 밑거름이 된다.

一妙衍萬往萬來 일묘연만왕만래

'일묘연만왕만래'는 '일'이 '묘'하게 번성하여 만물이 가고 오고를 수없이 되풀이한다는 뜻으로 풀이할 수 있다. 가고 온다를 단순히 나타났다가 사라지는 의미로 볼수는 없다. 생과 사, 만남과 헤어짐을 의미하는 것이라 여긴다. 그러한 삶과 죽음이 단순히 오고 간다는 의미로 비유한 것 같다.

말하자면 우리가 축복의 탄생도 두려움의 죽음도 단지 오고 가는 의미로 아무렇지도 않게 여긴다. 다만 이곳에서 저곳으로 장소만 옮기는 정도에 불과하다는 것이다. 이곳과 저곳은 이승과 저승, 하늘과 지상, 이 세상에서 저세상으로 가고 오는 것에 지나지 않는다.

삶과 죽음을 심각하게 받아들이지 않고 지극히 당연한 현상들로 받아들여진다. 보이고 사라지는 것은 모두가 필요에 의한 역할전환이라 믿는다. 죽는다는 것은 육신의 탈을 벗고 관념의 세상으로 가는 것이다. 반대로 탄생은 염원의 세상에서 육신의 탈을 쓰고 현상세계로 나타나는 것이 된다.

　이것은 신의 섭리이고 대자연의 이치이다. 천부경을 만든 그 당시 사람들의 생사관이다. 제 모습, 제방식대로 사는 것도 그러하고 변화도 당연하게 받아들인다. 저마다 타고난 천부의 인간으로서 소질이 있고 존재 이유나 가치가 있다는 것이다. 인간은 누구나 존귀하며 평등하다는 사상이 밑바탕에 깔려 있다. 여기에 홍익인간사상이 깃들어진다는 것이다. 이러한 의미에서 민심이 천심이요, 인내천사상이 나온다.

　'일묘연'은 궁극적인 현상이 '만'이지만 그것은 단지 보이는 현상일 뿐이다. '일묘연'과 '만왕만래'의 구절에서 무궁무진한 순환과 윤회, 소생의 의미가 담겨 있다. 이승과 저승을 왕래하고 생겼다가 사라지는 현상들은 단지 한 순간에 불과하다. '삼극'의 '일'은 궤를 바꾸어 영원히 지속되며 영생불사한다는 것이다.

　우주 내 모든 개체들이 변화하는 현상은 모두가 겉모습에 지나지 않으며 본질은 부동이라 하였다. 어떤 외부 현상에 따라 개체가 변하는지 개체의 본질이 무엇인지 궁금하다. 말하자면 개체가 먼저인지 현상이 먼저인지 '묘'하여 도무지 알 수 없게 한다. 마치 개체와 현상은 계란과 닭의 관계와 같다.

　'일'과 '만'은 '극'과 '극'이다. '극'과 '극'이 상통한다면 '일'과 '만'은 같은 의미를 가진다. '일'과 '만'은 연이어 있고 '만'은 '일'의 변화 현상에 불과하다. 고로 우주 전체 속의 '일'이든, 전체의 '일'이든 '일'에서 생겨난 일 개체는 전체를 벗어날 수 없다. 전체 속에 있는 각각의 일 개체는 '일'에서 비롯되었으며 전체의 요소를 고루 나누어 가지고 있다.

　'만'은 변화의 끝이요 '일'은 변화의 시작이다. '일'은 '만'의 축소판이며 '만'은 '일'의 무한 확장형이다. 또 '일'은 과거의 내 모습이며 '만'은 미래의 내 모습일 뿐이다. 애초부터 생(生)과 사(死)는 없으며 단지 궤를 분리하고 바꾸는 현상에 지나지 않는다. 오직 분화된 '일'과 융합한 '일'이 있을 뿐이다.

생과 사도 역시 둘이 아니고 하나의 개념으로 본다. 현상 변화도 존재가 연출하는 것이며 형상 변화도 단지 개체가 주역이다. 만 개체도 일 개체에서 비롯되었다고 본다. 이것은 귀중한 생명도 초개같이 버릴 수 있는 호연지기를 느낄 수 있다.

'일묘연만왕만래'의 이치는 '일시무시일', '석삼극무진본', '일적십거무궤화삼', '대삼합육생칠팔구', '운삼사성환오칠'까지와 관련이 있다. '일'이 생겨나 성장하고 번성하며 나타났다 사라져 가는 모든 존재와 현상들을 설명한다. 천지 만물, 삼라만상의 천변만화현상이 총망라되어 있다. 그야말로 우주의 변화무쌍함을 느끼게 한다. 생각 여하에 따라서는 변화무쌍함 속에 허무를 느끼게 되고 반대로 극치를 맛볼 수도 있다. 이것은 누구도 거부할 수 없는 우주의 섭리이다. '일'이 '묘'하게 번성하여 '만'이 되고 '만'은 다시 '일'로 되돌아간다. '일'은 '극'이요 '만'은 '궁'을 의미한다.

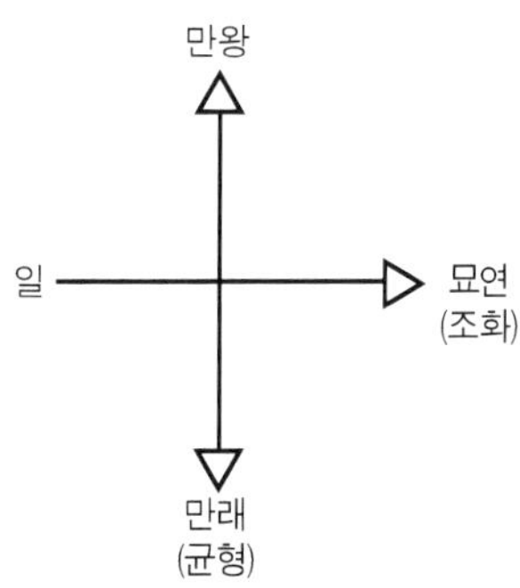

'일'과 '만'은 궁극으로 극단이며 고비이다. '일'에서 '극즉변'하며, '만'에서 '궁즉통'의 반전이 있다는 뜻이다. '천 리 길도 한 걸음부터, 티끌모아 태산'의 한 걸음, 티끌은 '일'이다. '일'은 근본, 기초, 공식, 법칙, 원리와 같은 것이다. 만왕만래의 복잡한 이치도 근본을 알면 쉽게 풀 수 있다는 뜻이다. 천부경에서의 근본은 천지인 삼극이다.

우주 체계 내에서 천지 만물과 삼라만상 일체의 존재와 현상은 '오성'과 '칠성'의 변화 원리에 따른다. 나아가 생로병사와 인연, 번성, 길흉화복, 빈부귀천, 흥망성쇠의 운명이 하늘에 달려 있다고 여긴다. 아무리 사소한 것이라도 어떤 계기로 무한히 확대되어 '만'에 이르게 되면 사라진다는 것이다. 사라진다기보다는 모습이나 형태를 바꾸어 버린다는 표현이 더 적절할 것 같다. 본래의 '무진본'인 '일'로 되돌아가는 것으로 여기는 것이다. 이것이 대자연의 이치인 것이다.

1에서 10까지의 숫자가 반복하듯이 '일'에서 비롯된 천지 만물은 10(1+9)의 완성을 이룬다. 그리고 본래의 것은 공허청정의 상태로 되돌아가는 대신 새로운 '일'로 태어나는 것이 우주의 대순환 체계이다. 천일, 지일, 인일, 역시 우주의 대순환 체계의 틀 속에 갇혀 있다. 이러한 거스를 수 없는 이치가 우주 대자연의 섭리이다.

천부경의 이치는 물의 순환과 흡사하다. 더 없이 넓은 바다는 '일음'의 상태이다. 바다에서 일기(一氣)의 수중기가 일어나면 하늘에서 구름이 된다. 구름은 비가 되어 내리고 대지를 적신다. 만물을 이롭게 하며 다시 바다에 모인다. 바다는 전체의 '일'이고 한 방울의 물은 개체의 '일'이다. 바다는 '일'의 원점이며 바다로의 여행은 귀일(歸一)하는 것이다. 존재는 변화하되 이 세상에서 저세상으로 단지 오고 갈 뿐이다.

우주에 비하면 사람의 일생은 밤하늘 별의 빤짝거림과 눈 한 번 깜박거림의 파동에 불과하다. 이 구절은 우주와 나 자신이 혼연일체가 됨을 자각하게 되며 초자아의 의연한 기상을 느끼게 한다.

빅뱅 이후 불과 빛의 번짐 현상이 있었다. 생명의 신경계는 궤(體)를 만들어 번진다. 해의 불과 빛은 붉음과 밝음을 상징한다. 금줄에서 남성의 성기를 붉은 고추에 비유한다. 불은 공기와 땔감이 없으면 소멸한다. 불은 마음이요 땔감은 육신이다. 마음은 육신을 끊임없이 태우는 것이다. 창조적 파괴의 강렬한 이미지를 느끼게 한다.

천지인창조프로그램(天地人創造Program)

서정주 시인은 '한 송이의 국화꽃을 피우기 위해 봄부터 소쩍새는 그렇게 울었나 보다.'라고 하였다. 한 인간의 탄생은 삼신할매와 칠원성군의 보살핌 아래 태어난다고 한다.

인간의 탄생은 길게는 우주의 역사와 함께한다. 태초에 '무극'의 '마고시대'가 있었다. '견우'와 '직녀'의 전설은 하늘이 열리고 땅이 생겨난 '제1 음양의 시기'라 할 수 있다. 다음으로 '삼족오'와 '항아'의 전설은 이 땅에 생명을 탄생시킨 '제2 음양의 시기'라 할 수 있다. 세 번째 '환웅'과 '웅녀'의 전설은 인간을 탄생시킨 '제3 음양의 시기'라 할 수 있다.

그야말로 우주의 '일기'에서 제일 먼저 하늘이 생겨난다. 하늘에는 은하계가 생기고 수많은 별자리, 은하수, 혜성, 혹성, 그리고 마지막에 태양이 생긴다. 태양을 중심으로 행성인 수성과 금성, 화성, 목성, 토성이 생겨남으로써 '오성'이 갖추어 진다. 이어 천왕성, 해왕성, 명왕성의 '삼성'이 합하여 팔성이 생긴다. 다음에 혹성인 지구가 생겨 '구성'(九星)이 되고 열 번째 지구의 위성인 달이 생겨남으로써 하늘이 완성을 이룬다.

지구는 해와 달의 융합체로 생명의 여신이다. 태초에 형성된 가스구름, 성운, 비구름은 천지 만물의 원천이 된다. 하늘은 해의 '태양'과 달의

'태음'이 결합하여 지구에 생명을 잉태하고 지상낙원이 만들어진다.

천지창조 이후에 비로소 인간이 탄생한다. 우주의 나이는 대략 150억 년쯤 된다고 한다. 한 인간을 탄생시키기 위하여 우주는 적어도 100억 년 이상의 길고 긴 세월을 준비해 왔다고 보아야 한다. 생명의 가치나 소중함을 말로써 이루 다 설명할 수 없게 한다.

조물주가 이렇게 공들여 인간을 만들어 놓은 이유가 무엇일까? 인간에게 무엇을 바라는 것일까? 오늘날의 한 인간의 탄생은 그들 자손 중에 한 사람이다. 장차 지구별이 망하고 어느 별에서 인간이 다시 태어난다면 마음이 '천기'와 '지기'를 움직여 오랫동안 공들여 만들어낸 짐승의 몸을 빌려 다시 태어날 것이다.

인간은 우주가 낳은 소우주이다. '천기'와 '지기'가 만들어낸 결정체가 인간이기 때문이다. 이렇듯 천지가 다 갖추어진 다음에 인간이 만들어진다. '일'은 태초의 시작이며 지구는 하늘에서 땅의 시대로, 곰은 땅에서 인간의 시대로 이어지는 매개체 역할을 한다.

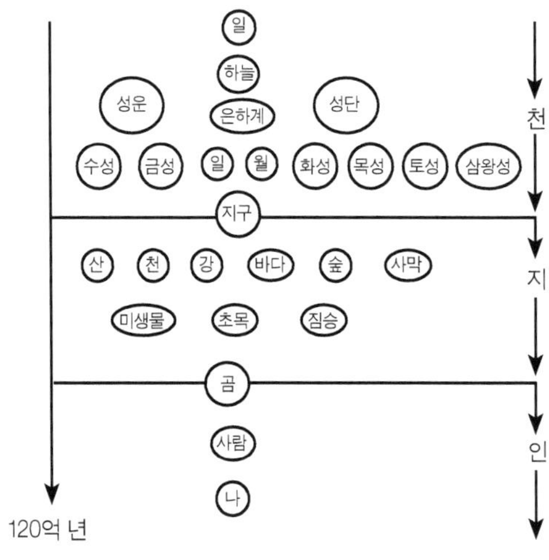

지상낙원은 인간 탄생의 필수 전제 조건이며 최초의 인간이 태어나기 전에 비로소 만들어지는 것이다. 조물주가 인간을 위해 유구한 세월 동안 정성을 들인 공을 생각한다면 한 인간의 탄생은 기적이며 출세 자체가 신의 축복이다.

세상을 위해 무엇을 해야 할지는 불문가지이다. 더구나 찰나의 일평생이 유한(有限)하니 일촌광음불가경(一寸光陰不可輕)이란 옛 성현의 말씀이 불현듯 떠오른다. 빅뱅 즉 어둠의 장막에 불이 켜졌다. 동시에 빛과 온기가 사방으로 번진 후 적어도 백이십억 년의 기나긴 시간의 흐름이 있었다.

현재 인류의 출현은 육백만 년 전 정도로 추정하고 있다. 매미는 지하에서 7년간 지내다 지상에서 단 며칠간만 산다고 한다. 매미의 짧은 일생에 비유하면 사람이 백 년을 살기 위해서는 무려 이십오만 년을 비인간의 모습으로 있어야 한다. 사람은 천지인의 삼 요소가 융합되어 있다. 감히 속단하건데 120억 년의 기를 받지 못하면 이 세상에 태어 날 수가 없을 것 같다.

초기 우주(初期宇宙)의 모습

초기 우주의 모습은 마치 알의 모양을 닮았다. 일극은 +, 만궁은 -에 해당하고 태초의 빅뱅은 일극과 만궁의 대결합으로 볼 수 있다.

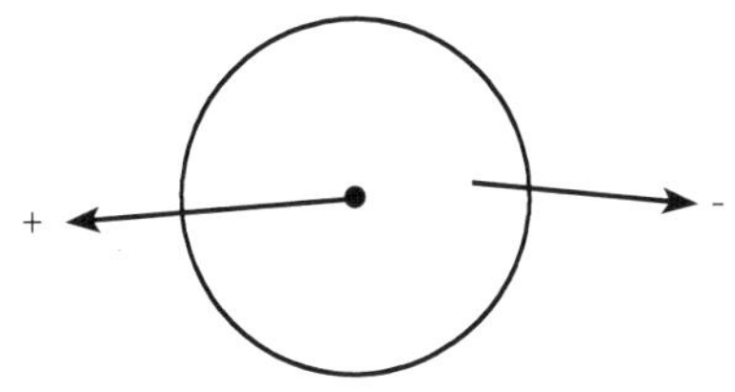

천부경의 해석에 따르면 우주는 원의 몸속에 점의 씨알을 간직한 상태이다. 일점은 1극으로 양이다. 만원은 '일적'한 9극의 상태로 '음'이다. 원의 9극은 중심의 일극을 감싸고 있다. 우주는 9+1의 상태로 십(十)의 완성을 이룬다.

1극은 원의 중심으로 마음이다. 9극은 몸체이다. 마음의 1과 궤(몸체)의 9가 결합하여 변화를 일으킨다. 항상 중심의 1로부터 9의 변화가 촉발된다. 전체는 점과 원, 양과 음의 결합(十)으로 지금의 천상계, 지상계, 인간계를 형성하고 있으며, 이것이 우주의 변화 모습이다.

천지 만물은 '점'에서 '원'으로 흩어지고 '원'에서 '점'으로 모인다. 중심에서 주변으로 흩어짐은 만래요, 바깥에서 안으로 모임은 만왕이다. 가면 오는 것이 있고, 오면 가는 것이 있다. '주고받기'는 대자연이 지닌 음양의 조화와 균형이다.

우주의 마음이 천지 만물의 형체를 변화시키고 인간은 한 편의 영화처럼 보고 있다. 우주의 마음이 지어낸 것을 인간의 마음이 보고 있는 셈이다. 인간은 우주의 자궁 속에 있는 태아인지 우주란(宇宙卵) 속에서 부화하여 겉껍질을 깨고 나온 병아리인지 알 수가 없다.

❀ 지구자전축(地球自轉軸)의 변화(變化)

태양의 주위를 돌고 있는 행성은 저마다 기울기가 다르다. 현재 지구 자전축의 기울기는 약 23.5°이다. 약 4만 1천 년을 주기로 약 22° 30′에서 약 24° 30′ 사이에서 변동한다는 설이 있다. 지구의 자전축은 고정불변이 아니다. 북극성도 마찬가지이다. 우주 일체가 밀접하게 연관되어 있다면 지구의 기울기도 천체의 운행에 따라 바뀔 수 있다.

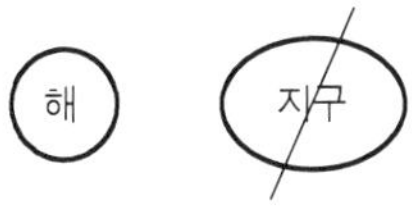 해 지구 (기울어진 지축)	사계절의 변화가 생김	변역의 시대	×
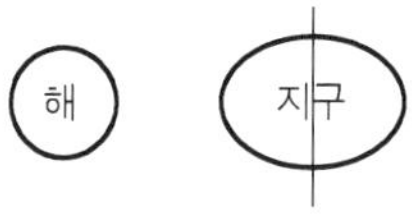 해 지구 (바로 선 지축)	한대,온대,열대가 고정됨	정역의 시대	+

用變不動本
용 변 부 동 본

쓰임새에 따라 변하되
흔들림이 없는 근본이 있다.

用 용

變 변

用變 용변

不 부

動 동

不動 부동

不動本 부동본

用變不動本 용변부동본

用 _용

'용'은 쓸 '용' 자이다. 옥편에 '用'(용)은 쓸 용(施行시행), 부릴 용(使用사용, 利用이용)으로 5획의 쓸 '用'(용)이다. '용'의 의미도 아주 다양하다. 용도, 응용, 활용이 있고 무엇을 쓰느냐에 따라 용병, 용재, 용인이 있다. 즉 '용'은 누가, 언제, 어디서, 무엇을, 어떻게, 왜 쓰느냐의 의미가 있다. 그만치 쓰는 것은 중요한 의미를 담고 있다. 그것은 개체의 존재 이유이기도 하다.

하느님이 사람을 이 세상에 내보내실 때에도 다 이유와 뜻이 있다고 본다. 나무도 그에 맞는 재목이 있고 사람도 쓰임새에 맞게 쓴다. 세상에 제일 심한 욕이 '천하에 쓸모없는 사람이다.'라고 말할 때이다. '쓸데없는' 이 말은 존재 가치가 없다는 뜻이다. 제일 심한 욕이다.

우리는 흔히 무엇 때문에 이 세상에 태어났을까? 하고 회의를 느낄 때가 많다. 심지어 부모를 원망하고 조상을 탓하기도 한다. 이웃에게 피해를 끼치고 자살까지 하는 수가 있다. 그것은 '용'의 의미를 알지 못하기 때문이다.

무명에서 벗어나기 위해서 힘들게 공부도 하고 도를 닦기도 한다. 세상일은 세월이 가면 자연히 터득하게 된다. 물론 자신의 할 일을 일찍이 깨닫고 오직 외길로 가는 사람도 있다. 늦게 깨닫는 사람도 많다. 강태공이 그러하고 수많은 영웅호걸이 와신상담 때를 기다리며 세월을 보내는 것도 다 이런 이유에서이다.

'용'은 업(業)이다. 업은 맡은 각자의 직업이고 직업은 천직이다. 천직이기 때문에 사명감이 부여된다. 인과응보라는 말은 이 세상에서의 삶은 저세상에서 업을 타고 났기 때문이라고도 한다. 이 세상의 업도 내세의 운명을 결정짓는 씨앗이 된다. '용'은 업보라 한다. '용'은 이 세상에 존재하는 이유이며 각각의 쓰임새이다. 만물만상은 쓰임새가 있다.

變 변

'변'은 변화의 의미이다. 變(변)은 변할 변(化화), 재앙 병(災異재이), 고칠 변(改개), 야단 변, 난리 변, 수단 변으로 7획의 말씀 言(언) 변에 23획이다.

개체는 '일'에서 '만'으로 분화하면서 변화하는 것이다. 봄, 여름, 가을, 겨울의 사계절의 변화가 그러하고 생로병사의 인생이 그와 같다. 소위 천지 만물, 삼라만상이 천태만상하고, 천변만화하는 것이다.

개체의 탈바꿈, 현상의 변화도 마찬가지이다. 돌연변이나 불가사의한 형태나 현상들도 드물게 나타나지만 모든 것은 변화 속에 있다. 단순히 눈에 보이는 현상뿐만 아니라 눈에 보이지 않는 현상들을 총망라한다. 천기도 변화하고 개체나 현상들이 나타났다 사라지는 것이다. 예를 들면 삶과 죽음, 빈부귀천, 흥망성쇠, 길흉화복 모두가 변화한다.

천부경에 나타난 변화의 주기는 '천일일, 지일이, 인일삼'의 3단계 율수와 '일적, 십거, 무궤, 종삼'의 4단계 율수이다. '일'과 '만', '극'과 '궁'은 '특이점'과 '특이원'이다. '특이점'과 '특이원'에서의 변화는 '궁즉통' 즉 '궁'하면 '통'하고, '극즉변' 즉 '극'에 이르면 변한다는 원리에 의해서이다. 도저히 참기 어려운 한계(임계치)에 다다르면 저절로 변한다는 것이다.

이것은 극한상황의 돌파구이며 자연 상태에서의 조화로 인한 자율균형 찾기이다. 먹구름이 몰려오면, 천둥번개가 치고, 비가 내리며, 폭우가 쏟아지면 홍수가 나는 이치이다. 풍랑이 치면, 해일이 일어나고, 태풍이 몰려오는 것과 같다. 봄이 오면 싹이 돋아, 암수 꽃이 피면, 수정하고, 여름이 되면 무성하게 자란다. 가을이 되면 열매 맺고 겨울이 오면 씨를 퍼뜨린다.

개체 간의 상호작용은 연쇄적이며 일파만파 번져가고 도미노 현상을 일으킨다. 변화는 '십거' 이후 '무궤' 현상에 의한다. 이러한 변화는 정해진 우주 질서이며 순리이다. 또한 대자연의 장단이자, 박자이다. 신체의 리듬이 깨어지면 병이 든다. 몸과 마음의 엇박자는 암 발생과 연관성이 있어 보인다.

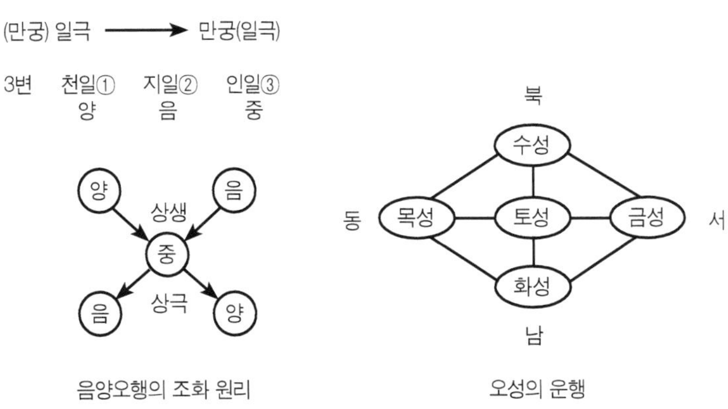

음양오행의 조화 원리

오성의 운행

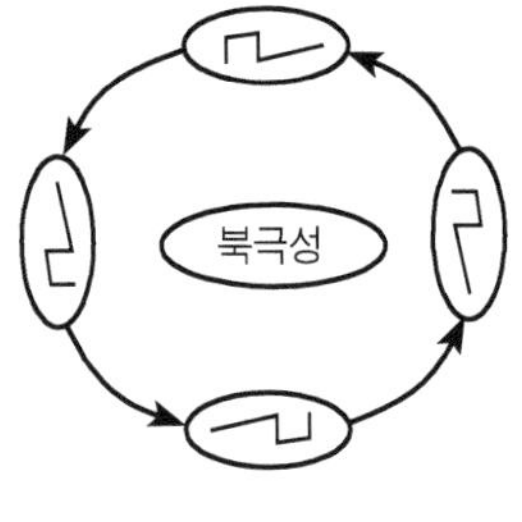

북두칠성의 운행

사회 병폐도 극단의 치우침으로 생긴다. 극도의 분노, 억눌린 감정, 응어리진 꿈은 결국 폭발하고 말 것이다.

자연법칙을 거슬리는 것은 불협화음을 내는 것이다. 역천은 무질서요 혼란이다. 음양의 부조화와 고저장단강약의 불균형은 많은 문제를 야기한다.

이 세상이 정신세계와 물질세계로 양분되어 있다면 물질세계는 유한하지만 정신세계는 무한하다. 유한한 물질세계를 무한하게 만드는 것은 변화이다.

현상세계의 변화는 정신적 창의력에 의해서만 가능하다고 본다. 변화는 크고 작은 것이 있기 마련이다. 수많은 변화도 주위의 관심을 끌지 못하는 것이 대부분이다. 하지만 작은 변화가 커져서 큰 변화를 만들고 큰 변화 또한 작은 변화에 밀려 언젠가는 우리의 곁을 떠나 사라져 버릴 것이다.

변화에는 반드시 '시'와 '종'이 있다. 고로 '시'와 '종'의 반복이 변화현상이다. 다시 말하면 '시'와 '종'의 반복이 없으면 우리는 그것이 변화한다는 것을 인식할 수가 없다. 일월성신의 운행에 따라 땅에는 계절이 바뀌고 기후의 변화에 따라 농사는 풍흉이 결정된다. 불가사의한 자연현상은 경외의 대상이 되고 신비하게 여겼다. 변화는 자연의 섭리이다.

인생 역시 한치 앞의 상황도 알 수가 없다. 변화를 두려워하는 인간은 변화의 때를 알고 위기에 대처하고자 하였다. 그때가 바로 천시이다. 변화는 일정한 규칙이 있고 조짐이 있다. 갑작스러운 변화일지라도 징조가 있다. 사건이 터지기 전에 미리 신호를 보낸다는 것이다. 관심을 가지면 감지할 수 있다.

사람도 생김새를 보고 성질을 파악하며 언행을 보면 사람됨을 알 수 있다. 의사는 환자의 안색을 살피고 맥을 짚어 본 후 병을 진단한다. 자

연의 변화 현상을 파악하고자 영적인 초감각적 무의식에 호소하기도
한다. 또 주역과 점술, 천문과 지리, 인사에 대하여 탐구하기도 한다. 지
금은 과학의 발달로 우주와 자연, 생명의 신비에 대한 규명은 놀랄만한
진전을 보이고 있다.

겨울이 오면 봄이 멀지 않았음을 안다. 겨울은 현실의 고달픔이고 봄
은 미래의 희망이다. 과거와 현재를 살펴 먼 훗날을 대비할 수가 있다.
사람들은 변화의 시작점과 끝점을 알고 싶어 한다. 변화의 끝점은 변화
의 시작점과 같기 때문에 결국 인간은 새로운 변화가 시작되는 때를 궁
금해 하는 것과 같다.

천지 만물이 언제 어떻게 변화할지는 아무도 모른다. 새로운 변화는
위기와 기회가 동시에 주어진다. 사실 변화가 있음으로써 내가 살아 있
음을 본능적으로 지각할 수 있다. 변화는 생명력이며 존재 가치이다.
또 변화를 통하여 영원불멸의 불사조가 될 수 있다.

천부경에서의 '일'은 단지 변화할 뿐 사라지지 않는 절대적인 존재이
다. 사계절의 천시에 따라 음양중을 되풀이할 뿐이다. '일'의 변화는 '용'
에 부응하기 위함이다. '용'은 하늘의 뜻이라고 여긴다.

변화는 지극히 자연스러운 것으로 공기요, 물이요, 불꽃(火花)과 같
다. 또한 존재하고 번성하기 위함이다. 일련의 생로병사 하는 인체도 살
아있는 한 생명의 불꽃처럼 활활 타오르고 있을 것이다.

천부경은 '삼과 사', '오와 칠'의 변화 주기가 있다. 3, 4, 5, 7은 변화의
근본 원칙과 기준, 향방을 밝힌 것이라 할 수 있다. 자연의 섭리에 순응
하든, 조물주의 쓰임새에 부응하든 과연 생사고락을 초월하여 삶이 초
연해질 수 있을까?

用變 용변

'용변'은 그야말로 쓰임새에 따라 변화함을 뜻한다. '일'은 석삼극, 음양 중으로 변화한다.

자연에는 사시사철의 계절 변화가 있다. 봄에 새싹이 돋고, 꽃이 피고, 여름에 무성하게 자라, 가을에 열매 맺고, 겨울에 본래대로 돌아간다. 짐승은 암수의 교배로 새끼를 낳고 새끼는 자라 암수의 성체가 된다.

사람은 생로병사의 수레바퀴에서 벗어나지 못하며, 유아기, 청소년기, 장년기, 노년기를 거친다. 마음의 사이클에 따라 몸의 현상이 바뀐다.

이름 없는 풀 한 포기도 존재 이유가 있다. 말하자면 우수마발도 필요할 때가 있다는 것이다. 이 세상에 존재하는 것은 모두가 그에 걸맞은 용도가 있다. 그저 생겨난 것은 아무 것도 없다. 생명이 길든 짧든 왜 태어났느냐는 문제가 되지 않는다.

개체는 모두가 다 나름대로의 쓰임새가 있기 마련이다. 꽃은 저마다 꿀과 향기를 품고 아름다움을 지니기 때문에 나비와 벌이 꽃을 찾는다. 대신 벌은 사랑의 중매쟁이가 된다. 아무리 하찮은 미물도 다 쓰임새가 있다.

사람도 자신의 쓰임새를 찾는 것이다. 쓸 데 없는 고민을 해서 자신을 망칠 필요는 없다. 불행한 것은 자신이 이 세상에 태어난 목적이 이미 정해져 있다는 체념적 사고이다. 하지만 적극적인 자세에 의해 운명을 바꿀 수 있다고 믿는다. 사람이 변화를 도모하는 것은 자신의 쓰임새를 찾기 위함이다. 그 쓰임새는 자신의 만족은 물론 세상에 널리 이로움을 주는 것이어야 한다. 독불장군처럼 저만 잘난 체하고 뽐내는 자만이 얼마나 어리석은 줄을 알아야 한다.

하늘이 주신 생명은 모두가 다 소중하다. 쓸모없는 친지인은 없다. '천지인' 우주 일체의 변화는 서로 미묘하게 얽혀 있다. 인간은 하늘과 땅의 정기를 빌려 태어났지만 어떻게 변할지의 결정과 책임은 전적으로 자신에게 달려 있다. 언제, 어디서든, 죽을 때 편안하게 눈을 감을 수 있는 것은 다음 세상을 믿으며 하늘이 부여한 '용'의 의미를 다했음을 자각했기 때문이다.

'용'은 각자가 맡고 있는 직업이다. 직업에 귀천이 없고 인간이 모두가 다 평등하고 존귀한 것도 이 때문이다. '용'의 대명제는 홍익인간이다. 세상을 널리 이롭게 하는 것이면 모두가 '용'이다. 천지 만물은 인간을 위해 존재하지만 인간은 세상을 이롭게 할 천부의 사명이 있다. 그러한 '용'을 다하면 대자연에 보답하고 하늘의 뜻에 따르는 것이다.

하늘의 뜻은 순리이다. '용'이 순리이고 천명이다. 이것을 거슬리는 자는 천벌을 면치 못한다는 것이다. 하늘이 준 타고난 저마다 소질을 계발하고 세상을 위해 쓴다는 의미이다. 천지 만물은 제 역할을 찾아 최선을 다하여야 할 것이다.

'용'은 타고난 업보이기도 하다. 사람은 저마다 천부의 낙인을 마음속에 지니고 있다. 전생에 지은 업을 짊어지고 태어난다고 한다. 불교에서는 이것을 인과응보라 한다. 환생은 전생에 못 이룬 한을 풀기 위해서이거나 공덕을 쌓았거나 선업을 많이 베풀었다고 믿는 것이다.

그리하여 '용'은 운명이라 할 수 있다. 만물은 '일극'에서 '만궁'까지 용도에 따라 태(궤)를 바꾼다고 할 수 있다. 죽음조차도 하나의 태를 벗는 과정일지도 모른다.

변화, 혁신, 일신, 쇄신의 의미는 쓰임새에 있다. 결코 허무나 낙관이 아니고 천명이다. '일적십거무궤화삼'의 구절에서 말하는 '무궤현상'도 '용변'과 밀접한 연관이 있다고 본다. '궤'를 바꾸는 것이 '용변'이다.

관상(觀相)은 '궤'의 '상'을 보고 천부의 쓰임새를 점치는 것이다. 다시 말하면 궤(匱)의 색깔, 냄새, 맛, 형태, 습성, 소리, 느낌, 변화 등으로 쓰임새를 알 수 있다. 그 밖에 운삼사성환오칠, 일묘연만왕만래의 뜻은 용변과 연관되어 있다. 역지사지(易地思之)라 음양이 교차한다면 삼세를 통하여 남녀, 빈부, 귀천 등도 역(반)전될 수 있다.

❀ 용변(用變)의 원리(原理)

변화는 용도에 의해서이다. 변화는 운삼사성환오칠에 따른다고 하였다. '음양중'(삼극)이 있고 춘하추동의 계절 변화가 있다. 변화는 '오성(행)'의 원리와 '북두칠성'의 운행에 따르게 된다고 한다.

일묘연만왕만래, 극즉변의 '용변'이 인간에게는 죽복이다. 때문에 인간은 풍요로움과 다양성을 만끽할 수 있다. 변화의 주체는 마음이다. 염원은 끝이 없다. 인간은 언젠가는 우주시대를 맞이하게 될 것이며 생명 연장은 불가피하다. 눈부신 과학과 의학의 발달로 인간의 수명은 점차 연장되고 있다.

미래 언젠가는 천지 만물의 생성 원리가 과학적으로 밝혀지면 식물 돼지나 움직이는 나무 등, 소위 무활동성 동물체는 물론이고 활동성 식물체도 만들어 낼 수 있을 것이다. 우주 공간을 여행하는 비행선 자체가 '삼극'의 마음을 지닌 생명체가 될 것이다. 천지인의 변화 원리가 갖추어진 지구 단위의 소혹성이 광활한 우주로 퍼져 나갈 것이다. 인간의 우주에 대한 집념은 마치 불꽃에 달려드는 불나방과 같다.

인간이 지구시대에 사는 것을 만족하기에는 인간이 속해 있는 우주는 너무나 광대무변하다는 것이다. 천지 만물과 삼라만상의 변화는 천지인의 각기 자율기능에 맡겨져 있는지도 모른다. 그 변화는 인간의 꿈과 의지가 결정할 문제일 수 있다.

'극'이 생기고 나누어지고 상생하여 새로운 '극'이 생긴다. 새로운 '극'은 또 상극 상생함으로써 종국에는 우주 공간을 가득 채울 무량수의 '극'이 생긴다. 지금의 세상은 '만'의 '만', 극치를 향해 치닫고 있다. 마음은 언제 짐을 벗고 공허 청정한 상태로 귀일(歸一)할 것인가?

不 부

아니 '불'이다. 부정의 의미이다. '不'(부)는 아닐 불(非비), 못할 불로 1획의 한 一(일) 변에 4획이다.

動 동

움직일 '동'이다. 動(동)은 움직일 동, 행동 동, 동물 동, 난리 동, 일어날 동(起기), 지을 동(作작), 흔들 동(搖요)으로 2획의 힘 力(력) 변에 11획이다. 파동이나 진동의 의미가 있으며 변화와 그 맥을 같이 한다고 본다.

不動 부동

'움직이지 않는다. 흔들림이 없다'의 의미다. 불변 고정을 말한다. '용변'
의 반대 의미이다. 뿌리깊은 나무, 반석 (盤石), 태산 (泰山), 기초 (基礎)
가 튼튼한 집과 같다.

本 본

'본'은 근본, 바탕, 뿌리, 원래의 뜻이 있다. 핵심이나 중심, 근간, 요체,
원본, 기본 틀과 같다. 규칙이나 법칙, 원리나 이치와 같은 것이다. 일례
로 원자와 불씨, 씨알, 마음은 하나의 '본'이 된다. 또 문제를 푸는 공식
이나 방정식도 마찬가지이다. 미리 써 놓은 각본이나 시나리오도 이것
에 해당한다. 천부경은 천지 만물과 삼라만상을 해석하는 척도가 된
다. 천부의 낙인과 같다. 천부경의 81자는 본(本)을 지칭한다. 우주 일체
의 변화 원리를 천부경의 81자에 새겨놓았다. 본은 심(心)이요, '심'은 일
(一)이다. '본'은 특이점과 같아 무궁무진한 변화 이치가 축약되어 있다.

不動本 부동본

움직이지 않는 '근본'이다. 만고불변의 진리와 같다. 금강석과 같은 존

재이다. 절대 불변의 불문율이다. 신의 섭리와 같이 영원히 변하지 않는 것이다. 누구나 예외 없이 적용되는 가히 숙명적인 얼개이다. 신의 설계도이다. 조물주가 만들어 놓은 룰에 따라 '천지인'은 변화해 가는 것이다. 팽이는 회전하고 있지만 중심은 고정이다. 천지 만물과 인간에게 '본' 이 있다는 것은 정말 다행스러운 점이다. 그것도 흔들리지 않는 부동 의…….

用變不動本 용변부동본

'일묘연 만왕만래'의 목적은 '용변'에 있다. 천지 만물과 삼라만상이 일으키는 천변만화의 변화무쌍함도 모두가 '용변'하는 것이다. 이 세상에 태어나고 죽는 존재는 모두가 조물주의 쓰임새에 의하여 그렇게 된다는 것이다. 인간의 운명도 바로 이 쓰임새에 있다. 때를 기다리는 것도 이러한 쓰임새 때문이다.

이 세상에 존재하는 것 또는 변화하는 것은 모두다 그 쓰임새가 있다고 보아야 한다. 쓰임새가 없으면 사라지는 것이다. 존재하는 것은 모두가 필요가 있기 때문이며 필요는 쓰임새라 할 수 있다.

사명감, 책임감을 부여하는 것도 오로지 쓰임새에 따른다. 그 쓰임새를 알고 쓰는 것 또한 천부인간과 홍익세상이란 말과 잘 부합된다. 각자의 죽음은 현세에서만은 그 역할을 다했다는 의미이다. 세상만사 미리 정해 놓은 각본대로 진행된다는 것이 운명론이다.

'용변부동본'은 '쓰임새에 따라 변하되 움직이지 않는 근본이 있다.'로 해석할 수 있다. 하늘의 별자리가 돌고 기후가 변하고, 사계절이 변하여도 변하지 않는 '근본'이 있다. 천태만상, 천차만별, 천변만화하여도 움직이지 않는 '본바탕'이 있다는 것이다.

'일적십거무궤화삼', '운삼사성환오칠', '용변부동본'에서 '일'은 음양의 조화와 균형으로 끊임없이 '궤'를 바꾼다. '운'이나 속뜻은 때 즉 '시'(時)이며 천시나 운명이 수레바퀴처럼 도는 것이다. 오르막과 내리막이 연이어 있고, 슬픔과 기쁨이 교차한다.

소위 '운'은 우주 시스템의 중앙제어장치에 비유할 수 있다. 변화하는 때로서 고비 혹은 순간이며 '무궤' 즉 태를 끊임없이 바꾸는 시점을 말한다. 그리고 변화는 그 쓰임새로써 신만이 통제하는 메커니즘이라 할 수 있다.

인간은 미래를 예측하고 운명을 점치고자 한다. '점'은 '무궤' 즉 용변의 이치를 밝히고자 함이다. '용변'의 이치는 시간 즉 때를 관장하는 하늘의 '오성'과 '칠성'에 달려 있다고 보는 것이다. 다시 말하면 땅과 사람의 '운'은 하늘에 달려 있다는 이치이다.

그리하여 옛 조상들은 천문이나 주역을 통하여 운명을 점치고자 하였다. 이것은 마치 과거의 역정과 현재의 상태와 일련의 즉 주기적으로 변화하는 유형과 현상을 주시하고 분석하여 미래에 다가올 운명을 예측하는 기법의 일종이다.

변화가 있음으로 해서 시간의 흐름을 자각할 수 있다. 너무 눈앞을 직시하면 시간이 빨리 가고, 보다 멀리 바라보면 시간이 더디게 지나가는 이치와 같다. 청소년이 품은 미래지향적 시간관념과 노인이 느끼는 과거지향형 시간관념은 상대적이다. 개체 간의 차이는 시간과 변화의 상대성 때문이라 생각한다.

시간의 흐름과 공간의 변화는 상대적이며 시공(時空)은 불이(不二)이다. 천리가 운명이라면 하늘과 땅, 인간의 관계는 서로 상호적이며 절대

평등하다고 전제한다. '운'은 좋든 나쁘든 사람의 수만큼 나누어지고 전체의 '운'은 제로상태(0)이다.

대자연의 이치는 지극히 공평하다는 데 절묘함이 있다. 남의 '운'에 따라 살고 죽을 수도 있고 나의 '운'도 마찬가지이다. 이처럼 개개인의 '운'이 상호의존적이라면 여러 사람의 '운'이 합쳐지면 공동체 전체의 '운'은 서로 상쇄될 수 있다. 사람은 많이 모이면 모일수록 좋다는 것이다.

우주의 필요성은 섭리요, 순리이다. '용'은 우주의 타임 스케줄이다. '용'에 부합하는 것이 사주팔자요, 하늘의 뜻에 따르는 것이다. 한순간의 변화를 가지고 전체를 판단할 수는 없다. 타고난 재능도 그러하고 홍익 인간 사상도 그러하다.

영원은 불멸이 아니라 완성 이후 무궤의 변화를 통해서만 가능하다. 삶의 한계에 부딪히면 변화를 꾀한다. 어쩌면 인간이 태초에 모든 것이 하나였던 우주의 '일'(一)로의 회귀는 본능일지도 모른다.

이 세상에 변하지 않는 것이 있다면 변화의 중심에 있고 원천이 되는 '일시무시일'의 '일'의 존재이다. 천지 만물은 하늘의 용도에 따라 변함에도 불구하고 오로지 변함없는 부동의 본은 무엇일까?

❀ 직업 생태계 (職業生態系)

직업은 천직이다. 자신과 가족의 목숨을 부지하고 연명하는 수단이 된다. 직업은 귀천이 없다고 한다. 직업은 생명이다. 간혹 밥그릇싸움으로 갈등과 분열을 겪기도 한다. 삶은 치열하며 생존경쟁의 정글과 같다. 때로는 남이 하기 싫어하는 업(業)도 고귀하며 천부의 권리이자 사명이다. 가장의 직업은 온가족의 생계와 장래 꿈이 달려 있다. 직업생태계도 승자독식의 세계가 아니고 인심과 시류, 철따라 변화하는 상생 상극의 조화와 균형을 유지하여야 한다. 상부상조의 정신이 직업생태계를 더욱 풍요롭게 할 수 있다. 혈연, 지연, 학연 못지않게 업연(業緣)도 중요하다.

용불용설(用不用說)

오직 쓰임새가 있는 것만이 이 세상에 생겨날 수 있고 존재할 수 있다. 이 말은 천지 만물은 모두가 제각기 조물주가 뜻한 바대로의 용도가 정해져 있다는 것이다. 만물의 생성과 번성, 사멸은 모두가 하늘의 뜻에 달려 있다고 보는 것이다. 이것을 인연에 따른 운명이라 한다.

적자생존의 용불용설은 옛 조상들이 이미 터득한 지혜이다. 잡아먹고 먹히는 것, 죽고 사는 것, 가고 오는 것, 모두가 변화 현상에 불과하다. 변화는 쓰임새에 따른다. 하지만 그 근본은 변화하지 않는다고 하였다. 변화는 음양의 조화에 의해서 생긴다.

음양의 결합을 불가에서는 인연에 의해 일어난다고 하는데 천부경에서는 '용' 즉 쓰임새에 따른다고 하였다. 타고난 처지, 날씨, 인간관계 등 신의 개입이든 타인의 간섭이든 자율결정은 제한적일 수 밖에 없다. 인간 세상의 백팔번뇌와 팔만사천 가지 망상인 유혹과 욕망, 사단과 칠정은 마음에서 생기는 것이다. 나와 세상을 바꿀 수 있는 힘은 각자의 마음 씀씀이에 달려 있다. 용도변경으로태어났으나 다수의 사람들이 원하는 쓰임새를 찾지 못하면 존재감을 상실할 것이다.

진화론(進化論)

우주의 근원인 태초의 '일'에서 '천일, 지일, 인일'의 '삼극'으로 분화하였다. 분화된 '삼극'은 다시 음양으로 나누어져 '중의 낳음'을 반복함으로써 오늘날의 '천지인'으로 형상화되었다.

생물종의 다양성도 용변의 원리에 의한다. 이것은 단순한 구조가 복잡한 구조로 다변화되고 고정된 것이 유동적으로 전환된 것이다. 또 무형물이 유형물로 바뀌고 무활동체에서 활동체로, 영적인 존재에서 지적인 존재로 변화하였다.

고도 지적활동체이며 만물의 영장인 인간은 생각과 기술로 문명의 이기인 체(궤)를 만들어 우주를 채워나갈 것이다. 궁극적으로는 우주창조의 시대를 열어 신천지를 개척하게 된다.

태초에 무극의 '일'에서 하늘과 땅으로 나누어지고 천지가 융합하여 사람이 창조되었다. 천부경에 새겨진 이러한 우주 변화 원리는 오늘날의 진화론과 다름없다.

 태극문양 (太極文樣) 의 의미 (意味)

태극 (◉) 문양에서 O는 One으로 전체, 일체, 하나를 의미한다.

S는 Stream으로 변화, 흐름, 움직임을 나타낸다. S는 용변이며 O는 부동본이다.

●은 천지인이 합한 소삼극으로 '태'이며 변화의 시점에 있다.

○은 천지인이 나누어진 대삼극으로 '극'이며 변화의 종점에 있다.

本心本太陽昂明

본 심 본 태 양 앙 명

근본은
태양광명을 닮은 마음이다.

本 본
心 심
本心 본심
本 본
太 태
陽 양

本太陽 본태양

本心本太陽 본심본태양

昂 앙
明 명

昂明 앙명

本心本太陽昂明 본심본태양앙명

本 본

'본'은 씨앗, 근본, 본바탕, 밑바탕, 토대, 기본 틀, 원형, 원본과 같은 뜻을 가진다. 모태나 모체와 같다. 저 사람 '본' 좀 봐라 할 때의 '본'이다. 타인의 '본'이 된다고 할 때 그 사람은 타인이 본받아야 할 귀감이다. 본보기와 같다. 모범이나 모델케이스가 되는 것을 말한다.

성씨를 가진 사람마다 '본'이 있다. '본'은 뿌리이다. 사람이 태어난 뿌리는 고대 조상이 되겠지만 더 거슬려 올라가면 근원의 '일'에 이른다. 천지 만물과 삼라만상의 '본'이 '일'이라 할 수 있다. 여기에서의 '본'은 '용변부동본'의 '본'에 해당한다. 천지 만물은 쓰임새에 따라 변화하되 그 근본은 변하지 않는다고 하였다. 온 우주 천지에 모든 것이 다 변하는데 절대 흔들림이 없는 '근본'은 무엇인지 궁금하다.

心 심

'심'은 일체유심조의 마음이다. 옥편에 心(심)은 마음 심, 가운데 심(中중), 속 심, 생각할 심, 가슴 심(胸흉), 근본 심(本본), 염통 심으로 4획의 맘 心(심)이다.

'심'은 사람이 가지고 있는 마음이다. 가슴에 품은 생각, 사람의 행동을 통제하는 의지이다. 인간의 마음은 간사하다고 한다. 열 길 물속은 알아도 한 치 사람의 마음은 알 수가 없다고 할 경우 마음의 변화무쌍함을 일컫는 말이다.

사전에는 마음(心, 忄, 小)을 뜻하는 상(想), 감(感), 념(念), 사(思), 의(意), 욕(慾), 성(性), 정(情), 혜(慧), 오(悟)와 관련된 낱말들이 특히 많다.

감정에는 사단칠정(四端七情)이 있다고 한다. 사단의 인(仁)은 측은지심(惻隱之心), 의(義)는 수오지심(羞惡之心), 예(禮)는 사양지심(辭讓之心), 지(智)는 시비지심(是非之心)으로 네 가지 '마음씨'이다.

그리고 칠정은 희노애락애오욕(喜怒哀樂愛惡慾)의 일곱 가지 '감정'을 말한다. 또 사람에게는 다섯 가지 '욕망'이 있다고 한다. 수면욕, 성욕, 식욕, 재물욕, 명예욕의 오욕이다. 악한 마음이 있고 선한 마음이 있다. 석가는 자비, 예수는 박애, 공자는 '인'의 마음을 중히 여긴다.

'만감'이 교차한다고 한다. 속과 겉이 다르다고 한다. 사랑속에 미움있고, 미움속에 사랑있다. 사람은 쓸데없이 심술을 부리거나 심보가 뒤틀려 있으면 안 된다. 심지는 어둠을 밝히는 촛불의 속 알갱이이다. 항상 심지가 곧아야 밝음도 곧다함은 일리가 있다.

하늘에 달이 떠있고, 땅 위 연못 속에 비친 달, 마음속에 품은 달이 있다고 한다. 마음은 '해인'(海印)이나 '명경지수'(明鏡止水)와 같기를 바란다. 마음은 바다와 같이 넓고 평온하며 해와 달같이 밝고 환해야 한다. 부동의 '본'은 마음이다.

本心 본심

'본심'으로 대하라 할 때의 '본심'은 때 묻지 않은 순수한 마음이다. 이 세상에 처음 태어날 때 순진무구한 생각이라 할 수 있다. 어린아이의 마음이 순수하고 어미의 자식에 대한 마음은 무한정이다. 신의 인간에 대한 사랑은 절대적이다.

구름이 해와 달을 가리듯 사람의 본심이 유혹과 욕망으로 흐려질 수도 있다. 사람의 본래 마음이 무엇인지 자못 궁금하다. 용변은 몸이요, 현상이며, 부동본은 마음이요, 존재이다. 몸과 마음은 겉과 속이다.

本 본

전자의 '본'과 같은 의미를 지닌다.

太 태

太(태)는 클 '태'이다. 대단히 크다는 것을 말한다. 처음, 시초, 비로소, 씨알, 창씨의 의미가 있다. 太(태)는 클 태(大대), 너무 태(心심), 맨 처음 태(最初최초), 콩 태(菽서)로 3획의 큰 大(대) 변에 4획이다.

태산이 높다 하되 하늘 아래 뫼이어라. '티끌 모아 태산'이란 말이 있다. 태산은 세상에서 제일 높은 곳이다. 태조는 신왕조의 시작이다. 또 태상은 벼슬이나 지체가 높은 어르신을 높이 부르는 존칭이다. 태산과 같이 높은 은혜란 한량없어 이루다 헤아릴 수 없다는 뜻이다.

태극은 '음'과 '양', 시작과 끝의 '극'과 '극'이 생겨나는 것이다. 하늘에는 '양'의 시작을 의미하는 태양인 해와 '음'의 시작을 의미하는 태음인 달이 있다.

陽 양

볕 '양' 자이다. 陽(양)은 볕 양(日일), 해 양, 자지 양(남자 생식기), 밝을 양(明명), 양기 양, 봄 양, 환할 양으로 8획의 언덕 阜(부) 변에 17획이다.

'음'의 반대가 '양'이다. 모든 변화는 음양의 조화에 따른다. '음'이 '모'(母)라면 '양'은 '부'(父)에 해당한다. 음양의 조화라고 할 때, '양'의 형질은 불덩어리이다. '원방각'의 '원'에 해당한다.

'양'은 '해'를 상징하며 '불'의 성정은 + -의 전기를 띠고 있다. 햇빛이 비치는 낮, 사계절 가운데 여름을 뜻한다. 또 높고 강하고, 긴 것이다. 양지는 따뜻한 햇볕이 드는 곳이다. 좋은 환경이나 처지에 있다는 말이다.

어둡고 추운 환경의 음지와는 반대되는 개념이다. 우주의 근원인 '일'에서 생겨난 '천일'과 '지일', 그리고 '인일'의 '삼극' 가운데 '천일'은 하늘의 태양으로 '양'의 상징이며 '태극'의 시작점이다.

太陽 태양

태양은 하늘을 상징한다. 항상 동에서 떠서 서로 진다. 동해의 일출도 장관이지만 서산의 낙조도 일품이다. 붉은 해는 생명의 원천이며 우주의 심장이다. 천지의 나쁜 기운을 흡수하여 걸러낸다. 대자연의 용광로와 같은 역할을 한다.

태초의 '일'에서 제일 먼저 생겨난 태극은 태양이다. 태양은 하늘의 정기이며 태양이 생김으로 해서 생명이 탄생되었다고 볼 수 있다. 해의 운행 주기에 따라 낮과 밤, 사시사철이 반복된다. 밝음과 어둠이 있고 빛과 그림자가 있다. 생명에너지는 태양으로부터 받는다. 태양계에 속한 지구 생명체는 하늘의 해가 없는 세상은 상상할 수 없다. 다시 말하면 불바다 속에서 완성된 태양은 지구 생명체의 근원이 된다.

태양은 천상계의 핵심으로 원자의 핵과 같다. 태양이 생하고 비로소 만물이 생하게 되었으니 태양은 만물의 '근원'이다. '태'와 '양'이 합치면 '해'를 지칭한다. 태양은 '양'의 완성이다. 태양숭배 사상은 부계 중심 사회와 남아 선호 사상으로 이어진다.

하늘의 유일한 태양은 눈부시다. 영원불멸의 불사조와 같다. 숭고하고 고귀한 존재이다. 태양에는 빛, 살, 볕의 3요소가 있다. 적, 청, 록의 3원광을 합치면 백색으로 펼치면 만극에 이른다. 고로 태양은 불씨이며 생명의 씨앗이다. 태양계는 우주의 축소판같다.

本太陽 본태양

태양에 '근본'을 둔다. 그 '근본'은 태양이란 의미이다. 즉 태양에서 비롯되었음을 뜻한다. 태양이 '본'이 된다는 것이다. '본'은 닮는다는 의미도 있다. '본'은 고정되어 있어야 한다. 불타는 붉은 태양은 어제도 오늘도 항상 변함이 없다. 그럼 무엇이 휘황찬란한 둥근 태양에 그 근본 바탕을 둘까?

本心本太陽 본심본태양

'본래의 마음은 태양에 있다.' 즉 '본래의 마음은 태양을 본보기로 한다.'로 해석할 수 있다. 또 마음은 태양에서 비롯되었다고 본다. 흔들림이 없는 근본은 마음이며 마음의 근본은 태양이다. 태양과 같은 마음은 부동본이라 할 수 있다. 마음은 태양을 근본으로 하기 때문에 태양을 닮았다는 것이다. 마음 씀씀이를 태양과 같이 하라는 뜻이 있다.

태양의 성정은 밝음과 베풂에 있다. 특정의 혜택을 주는 것이 아니라 누구에게나 골고루 무한정 나눔에 있다. 누구를 위한 것이 아니다 모든 것을 위하여 존재한다. 어둠을 몰아내고 나쁜 균을 죽이며, 생명을 살리고 이 땅에 풍요로움을 가져다준다. 홍익인간의 이념이 담겨 있다고 보인다.

직업에는 귀천이 없다. 무슨 일을 하거나 간에 마음은 이러한 태양의 둥글고 변함없는 무조건의 심성을 본받아야 된다는 것이다. 종교 차원의 박애나 자비와 같은 것이다.

태양은 만물의 근본이며 밝고 환한 점, 세상을 이롭게 한다는 점은 사람의 마음과 같다. 사람의 마음은 태양에서 비롯되었으니 태양을 닮고 본보기로 삼아야 한다는 것이다.

암흑천지에 태양이 생김으로써 변화가 생겼고 변화는 용변에 의한다. 용변은 마음에 따르며 그 변함없는 마음이 태양과 같다고 여긴다. 하늘의 이름으로 악을 물리치고 무지몽매에서 깨어나게 하는 것이다.

그래서 마음은 항상 태양처럼 깨어 있어야 한다. 열기, 정열, 역동적인 분위기의 마음씨가 태양을 닮은 마음이라 할 수 있다. 본심의 심(心)은 태양의 일광(日光)에 본바탕을 둔다.

昂 앙

'앙'은 '밝다'의 의미가 있다. 생명은 해와 달의 밝음을 우러러 본다. 昂
(앙)은 밝을 앙(明명), 들 앙(擧거), 높을 앙(高고)으로 4획의 날 日(일) 변
에 8획이다.

해와 달은 하늘 높이 솟아올라 온 천지를 골고루 비춘다. 한낮 중천
의 해는 욱일승천의 기상이다. 눈부신 해가 하늘 높이 솟아 감히 쳐다
볼 수 없을 지경이다. 손바닥으로 해를 가린다고 할 때 하늘의 해는 신
과 우주, 조물주의 마음이며 자기 자신의 양심을 가리킨다.

'앙'은 해와 달이 하늘 높이 솟아 만물이 우러러 보는 상태이다. 대낮,
중천에 떠 있는 태양은 최고조에 이른 밝음이며 극명(克明)의 상태이다.
과유불급이라 이 시대의 어둠은 빛의 강도가 너무 강한 탓은 아닌지?

明 명

'명'은 '양'의 해와 '음'의 달이 결합한 상태이다. 그 빛은 사랑이며 생명
의 숨결이다. 더할 나위 없이 밝음을 의미한다. '명'은 어둠의 암흑(暗黑)
을 밝히는 빛이다.

明(명)은 밝을 명(光광), 비칠 명(照조), 나타날 명(顯현,著저), 밝힐 명,
흴 명(白백), 분변할 명, 살필 명(察찰)으로 4획의 날 日(일) 변에 8획이다.

명경지수의 마음은 맑고 고요한 연못에 비친 보름달에 비유한다. 해
와 달은 이 세상에 생명을 낳고 기른다. 하늘의 해와 달이 세상을 밝게

비추면 만물은 미명에서 깨어난다. 어둠의 세상을 밝히는 빛을 비추는 존재가 본래의 마음이다.

아무리 세상인심이 다 변하여도 해와 달처럼 본래의 마음을 잃지 말라고 한다. 세상에 광명을 비추는 것은 바로 홍익인간 사상과 광명이세, 재세이화 사상과 맥을 같이 한다. 대낮의 해와 밤의 달처럼 밝고 환한 빛을 발하여 세상에 이로움을 주는 존재가 되어야 한다.

'명'은 희고 깨끗함을 뜻한다. 백두나 태백, 소백이란 말은 고상하고, 으뜸의, 순결한 이미지를 준다. 백의민족도 해와 달의 밝음을 숭상한다는 것이다. '명'은 태양빛을 받아 반사된 달빛이다. 달과 해의 음양이 결합된 생명의 빛이며 잉태와 탄생, 완성의 빛이다. 해의 극광이 달에 의해 중화된 부드러운 빛이다.

남과 여는 해와 달의 분신이다. 해와 달은 부부간이다. 부부금슬은 밝음에 있다. 달은 해처럼 스스로 빛을 발하지 못한다. 해와 달은 빛과 거울이다. 달은 해의 사랑이 필요하다. 달은 받은 대로 되돌려 준다. 부창부수이다. 거울 속의 나와 상대방은 서로 함께 웃고 운다.

해와 달은 생긴 대로 무한정 베풂에 있다. 남과 여의 지극한 사랑이 사회를 밝게 한다. 해와 달의 지구에 대한 무조건적인 지극한 사랑은 부양과 보살핌이다. 극광에 지친 뭇 생명들의 원기를 북돋운다.

둥근 해와 보름달은 모나 각이 없어 '일'의 본심을 닮았다.

昂明 앙명

'앙명'은 일광월명하고 천지명한 대명천지를 말한다. 칠흑 같은 어두움 속에 숨길 수도 없고 나쁜 병균이나 악인이 침투할 수 없는 곳이다. 거역할 수도 없다. 하늘의 태양이 두 눈을 부릅뜨고 내려다보고 있으니 사람은 차마 죄지을 마음이 없음이다. 소인배의 어리석음을 대낮에 손가락으로 하늘을 가린다는 말이 있다. 한낮의 태양은 눈이 부시고 감히 쳐다볼 수 없다. 하지만 달은 거울에 반사되어 투영된 밝음을 지녔다.

밤이 되면 태양빛을 달빛이 대신한다. 그 빛은 순화되고 온화하며 정화된 밝음이다. 또 굴절되고 꺾이어 다듬어진 마음의 표상이다. 강렬함을 걸러 부드럽게 만든다. 그 빛은 '궁극'이 아니고 '+와 -'가 합쳐진 '중'에 묘미가 있음이다.

'극과 극'이 합쳐 중화된 '궁극'의 밝음에 마음의 본자리가 있다. 태양의 휘황찬란함도 아니다. 그렇다고 칠흑 같은 어둠도 아니다. 극광(極光)과 암흑의 만남, 그리고 중화된 상태, 그윽하게 바라보기 좋을 만큼의 밝기를 가진 달이 지극히 아름답고 풍성하다는 것이다.

둥글고 환한 보름달은 왠지 마음을 설레게 한다. 밀애는 만월에 이루어진다. 대지의 만물도 밤새 자란다. 사람은 마음이 더도 덜도 말고 한가위 보름달만큼만 해 달라고 소원한다.

하늘은 불덩어리에서 불씨가 생겨나고 불씨(火)에서 햇빛(光)과 달빛(明)이 생겨난다. 앙명은 하늘 높이 솟은 해와 달이 대지를 비추는 밝고 환한 생명의 빛이다. 낮과 밤의 해와 달은 생명의 원천이며 음양의 근본이다. 햇빛이 있어 달의 변화하는 모습을 볼 수 있다. 달이 차고 기우는 변화에서 대자연의 섭리와 세월의 흐름을 감지한다.

월광은 햇빛이 달의 표면에 반사된 빛이다. 칠흑같이 어두운 밤에는 부드럽고 은은한 달빛이 그렇게 고마울 수가 없다. 지금까지는 작열하는 태양처럼 팽창과 확장, 거인, 거대의 호전적인 '양'의 시대였다. 앞으로는 달처럼 섬세하고 온화한 시대가 도래될 것으로 내다보고 있다.

달은 모성과 여성을 상징한다. 여성스러움은 부드럽고 하이터치한 면이 강하다. '음'의 시대는 양보다 질에 우선하는 감성의 시대이다. 달빛이 들려주는 자장가는 과연 무슨 은밀한 꿈속의 비밀이 담겨 있을까?

本心本太陽昂明 본심본태양앙명

부동의 '본'은 마음이다. 마음은 밝고 환한 광명을 발하는 태양과 강열한 태양빛이 걸러진 달빛에 그 본바탕을 둔다. 본래의 마음은 밝고 환한 광명의 태양과 달로부터 비롯되었다고 할 수 있다.

사람의 마음은 천지가 융합하여 해와 달이 합쳐진 것과 같다. 일월광명이 마음의 본바탕이며 본래의 천성이다.

일묘연만왕만래			
용변	부동	본	
		본	심
		본	태양	앙명
			일광	월백
			일(日)	월(月)
			명(明)	

일체유심조(一切唯心造), 모든 것은 마음먹기에 달려 있다. 하지만 마음은 모든 것을 다 포괄하고 있는 만큼 어둡고 차가운 일면도 있다. 모든 것이 변하여도 오로지 흔들림이 없어야 하는 것이 마음이다. 사람을 믿지 못하는 것은 그 사람의 마음을 믿지 못하기 때문이다.

용변	부동심
몸 물질 현상 변화 진보 응용	마음 정신 핵 항상성 원동력 원리

생산자나 잉태자로 통하는 창조자의 마음은 태양 빛과 같이 파괴적인 것이 아니고 달빛과 같이 원만하며 유연하고 환한 것이어야 한다. 해와 달은 음양의 조화로 대지의 낮과 밤을 밝혀 주고 이 땅에 생명을 낳아 키운다.

'용변'은 '시종'의 음양, '123'의 '음양중', '일적십거무궤화삼'의 '4', '일묘연만왕만래'의 '만'에 이른다. '부동본'은 일월광명을 닮은 마음이라 하였다.

시시비비와 선악은 대명천지에 명명백백하게 드러난다. 사필귀정이라 어둠에 가려진 것은 결국 명약관화한 사실로 받아들여진다. 일월광명을 닮은 마음이 천지 만물을 재는 척도이기 때문이다.

무진본	일	3	삼극	천, 지, 인
용변의 원리	시종	1,2,3	일적십거무궤화삼	일묘연만왕만래
부동본	일월	心	小	◆ ― ◆◆

태양의 앙(昻)이 없이는 달의 명(明)도 없다. 달은 해의 사랑에 의해 활짝 피는 꽃이다. 달빛은 눈살을 찌푸리게 하는 한낮의 빛이 아니고 쳐다만 보아도 마음이 푸근한 밝음이다.

어머니의 흰 머리, 흰 쌀밥, 흰 옷은 은은하며 정갈하고 싫증나지 않는 빛깔이다. 월명설백(月明雪白)의 천지백(天地白)은 은세계(銀世界)를 의미한다. 우리 민족성과 관련이 깊은 백두산의 정기, 백의민족과 맥을 같이 한다. 따라서 본래의 마음은 태양의 광(光)에 있지 않고 달의 백(白)에다 더 비중을 둔다.

세상 만물은 일월광명(日月光明)에 의해 변화한다. 은밀한 남녀의 사랑, 그리운 고향 생각, 깊은 사색은 일광보다 월명을 선호한다. 태양은 남성의 정자와 같고 달은 여인의 난자와 같다. 어둡고 차가운 달이 태양 빛을 받아 아리따운 처녀의 얼굴같이 밝아질 때 비로소 유정난의 역할을 할 수 있다. 더 밝아질 수 없는 상태가 보름달이다.

잘 익은 열매와 만삭은 십(十)의 완성을 의미한다. 창조자의 마음은 명월과 같이 밝고 명경지수(明鏡之水)와 같이 맑아야 한다. 밝은 달이 맑은 물에 반사되어 내 마음 속을 비추어 천지인이 삼위일체가 된다면 금상첨화(錦上添花)라 할 수 있다. 마음속에는 해와 달이 다 융합되어 있다.

천(天)의 태양 빛은 지(地)의 달에 반사된다. 햇빛 머금은 달빛이 새벽 이슬에 맺혀 뭇 생명의 감로수가 되고 사람의 마음속에 녹아들기 때문이다.

모든 것의 시발점은 태양이다. 태양은 우주의 마음이다. 지상의 모든 것은 빅뱅 이후 생성된 불과 빛에 기인(起因)한다고 보인다. 더구나 마음에 '천지인'의 씨앗이 들어 있어 천지창조와 가꾸기는 물론 우주의 미래는 사람의 마음먹기에 달려 있다고 본다.

캘린더는 일력의 양력과 월력의 음력이 있다. 우리네 조상들은 농사나 어업에 주로 월력을 사용하여 왔다. 그만큼 달은 인간의 삶에 중요한 영향을 미치고 있음을 부인할 수 없다.

마음은 태양처럼 너무 강렬하여서도 아니 된다. 그렇다고 사방이 칠흑같이 어두워서도 아니 된다. 태양의 강렬함을 완화시켜주는 달이 있음으로써 지구에는 생명이 탄생하게 된다. 이것이 음양의 조화이다.

본마음은 해와 달이 합친 명(明)이다. '명'은 생명의 빛이다. '명'은 해의 양 기운과 달의 음 기운이 합쳐 있고 음양의 조화인 십거(十鉅)가 일어나는 곳이다. 그곳은 다름 아닌 자애롭고 부드러운 마음이다. 무한정의 사랑이 깃들어 있다. 마음은 하늘 높이 솟아올라 뭇 생명이 우러러 보는 '양'의 해와 '음'의 달이 합친 것이다.

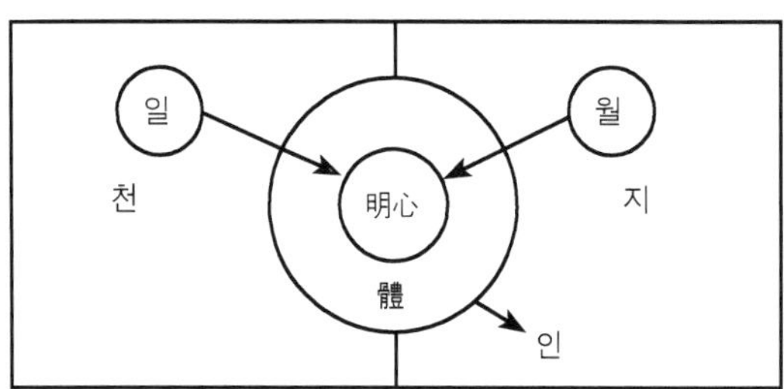

지구에 낮과 밤을 교대로 골고루 비추는 생명의 씨앗에 본바탕을 둔다. 마음을 해와 달에 연관시킨 강력한 메시지는 '홍익(弘益)'이다. 우주의 마음이 태양과 달로 나타나고 일월의 밝은 마음이 인간의 마음속에 깃들어 있음을 깨닫게 한다.

세상은 태양처럼 공격적, 파괴적인 성향이 너무 강해서도 아니 된다. 달의 창조적, 보육적 모성과 균형을 이루어야 한다.

우리의 옛 조상들은 자신들이 하늘로부터 왔다고 여겼다. 이른바 천손사상(天孫思想)이다. 오늘날의 인내천사상(人乃天思想)도 천손사상과 그 맥을 같이 한다. 민심이 천심이란 말도 있다. 이처럼 사람은 천부의 인권이 있으며 누구든지 마음껏 자유를 누릴 권리가 있다.

자연 사랑도 귀천사상에서 비롯되어진다. 자연과 사람이 곧 일심동체로 여기기 때문이다. 숲과 나무에도 신령스러운 기운이 깃들어 있다는 것이다.

천부경은 하늘의 노래이다. 한 자 한 자에 새겨진 오묘한 뜻은 귀천을 위한 주문이나 기원문 같은 것이다. 하늘로 승천하기 위한 징표인 부적(符籍)과 같은 것이다.

사람은 하늘에서 땅으로 강림하여 천명 즉 용(用)을 다하고 죽는다. 사후 신선이 되어 우화 등천하는 것을 도의 근본으로 삼는다. 하늘에서 땅으로 내려와서 다시 땅에서 하늘로 올라가는 왕복을 계속한다는 관념은 인간의 존엄성과 선민사상이 결부된 것이다. 이것은 인간의 신격화 과정이며 하늘의 점지, 신의 은총과 같은 것이다.

이러한 사상의 배경에는 사람의 마음을 다스리는 데 목적이 있다고 본다. 만물의 영장으로서 지상의 미물이나 짐승과 차원을 달리 하기 위한 것이다. '만왕만래'는 천부(래)와 귀천사상이 담긴 하늘의 순리이다.

자연사는 물론 인내할 수 없는 죽음, 생지옥 같은 공포와 고통 속에서의 탈출 수단인 자살이라는 현생의 마감도 귀천(歸天)이라 생각한다. 귀천은 수명을 다하는 것이 아니라 천부의 사명을 완성하는 것이다.

천부인권 사상은 인간을 신묘한 존재로 여기고 인간에게 신성한 긍지와 자부심을 갖게 한다.

천손의 자손은 하늘로부터 부여받은 천부의 창의력을 발휘하여 이 세상을 널리 이롭게 함에 있다. 그것이 하늘로부터 부여받은 천부적 사명이며 천명을 다하면 다시 하늘로 되돌아갈 수 있다는 귀천사상이 밑바탕에 잠재해 있다.

사람답게 사는 것과 사람의 도리를 다하는 것이 진인사대천명이다. 사람은 이 세상에 태어남에는 반드시 쓰임새가 있다고 여긴다. 신이 쓸모없는 인간을 이 세상에 보내지 않았다고 보는 것이다. 축복받은 만큼 사명이 있다. 그래서 '당신이 이 세상에 태어나 할 역할이 무엇인고?'라고 할 때 선뜻 대답할 수 있어야 한다. 하늘이 부여한 천명을 찾지 않으면 아니 된다. 그것은 재능이나 특기이기도 하다. 홍익인간의 정신을 살리지 못하면 이 세상에 태어난 의미를 찾지 못할 것이다. 구실을 다하고 하늘의 뜻에 맡김이 오히려 사람의 옳은 도리라 할 수 있을 것이다.

창의는 천의이며 발명은 '본심본태양앙명'에서 비롯된다. 천심이 곧 인심이다. 하늘의 마음이 사람의 마음으로 이어져 문명을 이룩하려는 것은 홍익인간 사상의 발로라 할 만하다.

천부경은 재세이화, 광명이세사상의 천리를 밝힌 것이다. 인간의 신에 대한 천부의 사명은 하늘의 뜻을 받들어 온 누리를 태양과 같이 밝게 비추는 것이다.

그 이유는 '용변부동본'에 있다. 하늘의 '본심'은 생명을 살리고 복되게 하려는 데 목적이 있다. 인간의 마음도 반드시 그와 같아야 한다는 것이다. 그것만이 세상 만물이 그리워하는 하늘의 마음인 태양의 광명에 대한 보답이라 할 수 있다. 그 결과 '천인합일사상'이 생겨났다고 보인다.

욕계는 베풀어도 보답이 없고, 빛을 비추어도 반응이 없는 아비규환의 생지옥이다. 호의를 무시하고 선의를 악의로 받아들인다면 밝은 미래는 기대할 수 없다. 소유욕은 암흑이며 모든 것을 집어삼키는 블랙홀이다.

현대 물질만능주의는 우울증과 폐쇄, 단절, 질병과 기만, 불신의 심각한 증상들을 만들어 내고 있다. 홍익세상은 정체를 알 수 없는 암흑에서 광명의 세계로, 즉 음지에서 양지로 끌어내는 것이다. 만물은 인간이 아끼고 사랑하지 않으면 실체에서 사라지고 말 것이다. 자연과 인간은 서로 얽혀있어 가꾼 만큼 보답이 있기 마련이다. 조물주는 인간에게 무한 가능성과 잠재력을 심어 주었다. 하지만 염려스러운 점은 인간이 기대하지 않은 전혀 뜻밖의 결과이다.

태양의 마음은 있는 그대로 무한정, 무조건 골고루 베풀어 준다. 달의 마음은 받은 대로 되돌려 준다. 우주와 자연, 어미의 마음이 그와 같다. 해와 달을 닮은 사람의 마음은 후광과 같아 뭇 생명을 기른다.

광명이세(光明利世)

천부경에서는 인간의 밝고 환한 마음이 천심이며 본심이라 하였다. 태양이 어둠을 밝히듯 인간의 밝고 환한 마음이 세상을 이롭게 하는 것이다. 광명이세는 홍익인간의 이념을 바탕으로 한다. 원만한 인간의 본심이 곧 우주의 사랑이라고 보는 것이다.

하늘의 마음이 태양이고 땅의 마음이 달과 같다면 소우주인 인간의 마음은 '천지심'이며 '우주심'이라 할 수 있다. 태양의 에너지는 누구에게나 공평하게 무한히 베푼다. 달빛의 밝음도 마찬가지이다. 마음은 광명이요, 세상을 이롭게 하는 데 인간의 존재 가치가 있다.

 재세이화 (在世理化)

단군신화에서 환웅 천황이 지상을 내려다보시고 짐승이나 다름없는 삶을 사는 인간 세상을 구제하기로 뜻을 품었다. 세상에 강림하여 하늘의 이치로써 인간을 교화시키고자 천부경을 창제하시었다.

교화사상은 홍익인간의 이념과 같다. 그 당시 이치는 과학적이고 합리적인 사고를 말한다. 천부경은 오늘날의 국민교육헌장과 같다.

명심 (明心)

본심본태양앙명의 본심은 해와 달이 합친 밝고 환한 마음이다. 일(日)과 월(月)이 합하면 명(明)이 된다. 명심은 명경지수(明鏡止水)와 같이 맑고 깨끗한 청정심(淸淨心)이다.

일광이 거울처럼 맑고 깨끗한 달 표면에 반사되어 지구를 비추는 월광이 명월이다. 둥글고 환한 한가위 보름달 빛은 홍익인간과 광명이세의 정신이 깃들어 있다. 명심은 생명과 풍요, 다산을 기원하는 마음이기도 하다.

지극정성 (至極精誠)

지성이면 감천이다. 오로지 자식을 위한 일념으로 정화수를 떠 놓고 간절히 기원하는 어머니의 마음이다. 나의 마음이 하늘을 움직인다면 능히 세상 사람들의 마음도 감동시킬 수 있다.

정성이 지극(至極)하면 개인의 운명은 물론 극한상황을 역전시킬 수 있다. 이 세상을 살아가는 단 하나의 지혜요, 방편이며 완성의 비결이다. '○○기적.' '불가능은 없다.' '진인사대천명(盡人事待天命)'의 경구는 지극정성을 두고 한 말일 것이다.

　지극정성이 깃들지 않은 일거수일투족은 혼자서 어두운 밤길을 걷는 것과 같다. 지극정성은 인간이 가진 최후의 보루이다. 고난을 극복할 수 있는 유일한 해결책이다.

✿ 심 (心) 의 상징 (象徵)

'十'은 천 (●) 지 (─) 인 (丨) 의 융합과 완성을 뜻한다.

∴은 천지인의 씨앗인 삼극을 내포하고 있는 마음심 (心) 의 형상이다.

'一'(일)은 천부경에서 心 (심) 을 지칭하고 있다.

九 (구) 의 현생을 마감한 十 (십) 의 완성이후 새로운 一 (일) 은 마음 심 (心) 의 세상임을 암시한다.

人中天地一

인 중 천 지 일

하늘과 땅 사이에 있는
사람이 일이다.

人 인
中 중
天 천
地 지
天地 천지
中天地 중천지
人中天地 인중천지
一 일
人中天地一 인중천지일

人 (인)

'인'은 사람이다. 사람은 천지 사이에 '중'이다. '중'은 중심의 균형 잡힌 고정된 지점이다. 사람은 3의 수를 가진다. 3은 3극, 원자, 3정, 3립, 3요소로 가장 안정된 상태이다. 천지는 양 날개, 시소의 양끝, 인간은 그 중심에 있다. 파도타기에 비유된다. 천지 음양극이 좌우 균형을 잡지 못하면 마음이 불안하다.

사람은 결혼하여 가정을 이룬다. 조부와 손자가 3세대를 이룬다. 부모와 자식이 있다. 생로병사가 윤회한다. 현재 지구상에는 70여 억 명의 인구가 살고 있다. 흑인과 백인, 황인종의 다양한 인종들이 저마다 특유의 문화를 형성하고 있다. 인류, 천지간, 사람과 사람의 집합인 인간사 또는 세상을 의미하기도 한다. 만물의 영장인 인간의 과학문명은 눈부신 발전을 거듭하여 그 끝을 알 수가 없다.

천지간, 시간과 공간속 3차원의 세계에 인간이 존재한다. 천지인의 '인'이며 천지의 조화로 인간이 태어난다. 음양중의 '중'이 사람이다. 천지가 합하여 '인'이 되고, 음양이 합한 것이 '중'이다. 인간은 천지 사이에 있다. '인'은 원방각의 각(△)이다.

中 중

'중'은 가운데, 틈, 사이의 뜻이 있다. 어느 쪽에도 치우치지 않는 동서남북의 중심, 목표, 완성, 음양의 교차점이다.

옥편에 中(중)은 가운데 중(四方之中사방지중), 맞힐 중(的中적중), 마음 중(心심), 바를 중(正정), 안 중(內내), 속 중, 이룰 중(成성), 반 중으로 1획의 위 아래로 통할 丨(신) 변에 4획이다.

'중'에는 음양이 상생의 융합과 상극의 분리 현상이 일어난다. 음양의 조화가 이루어지는 핵심이 '중'이라 할 수 있다. '중'은 '비음비양' 또는 합음양의 상태이기도 하다.

천지의 중(中)에 인(人)이 있고 인(人)의 중(中)에 심(心)이 있다. 스위스는 중립국으로 이념의 대립을 완화하고 중재 역할을 한다. 남북의 '중'에 있는 휴전선(DMZ)은 완충지대이다.

天 천

'천'은 하늘이다. '천'은 천리(天理)가 있고 '양기'의 상징이며 시간을 가리킨다. 하늘에는 해와 달이 있고 해와 달을 닮은 수많은 별들이 존재한다. '북극성'과 '삼태성', '오성', '북두칠성'이 있다.

인간의 관심을 끄는 별은 이름이 있지만 이름이 없는 무명의 별들도 무수히 많다. 별들은 무리를 지어 은하수를 이룬다. 수많은 별자리는 마치 지상계의 설계도를 보는 것 같다. 하늘에는 12별자리가 있다. 별은 모두 생성과 번성, 소멸을 거듭하며 천상계를 형성한다. 천체는 돌면서 규칙적인 운행 체제를 가진다. 합쳤다 흩어지기도 한다.

인명은 재천이라 할 때의 '천'은 천기를 의미한다. 하늘에는 +극과 -극의 '전기'가 있고 천둥번개가 친다. 해와 별은 불씨의 화신이다. 저마다 빛의 향연을 펼친다. 하늘은 둥글다고 하여 그 형상을 본떠서 원(○)이라 지칭한다.

태양은 생명의 근원이다. 눈, 비, 구름, 바람 등의 기후변화는 인간의 삶과 땅의 풍흉을 결정한다. 대기는 사람이 숨 쉬는 데 필수 불가결한 요소이다.

地 지

'지'는 땅, 흙, 대지, 지구이다. 동서남북 사방의 공간적인 의미가 있다. 모든 생명에게 삶의 터전이 된다.

'지기'는 '음'의 기운을 가진다. 하늘을 군사부(君師夫)에 비유한다면 땅은 여신인 어머니와 같다. 자애로운 모성에 해당한다. 땅에는 지하여장군이 있다. 산과 계곡, 들판, 하천, 강, 바다가 땅을 이룬다. 오대양, 육대주에는 수많은 생물이 산다. 미생물과 초목, 짐승이 있다. 짐승은 길짐승과 날짐승이 있다. 바다에는 바다 생물이 살고 강에는 민물고기가 헤엄친다.

땅에는 다이아몬드, 금, 은, 동, 철, 옥, 석 등 인간이 필요로 하는 지하자원이 풍부하다. 땅은 인간에게 의식주를 제공한다. 인간은 생활에 필요한 재료와 도구들을 산야강해(山野江海)에서 얻는다. 사람은 마음에 따라 머리와 몸을 쓴다. 자연으로부터 얻은 재료를 이용하여 삶에 이롭게 쓴다.

극지방의 한대가 있고 적도지방의 열대, 그 사이에 온대가 있다. '천기'와 '지기'의 상호작용으로 봄, 여름, 가을, 겨울의 사계절에 따라 모습이 바뀐다. 생물은 '풍한서습조화'의 기후 변화에 따라 땅의 환경에 적응하며 산다.

땅은 인간에게 자신의 산물을 아낌없이 준다. 인간은 노력한 만큼 얻을 수 있다. 사람과 땅의 관계는 자식에게 젖을 주는 어미와 같다. 지(地)는 원방각의 방(□)이다.

天地 천지

'천지'는 하늘과 땅이다. 즉 '양과 음'에 해당한다. 천자문에 천지현황(天地玄黃)은 '하늘은 검고 땅은 누렇다'이다. '하늘과 땅만큼'이라고 할 때 '한없이 크다, 넓다, 많다.'라고 알아차릴 것이다. 시간과 공간을 의미한다.

부모에 비유하기도 한다. 옛 조상들은 인간을 있게 한 것은 하늘과 땅이라는 믿음을 가진 듯하다. 흔히 '천지'도 모른다고 한다. 태어난 근본인 '음양'의 이치도 모르는 철부지 인간을 빗대서 하는 말이다. 천지는 음양의 조화로 남녀 간의 애정이다.

천(一)과 지(--)가 교차 결합하면 십(十)이 된다. 모든 것의 관계를 '음양'의 상호작용으로 본다. '음과 양'의 조화로 세상 만물을 낳고 이롭게 한다는 뜻이 담겨 있다.

하늘의 일월, 땅의 암수, 사람의 남녀는 각기 '천지'에 비유된다. 인간세상은 천지간 음양의 조화와 균형이 잘 이루어져야 풍요롭고 안정된다. 천지와 인간은 부모 자식 간인데 불효는 인간의 도리가 아니거늘 오만에 찬 인간에 의해 생태계의 균형이 깨어지고 있어 재앙이 우려된다.

中天地 중천지

하늘과 땅 사이를 의미한다. '천지간'이란 하늘과 땅 사이의 세상으로 이것은 곧 인간 세상을 의미한다. '중'은 사람을 뜻한다. 인간은 천지간에 있어 머리는 하늘을 이고 발은 땅을 딛고 산다.

하늘은 '천시'로 시간을 부여하고 땅은 삶의 터전인 공간을 제공한다. 인간은 이렇듯 하늘과 땅의 베풂 속에서 살아가고 있다고 할 수 있다. 하늘과 땅 사이는 어떤 의미가 있을까?

❀ 우주(宇宙)의 배꼽마당

배꼽마당은 어울림의 마당이요, 놀이 공간이다. 동네 배꼽마당은 어린이 놀이터이다. 어린아이들은 어릴 적부터 같은 또래의 동네 아이들과 잘 어울린다. 함께 뛰놀면서 마을공동체의 일원으로서 공감대를 형성해 가는 것이다.

마을의 대소사가 배꼽마당에서 벌어진다. 만남의 장소이다. 마치 무대나 경기장과 같다. 재미있는 놀이가 펼쳐진다. 마음껏 끼를 발산하고 재주를 겨루며 한데 어울려 서로의 존재를 확인하는 것이다.

천부경에서의 '중천지'는 하늘과 땅 사이의 공간을 의미한다. 그것은 우주의 배꼽마당이라 할 수 있다. 하늘의 '천기'인 '전자기'와 땅의 '지기'인 '물체'가 만나는 곳이다. 하늘에서 일어나는 현상과 땅에서 일어나는 형상들이 교류하는 곳이다. 즉 전자기장을 형성하고 물질계와 정신계가 융합하는 곳이다.

하늘은 우(宇)이며 시간이다. 땅은 주(宙)이며 공간이다. 그 사이에 인간이 존재한다. 왜 존재하는 것일까? 태초에 '일'의 '음'에서 '양'이 생기고 음양의 대결합이 일어난다. 대폭발로 생겨난 불덩어리는 암흑물질과 반응하여 땅이 생겨난다. 땅 가운데 일월이 있는 지구가 지상낙원으로 인간이 탄생하였다.

지구는 신의 염원을 실현시킬 우주의 배꼽마당에 해당한다. 하늘과 땅이 만들어 낸 인간은 결국 하늘과 땅을 어버이로 삼는다. 사람도 '천지'의 자손으로 본래의 의지를 실현하는 것이다. 조물주는 하늘의 뜻이 땅의 몸을 빌려 인간으로 하여금 우주의 염원을 실현토록 하였다고 여긴다.

❀ 디지털현상(Digital現象)

천부경에서 밝힌 우주의 근본이치는 '음양'의 조화이다. '음양'은 전기의 '+극과 -극', 자기의 'N극과 S극'의 조화를 말한다. 그리고 'on과 off' 상태인 '1과 0'을 의미한다.

음양(陰陽)은 명암(明暗)과 그 성질이 같다. '무시무종'은 끝없이 돌고 도는 순환 회로이다. 시작과 끝의 무한한 반복은 '0과 1'의 '이진법' 원리를 지칭한다고 볼 때 옛 조상의 혜안에 놀랄 뿐이다. 그렇지만 세상은 단순히 '0과 1'의 이진법 수리에 의해 지배되는 것은 아니다. 우리는 '음양'의 이진법 사이에 '중'이 생겨남을 간과하고 있다.

천부경에서는 '음양중'의 이치를 일깨워 주었다. 이 말은 세상이 '이진법'의 논리 속에 살지만 그 속에서 생겨나는 현상들이 더 중요함을 암시한다. '+와 -'의 분합이 아닌 '음양'의 분리(상극)와 결합(상생)에서 생겨나는 '중'의 의미를 강조한다. 단순 '이진법'의 원리와 다르다.

시시비비를 가리는 것은 옳고 바른 것을 찾기 위함이다. 좋고 나쁨도

합리적인 '개선 방안'을 찾기 위함이다. 항상 토론의 쟁점은 너도 좋고 나도 좋은 서로 조금씩 양보하는 미덕 속에서 건전한 토론 문화가 생겨난다.

부모가 자식을 낳으면 양부모를 반반씩 닮는다고 한다. 이것은 '상생'의 법칙이다. 컴퓨터를 잘 다루고 인터넷을 능란하게 취급하는 것은 그리 중요하지 않다. 디지털 과학이 만들어내는 그 결과물을 중요시해야 할 것이다. 그 결과는 바람직스러워 누구든지 만족시킬 수 있는 홍익인간 정신의 발로이어야 한다. 결과물은 어느 소수에 의해 독점이 되어서는 절대 아니 된다.

디지털 세상은 '1, 0'의 숫자에 의해 지배되는 세상이다. '일'은 씨알에서의 부화, 발아하고, 분만에서부터 무한히 모습을 바꾸는 것이다. 해가 뜨고 지며, 달이 차고 기우는 현상을 연상하게 한다. 잔은 가득 차면 비우고 속이 비면 다시 채워진다는 자연의 이치가 담겨 있다. 다시 말하면 신생과 창조의 공간이기도 하다. 결국 '점과 원'은 '극과 극'으로서 무한소와 무한대의 상징이다.

또 on-off와 개폐, + -, 흑백, 생멸, 오고 감, 융합과 분열, 미분과 적분, 유무는 물론 파동과 호흡, 맥박, 이진수는 음양의 개념이다. 모두가 연속체이며 동일체라 할 수 있다.

존재와 현상은 생명주기와 반복주기가 있다. 생멸주기가 가장 짧은 것은 전자의 파동이다. 가장 긴 것은 우주라 할 수 있다. 결국 이 세상의 모든 현상은 '0,1'의 상호작용에 달려 있다고 할 수 있다. 천부경은 일시무시일, 무궤, 만왕만래, 일종무종일에서 이미 그러한 세상을 암시하고 있었다. 바야흐로 21세기는 인터─워(Inter-war)의 시대가 이미 시작되었다.

천지창조 시 하늘이 제일 먼저 열리고 대지에 지상낙원이 만들어졌을 때 인간의 출현이 있었다. 천부경에는 천지창조의 순서가 '천지인', 즉 하늘과 땅, 인간의 순이다.

태초의 '음'에서 '양'이 생기고 음양이 결합하여 '중'이 생긴다. 마찬가지로 '전자'(-극)와 '양성자'(+극) 사이에 '중성자'(±)를 낳음으로써 처음으로 만물의 기본인 '원자'가 생겼다고 여긴다.

음양의 결합으로 원자가 생긴다. 원자핵의 분열과 융합으로 불덩어리의 하늘이 생긴다. 하늘의 불덩어리가 식어 뭉친 고체가 땅이다. 하늘은 +, -의 전기와 N, S의 자기가 융합하여 전자기력을 형성한다. 땅은 하늘의 전자기력에 의해 전자기체를 형성한다. 사람은 전자기 생물체이며 인간 세상은 전자기장이다.

'극과 극'의 '음양'은 상통한다. '극즉변, 궁즉통'은 '전기'의 방전 현상이며 '자기'의 인력과 배력 현상이다. 극지방의 오로라(aurora,極光)도 해와 달, 지구간의 전자기적 현상이라 할 수 있다. +, -극의 전기와 N, S극의 자기가 상생 상극함으로써 천지 만물이 생성, 번성, 소멸한다고 여긴다. '전기'와 '자기'의 상호작용으로 회전력이 발생하는 전동기의 원리와 같다.

전기의 +, -극은 에너지를 발생시킨다. 자기의 N, S극은 동극끼리 분열(대항)하고 이극끼리 융합(친근)하는 분합(分合)현상을 일으킨다. 전기는 동력원(動力源), 자기는 변력원(變力源)으로 두 가지 천혜의 신기(神器)이다. 반응과 무반응은 작동 원리이다.

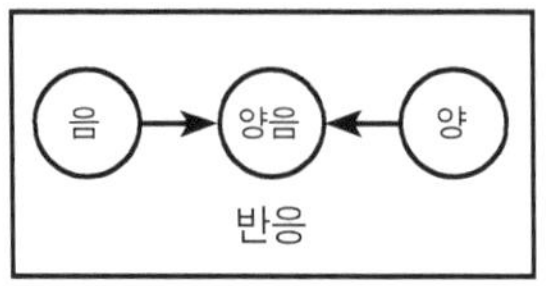

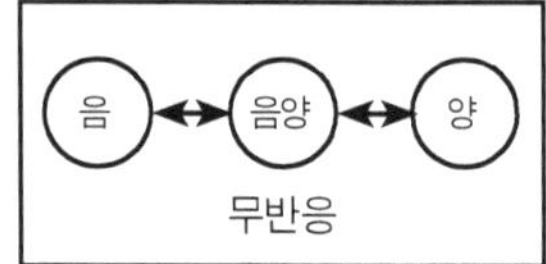

人中天地 인중천지

'인중천지'의 '인'은 중천지이다.'라고 해석된다. 즉 '사람'은 '천지'의 사이에 있다. 하늘과 땅의 한가운데 사람이 있음을 말한다. 인간은 시간과 공간을 공유하고 있다. 또 하늘과 땅의 결합으로 인간이 태어났다고 여긴다.

신화에 의하면 사람은 하늘을 아버지로 땅을 어머니로 해서 태어났다고 한다. 사람은 하늘과 땅 사이에 존재한다. 하늘은 시간이요, 땅은 공간이다. 시간과 공간의 삼차원에 사는 사람은 하늘과 땅의 지배를 받는다.

천지 만물의 변화는 자신의 의지가 아닌 우주의 의지에 따른다고 할 수 있다. 천지의 마음은 곧 우주의 섭리라 할 수 있다. 천지간에 사는 인간의 마음이 우주로 통한다. 인간은 우주의 마음을 이심전심으로 느낄 수가 있다.

천지 사이에 태어난 인간은 우주가 부여한 소임을 다해야 하며 자신의 모든 것을 우주의 배꼽마당에서 마음껏 펼쳐 보여야 한다. 만물의 영장인 천부인간으로서 사명은 오로지 홍익세상임을 명심해야 한다.

하늘과 땅, 그리고 인간은 둥근 원의 그물망을 이루며 상호 얽혀 있다. 둥근 원은 시작과 끝을 알 수 없어 '일시무시일'하며, '무진본', '부동본', '무궤'의 상징이다. 또 섭리는 영원불변하며 형상은 때맞추어 변화한다. 인간은 천지의 시간과 공간 변화에 순응할 수밖에 없다. 사람은 천지로부터 에너지를 충전하며 동력을 얻는다.

하늘의 이치는 천문이며 일월과 별들의 운행 체계를 알려주는 건지책이다. 땅의 이치는 지리이며 계절의 변화와 농사에 관한 풍흉을 살피는 곤지책이다.

사람은 삶에 필요한 모든 것을 하늘의 태양과 땅의 대지에서 구한다. 다시 말하면 하늘과 땅이 주는 혜택을 만끽하며 삶을 영위한다. 그리고 하늘과 땅으로부터 생존에 필요한 요소를 합성해 내며 지혜를 얻고 무지에서 깨어나고자 한다. 또한 지혜와 슬기로 천지 음양과 오행의 이치를 밝혀 생활에 응용하고 문명의 이기를 만들어낸다.

'인중천지일'에 과학적 의미가 내포되어 있다. 대표적인 발명품은 고대 문명의 이기인 활과 화살, 새총, 윷놀이, 바둑과 장기가 있다. 탑, 전래되어 오는 민속놀이, 동양사상, 한의학, 의식주에 뿌리 깊게 퍼져 있다.

그 밖에 첨단 이기인 컴퓨터에 의한 전자기 세상에 이르기까지 이러한 원리가 적용되지 않은 것이 없다. '천'은 양성자, '지'는 전자, '인'은 중성자로 천지인은 원자의 구조를 닮아 있다.

✿ 천부경(天符經)의 응용(應用)

예로부터 조상들은 활을 잘 다루는 민족으로 이웃 나라에서 '동이족'이라고 불렀다 한다. 동이(東夷)의 동(東) 자는 해 뜨는 동쪽이고 이(夷) 자는 큰 대(大) 자와 활 궁(弓) 자의 합성어(合成語)이다.

활의 모양을 살펴보면 천지인의 이치가 담겨 있다. 둥글게 구부려진 활대와 팽팽한 시위, 끝이 뾰족하고 꼿꼿이 선 화살의 세 부분으로 되어 있다. 둥근 모양은 하늘의 이치를 따 온 것이며 시위는 땅의 이치를, 화살은 끝이 뾰족하여 사람의 형상을 닮았다고 할 수 있다.

활대와 시위, 화살은 삼위일체가 되어야 힘을 발휘한다. 한손에 활대를 잡고 다른 한 손에 시위를 팽팽히 당김으로써 팽창력과 원심력에 의한 반작용으로 수축력과 구심력이 생긴다. 화살은 탄성력에 의해 힘을 얻어 과녁을 행해 쏜 살같이 날아간다. 과녁의 정중앙에 맞으면 적중(的中)이라 한다.

활 하나에도 이처럼 '천(•) 지(━) 인(│)'의 '삼재'와 '원'(圓, ○), '방'(方, □), '각'(角, △)'의 원리가 숨어 있는 것이다. 팽창과 수축, 에너지 불변의 원칙, 원심력과 구심력, 추력, 대체에너지와 물질의 작용과 반작용의 원리는 반복 순환과 '일묘연', '귀일'의 원리를 응용한 것이다.

활은 생활 도구이면서 무기이다. 땅 위를 뛰어 다니는 짐승도 잡을 수 있겠지만 주로 하늘을 날아다니는 새가 목표물이 된다.

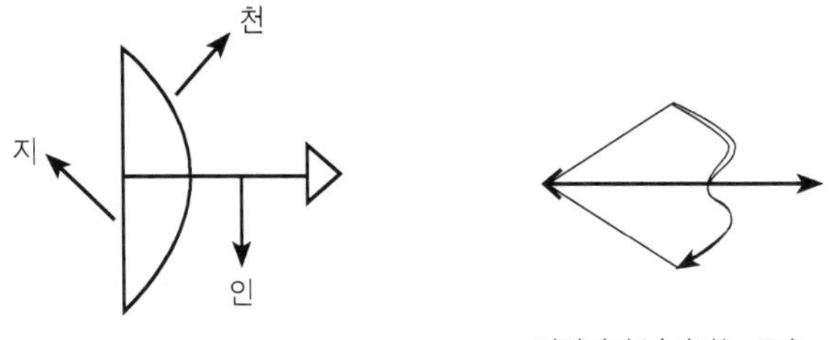

기러기가 날아가는 모습

하늘을 나는 새는 새 '을(乙)' 자로 표시한다. 활 '궁(弓)' 자와 새 '을(乙)' 자는 '음양'(陰陽)을 상징하며 상극관계를 가진다. 하늘의 기러기는 새 을(乙)이며 나는 모습을 보면 궁(弓) 자 형을 닮았다. 떼를 지어 나는 모양은 팔(八) 자 형의 진법을 펼친다. 땅의 수인 '팔'은 팔괘와 제갈공명의 팔진도가 있다.

활은 새와 같이 하늘을 날고 싶은 인간의 염원이 상상력과 결합되어 현실로 나타난 것 같다. 이것은 인간 세상을 널리 이롭게 한다는 홍익 인간 사상이 뒷받침 되어 창의력이 발휘되었다고 할 수 있다.

활은 기러기가 하늘을 나는 모습인 궁(弓) 자와 닮았다. 활이 발달하여 총이 되고 총은 대포가 되고 대포는 미사일에서 인공위성으로 진보되어 왔다. 새총도 한 알의 씨앗에서 두 개의 떡잎처럼 생긴 'Y' 자 형 나뭇가지에 고무줄을 매달아 놓았다. 탄력을 이용하여 '중중'(中中)의 씨앗을 생성하여 새의 심장부를 향하여 날려 보내는 것이다.

즉 '천지'의 양 가지 사이로 '천지'의 힘을 받아 그 힘으로 사람 '인'의 '일극'이 생성되어 목표물을 향하여 발사된다.

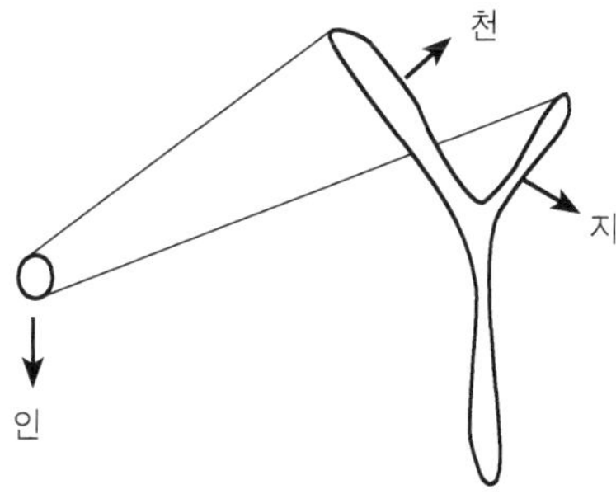

제기차기는 둥근 엽전의 중심에 네모난 구멍이 뚫려 있다. 둥근 것은 하늘이요 네모난 구멍은 땅을 의미한다. 한지로 동전을 싸서 네모난 구멍 사이로 빼낸 한지를 결 따라 길게 찢어서 제기를 만든다. 한지는 '천지'를 감싸고 돌출되어 찢어진 부분은 양 기운을 받아 탄생한 새로운 생성물로서 사람에 해당한다.

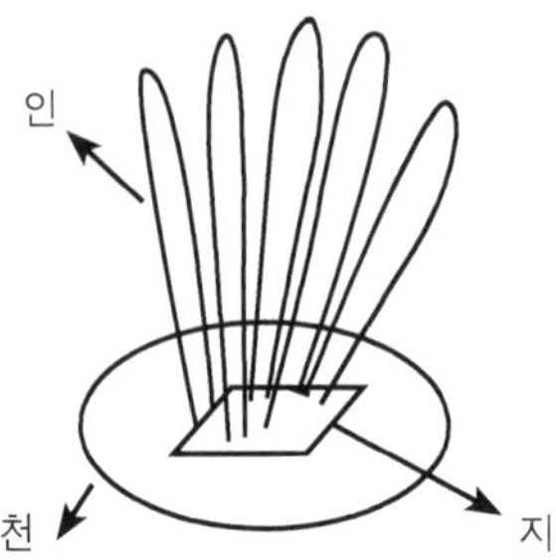

이처럼 새총과 활, 그리고 제기는 '천지인'의 사상을 담고 있다. 활은 하늘과 땅, 사람이 삼위일체로 이루어진 것이다. 먹이를 구하고 적을 물리치기 위하여 고안한 인간의 위대한 창작품이다.

활은 하늘과 땅의 대 기운이 합친 것의 상징으로 화살은 사람을 대신한다. 활은 '천신'과 '지신'의 징표로서 선과 정의의 상징물이며 화살은 악의 심장을 향해 쏠 준비가 되어 있다. 마음만 먹으면 적중시킬 것이다. 하늘과 땅의 힘을 빌려옴으로써 악의 무리를 쳐부술 명분을 가지게 되는 것이다.

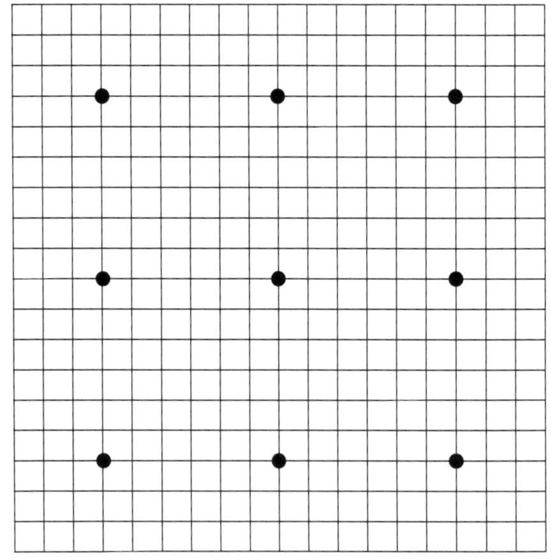

  백발백중의 정신은 '천지인'의 이념이 깃들어 있기 때문일 것이다. '가위바위보' 놀이가 있다. 가위는 사람으로 각(△), 바위는 땅으로 방(□), 보는 하늘로 원(○)이다. 하늘을 이기는 것은 사람이며 사람을 이기는 것은 땅이다. 땅을 이기는 것은 하늘이다. 이렇듯 하늘과 땅, 사람은 순환하며 전체적으로는 결국 비기는 것이다.

  바둑은 흑돌과 백돌의 음양이 바둑판에서 생사를 겨룬다. 바둑판은 가로 19줄, 세로 19줄로 점(●)은 361개이고 칸(□)은 324개이다. 밭 전(田) 형태의 칸은 81개로서 천부경의 81자와 일치하며 중앙의 일점은 천원의 자리로 천부경의 '육'의 자리와 같다.

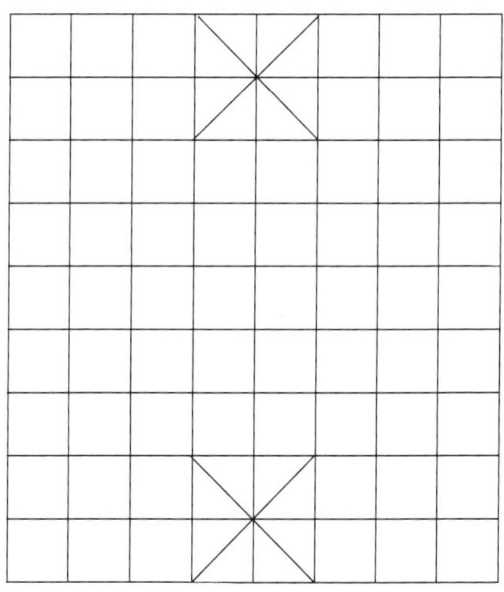

장기는 청홍의 음양이 장기판에서 다툰다. 장기판은 가로 10줄, 세로 9줄이다. 점(●)이 90개이고 칸(□)은 72개이다. 양쪽 궁의 자리에 4칸은 양분되어 □ 모양의 칸이 64개, △ 모양의 칸이 16개로 총 80칸이다. 80칸은 천부경의 81자와 일치한다. 이때 '일시무시일'의 첫 번째 '일'과 '일종무종일'의 끝 자인 '일'은 겹친다. 고로 81칸-1칸이 된다. 천부경 81자는 순환의 의미가 있기 때문이다.

전래되는 민속놀이에 3점, 3회, 3개의 뜻은 '천지인'을 의미한다. 또 장기 알처럼 둥근형은 하늘, 장기판처럼 사각형은 땅, 삼각형은 사람을 나타낸다. 이처럼 천부경은 창의적 사고를 불러일으키며 그 이치와 원리를 교화하며, 응용한 생활의 이기는 무궁무진하다.

❁ 천지인(天地人)의 상징물(象徵物)

'천지'는 외적인 요소로서 인간을 둘러싸고 있는 환경이라 할 수 있다. '천'에서 '지'가 생겨나고 천지의 사이에서 '인'이 생겨난다. '인'의 원천은 '천'이며 '지'는 현실이다.

천지는 '인'이 오고 가는 교류와 소통의 장이다. 땅에서 하늘로 치솟은 형상의 사람과 산, 나무, 탑은 서로 닮은꼴을 하고 있다. 천부경의 콘셉트와 맞는 상징물이나 표식들은 주변에서 흔히 찾아 볼 수 있다.

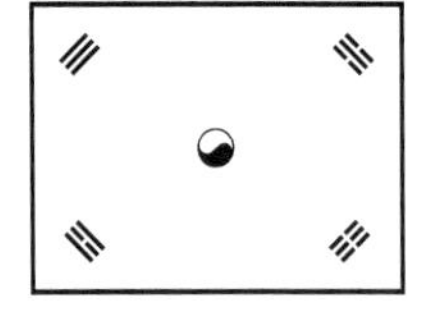

태극기 문양의 ☯은 청홍의 음양을 나타내며 ☰(건)은 하늘, ☷(곤)은 땅, ☲(이)는 해, ☵(감)은 달을 상징한다.

	삼태극선’ 은 대표적인 ‘천지인’ 을 상징한다. ‘천지인’ 의 생성과 융합, 확산과 수렴의 대표적인 문양이다.
	이스라엘 국기에 사용하는 문양이다. 이것의 의미는 ‘극소화’ 와 ‘극대화’ 의 상징이라 한다. ‘음양’ 의 조화와 ‘천래’ 와 ‘귀일’ 의 상징이기도 하다. 생장과 소멸이 동시에 일어남을 뜻한다.
	열 ‘십’ (十) 자는 ‘천지인’ 의 ‘삼극’ 이 융합한 모양이며 ‘음양’ 의 조화와 상생을 의미한다. 삶의 궁극적인 목표는 귀천을 위한 완성에 있다고 여긴다.
	건축물이나 장식에 많이 쓰이는 문양이다. ‘일석삼극’ 의 모양을 하고 있다. 정기가 ‘음양중’ 의 세 방향으로 성장하는 프랙털 현상을 나타낸다.
	사찰에 많이 보이는 문양이다. 세 개의 점은 ‘천일지일인일’ 의 ‘삼극’ 을 나타낸다. ‘천지인’ 의 ‘삼극’ 을 품은 마음과 우주 즉 천지인의 씨앗인 원자를 상징하기도 한다.
	불탑이나 피라미드, 끝이 뾰족한 첨탑은 ‘천지인’ 을 상징이다. ‘천지인’ ‘원방각’ 일체형은 아주 안정적인 형태를 띤다. 불탑은 ‘귀일(천)사상’ 이 깃들어 있다. 완성과 영혼의 인도, 해탈, 우화등선, 정화, 탈속의 의미가 있다.

一(일)

한 '일'(一) 자이다. '하나, 한 개, 첫째, 모두, 다, 전부, 전체, 하나로, 동일, 같은' 등의 의미를 가진다. 이 세상에 유일의, 오직 하나의 뜻이 있다.

人中天地一 인중천지일

'중천지'에 '인'이 있고 '인'은 '일'이다. 사람은 하늘과 땅 사이에 있고 '일'이라고 풀이해 볼 수 있다. 사람은 하늘과 땅을 공유하고 모두가 이 세상에 하나뿐인 존재이다.

하늘을 올려다보고 땅을 생활의 터전으로 삼는 사람은 제각기 '일'이다. '일'은 모든 것의 시작이다. 이 구절에 '일'의 비밀이 있다. '천지'를 무엇으로 생각하느냐에 따라 '일'이 무엇을 뜻하는지 결정된다.

지금까지 천부경의 구절을 살펴보면 인 = 일 = 삼=중 = 각(△)=인극의 등식이 성립됨을 알 수 있다. 한 인간이 정자이든 난자이든 태아이든 아기이든, 젊은이든 어른이든 노인이든 망자이든 '일'은 한 인간을 말하는 것 같다.

천부인권이나 천부인간은 인간 중심 사상을 엿볼 수 있다. '일'은 인간임을 암시한다. 더구나 천손사상이 지배하던 시대라면 세계와 우주의 중심에는 '천상천하유아독존'인 인간이 있음을 자각할 수 있게 한다.

‘천지’ 사이에 인간이 존재하고 인간이 곧 ‘일’이다. 조물주는 ‘천지인’의 ‘삼극’을 낳았다. ‘삼극’은 ‘원자’를 구성하는 ‘⊖⊕⊕’이다. 인간은 ‘⊕’으로 ‘--’, ‘三’으로 표시할 수 있다. ‘삼’의 수에 ‘삼극’의 ‘삼 요소’를 갖추고 있다. 천지 사이의 ‘중’에 사람의 삼극이 존재한다. 사람은 천지를 배양액으로 하여 생명을 유지하고 있다.

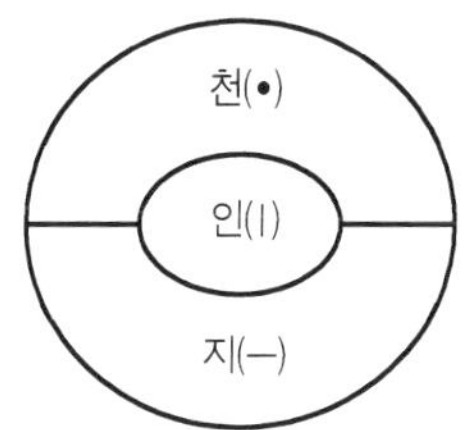

‘인’은 ‘천지’의 중심에 있고 ‘삼극’이다. ‘삼극’은 ‘천지’의 마음으로 ‘무진본’이며 ‘부동본’이다. 변화의 시작은 ‘마음’이며 숫자의 시작은 ‘일’이다.

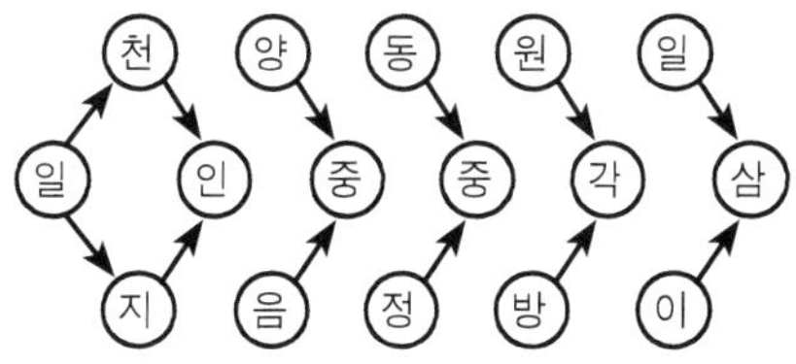

‘중’은 ‘사람’을 지칭하며 조물주가 만들고자 한 궁극적인 조화물은 ‘인간이다. 고로 ‘인간’이 태초의 근원인 ‘일’에서 비롯(시작)되었다. 천지의 ‘궤’를 만들어 사람의 탈을 쓰고 형상화된 것이다. ‘일종무종일’의 ‘일’은 ‘인중천지일’의 ‘일’을 받는다.

‘인’과 ‘천지’의 사이에 ‘중’이 있고 ‘중’은 ‘일’이다. ‘중’의 자리에 ‘일’을 대입시키면 인일천지(人一天地)가 된다. ‘천지인’의 씨알은 천일지일인일의 삼극이다.

천지인 ‘일극’을 각기 ‘점’으로 표시할 수 있다. ‘인일천지(人一天地)’에서 ‘천지인’을 ‘점’으로 대체하면 ● ─●●이 된다. 이것은 마음 ‘심’(心, 小)의 형상과 닮았다.

이 구절에서 한 가지 짚고 넘어갈 부분은 바로 앞 구절의 ‘본심본태양앙명’에서 말하고자 하는 핵심은 본심 즉 마음과의 관련성이다.

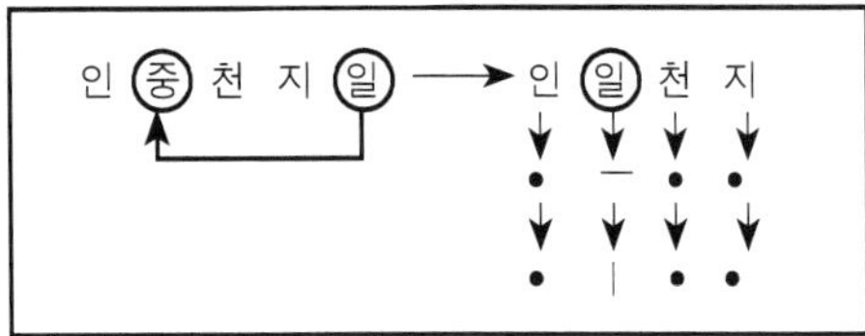

역시 마음 심(心)을 파해하면 ‘ ● ㅣ ● ●’ 또는 ‘ ● ─ ● ●’이 된다. 즉 ●(인) ─(일) ●(천) ●(지)로 천지와 ‘인’의 사이에 ‘일’이 있는 형국이다. 천지와 ‘인’은 천지가 합하여 ‘인’이 되었으니까 ‘천+지=인’으로 동격이다.

‘일’은 사람을 지칭한다. 사람의 몸통은 마음의 껍데기에 불과하다. 천지와 ‘인’의 가운데 일(─)이 있다함은 천지와 ‘인’을 거푸집으로 하여 그 속에 일(─)의 우주적 마음이 있음을 뜻한다.

태초의 ‘일’에서 하늘과 땅이 생겨나고 천지가 합하여 사람을 만들고 천지는 각각 본래의 일(─)로 환원한다. 사람 역시 하늘과 땅, 해와 달의 소생인 남녀가 만나 자식을 낳고 각기 해와 달, 하늘과 땅을 거쳐 본래의 일(─)로 되돌아간다. 사람의 마음 심(心)에 천지인의 마음이 새겨져 있어 우주를 포괄하고 있다. 고로 마음은 우주 그 자체이다.

이와 같이 풀이하면 '인중천지일'의 '일'은 사람의 마음이며, 천지 만물이나 삼라만상의 우주 자체가 마음 심(心)과 같음을 암시한다. 따라서 '일묘연만왕만래, 용변부동본, 본심본태양앙명'에서 '부동본본심'과 '인중천지일'은 사람의 마음 심(心)이 중요함을 일깨워 준다.

또 마음 '심'(心,小) 자는 '일석삼극'과 삼체귀일의 형상을 닮았다. 천부경에서의 요체는 마음이다. 천부인간의 낙인인 마음속에는 '천지인'의 씨앗인 '삼극'이 있다. 또 '삼극'은 천지 만물의 근본인 원자로서 절대 없어지지 않는 '무진본'이라 하였다.

'일'에서 삼극이 생겨남은 유심(有心)이요, 삼극이 귀일하면 무심(無心)이다. 우주는 마음이 열리는 유심과 마음이 닫히는 무심의 상태를 반복한다.

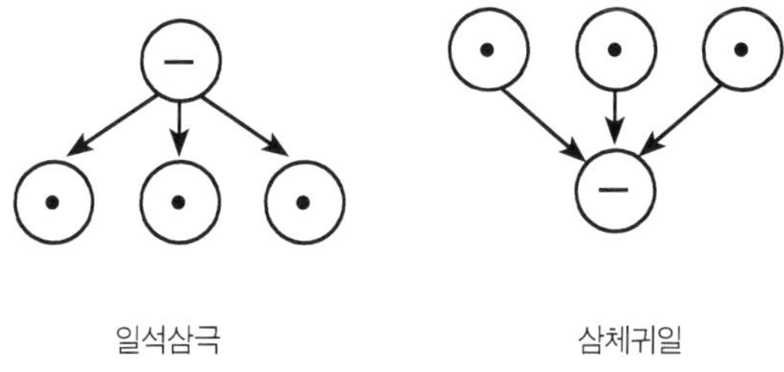

일석삼극   삼체귀일

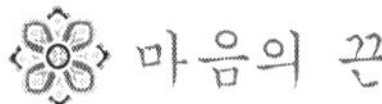 마음의 끈

마음 심(心)에서 '세 개의 점'을 엮어주는 것이 '일'이다. '일'은 마음의 끈이다. 죽음의 한계 상황에서도 결코 마음의 끈을 놓아서는 아니 된다. 마음을 먹는다는 것은 신념이며 종교이다.

사람이 죽으면 마음만 남고 마음의 '세 점'은 다시 '석삼극'이 되어 우주의 청정한 '기'의 텃밭에 뿌려질 것이다. '세 개의 씨앗'은 다시 모여 인간으로 환생한다고 여기는 것이다.

❀ 염원 (念願)

옛 조상들은 이러한 마음의 중요성을 간파하여 수신의 기본으로 삼았다. 천부경에서는 그 해답을 지극정성과 감천사상에서 찾는다. 자신을 이 세상에 보내주신 천지신명께 간절히 비는 것이다. 강하게 염원하면 이루어진다고 믿는다. 저마다 소원 성취를 위해 마음을 다하여 하늘을 울리면 땅이 공명하고 사람의 가슴을 적시는 것이다. 부귀길상, 무병장수, 풍요다산에 대한 염원이 담겨 있기도 하다.

기원은 이기심이 아닌 우주심이어야 한다. 천지창조의 시작으로 여기는 마음속에는 '천지인'의 '삼인'이 담겨 있다. 삼인은 무궁무진의 근본이다.

❀ 천명 (天命)

천지간의 중심에 있는 사람은 세상을 안정시키는 것이 기본 사명이다. 사람은 해와 달처럼 둥글고 환한 마음을 가져야 한다. 사람은 천지인의 결합체임을 자각하고 너와 내가 없는 일체감을 가지고 혼연일체가 되어야 한다. 남을 위하여 봉사하다 보면 자신의 살길이 생긴다. 천부의 소질에 따른 홍익정신의 업을 가져야 한다.

자신의 호강만을 위하고, 음식물을 낭비하는 행위는 금물이다. '음식은 꼭꼭 씹어 먹어라. 함부로 버리지 마라. 장난하지 마라. 감사해라. 과음하지 마라.'의 어르신 말씀은 지당하다.

악한 욕망은 죄악이며 삼가함이 참된 도리이다. 자기 자신만의 사욕이 아닌 모든 세상의 공동 행복을 추구해야 한다. 쓰임새를 다한 육신을 매우 고귀하고 경건하게 대하여야 한다. 육신의 거푸집을 무상으로 쓰고 원래대로 되돌려 주는 것에 자부심을 가져야 한다.

다 자란 나무는 썩어 2세의 밑거름이 된다. 다음 세대는 미래의 진짜 자기 자신의 모습이며 대를 이어가는 것이다. 쓰임새를 다하고 소멸되어 가는 자신의 육신에 과도한 밑천을 들이는 것은 바람직하지 않다. 말년에는 극기와 성찰의 삶을 살아야 한다. 한정된 밥상을 두고, 싸울 것이 아니라 서로의 지혜를 모아야 한다.

살아 무엇을 남기며 죽어 무엇을 가지고 갈 것인지 한번쯤은 고심해 볼 문제이다. 이것에 대한 해답이 천명이 아닐까? 현재를 보면 과거와 미래를 알 수 있다. 현재가 미래를 결정한다. 현재가 쌓이면 과거가 되고, 현재는 미래의 과거가 된다.

콘도르는 처음 날 때 힘들다. 한번 날아오르면 상승기류가 받혀주기 때문에 수월하다. 마지막에 처음으로 되돌아 올 때가 또 어렵다. 인생은 처음과 끝이 중요하다. 처음은 방향이고 끝은 완성이다. 완성은 처음의 방향을 마무리하는 것이다. 유종의 미를 거두는 것이다.

우주심(宇宙心)

마음은 우주 그 자체이기 때문에 영생불사의 존재이다. 생하고 변하는 모든 것이 마음에 달려 있다. '용변'하는 것도 마음이다. 생사, 귀천, 행불행, 호불호, 시시비비 모두가 마음의 작용이며 우주 일체를 아우르는 것이 마음이다. 살신성인, 자유와 정의를 위해 목숨을 초개같이 버리는 것도 영생의 마음이 있어 가능하다.

마음은 초감각적이다. 물질보다 마음에 우선을 두는 것은 물질은 단지 껍데기, 탈, 궤에 불과하기 때문이다. 몸도 영혼이 잠시 머무는 거푸집에 불과하다고 여긴다. 마음이 '궤'를 변화시킬 수 있다. 마음이 건전하면 몸도 건강하다. 마음은 이심전심으로 우주와 통하고 모든 것의

중심에 마음의 근본이 있다고 본다. 마음의 변화에 따라 주위의 분위기
도 달라진다.

우주의 마음이 표출된 것이 인간이라 여긴다면 '천지인' 일체사상은
수긍이 간다. 음양의 요체는 조화와 균형이다. 마음도 양면성을 지닌다.
물질만능주의는 마음이 흔들리기 때문이라 여긴다. 마음은 신의 섭리처
럼 복잡성을 지니기 때문에 지혜가 요구된다. 마음은 하늘에서, 몸은 땅
의 소생인 짐승의 궤를 빌려 왔다는 천손사상에 기인한다. 생물이 태양
을 향하듯이 마음은 오로지 천기를 따를 뿐이다. 땅보다 하늘이 우선
이다. 몸은 외부의 영향을 받지만 마음만은 그 반대가 되어야 한다.

'천지인'을 낳은 씨앗이 '일'(一)이고 '일'은 마음이라 하였다. 마음 보따
리 속에는 '천지인'의 씨앗이 들어 있다. 천지 만물은 오로지 마음이 만
들어 낸 걸작이라 할 수 있다. 마음은 참으로 묘하고 불가사의하다.

천부경은 무사안일보다 궁극의 마음이 안정을 가져온다고 여긴다.
사람의 마음과 몸은 천지, 일월, 부부, 정신과 물질의 관계와 같다. 달이
햇빛을 반사하듯 사람의 몸은 마음의 움직임에 따른다. 즉 몸은 마음
의 거울이라 한다.

우주의 중심에 있는 사람의 마음이 움직여 천지를 만들었다. 인간의
마음이 천지인을 궤(육신)로 삼아 이 세상에 현현하였다고 여긴다. 모
든 것은 내 마음, 즉 우주의 마음이 그려내는 세상이다. 인생애락은 우
주의 마음이 울고 웃는 것이다.

❀ 궁극(窮極)의 마음

마음의 끈을 놓지 않음, 항상 깨어 있음, 염원, 지극정성 등 이 궁극의
마음이다. 마음은 물질의 몸에 쌓여 있어 자칫 안락과 쾌락의 삶을 원

한다. 육체의 고통을 수반하는 고행과 극기, 생사의 기로, 궁핍, 밑바닥 인생에서 삶의 진정한 의미를 찾는다.

극심한 노동 후 비움의 허기에서 음식맛과 포만감이 극에 달한다. 육체적, 정신적 한계극복은 모험과 도전정신이기도 하다. 거북 등, 오랜 가뭄에 갈라진 논, 세월의 주름은 인고(忍苦)의 영광스러운 흔적이다. 절취부심, 와신상담에서 생의 극치를 맛본다. 폭염과 혹한의 냉열에 수없이 단련된 시련의 마음이 곧 극락(極樂)이다.

우주신호(宇宙信號)

●ー●●^● ー●●^● ー●●는 마치 모르스부호처럼 생겼다. 장단으로 표시하면 따단따따`따단따따`따단따따`이다. 상구를 두드리면 나는 소리 같다.

따라하다 보면 저절로 어깨춤을 덩실덩실 추게 된다. 이것은 생명의 율동이며 흥 또는 신명의 상징이다. 우주 신호에 영생의 비밀이 있다. 우주 신호는 마음이다. 우주의 중심에 마음이 있었다. '마음씨'가 깨어나 '천지'를 만들고 인간을 만들었다. 마음은 물과 같다. 마음과 마음이 모여 이 세상을 이롭게 만든다. 물은 뭉치기도 하고 흩어지기도 한다. 뭉치거나 흩어지거나 간에 모두가 대자연의 질서 속에 있다.

운명고향곡(運命交響曲)

'●●●ー^●●●ー^●●●ー' 따다다딴, 따다다딴, 따다다딴은 베토벤의 운명 고향곡과 같이 심장의 울림과 감동의 여운이 있다. 사람은 우주혼이 현실세계에 발현된 것이다. 따라서 장엄하고도 광활한 우주는 사람의 가슴을 두근거리게 하고 마음을 울리는 것이다. 생명의 리듬이며 영혼의 울림이다. 어미의 품속에서 자장가를 들으면 몸은 구름 속에 있고 마음은 꿈속에 있다.

뇌 출산 시대(腦出産時代)

뇌 출산은 정신적인 산출물이다. 아기가 모성의 자궁을 통하여 생겨난다면 뇌 출산은 머릿속의 생각이다. 물질적인 삶은 유한하지만 정신적인 삶은 영원하다. 두뇌의 아이디어에 따라 인류의 문명이 진보한다. 천부경의 원리에 의해 만들어진 윷놀이와 장기, 바둑은 아직도 애용되고 있다.

정신적인 삶은 불구불멸하고 영생 불사한다. 도리나 깨달음, 해탈, 열반의 경지라 해도 무방하다. 홍익인간은 창의적 사고로 문명의 이기를 만들어 인간 세상을 이롭게 하는 것이다.

시간여행(時間旅行)

'일시무시일', '일묘연 만왕만래'라! 이승에서 저승으로의 여행은 현재 과학으로는 풀 수 없는 숙제이다. 하지만 천부경에서는 삶과 죽음이 단지 이 세상과 저세상을 오고 가는 것일 뿐이라고 하였다. 얼마나 호연지기가 넘치는 말인가.

진시황이 무소불위의 권력을 행사하면서도 그에게 단 한 가지 부족한 것은 영생불사였다. 그가 이루지 못한 꿈도 불로장생이다. 불로초를 찾으려 하였으나 결국 죽음을 맞이한다. 오늘날 물질문명의 만능시대에도 사람들은 죽기 싫어 영생을 꿈꾼다. 그만치 부귀영화를 누리는 인간은 이승에 미련을 가지고 집착하기 마련이다.

천부경 시대의 조상들은 과학으로도 풀 수 없는 숙제를 마음으로 풀려고 하였다. 음양이 반복하듯 삶과 죽음은 끝없이 반복된다고 믿었던 것이다. 그래서 죽음 이후의 새로운 삶을 인정하고 필연적으로 받아들였다고 본다. 이것이 그 당시 사람들의 영생관이다. 연꽃을 통할 수도 있고 자식을 낳아서도 환생한다고 믿는다.

이러한 관념은 삶과 죽음을 반복 연속되는 과정이며 죽음을 삶의 완성이라 여긴다. 죽음을 통하여 새로운 삶 즉 환생은 피안과 차안의 기나긴 시간 여행을 하게 되는 셈이다.

마음을 잘 다스리면 신선이나 초자연적인 경지를 체험할 수 있다. 마음이 불가사의한 우주의 본바탕이기 때문에 물질적 한계를 넘어 언젠가는 소망이 이루어진다고 여긴다.

삼체 (변) 공존 (三體〈變〉共存)

인류가 살고 있는 이 지구상에는 시간과 공간, 인간이 공존하고 있다. 현재는 말할 것도 없고 과거의 흔적이 남아 있다. 그리고 비록 상상 속이지만 미래가 공존하고 있다. 공룡의 흔적이 그러하고 천둥번개가 치는 현상, 화산폭발, 태풍 역시 태초의 흔적들이다.

과거를 바탕으로 인류의 머리와 손에 의해 자신의 '궤'인 문명의 이기가 끊임없이 만들어지고 있다. 미래의 몫은 태초에 일어난 천지창조의 비밀을 푸는 것이다.

다시 말하면 지나간 과거 속에서 미래의 키워드를 찾는 것이라 해도 과언이 아니다. 과거가 사라지지 않고 존재하기 때문에 풀 수가 있다. 만약에 과거가 사라지고 완전히 없어진다면 인류에게는 미래가 없는 현재밖에 존재하지 않을 것이다.

과거의 흔적들이 천지인에 필름처럼 새겨져 있다. '천지인'의 '삼변'도 공존한다. 150억 년 동안에 쌓은 공덕은 무너지지 않았으며 그 무엇도 잃은 것은 아무것도 없다. 과거 속에 미래가 있기 때문이다.

태초(太初)의 비밀(秘密)

천부경을 대하면 마치 우주의 자궁 속에서 태교를 받고 어머님의 따뜻한 품속에서 자장가를 듣는 듯하다. 빅뱅 이전에 '음'이 있었다. 인간은 무지에 대한 두려움과 호기심을 가지고 있다. 가장 궁금해하는 것은 형상이 생기기 전의 비가시권역에 있는 것들이다.

그것은 어둠이며 '음'이다. 결국 우리 인간의 궁극적인 목표는 '음'의 비밀을 푸는 작업이다. 천지창조 이전의 세상은 '정'의 상태인 '음'(-) 즉 전자의 시대이다. 고로 태초의 비밀을 알고자 하면 암흑을 푸는 것이다. '음'은 우주 내지는 생명 탄생의 원천이라고 여기기 때문일 것이다.

'일'에서 모든 것이 생겨나고 '일'은 사람의 마음이라 하였으니 태초의 비밀을 푸는 열쇠는 마음에 있다고 보아야 한다. '음'과 암흑, 마음은 서로 연관이 있다고 본다. 두렵고 신비하고 거룩하고, 성스럽고, 묘한 느낌을 갖게 한다.

지금까지 '양'이 이 시대를 지배해 오고 있다. '양'은 남성의 시대로서 팽창을 의미한다. 정복과 지배, 전쟁과 약탈, 영웅과 숭배의 시대였다. 그 결과 '음'의 상징인 땅을 오염시키고 황폐화시켰다. 반면에 '음'은 여성의 시대로서 생산과 평화를 의미한다. 모성은 생산을 통하여 땅을 더욱 기름지고 풍요롭게 만든다.

남성의 시대에 여성의 시대가 더하여져야만 완성된 세상을 이룰 수가 있다. 이것이 진정한 천지 음양 상생의 세계관이다. '마음씨'는 다산

과 풍요의 상징이며 파괴보다 생산의 상징인 여성의 마음이 밑바탕에
깔려 있다.

여성의 마음은 어떤 세상을 만들고자 하는 것일까? 물처럼 순리대로
의 자연스러움이 여성미이다. 여성의 잠재력과 그녀들이 꿈꾸는 세상은
무엇인지 궁금하다.

디지털 시대의 소프트웨어는 여성적이다. 섬세한 감성이 우위를 점하
고 상대적으로 단순한 체력이 힘을 잃게 될 가능성이 있다. 앞으로의
세상은 장강고(長强高)에서 단약저(短弱低)의 시대로 전환된다.

인간의 체력은 나약해질지 몰라도 갈수록 강력한 도구를 갖게 될 것
이다. 여성 강화의 신모계사회가 도래됨을 의미한다. 하이터치 기술이
전자기 세상을 펼치고 있다. 궁극에는 양강음약(陽强陰弱)의 시대에서
음강양약(陰强陽弱)의 시대가 도래될 것이다.

❀ 삼인(신)사상 (三因＜神＞思想)

삼극은 천일지일인일로서 하늘과 땅, 사람의 생성 근원이며 없어서는
아니 될 세 가지의 필수 요소이다. 천지인의 삼보로서 원자요, 생명의
씨앗이다. 마음속에 고이 간직되어 있는 삼 요소는 천지자연에 산재해
있다.

사람의 생존에 있어 신주단지 모시듯 해야 할 것이 있다. 추위를 해결
할 불씨, 배고픔을 해결할 곡식의 종자, 그리고 대를 이을 자식은 필수
요소들이다. 천지인의 세 가지 요소만 갖추어지면 세상에 이루지 못할
일이 없다. 삼국유사의 단군신화에 웅녀는 마늘과 쑥을 먹고 삼칠일 만
에 사람으로 환생하였으며 환웅과 혼인하여 국조단군을 낳았다는 기
록이 있다.

삼칠일은 세 이레로 3X7=21일이다. 산후금기일도 삼칠일이다. 삼신할매의 '삼'과 칠원성군의 '칠'은 사람의 탄생과 관련이 있는 것 같다. 삼신할매와 칠원성군은 인간의 생사 여탈권과 운명을 좌지우지한다고 믿는다. 삼신각과 칠성각을 지어 신격화되기도 한다.

삼인(三因)이 생기는 이치는 음양중(陰陽中)의 원리로 추정할 수밖에 없다. 태초의 '일'이 변화자 혹은 생산자이거나 간에 천지 만물을 만들어 내는 것은 조물주 또는 신의 의지나 마음으로 여겼을 것이다. 천지인(天地人)이 생기기 전에 마음이 있었다. 그 마음은 고요한 마음 즉 평정심(平靜心)으로 여긴다.

'평정심'은 음(陰)의 성정을 갖는다. 음심(陰心)은 춥고 배고픈 상태로 마음이 발동하게 된다. 마음이 동하는 상태는 동심(動心)으로 양(陽)의 성정을 갖는다. 하늘의 씨앗으로 불을 밝혀 어둠과 추위를 몰아낸다. 다음 땅의 씨앗으로 곡식을 키워 배고픔을 해결한다. 그리고 사람의 씨앗으로 대를 잇는다.

등 뜨시고 배부르면 게을러지고 잠이 온다. 본능은 배고픔으로 움직이게 하고 포만감으로 쉬게 한다. 마음은 고요함과 움직임, 음양, 갈팡질팡, 오락가락, 갈 지(之) 자 행보를 무한히 반복한다. 마음의 파동은 생명으로 본능이다. 음양(+-, NS, 전자기)의 파동으로 에너지가 생긴다고 할 수 있다. '중'은 합음양으로 음양의 요소가 조화로운 지구, 사람을 들 수 있다. 천지 만물은 '음'과 '양'이 융합하여 '중'을 만들어 낸다. '중'은 음양의 '중'에 있어 성정은 '음'이 되고 다음에 반대극인 '양'을 유발한다.

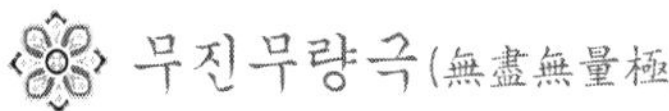 무진무량극(無盡無量極)

'일'은 마음이고 만극은 '궤' 즉 형상이다. 그 사람 뽑났다 하면 마음에

'극'이 생김을 뜻한다. '극'은 외부 환경에 영향을 받으며 반응하는 성깔대로 '극'이 생긴다. 마음에 젖을 품으면 그 몸에 젖이 나오고, 독을 품으면 독을 내뿜는다.

꽃은 정원사의 손에 달려 있다. 서로의 뜻이 다르면 '각'을 세운다. 주의와 관심을 기울일 때 촉각을 곤두세운다고 한다. 저마다 꼴, 색깔, 성질, 소리, 맛, 냄새, 이미지 등 특징을 들어내는 것이다. 역시 마음에 '극'이 생긴다는 의미이다. 개념이나 행태, 사고, 시대조류, 엣지 (edge)등도 '극'이다. 극은 개체 (個體) 이고, 궤는 정체 (正體) 이다.

마음이 동하여 무진무량의 '극'이 생겨났다. '극'은 쓰임새(용, 用)에 맞게 생겨난다. 또 상호 '음'과 '양'의 조화와 균형을 유지하며, 생성과 소멸을 거듭한다. '극'은 분리와 결합을 반복하면서 수많은 형상들이 생겨났다. 이로써 천지 만물과 삼라만상이 만들어졌다.

'극'은 필요에 의해 천시에 따라 천태만상하고 천변만화한다. '극'은 극즉변한다. '극'은 '일적'하면 대극이 되고 대극은 서로 합하여 새로운 '극'을 생성한다. 그렇지 못하면 스스로 소멸하거나 부조화를 초래한다.

'극'은 인내의 한계를 시험하기도 한다. '극'은 조화와 균형의 천리에 순응하지 않으면 이 세상은 혼돈과 무질서의 상태를 벗어나지 못한다. 씨앗과 무성한 초목은 무엇이 본래의 형태인지 알 수 없게 한다. 이젠 사람의 역할을 대신할 로봇이라는 '극'이 생겨나고 있다. 단 한 사람의 독점을 싫어하고 즐김과 자기만족을 위한 개인적 다양성을 경험하고자 한다. 인간의 활동 영역이 두뇌의 창의성이 요구되는 문화예술, 취미, 레저 영역으로 점차 바뀐다.

모든 '극'을 합하면 성(性)은 중성(中性)이요, 극(極)은 무극(無極)이 된다. '있음'이 '없음'이요, '없음'이 '있음'이다. 있는 듯, 없는 듯이 사는 인생철학과 맥을 같이 한다.

一終無終一

일 종 무 종 일

일은 끝나도
끝이 없는 일이다.

一 일

終 종

一終 일종

無 무

終 종

無終 무종

一 일

無終一 무종일

一終無終一 일종무종일

$$\boxed{\;一\;\text{일}\;}$$

'일'은 하나이다. 숫자의 시작이 '일'이며, 이 세상에 오직 하나밖에 없는 것이다. 전체의 '일'일 수도 있고 전체의 '일' 속에 있는 개체의 '일'일 수도 있다. 천부의 사명을 다한 '일'이다. 쓰임새를 다한 육신, 완성을 이룬 자아, 노년기나 쇠퇴기에 있는 성체, 삶의 완성을 이룬 생명체이다.

한계에 달한 극점, 변곡점, 꼭짓점과 같다. '원'의 '일'인 마음이다. 하늘과 땅 사이에 있는 사람이 곧 '일'이다. 천지 만물 가운데 만물의 영장인 사람이 '일'이다. 우주도 '일'이고 사람도 '일'이다. 우주의 중심에 사람이 있고 사람의 중심에 마음이 있으니 마음이 곧 '일'이다. 인간의 마음이 최고요 으뜸이다. 진인사대천명(盡人事待天命)의 마음이다.

$$\boxed{\;終\;\text{종}\;}$$

마칠 '종' 자이다. '마감하다. 마무리하다. 끝나다. 종료하다'의 뜻이 있다. 또 완성이나 종결, 결실을 뜻한다. 생을 마치는 죽음의 의미도 있다.

옥편에 終(종)은 마침 종(竟경), 마침내 종, 마지막 종(窮極궁극), 마칠 종, 끝 종(末말), 죽을 종(卒졸)로 6획의 가는 실 糸(사) 변에 11획이다.

세상의 변화는 뚜렷하다. 일몰과 일출의 하루, 탄생과 사망의 일생, 봄, 여름, 가을, 겨울, 사계절의 변화가 그러하다. '일'도 마찬가지이다.

삶이 동적이라면 죽음은 정적이라 할 수 있다. 죽음은 대단원의 막을 내리는 것이다. 임종은 죽음을 맞이하는 것이다. 죽음 역시 삶의 종결이나 완결, 결실을 말한다. 궁극적으로는 죽음으로써 삶의 완성을 이루는 것을 의미한다. '시'가 삶의 시작이라면 '종'은 삶의 끝이다.

또 삶의 끝은 사망이다. 사망은 새로운 세상과 이어질 수 있다는 것이다. 새로운 세상은 죽음의 세계이며 정적인 세계라 할 수 있다. 다시 말하면 육체의 탈을 쓰고 이 세상에 태어나서 육체의 탈을 벗어던진다. 그 다음은 '궤' 즉 '극'이 없는 무극의 저세상으로 가는 것이다. 사람의 '일'에서 마음의 '일'인 우주의 씨앗으로 변환하는 순간이라 할 수 있다. 마음의 세계는 어쩌면 기나긴 휴식과 같은 것인지도 모른다. 이승과 저승을 이어주는 근거는 '일적십거무궤화삼'의 이치에 의해서이다.

'일시'가 '양'이라면 '일종'은 '음'에 해당한다. 또 '시'는 '동'이요, '종'은 '정'이다. '종'과 '정'은 죽음이 아니고 본래의 '일'로 되돌아가는 회귀의 의미가 있다. '일묘연만왕만래'의 구절에서 '시'와 '종'의 의미는 생사가 아니고 단지 오고 감이라 하였다. 마음은 육체의 탈을 벗고 한줄기 빛이 되어 우주의 심원으로 기나긴 시간 여행을 떠날 것이다. 다음 생애를 위하여……

一終 일종

'일'은 끝났다. '일'은 마치다. '일'은 '만'에서 끝난다고 하였다. '삼극'의 '일극'에서 시작하여 '만궁'에서 마치는 것이다. '일'이 마친다는 것은 무엇을 의미하는 것일까? 천부의 소임이나 천명, 쓰임새를 다하였을 때이라고 생각된다.

'일종'은 일련의 용변 과정에 불과하다. '일'은 음양의 조화로 수없이 많은 씨를 퍼뜨려 제2, 제3 조화물이 생겨나고, 6에서 7, 8, 9, '만'의 세상을 이어 나감으로써 사명을 다하였다고 본다.

'일'의 씨앗은 봄이 오면 싹이 트고 여름에 무성하게 자라서 암수 꽃이 피고 수정한다. 그리고 가을에 열매 맺고 겨울에 씨를 퍼뜨린다. 짐승도 새끼가 자라서 암컷과 수컷이 교배하여 새끼를 낳으면 일생을 마감하게 된다. 사람도 육신의 탈을 벗고 씨알의 마음으로 변화하는 것이다.

'일'은 새로운 씨를 낳음으로써 하나의 과정을 완성한다고 여긴다. 달도 차면 기운다. 새로운 것을 채우기 위해서는 한계점에 다다른 기존의 것을 깨끗이 비워야 함과 같다.

✿ 귀일사상(歸一思想)

인간은 태초에 비롯된 '일'로 되돌아간다. '일'은 빅뱅 이전의 한 점 특이점이나 육신을 벗어난 마음씨이다. 결국 만물은 한 점 마음의 세계로 되돌아가고 빅뱅 이전의 한 점 특이점에서 만날 것이다.

'일'은 마음, 광명, 무극, 염원, 비 물질, 천지창조 이전의 세상이다. 마음은 생로병사의 육체적 한계를 벗어난다. 귀일은 천지인의 세 가지 길이 있다. 이러한 믿음을 가지고 있는 사람이라면 '일'은 모든 것이 함께하는 세상이다.

'일'은 크고 작은 수많은 개체들이 존재한다. 천지 만물과 삼라만상은 일점(一点)과 만원(萬圓), 일극(一極)과 만궁(萬窮) 즉 '극과 '극'을 되풀이할 뿐이다. 변화는 용변에 의할 뿐 항상 본래의 일점과 일극의 상태로 되돌아간다. 본래의 일극과 일점은 본래의 마음인 본성의 자리이다. 육체적 한계에 도달하면 마음은 본래의 자리로 되돌아간다. 일 개체들이 한군데 모여 있거나 여러 군데 헤어져 있거나 간에 무슨 특별한 의미가 있겠는가?

여성은 우주의 환생이며 남성은 '음'에서 나온 '양'이다. 남성의 여성에 대한 애정 행위는 모성에 대한 그리움이다. 십(十)의 완성을 이루어 우

주의 심원에 회귀함으로써 영생을 얻고자 하는 본능이다. 임종은 천상
계로 머나먼 길을 떠나는 우주인의 심정과 같다. 천부경에 나오는 수는
각각의 의미가 있다.

일	1	2	3				7	8	9		만	변화수(상수)
			3	4	5		7					연관수(율수)
						6						형상수
										십		완성수

1에서 10까지의 숫자는 무량수의 기본이다. 홀수는 천양수(天陽數),
짝수는 지음수(地陰數)에 해당한다.

일심(一心)

우주와 내가 하나 되는 마음, 차별과 구별이 없는 마음, 객체와 주체
가 하나 되는 것이 일심이다. 흐트러진 마음을 하나로 모으는 것이 일
심이다. 반대로 하나의 마음으로부터 생각이 꼬리를 물고 한없이 일어
나는 것이 무량심이다.

목적이 있는 마음이 일심이다. 일심은 고정되어 있어 '음'이다. 일심이
흩어지면 '양'이 된다. 중심(中心)은 일심과 무량심의 사이에 있다. 마음
은 천칭이다. 중심을 잡고 본연의 밝음을 잃지 않아야 한다.

몸의 기력은 호흡과 기혈의 순환, 섭취와 배설 등 음양의 조화로 생긴
다. 모든 것은 마음에 달려 있다. 우주의 변화도 중심에는 역시 마음이
내재되어 있다는 것이다. '마음씨'가 깨어나 '천지'를 만들고 '천지'의 바
탕 위에 스스로 '사람'이 되었다. 지금도 마음이 세상을 만들고 있는 것

이다. 즉 우주의 마음이 겉으로 들어나는 것이 형태나 현상이다.

사람은 각자 '마음씨'를 갖고 있다. 마음속에 '천지인'의 '삼극'이 담겨 있다. 마음씨가 만들어낸 삼극은 원자이다. 원자는 우주의 씨앗이며 기본 틀이다. 천지 만물과 삼라만상은 빅뱅 이후 만들어진 원자의 복사판이다. 일월성신의 운행은 물론 음양의 조화와 균형이 원자의 구조와 법칙에서 벗어날 수가 없다고 본다.

心　小　·　─　··　⁝　⊙　丷

내 몸은 우주의 '일'에서 생겨난 마음씨로부터 형상화된 '극'에 불과하다. 즉 마음이 겉으로 들어난 것이 몸체이다. 내 자신이 죽으면 다시 마음속에 있는 '천일지일인일'의 '삼극'이 '천지인'의 씨앗이 되어 우주에 뿌려진다.

'삼극'은 '천'의 마음이 '지'의 '궤'를 생성시키고 종국에는 '천'이 '지'의 '궤'를 껍데기로 하여 '사람'이 생겨난다. 마음씨는 없어지지 않는 근본이며 일월광명으로 영원하다는 것이 천부경이 주는 메시지이다. 다음 세상에 태어날 내 모습이 어떻게 변할지는 오직 내 마음에 달려 있다.

천지 만물과 삼라만상의 시작은 마음에서 비롯되며 마음이 곧 '일'이다. 천지 만물은 우주에 가득 차서 '만원'이 되면 '극'에 다다르고 지극(至極)하면 다시 태초의 '일'인 '천지일색'의 상태로 회귀할 것이다.

'일'은 마음의 세계요, 선천이다. '일극'에서 '구극'은 현실 세계로 후천이다. 태초의 '일'에서 분화되어 '구극'에서 천지인은 '구'의 '구'를 반복하여 '만'의 세상이 펼쳐진다. '구'의 세상을 넘어서면 '십'이 되고 '십'의 완성 이후에는 육신의 탈을 벗고 새로운 '일'이 된다. '일'은 마음으로 맺힌 염원이 극도로 쌓이면 또다시 대폭발을 일으키게 되고 새로운 현실 세계가 펼쳐지게 될 것이다.

물질적인 사람의 몸은 로봇과 같다. 로봇을 조종하는 것은 사람이다. 몸을 조종하는 것은 마음이다. 마음이 신체의 각 부위에 관심과 사랑을 가지고 부단히 긍정적인 메시지를 주면 의지대로 활성화된다. 그렇지 않으면 그 조직은 병들거나 쇠퇴하고 말 것이다.

인간의 마음은 완성을 이루기 위해 일월광명과 같이 공평무사의 일심으로 항상 깨어 있어야 한다. 마음은 암흑세계를 밝혀주는 한줄기 빛이며 생명의 씨앗이다.

우주일체사상(宇宙一切思想)

마음먹기 여하에 따라 우주 만물과 나 사이의 빈 공간을 채울 수도 있고 비울 수도 있다. 따라서 사람의 마음속에 너와 나 사이의 경계심이나 분별심만 없어지면 우주 만물은 하나이다.

불탑처럼 '천지인'은 하나로 이어져 있다고 할 수 있다. 태초의 '일'에서 생겨난 '천지인'은 원래 하나였다. 태초의 '일'에서 천(하늘)이 생기고 천(하늘)에서 지(땅)가 생겨나고 천지가 결합하여 인(사람)이 생겨났다고 할 수 있다. 결과적으로 '천지인'은 '일'의 변화 현상에 불과하다.

'일'은 '음양중'을 반복하는데 변화 사이의 극점에서 '궁즉통' '극즉변'의 원리가 적용된다. '일묘연'하여 생겨난 천지 만물과 삼라만상은 모두가 '일'에서 음양의 조화로 생겨난 현상일 뿐이다. 음양의 조화도 결국 자기 자신의 변화 현상일 뿐이다. 사람이 사람을 낳듯이 천지가 인간을 낳았다면 천지를 낳은 우주는 결국 사람이라는 가정이 성립된다.

사람의 남녀는 암우주와 숫우주의 축소판이다. 사람이 천지의 결합

으로 생겨났다면 숫우주는 하늘이요 암우주는 땅인 셈이다. 결국 남녀
는 지극한 사랑으로 우주적 환희와 극락, 영원을 실현할 수밖에 없다.

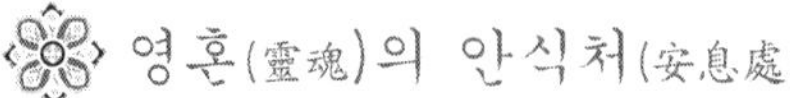 영혼(靈魂)의 안식처(安息處)

영혼은 육신의 거푸집을 벗어난 마음일까? 사람은 죽음으로써 몸뚱
이의 껍데기를 벗어나게 된다. 마음은 육체를 떠나 귀천하게 되는 것이
다. 비로소 마음의 씨앗이 우주의 텃밭에 뿌려진다. 사람이 이 세상을
하직하면 영혼의 귀천을 기도한다. 인간의 씨앗은 마음이다. 이 세상에
서 인간이 죽고 난 후 뿌린 무수히 많은 마음은 저세상으로 가서 영면
에 들지만 때가 되면 소생할 것이다.

영혼(靈魂)의 담금질

인간의 본래 고향은 우주이다. 인간은 우주의 묘연한 '중일'의 상태
에서 시원하였다. 사후 영혼과 육체가 분리되어 육체는 '일기(一氣)'로
되돌아간다. 초기 우주에 빅뱅이 있었다. 태양은 빅뱅의 축소판이 아
닐까?

육신의 고통에서 벗어난 영혼은 우주를 떠돌다 태양에 의해 담금질
되어 그 빛을 타고 후세 지구에 다시 태어날 것이다. 하늘의 순수한 마
음이 없으면 인간으로 화할 수 없다. 죽지 않으면 새롭게 시작할 수 없
다. 마음은 다시 태양으로 달구어져 혼 불이 되지 않으면 거듭 태어날
수 없다. 철이 용광로에서 녹는 것과 같고 흙이 가마에서 굽지 않으면
도자기로 거듭 태어 날 수 없는 이치이다. 쇠는 몇 천 몇 만 번을 담금
질하면 더 단단한 강철이 된다.

마음도 마찬가지이다. 태양 불로써 정제되지 않으면 영혼은 구천을 떠도는 유령일 뿐이다. 사람은 천부의 사명을 받고 이 세상에 왔다. 천명을 다한 후에는 육신의 탈을 벗고 원래대로 되돌아간다. 이것이 그들만의 생사관이다. 천지 만물은 영원히 소멸되지 않고 '음'과 '양'의 변화 과정만 반복할 뿐 언젠가는 이 세상에 다시 태어난다는 것이다. 그것은 천지 만물에 각기 부동본의 마음이 있기 때문이라 여긴다. 인간이 닮아 가야 할 이 세상에서 가장 빠른 빛의 전파력 내지는 추진력이 무엇인지 궁금하다.

無 무

없을 '무' 자이다. 또 '아니다'란 부정의 의미도 있다. 다음에 오는 글자에 따라 끝없이 무한하다는 뜻도 있다. 소위 반복 순환이나 윤회의 수레바퀴, 무한궤도 열차에 비유할 수 있다. 무궁무진의 의미도 있다.

終 종

앞의 '종'과 같은 의미이다. 앞의 글자는 자동사의 의미가 있으나 여기서는 형용사로 쓰인다. 즉 뒤의 '일'을 수식한다.

無終 무종

'무종'이라 함은 끝나지 않았다. 또는 끝이 없다는 뜻이 있다. 마침을 무한히 반복한다는 의미가 더 강하다. '무종'은 결코 마치는 법이 없다. 끝난다는 의미는 무엇일까? 우선 죽음을 생각할 수 있다. 또 만남의 반대 개념인 이별이라는 상황도 설정이 가능하다.

一 일

'일'은 일종의 '일'과 같다. '일'은 역시 '인중천지일'의 '일'을 지칭한다. '본심본태양앙명'과 '인중천지일'에 '일'의 비밀이 담겨 있다. '일'은 궁극적으로 원래의 '일'로 되돌아간다고 보면 '일시무시일', '일석삼극', '일적십거무궤화삼', '일묘연만왕만래'의 '일'과 맥을 같이 한다.

無終一 무종일

'무종일'은 '무종'의 '일', 즉 끝나지 않은 '일'이다. '무'는 '종일'을 부정하는 것이 된다. '종일'은 끝난 '일'이다. 끝난 '일'의 부정은 '일'은 끝나지 않았다는 말과 같다. '무종'은 무한의 뜻이 있다. 끝없이 이어지고 반복 되풀이되는 '일'을 말한다. 마치 행성의 운행처럼…….

'일종'에서 '일'은 끝났지만 이어 앞서의 끝난 '일'을 부정하였다. 그렇다면 '일'은 '종'의 반대어인 '시'의 의미를 가진다. 고로 '일'은 서로 맞닿아 있고 순환하는 영속체이다.

'일'은 아무리 변하여도 본체는 '일'일 뿐이다. '일'은 끝나되 끝난 것이 아니고 새로 시작한다고 볼 수 있다. '일'은 끝났는데 끝나지 않고 새로 시작한다는 의미는 무엇일까? '일종무종일'의 '일'과 '일시무시일'의 '일'은 '극'과 '극'으로 다르다.

'일종무종일'의 '일'은 '만(萬)'이나 '궁(窮)'의 의미가 있다. '일종'이 다하는 '일'이라면 '일시'는 새로운 시작의 '일'이다. 새로 시작하는 '일'은 근원의 일(一)이요 태(太)이다. '일종'의 '일'과 '일시'의 '일'은 극대와 극소, 사와 생, 부모와 자식, 성체와 씨앗의 관계이다.

차가운 겨울에 열매는 없어지지만 열매 속의 씨앗은 땅에 묻히어 따뜻한 새봄이 오면 새로운 싹을 틔운다. 부모는 늙어 병들어 죽지만 새로 태어난 자식은 자라서 어른이 되면 부모가 했던 것처럼 아이를 낳고 죽을 것이다. 어른은 늙고 병들어 저세상으로 가고 없지만 아이는 어른으로 성장하여 다시 아이를 낳음으로써 계속해서 이 세상에 천대만대 이어 나갈 것이다.

'일'은 '일극'에서 시작되고 '만'에서 끝난다. 하지만 '일'은 시작도 끝도 없는 존재라고 하였다. 이 말은 '일'은 '일묘연만왕만래'의 구절과 뜻이 같음을 알 수 있다. '일'이 묘하게 번성하여 만물을 낳으면 만물은 가고 오고를 반복한다. 만물이 간다는 의미는 '종'한다는 의미이고 만물이 온다는 의미는 '시'한다는 것이다. '일'에서 시작하여 묘하게 번성하여 '만'에 이르고 '만'이 가더라도 대신 새로운 '만'이 옴으로써 대자연은 균형을 유지한다.

사람은 마음에 삼극의 씨앗을 간직하고 있다. 사람이 죽으면 몸은 천지인으로 나누어지고 마음은 새로운 천지인의 씨앗을 남긴다. 비록 '일'은 마치지만 음양의 조화와 균형에 의하여 없어지지 않는다. 다른 무엇인가로 대체되거나 변환 내지는 역할 전환이 이루어진다고 여기는 것이다.

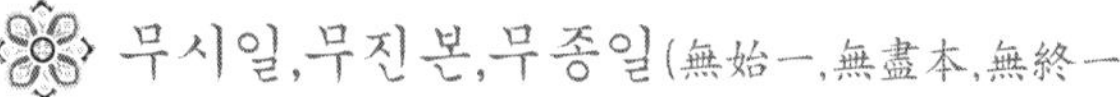

무시일, 무진본, 무종일 (無始一, 無盡本, 無終一)

천부경에 나오는 '무'는 없다는 뜻이 아니다. 무시무종이나 다함이 없고 변하지 않는 무한반복 순환의 의미가 있다. '일'은 모든 것의 근본이며 시작도 끝도 없다는 것이다. 천지 만물은 '일'에서 비롯하여 제 역할을 다하고 종국에는 '일'로 되돌아간다. 고로 '일'에서 비롯된 천지 만물은 모두가 하나이며 그들은 새로운 나이며 또 다른 나일 뿐이다.

하늘과 땅 사이에 존재하는 사람은 하늘과 땅이 존재하는 한 끝나지 않는다고 여긴다. 모든 것은 끊임없이 변화하며 순환한다. '천지' 자연으로부터 생겨난 인간은 죽으면 원래대로 되돌아간다. 세상의 쓰임새가 있으면 '천지'의 조화로 다시 인간으로 태어나게 된다는 뜻이다.

인연은 필요에 의해서 일어난다. 그것은 우주의 필요성이며 신의 의지이기도 하다. 다만 지극정성을 다하여 인간의 마음이 우주의 마음과 통하여 그 뜻을 이룰 수도 있다는 믿음이 신앙이다.

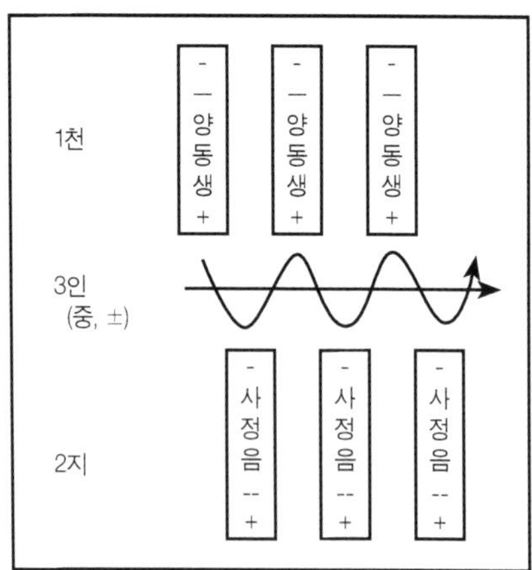

형상은 땅으로부터 비롯되며 현상은 하늘로부터 비롯된다. 형상을 변화시키는 것은 시간이다. 시간은 변화이며 변화의 시초는 하늘의 천시이다. 천지 만물은 음양의 상호작용으로 '중'의 균형을 유지한다. 음양(-+), 정동(靜動), 사생(死生)은 따로 있는 것이 아니고 '원'과 '고리'의 순환선상에 있다.

'일'은 영겁의 순환을 거듭한다. 불교에서 말하는 윤회와 일맥상통한다. 시작도 끝이 없지만 마침도 끝이 없다. 끝은 새로운 시작과 잇닿아 있다. 한번 생겨나서 영원히 사라지는 것은 결코 아니다. 하늘과 땅으로부터 인간으로 태어났다가 다시 비롯된 본래의 자리로 되돌아간다. 이른바 이 세상에서 저세상으로 오고 가는 '일'(一)일 뿐이다. 인간의 삶과 죽음 역시 입자 파동 현상에 불과하다.

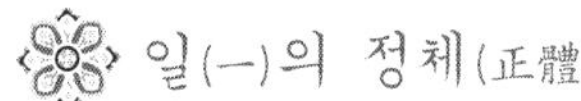 일(一)의 정체(正體)

● 음〈陰〉

'음(一)'의 '일기(一氣)'가 '구변(九變)'한 것이 지금의 '천지인' '삼계(三界)'이다. 우주의 근원은 '음'이다. '음'의 계열은 마고할미(우주), 직녀(하늘), 항아(땅), 웅녀(사람)로 이어진다. '음'에서 '양'이 나오고 음양이 합하여 '중'이 된다. '중'이 분리되어 다시 음양이 된다. 말하자면 음양의 조화로 천지 만물이 생성된다. 고로 '음'의 본질을 규명하면 천지 만물의 근원이 밝혀질 것이다.

태초의 일(一)과 귀일(歸一)의 일(一)은 생산자 또는 창조자인 음(一)을 상징한다고 본다. 음(-)은 전자(電子)이며 전(電)은 +, -전기를 의미한다. 태초의 '일'은 음(-)이 양(+)을 품은 형국이다. 예를 들면 태극(太極)의 태

(太)는 대(大)의 우주에 한 점(●)이 있는 형상이다. 일시(一始)의 시(始)는
여(女)의 음(-)이 태(胎)를 가진 형상이다. '음'은 '양'에 의해서 드러난다.

● 심〈心〉

'일'의 비밀을 밝히는 열쇠는 '인중천지일'에 있다. 천지 사이에 사람이
있고 사람이 곧 '일'이다. 사람의 중심에 마음이 있으니 '일'은 곧 마음이
다. 다시 말하면 천지 가운데 사람이 있고 사람의 중심에 마음이 있다.
마음은 '본심'의 '심'과 맥을 같이 한다. 천부경에서 요체는 마음 '심' 자
에 있다.

'인중천지일'은 곧 마음을 지칭한다. 우주의 중심에 한 점 마음이 있고
사람의 중심에도 한 점 마음이 있다는 것이다. 우주의 마음이 곧 사람
의 마음이다. 마음속에 선악(善惡)이 있으니 선은 '음'이요 악은 '양'이다.

인간의 본성은 선천적으로 선하다고 보며 나쁜 행위는 물욕에서 비
롯된 후천적이라 여기는 성선설(性善說)이 있다. 이것은 맹자의 주장이
다. 반면에 인간의 본성은 악하며 착한 행위는 교육이나 학문, 수양 등
후천적인 작위에 의해 하게 된다는 성악설(性惡說)이 있다. 이것은 순자
의 주장이다.

이 세상은 선악(善惡)의 다툼이나 각축장, 투쟁 관계로 합리화시켜서
는 아니 된다. '음'과 '양'은 선(善)과 악(惡)의 관계가 아닌 선(善)과 욕망
(慾望)의 관계이며 선(善)과 욕망(慾望)의 상생 상극으로 이 세상은 번성
한다.

태초의 '일'의 마음은 '양'이 극소화되고 '음'이 극대화된 상태이다. 선
한 '음'의 마음이 품은 한 점 마음은 '악'이 아니고 욕망이다. 이를테면
태초의 마음은 착한 욕망을 의미한다.

'선한 욕망'은 홍익인간의 정신과 부합한다. 악한 욕망은 대자연의 섭리를 거슬리는 것으로 하늘의 이름으로 징벌의 대상이 된다. 역천자망이다. 태초에 순진무구한 '선의'에 의해서 천지 만물이 생성되었다고 여긴다.

우주의 마음과 인심을 이어주는 끈이 있다면 바로 '일'이다. 천부경이 들려주는 교훈은 언제 어디서든 어떻게 되든 그 마음의 끈을 절대 놓아서는 아니 됨을 간곡하게 바라는 어미의 심정과 같다. 죽음이 닥쳐도 절대 놓아서는 아니 되는 것이 마음의 끈이다. 끈은 태아에게 탯줄이 있듯이 어둠속 등불과 같은 존재이다. 살아서도 마찬가지이다. 마음의 끈마저 욕심일지는 모르지만 선한 욕심은 우주의 섭리이다.

일체유심조, 정신일도하사불성, 진인사대천명, 이심전심, 지극정성은 마음의 중요성을 강조하는 말들이다. 업보도 마음이 짓는 것이다. 내 마음 보따리 속에 우주의 씨앗이 담겨 있으니, 마음은 우주의 씨알 주머니라 해도 과언이 아니다.

우주의 씨알은 인간의 정자나 난자와 같다. 사람의 마음이 천지를 만들고 천지는 인간의 몸을 낳았다. 사람의 몸속에 마음이 깃들어 있다. 자신이 현재 있음은 마음 탓이다. 우주의 중심에 한 점 마음씨가 있었다. 우주의 마음은 인간으로 화하고자 하는 염원이 담겨 있었다.

염원은 오랜 세월 쌓여 '극'에 이른다. 극도로 축약되고 억제된 한 점 마음의 '일'이 120억 년 전에 대폭발을 하였다. 결국 욕망의 한 점 마음이 동하여 우주의 염원이 실현된 것이다. 세상에 오직 마음 뿐이고, 마음 하나에 달려 있다.

마음은 시공을 넘나드는 타임캡슐이다. 죽음은 마음에 모든 걸 싣고
광활한 우주로의 시간여행을 떠나는 흥분된 순간일 수 있다.

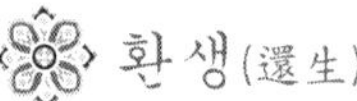 환 생 (還生)

흔히 자식이 부모를 닮고, 2세가 조상 중에 누구를 닮았다는 말을
듣는다. 부모는 물론 먼 조상의 핏줄은 형제자매가 골고루 나누어 가
진다. 후손 중에 누군가 그 특징들을 가지게 된다.

역사적 인물이나 영웅, 위대한 인물을 닮고자 하는 것은 환생의 징조
들이다. 묘하고도 특별한 인연, 호감, 어디서 많이 본 듯한 얼굴 생김새,
잠재된 기억은 생활 주면에 나타나는 환생의 흔적들이다.

윤회 (輪回) 의 수레바퀴

천지 만물과 삼라만상은 태(太)와 극(極)을 반복한다. 사람은 죽어
형상을 탈피하여 본래의 모습인 '일'의 심(心)으로 되돌아간다.

광코드 인간 (光 corde 人間)

궁극적으로 인간은 티끌보다 가볍고 빛보다 더 빠른 개체로 화할 것
이다. 죽음은 일적십거무궤화삼의 이치에 의해 저세상으로 건너가기 위
한 전자화(電子化), 광화(光化) 과정이라 생각한다. 이름하여 심령이나
마음, 천상 세계를 유유히 노니는 심인(心人)이라 할 만하다. 인간은 각
자 하늘의 쓰임새에 부응하는 낙인이 마음 심(心)에 찍혀 있다.

한 인간의 생애는 전 우주 시스템을 구성하는 일개 티끌 단위의 프

로그램에 불과하다. 운수나 운명, 인명이 광코드에 새겨져 있다고 할 수
있다.

빛은 우주의 마음인 난자와 결합하여 천지 만물과 삼라만상, 인간을
만들어 내는 정자와 같다. 인터넷 사이버 공간은 사람이 만든 것이다.
현실 공간과 다른 사이버 공간에서의 나는 '심인'과 같다.

영생불사인간(永生不死人間)

일시무시일, 일종무종일! 인간은 무진본, 부동본의 마음이 있기에 무
시무종하며 영생 불사한다. 만물은 쓰임새에 따라 변화하지만 흔들림
이 없는 근본이 있다. 그 근본은 태양광넝을 닮은 마음이다. 하늘과 땅
사이에 있는 사람이 가슴 속에 그 마음을 간직하고 있어 일(一)이 된다.

천지의 마음이 사람의 마음으로 현현하였으며 사람의 마음이 곧 우
주혼(宇宙魂)이다. '일'은 우주의 길과 인간의 길을 순환한다. 그리하여
'일'은 끝나도 끝나지 않는 '일'이 된다. 사람의 육체는 비록 죽어 없어지
지만 오직 마음만은 살아남는다.

대자연의 섭리에 따라 우주의 자궁 내에서 태(胎)를 바꾸어 언젠가는
인간 세상에 다시 태어날 것이다. 마음은 해와 달의 정기를 받았다. 사
람은 천지인의 마음을 간직하고 있어 일월(日月)처럼 시작도 끝도 없이
영원하리라.

일원사상(一圓思想)

일원사상이라 함은 대우주를 전제로 한다. 개체는 별개가 아니고 개
체끼리는 물론 전체와 관련이 있다는 '연관사상'과 통한다. 마치 손에

손을 잡고 강강술래를 하듯이 개체들은 고리(環)로 이어져 있고 둥근
'원'을 그리며 시작도 끝도 없이 돌고 있다고 여긴다.

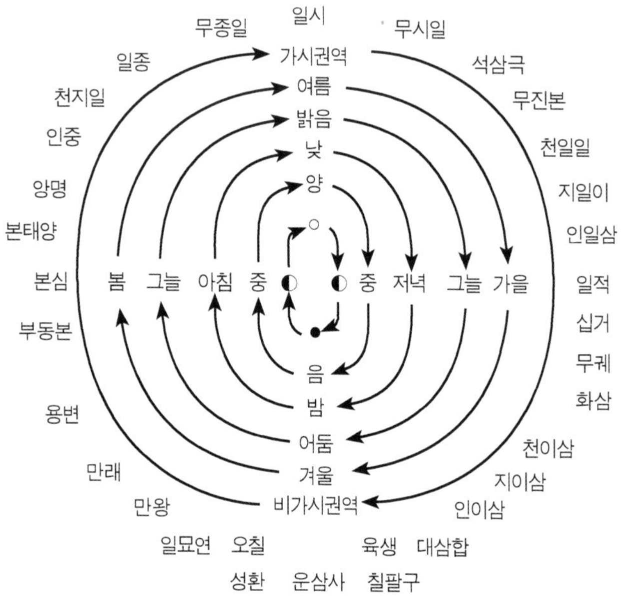

우주 생태계 역시 마찬가지이다. 우리는 태초의 '일'에서 갈라져 나온
한 갈래라고 생각한다. 천지인의 분리는 결국 나를 이 세상에 탄생시키
기 위한 것이다.

이미 우리는 한 톨의 씨앗에서 자라 어른이 되고 죽어 다시 태어날
때까지 우리 몸은 유기화합물이 된다. 물질에서 미생물, 아메바, 곤충,
짐승을 잡아먹고, 풀과 나무의 잎과 줄기, 열매, 뿌리를 먹음으로써 이
미 우리 몸은 나 자신이라는 순수성이 없어져 버린 것인지도 모른다.

우리는 '먹는다.'라고 할 때, 하찮은 생명을 죽이고 '자연을 정복하고 지
배한다.'라고 우월한 생각을 가지지만 사실은 우리 몸에는 수많은 생물의
숙주에 불과하다. 이미 태어날 때부터 자연에 의해 정복당한 상태이다.

천지인은 마음이 지은 것이고 사람은 천지인의 조립품이다. 이내 몸은 마음이 쌓인 염원을 이 세상에서 풀기 위한 도구에 불과하다고 여긴다. 사람이 이 세상에 태어나 대를 이어가고 우주가 수축과 팽창을 반복하는 것도 원의 형상과 운동을 한다고 보인다.

一終無終一 일종무종일

'일'은 끝나도 영원히 끝나지 않는 '일'이다. '인중천지일'의 '일'은 사람이라 하였지만 실제로는 마음을 지칭한다. 사람의 몸통은 마음이 안주하는 집에 불과하다는 생각에 의해서이다.

'일'은 '시'하고 '종'하는 것을 수없이 반복하는데 반복 순환의 비밀은 음양의 조화에 의한 완성에 있다. '시'는 '음'에서 '양'으로 변환되는 것을 말한다. 반대로 '종'은 '양'에서 '음'으로 바뀌는 것을 뜻한다.

'인중천지일'에서 '일'은 사람이라 하였다. 사람은 죽어도 영원히 죽지 않는다. 왜냐하면 사람의 육체는 비록 죽어 없어져도 마음만은 살아 있기 때문이다.

마음속에는 '삼극'이 있다. '삼극'은 다시 '천지인'의 변화 과정을 거치게 될 것이다. 즉 '천지'가 합하여 '사람'을 탄생시킬 것이다. '마음'은 '사람의 씨앗'이며, 해와 달이 만들어낸 조화물이다.

시	종	시	종
양	음	양	음
동	정	동	정
+	-	+	-
래	왕	래	왕

'천지인'의 '삼극'은 '삼위일체'를 이루며 태초의 '일'에서 갈라져 나온 세 요소가 다시 하나로 합치는 현상이다. '일'에서 생겨난 '천지인'의 '삼' 요소는 결국 '일'로 되돌아간다는 뜻이 담겨 있다. 합일, 귀일, 귀천의 의미로 여긴다.

'일석삼극'과 '삼체귀일'의 원리는 '삼태극' 문양을 역회전시켜 봄으로써 보다 명확히 알 수 있다. 천지 만물의 생겨나고 사라짐은 '일석삼극'과 '삼체귀일'의 연속적인 틀 속에 있음을 알게 한다.

일시무시일, 일종무종일과 만왕만래의 의미는 같다. 일종은 성체의 소멸, 일시는 씨앗의 성장이다. '삼'은 새로운 '일'이다.

일	이	삼				
		일	이	삼		
				일	이	삼

✺ 무시무종(無始無終)

'일시무시일 일종무종일'을 한마디로 요약하면 '무시무종'이 된다. '일'은 '무시무종'이다. '일'은 낮과 밤, 밝음과 어둠, 양과 음, +와 -, 여름과 겨울, 생과 사를 반복한다고 볼 수 있다. 반복은 순환이며 율동이요 파동이다.

파동설은 입자설과 함께 천지 만물의 에너지원으로 여긴다. 이것은 디지털세상과 부합되는 이치이다. 인간의 생로병사와 전생, 현생, 내생의 반복은 우주 억겁의 파동 속에 찰나에 지나지 않는다고 본다. 파동은 곧 변화이며 시간이다. 인간의 일평생도 진자의 일회 왕복 움직임에 불과하다고 할 수 있다.

일	시	무시일	일	종	무종일
	낮	낮을 반복하는 일		밤	밤을 반복하는 일
	밝음	밝음을 ″		어둠	어둠을 ″
	양	양을 ″		음	음을 ″
	+	+를 ″		-	-를 ″
	여름	여름을 ″		겨울	겨울을 ″
	생	생을 ″		사	사를 ″

한 손, 다섯 손가락으로 숫자를 세어보면 '일(一)'과 '십(十)'의 반복은 마치 '일(一)'의 '음(-)'이 쌓여 '양(+)'의 완성을 이루는 형국이다. 시작도 없고 끝도 없는 것, 그 주체는 '일'이다.

일(一)	이	삼	사	오	육	칠	팔	구	십(+)
일(一)	이	삼	사	오	육	칠	팔	구	십(+)
일(一)	이	삼	사	오	육	칠	팔	구	십(+)
시 ↓ 무 시 일									종 ↓ 무 종 일

이러한 '일'에 대한 변화의 시작과 끝이 무한히 반복되며 영속된다는 것이다. 따라서 일 개체의 생명은 별개의 현상이 아니고 하나의 연장선상에 존재한다는 것이다. 다시 말하면 동정, 명멸, 생사의 시작과 끝은 반복되는 변화 현상에 불과하고 그 주체인 '일'은 마음으로 영원히 불변한다는 것이다.

변화를 주도하는 것은 마음이다. 만물은 사라지지 않고 마음에 따라 변화한다는 것이다. 인체의 세포수는 약60조, 체세포의 수명은 25일에서 30일이라 한다. 매일 헤아릴 수 없이 많은 수의 세포들이 죽기도 하고 새롭게 생겨나기도 한다. 생각도 마찬가지이다. 어제의 내가 오늘의 내가 아니다. 따라서 변화 현상을 인위적으로 중지시키려고 하거나 만고불변의 것으로 바꾸려고 하는 짓은 슬기롭지 못하다. 이것은 생명의 고귀함을 버리고 대자연의 섭리를 거슬리는 어리석은 행위이다.

빛의 일순간 반짝거림을 반복하는 현상은 파동이며 '무시무종'의 상태로 볼 수 있다. 변화의 시작과 끝의 구분은 모호하다. 별자리처럼 인간의 기준에 의해 인위적으로 분별하는 것이다.

시간의 시작과 끝이 애매하고, 공간의 기점과 종점이 불분명하다.

개념과 개념의 차이가 모호하다. 고로 만물은 '일체'라 할 수 있다. 또 '시'와 '종'은 동전의 양면과 같다. 기차역은 전로의 종점이요 후로의 시점이기도 하다.

시간 개념도 마찬가지이다. 현생은 전생의 종점이요, 후생은 현생의 시점이 된다. 아침은 밤의 종점이지만 낮의 시점이 된다. 저녁은 낮의 종점이자 밤의 시작점이다. 결국 변화의 끝은 또 다른 변화의 시작을 의미한다고 할 수 있다.

'일'은 '시'와 '종'을 무한히 반복하는 변화자이다. 무궤(無匱) 현상으로 만물(萬物)이 생겨나는 이치이다. 일시무시일의 '일'은 씨앗이며 일종무종일의 '일'은 성체이다. 천지인은 음양의 결합으로 씨앗과 성체를 반복한다. '시'는 마음의 열림, '종'은 마음의 닫힘이다.

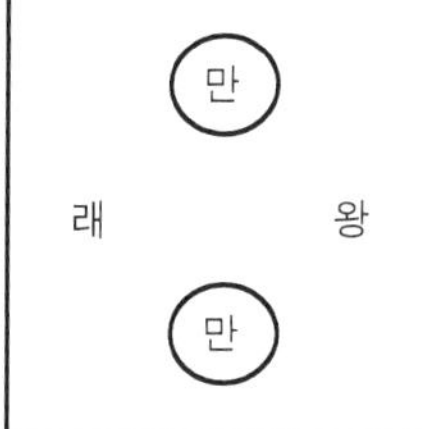

무시	무종
일시	무시일
만왕	만래
일종	무종일

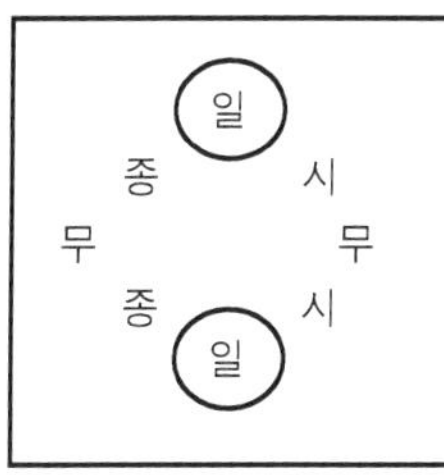

진자운동(振子運動)

인간의 생사는 시계추처럼 일회 왕복하는 진자 운동에 불과하다. 우주 일체 역시 마찬가지이다. 음양중, 천일지일인일, 일적십거무궤화삼, 춘하추동, 조주석야, 만왕만래는 반복 현상이다.

'중'은 중심이며 '일'의 자리이다. 변화의 중심이다. 천지의 중간에 사람이 있고, 사람의 중심에는 항상성의 마음이 있다. 무형의 마음은 궤(몸체)의 변화를 통해서만 읽을 수 있다.

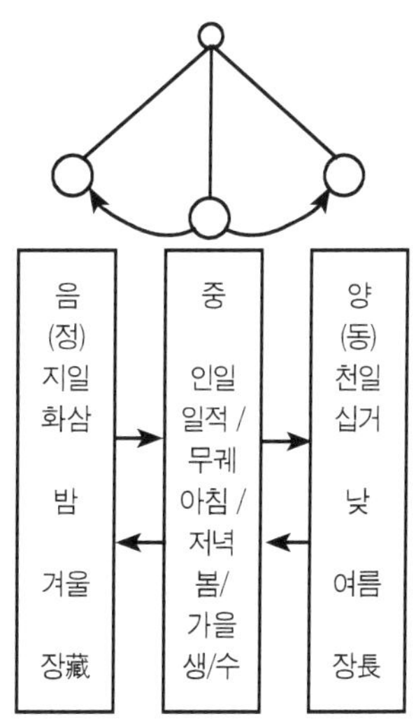

일(一)은 마음(영혼)이며 '일'에서 1극→3극→6극→9극이 생겨난다. 다음은, 십(十)을 되풀이함으로써 만극(萬極)이 생겨난다. 만극의 끝은 생명체이다. '구'의 한계를 벗어나면 '십'의 세계로 '십'의 완성 이후 '일' 즉 마음의 세계가 열린다. 1이 적(積)하면 9가 되며 9에서 1을 더하면 십거하고 10에서 1극이 다시 생겨난다.

만물은 일종과 무종일을 반복한다. 사람의 생과 사는 사시사철의 천시에 따라 생기는 대나무의 마디나 나무의 나이테와 같다. 우주도 마찬가지이다. 1, 2, 3, 4, 5, 6, 7, 8, 9에서 '9'는 미완성의 수이다. 일적십거무궤화삼의 원리에 의하면 1에서 9까지의 수는 '일적'하는 단계이다. 일적 이후에 십거는 음양의 결합과 분열 과정이다.

십거 이후에 결실이 맺어진다. 십거는 완성, 환골탈태, 대전환, 극변하는 단계이다. 태초의 '일'에서 삼극이 생겨나고 '천일지일인일'이 적(積)하여 육극이 되고 천지인의 삼극이 각기 음양중의 삼극을 갖춤으로써 구극이 되어 천지인 창조의 기틀이 완성된다. 결국 9에서 '만'의 세상이 펼쳐진다. 둥근 원이나 평면에서 요철로 인해 분별할 수 있는 각이 생김으로써 형상이 나타난다고 본다.

이 세상은 극치의 상태이다. 천지 만물, 삼라만상, 오감으로 느낄 수 있는 모든 것이 '극'이다. '구'는 아홉수로서 포만감과 극한점에 있어 뭔가 불안과 위기의식을 느끼게 한다.

'극'은 변화의 조짐이 있다. 무엇이든 '극'에 달하면 폭발한다. 흔히들 9, 19, 29, 39······ 59세 등 아홉수는 한계점의 불길한 수로 여긴다.

'일'의 수는 마음, 영혼, 저승, 부동본, 선천 세계이다. 일, 이, 삼, 사, 오, 육, 칠, 팔, 구극은 '일'의 변화수로 '일적' 단계의 현상계, 용변, 이승, 육신,

후천 세계이다. 9+1은 '십거' 상태이며 '십거' 이후 '화삼'은 새로운 '일'의 생성이 잇따름을 뜻한다.

이처럼 '구'는 미완성의 불안하고 부족한 상태이다. 끝없는 완성을 위한 무한 변화를 모색하는 단계이다. 그것은 마음이 계속해서 일어나면 움직임이 있고 현상이 변화하기 때문이다. 이러한 상태를 완성시키며 안정되고 편안한 대단원의 막을 내리게 해주는 수가 '일'이다.

'일'은 무엇일까? '일'은 화룡점정의 상태와 같다. 용을 그릴 때도 눈동자는 제일 나중에 찍는다고 하였다. 찍는다는 의미는 '일점'이란 뜻이다. 맨 나중에 찍는 '일점'이 생명을 부여하는 마음(영혼)이다. 성공은 99%의 노력과 1%의 영감으로 이루어진다고 한다. 불현듯 스치는 한 순간의 생각이 당신의 운명을 좌우할 수 있다.

완성으로의 과정에 '구합일이십'(九合一而十)의 조화가 있다. '십시일반'할 때의 '일'은 자그마한 도움이다. 작은 정성이 모여 어려움을 벗어날 수 있는 큰 도움이 되기도 한다. 난자와 정자, 암술과 꽃가루의 만남도 '구합일'의 과정이다. '구합일'의 과정에 사랑이 넘치고 정성이 깃든다.

나의 모자람을 보충해주는 것이 타인이다. 타인의 모자람을 보충해주는 존재가 나의 역할이다. 인간은 신이 아니고 닮아간다고 한다. 부족한 능력과 지혜를 서로 채워줄 수 있는 사랑은 나와 남의 인간관계에서 비롯된다. 작은 정성의 일부분을 남을 위해서 쓴다면 더할 나위 없다. 짐승의 곰이 불가사의한 인간으로 태어나고자 하는 것은 1%의 마음인 지극정성이다.

인간의 삶은 미지의 죽음에 대한 도전이다. 목숨에 대한 소중함과 치열한 생존 경쟁은 사후 세계에 대한 두려움이다. 사실 인간의 삶은 죽음이 있기에 더 가치가 있다. 인간의 삶에 대치되는 것이 죽음이다. 삶과 죽음은 '극'과 '극'이다.

삶과 죽음을 음양의 조화인 상생과 상극의 관계로 풀어야 한다. 이승과 저승은 단순히 오고 가는 것이 아니다. 죽음은 삶의 완성과 의미를 부여하기 위한 필수 요소이다. 1-9의 삶에 1을 더하면 십의 완성을 이루고 영면할 수 있다.

종교는 미래의 비전을 삶에 이은 사후 세계관의 극락과 천국에 두고 있다. 차원을 높여주는 것, 미완성의 상태를 완성 시켜주는 것이 '일'이다. 육신의 거푸집을 벗어버리고 순수한 마음의 세계로 되돌아가는 것이다.

인간의 삶을 완성하게 하는 '1'의 의미는 무엇일까? 9+1=10이고, 10+1=11이다. 9+1과 10+1의 1은 마음이다. 9+1의 10은 음양의 결합에 의해 모체가 씨앗을 품은 상태이다. 10+1은 10의 완성 후 1의 씨앗이 모체로부터 벗어난 개체로 신생의 1이다. '1'은 본 자리로 돌아가게 하는 깨달음, 해탈, 도리 등 여러 가지가 있을 것이다. 한 점 부끄럼도 후회 없는 인생이라면 금상첨화일 것이다.

'일'은 태양빛과 같고 목마름을 해결해주는 감로수와 같다. 문제 해결, 소원성취, 남을 위한 봉사, 배려 등 이루고 싶은 것의 종결자이다. 육신의 쓰임새가 다하면 중심의 마음은 비로소 결단을 내릴 것이다. 이젠 거푸집을 떠날 때가 되었다고…….

끝없는 완성(完成)

하나의 시작과 끝은 일 단계 완성이다. 시작과 끝이 무한히 되풀이된다면 완성도 수없이 반복된다는 뜻이다. 생사도 역시 그와 같다. 열매에서 떨어진 낱알이 죽음이 아니고 새로운 탄생을 의미한다. 모체와의 탯줄을 끊고 태어난 아기 또한 마찬가지이다.

천부경에서 '일묘연 만왕만래'는 천지 만물, 삼라만상이 가고 오고를 수없이 되풀이한다는 것이다. 이것은 영원한 삶이 없듯이 죽음도 역시 같다고 보는 것이다.

'무시무종', '만왕만래'의 윤회는 그 시대의 생사관을 대변해 주는 말이다. 죽음의 완성은 삶이고 삶의 완성은 죽음임을 암시한다. 생사불이, 우아일여의 고차원적인 정신세계에서의 삶을 지향한다. '일묘연만왕만래'는 이 세상에서 만물이 만 번 태어나 저세상으로 가는 것도 만 번의 '일'을 이루는 것을 의미한다.

죽음을 맞이하는 순간에 많은 것을 참회하고 깨우친다고 한다. 죽음이 곧 삶의 완성이기 때문이다. 천부경 세상에서 죽음은 자연의 섭리이며 거스를 수 없는 천리이며 절대적 진리로 통한다고 믿고 있다. 죽음에 임하여 후회하고 눈물짓는 것은 본성을 되찾았기 때문이다. 껍질의 허무함을 느낄 수도 있다.

'일'은 마음의 본성이다. 자신이 그 본성을 인지한다는 것이다. 최초에 하나의 씨앗이 '극'이라면 열매는 '궁'에 해당한다. 난자와 정자가 '극'에 해당하면 다 자란 성인은 '궁'이 된다. '극'과 '궁'의 사이에는 수많은 매듭과 마디가 있다. 그 마디 하나하나가 시작과 끝을 가지고 있다. 완성은 내가 목적하는 바를 이루는 것이다. 완성할 때마다 성취감을 느낀다고 한다.

남녀의 만남으로 배태를 하고 태아가 자라 이 세상에 태어난다. 아이가 자라 어른이 되고 수명이 다하여 죽는 것 역시 수없이 되풀이되는 완성 속에 있다.

하루의 일과를 마무리하고 한 달, 한 해, 궁극적으로는 일평생의 과업을 마무리하게 된다. 나아가 전생과 현생, 내생의 업을 쌓거나 허무는 것조차도 하나의 완성 속에 있다.

이렇듯 삼생을 초월하고 영생 불사하는 마음의 세계에서 속세는 물론 내세의 완성까지도 완성의 완성으로 본다. 사실 인간은 부족하고 나약한 존재에 불과하다. 일월과 같은 공명정대한 마음이 있어 완성을 이룬다.

마음은 육체를 통하여 이 세상에 무엇인가 흔적을 남기려고 하고, 행복감을 만끽하고자 하며, 극락을 맛보고자 한다. 우주는 불가사의한 지적 생물체이다.

✦ 우주력 24시(宇宙曆 24時)

우주 시계에는 '천일'이 초침이며 '지일'이 분침이며 '인일'이 시침이다. 초침과 분침, 시침은 각자의 사이클을 가지고 있다. 자정이 되면 초침과 분침, 시침은 하나가 된다. 시계의 모든 침이 하나가 될 때 천지일색으로 일음(一陰)즉 모음(母陰)의 시기이다.

여성의 마음이 우주의 마음과 통해 있으며 천지 만물의 생성과 번성, 소멸은 물론 천태만상의 변화를 통제한다. 12시 종이 울리면서 제일 먼저 초침의 하늘이 움직이고 다음 분침의 땅, 시침의 사람 순서로 움직인다. 우주의 '일'에서 천, 지, 인이 순서대로 생성한다.

✦ 순환회로(循環回路)

사람은 땅에서 생겨났고, 땅은 하늘로부터 비롯되었다. 하늘은 우주 즉 마음으로부터 시원하였다. 마음 즉 우주와 천, 지, 인은 각자 고유의 영역과 순환 체계를 가지고 있다.

천지 음양의 끝에 사람이 있고 여와 남의 음양이 있다. 빅뱅을 시원으로 120억 년 이후 하늘의 태양인 남성은 대지의 여신인 여성을 만나 생의 환희인 극락을 맛본다.

여와 남은 자연 상태에서 꽃과 벌 사이와 같다. 벌은 꿀을 얻고 꽃은 이 세상을 아름답고 풍요로운 낙원을 만든다. 남과 여는 이 세상을 각각 반반씩 차지하고 있다. 선남선녀의 인연은 우주의 반과 반의 만남이다. 더구나 120억 년이 지난 이후 광활한 우주의 한 점 지구별에서…….

애초에 천지 만물은 주인이 없다. 우주적 마인드를 가진 자만이 진정한 소유자라 할 수 있다. 당신과 나는 우주의 최극단에 있다.

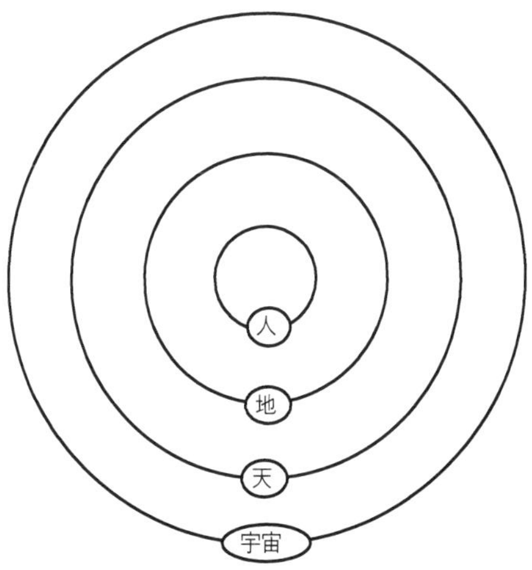

우주가 '천지인'으로 변화하는 것은 그 중심에 '음양중'으로 변화하는 마음(心)이 내재되어 있기 때문이다. 삼태극을 회전시키면 앞면은 천지인이 중앙의 한 점에서 원의 테두리로 팽창 또는 확산하는 모양이다.

반대로 뒷면은 천지인이 바깥 테두리에서 중앙의 한 점으로 수렴 또는 압축하는 형상이다. 중앙의 한 점은 특이점이자 일시점이며 일종점이다.

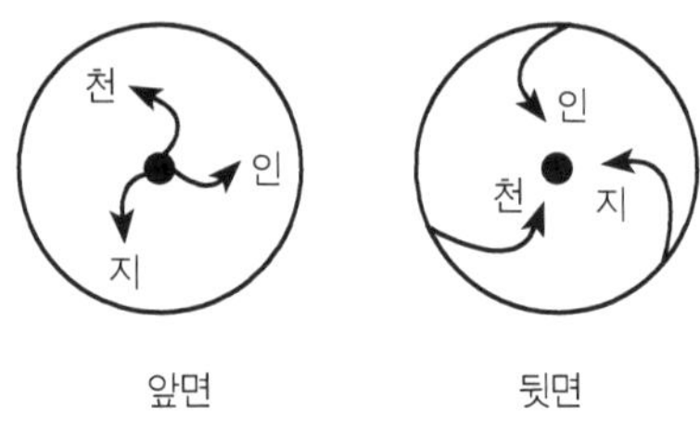

앞면   뒷면

공(空)의 마음이 '음양중'으로 변화함으로써 안이비설신의(眼耳鼻舌身意)에 의해 백팔번뇌(百八煩惱)가 일어나고 종국에는 84,000가지의 상념(想念)을 일으킨다.

태초의 '일'에서 천지인의 삼극으로 나누어지고 그 끝에 사람이 생겨났다. 제 구실을 다한 사람은 제 몫의 1/3은 다음 세대를 위하여, 1/3은 대자연을 위하여 남겨 둔다. 나머지 1/3은 본래의 마음으로 되돌아감을 반복한다.

대폭발 당시의 불빛과 소리를 어찌 감히 상상해 볼 수 있겠는가! 우주의 대폭발과 번개, 천둥소리, 계명성, 아기가 이 세상에 태어날 때 고고지성(呱呱之聲)은 시작을 알리는 대자연의 신호이다. 우주가 인간을 위해 쌓은 120억 년 동안의 공덕을 생각한다면 존재감에 비해 역할은 너무나 미미한 것은 아닌지?

요즘 세상은 화기와 냉기가 강하고 온기가 미약하다고 본다. 국경도 없는 무한 경쟁의 경제 전쟁으로 인류 문명의 그림자인 경제난민도 우려된다. UN 산하에 경제난민 피난구호기구의 설치를 권고한다.

무궤(無匱)의 궤(匱) 속에 귀할 귀(貴)는 마음 심(心)이다. 물질만능주의가 아닌 마음의 정(情)도 거래할 수 있는 정마트는 어떨까? 어쩌면 우리 모두가 의미 상실의 시대를 살고 있는 것은 아닌지 한번쯤은 자성해 볼 만하다.

우주 삼라만상과 천지 만물의 엄지는 마음이다. 우주는 쉼 없이 천지 만물을 만들어 내고 거두어들인다. 삶과 죽음은 같은 의미를 가진다. 죽음은 삶의 또 다른 이면이며 방식이다. 우주 천지 만물의 에너지 원인 빅뱅은 음양의 충돌인지, 우주의 중심에 마그마가 주기적으로 분출하는 것인지 아직 알려진 바 없다.

그리고 은하계 속 태양계에서 해와 달, 지구는 둥근 모습에 크기 차이를 거리 차이로 절묘하게 비슷한 크기로 보이게 한다는 것은 불가사의하다. 더구나 '양'이 극대화된 낮의 해와 '음'이 극대화된 밤의 달, 해와 달의 중간체인 지구의 생성, 그리고 지구를 닮은 사람의 탄생은 우연이라기보다는 필연이라 할 수 있다.

천부경은 자연스러움이나 저절로의, 무엇이든 구애받지 않고 그침 없는 삶을 일깨워 주는 하늘의 노래이다. 그야말로 물처럼, 바람처럼, 구름처럼 대자연의 섭리에 따라 생로병사 하는 순탄한 순환 회로를 갈망한다.

자신의 운명은 물론 모든 것은 마음에 달려 있다. 마음은 하늘과 통하기 때문이다. 마음에 없으면 없는 것이고 싫으면 싫은 것이다. 또 알면 있는 것이고 모르면 없는 것이나 다름없다. 우주는 무진무궁한 진리의 보고이다. 필요한 만큼 유용하게 쓰는 것이 삶의 지혜이다.

천부경은 지금도 응용되고 있으며, 합리적 판단의 준거가 될 수 있다.

글을 마치면서

북수현무(北水玄武)의 만년빙설(萬年氷雪)은 녹아내려 대륙 삼만 리를 적시고 만 리 동해 바다 밑에 모인다. 망망대해에 출렁이는 만경창파는 끝없이 펼쳐져 있고 광활한 대지 위에 이룩한 인류 문명은 신기루를 보는 듯하다.

일만 년 유구한 인류 역사는 도도히 흐르고 한 치 이내 가슴속은 구만 리 하늘과 같구나.

천부경을 대하면 삼천대천 우주의 청정한 기운이 오 척의 온몸을 감싸고돈다.

천부경의 특징은 순환과 변화의 무한 반복성이다. 지금의 천부경은 특정인에 의해 다듬어져 계승되어 왔다고 보인다. 고운 최치원 선생도 그중 한 분이시다. 동양사상의 원류이자 인류 공동의 유산이라 생각한다.

한단고기의 태백일사 '소도경전본훈'편에 천부경을 찾아낸 최초의 인물이 신라의 최치원(857-?)이라고 기록되어 있다. 최치원은 신라 말기의 대문호이며 한림학사이다. 본관은 경주, 자(字)는 고운(孤雲) 또는 해운(海雲)이다. 고려 현종 때 문창후(文昌候)라는 시호(諡號)를 받았다. 옛 고어로 된 경전을 한자로 옮겼다는 주장이 있다.

천부경의 한문 번역본은 성균관대학교에서 소장하고 있는 '최문창후전집'의 고운선생사적에 실려 있다. '최문창후전집'은 최치원 선생 사후 천여 년이 지난 1925년 최치원의 후손인 최국술이 집안에 전해져 내려오는 최치원의 글들을 모아 편찬한 책이라고 한다.

최치원 선생의 말년은 신비에 쌓여 있다. 857년 경주 사량부에서 출생하였으나 언제 어디에서 별세하신지는 미상이다. 임종은 말년에 지낸 가야산 해인사일 것이라고 추정할 뿐이다. 고운은 외로운 떠돌이 한 점 구름이다. 말년에 세월을 앞서 간 천재의 고독함이 느껴진다. 천부경에 대한 관심도가 높다면 우리의 삶 속에 천부경사상이 깊이 뿌리내리고 있기 때문이라 여긴다.

참으로 진리의 구도란 지난하다. 두려움이나 주저, 비겁함으로는 절대 얻을 수 없는 지고의 가치이다. 심청이 인당수에 몸을 던지듯 우주의 심연 속에 자신을 내던지고, 배고픈 호랑이에게 기꺼이 몸을 내주는 절실한 심정과 자기희생 없이는 불가능할 것 같다.

본시부터 우주가 만들어 낸 천지 만물과 삼라만상은 임자가 어디 있겠는가? 인연으로 잠시 왔다가 내 마음 닿는 곳을 내 것인 양 여기고 살다 갈 뿐이다.

가야산 끝자락 성주 벽진면, 북사면의 한 작은 마을에 필자의 텃밭이 있다. 음양의 형세가 확연하고 봉황이 알을 품은 듯한 마을이다. 우연일까? 마을에 오래된 최치원 선생을 모신 사당이 있다. 이것도 참으로 묘한 인연이라 생각된다. 선생의 학식과 안목에 비하면 만 분의 일에도 미치지 못하지만 무례를 무릅쓰고 졸필을 영전에 바친다.

2012년 4월
저자 **육 성 근**